한국 근대문학의 실증과 방법

Positivism and Methodological Issues of Modern Korean Literature

저자 **박태일(朴泰一)**

1954년 경남 합천 출생
1980년 부산대학교 문리대 국문과 졸업
1991년 부산대학교 문학박사
현재 경남대 인문학부 교수
1980년 『중앙일보』 신춘문예 시부문 당선
1991년 김달진문학상 수상
2002년 부산시인협회상 수상
시집으로 『그리운 주막』, 『가을 악견산』, 『약쑥 개쑥』, 『풀나라』, 연구서로 『한국 근대시의 공간과 장소』, 편저로 『크리스마스 시집』, 『가려뽑은 경남·부산의 시 ①-두류산에서 낙동강에서』, 『김상훈 시 전집』들이 있다.

한국 근대문학의 실증과 방법

1판 1쇄 인쇄 2004년 3월 10일
1판 1쇄 발행 2004년 3월 20일

지은이 / 박태일
펴낸이 / 박성모
펴낸곳 / 소명출판
출판고문 / 김호영
등록 / 제13-522호
주소 / 137-878 서울시 서초구 서초동 1621-18 (란빌딩 1층)
대표전화 / (02) 585-7840
팩시밀리 / (02) 585-7848
somyong@korea.com / www.somyong.com

ⓒ 2004, 박태일

값 21,000원

ISBN 89-5626-071-0 93810

한국 근대문학의 실증과 방법

Positivism and Methodological Issues of Modern Korean Literature

박태일

소명출판

두 번째 연구서를 낸다. 『한국 근대시의 공간과 장소』를 낸 때가 1999
년이었다. 늦은 걸음이다. 이제까지 쓴 글 가운데서 지역문학을 다룬 것
은 따로 젖혀두고 나머지를 한 자리에서 죄 갈무리하고 싶었다. 내용의
무게에 관계없이 이리저리 챙기다 보니 멀리 스무 해를 넘겨버린 글도
있다. 분량도 수월찮다. 하나하나 마련할 무렵 내가 지녔을 마음자리가
새삼스러웠다. 그러나 손질 과정에서 처음 욕심을 거두었다. 마침내 가
지 글을 쳐내고 뼈대만 남겨 이런 모양새로 내놓는다.

　우리 근대문학을 바라보는 나름의 몇 가지 주요 매듭과 그 둘레를 디
딘 흔적이 이 책이다. 이름을 『한국 근대문학의 실증과 방법』이라 붙인
다. 남 달리 유별나게 의도한 바는 아니나, 묶고 보니 실증적 관심을 바
탕으로 삼은 글이 큰 흐름을 이루었다. 이즈음 연구 풍토에서는 어느덧
소홀하게 밀려나곤 하는 자리다. 꾸준했던 1차 문헌에 대한 내 취향의
한 가닥이 드러난 셈이다. 거기다 문학의 방법과 관련된 몇 편이 덧붙었

다. 자그마한 책이다. 그럼에도 '한국 근대문학'이라는 무거운 이름을 내건다. 힘써 나아갈 자리를 겨냥한 다짐으로 읽어주기 바란다.

1부에는 백석과 정지용에 대한 글을 올렸다. 백석은 일찌감치 내 마음자리에 다채로운 갈피를 마련해 주었던 시인이다. 학위 논문의 한 자리에서 공간 문제를 중심으로 다룬 뒤 생각은 아직 그 언저리에 머물고 있다. 이어 띄엄띄엄 씌어진 백석 시에 대한 자료 발굴 형태의 글을 죄 거두었다. 올려다 볼 작가를 지닌다는 것이 연구자로서는 마냥 즐거운 일이다. 함께 실은 정지용에 대한 두 편의 글도 자료 발굴 꼴을 띤다. 백석을 정지용 앞쪽에 두는 일로 두 시인에 대한 내 관심의 무게를 드러냈다.

2부에는 1950년대와 전쟁을 매듭으로 삼은 글을 묶는다. 첫 보고물로 네 편을 올렸다. 맨 앞에 실린 이순신 담론 연구도 그 빌미는 전쟁문학에 대한 관심에 있다. 이어서 1950년 경인전쟁기 시의 애국심이라는 주제를 다룬 글과 시집 문헌지를 올렸다. 변죽은 울린 셈이다. 앞으로 꾸준히 키워나갈 자리다. 베트남전쟁 전중기 우리시의 경험을 다룬 글이 맨 뒤에 실렸다. 무거운 총연 가시지 않은 1950년대 강가에서 아린 횟배를 다스리며 자란 나다. 커다란 베트남 파병선을 향해 깃발을 흔들어대던 부산항 부두의 한 풍경이 내 소년기와 함께 흔들린다.

3부에서는 우리 문학의 방법과 관련된 글을 올렸다. 패러디에서부터 생태학적 상상력을 거쳐 대학의 문학학습, 주체적 글쓰기, 디지털 문학에까지 두루 잰 걸음을 옮겼다. 짧고 거친 데가 많다. 그러나 그때그때 문학 학습 현장에서 맞닥뜨린 문제들을 나름대로 토의, 검증할 필요성에 따라 마련된 현장론이다. 근대문학을 가르치는 교수자로서 변화하는 문학사회 지형 안에서 겪는 고심의 한 자락이 드러난 바로 읽힐 수 있다면 나로서는 만족스럽겠다.

묶어놓고 보니 문제 제기에 머물고 실질에는 깊이 다가서지 못한 느낌이다. 논문이라는 굳은 형식의 제도적 글쓰기에 나는 앞으로도 오래도록 더 묶여 있어야 할 것이다. 시 창작과 문학 연구를 한 가지로 오갈 수 있는 나날의 보람이 오롯하기를 기대한다. 그 어느 하나 허투루 다룰 수 없는 자리다. 다만 논문 글쓰기에서도 시와 같은 창조적 모험의 상태가 깃들 수 있기를 은근히 바랐다. 앞선 연구가 드물고 구석진 공부거리라도 나 같은 이가 맡을 몫이 있다면 물러서지 않겠다는 말로 짐짓 글의 모자람에 대한 변명으로 삼는다.

이 책을 내면서 또 한 번 소명출판 박성모 사장의 후의를 입는다. 출판 사정이 더욱 어려운 때다. 아무쪼록 책이 조금씩이나마 팔려 손해를 줄일 수 있기 바란다. 이 책을 아내 김경희에게 바친다. 대학 3학년의 늦가을, 갓 군에서 돌아온 나를 만나 스물다섯 해가 흘렀다. 연애시절부터 헌책방에서 마냥 기다리게 했던 아내다. 안방 벽까지 차지한 너절한 책꽂이를 벽지인 양 눈감아 준 지도 오래다. 들쭉날쭉 모가 많은 나를 다잡아 준 힘든 나날이었다. 어느새 그 세월 한 끝에 아들 군 면회 다닐 나이로 올라선 아내가 서 있다.

2004년 입춘 지나
박 태 일 삼가

차례

한국 근대문학의 실증과 방법

백석과 정지용

제 1 장

백석의 미발굴 시 「병아리 싸움」 변증

1. 『재건타임스』

『재건(再建)타임스』라 이름 붙인 신문이 있다. 주간으로 나왔고, 2면으로 된 작은 것이다. 몇 차례를 빼고는 가로 26, 세로 39센티미터 남짓 되는 크기를 지켰다. 예사 신문 크기의 반이 되는 이른바 타블로이드판형이다. 창간호는 1951년 9월 26일 수요일, '부산시 충무동 2가 17번지'에서 나왔다. 언제 그쳤는지는 알 수 없다.[1] 근현대 신문에 관한 죽보기를 가장 잘 엮어둔 것으로 여겨지는 자료나 연구서에서도[2] 이름이 없다. 쉬

---

[1] 1호부터 59호까지 실물로 확인했다. 1952년 12월 31일자다. 기록에 따르면 1953년 9월 25일까지 114호를 냈다. 한 번 낼 때마다 5천 장 남짓 찍었다. 1953년 6월 부산에서 서울로 본부 사무실을 옮긴 뒤에도 내는 일은 이어졌던 셈이다. 1953년 10월 '대한상이군인회'는 '대한상이용사회'로 이름이 바뀌었다. 계속 출판이 이루어진 것으로 보이나, 확인할 수 없었다.

　편찬위원회 편, 『대한민국상이군경회 40년사』, 대한민국상이군경회, 1991, 343면.

볼 수 있는 신문은 아니었던 셈이다. 그런데 그 점은 신문의 됨됨이로 말미암은 바 크다. 경인전쟁 전중기(戰中期)부터 '대한상이군인회'에서 낸 전문신문이었던 까닭이다.

경인전쟁은 갖가지 새로운 사회 문제의 진원지였다. 정치적·경제적 파행은 두고라도 밀항과 입영 기피, 양곡 배급과 매매춘, 피난민 처우 문제에서부터 가치관 변동으로 말미암은 나날살이의 혼란은 여느 시기와는 다른 독특한 사회 문제를 예고하고 있었다. 상이군인 문제 또한 예외가 아니었을 것이다. 이는 해당되는 사람의 개인·가족에만 걸리지 않고, 어쩌면 국가 후방 전략의 주요 현안 가운데 하나일 수 있었다.

민간의 부상자나 이산가족·전사자에 견주어 비록 그 수에서 많지는 않았지만, 그렇다고 해서 상이군인이 지닌 사회적 의의가 줄어드는 것은 아니다. 나라 위한 싸움이라는 참전 명분과 다쳐 전역한 뒤 후방에서 그들이 겪었을 멸시나 사회·국가적 홀대 사이의 불균형은 시간이 지날수록 더했을 것이다. 공식적·제도적인 '상이군경을 위한 원호사업'은 무엇보다 긴급한 일이었다. '사단법인 대한군경원호회'와 '사단법인 대한상이군인회'[3)]는 그러한 요구에 따라 만들어진 단체였다. 그리고 『재건타임

---

2) 편집위원회, 『한국신문백년』, 한국신문연구소, 1975; 김대상, 『부산경남언론사연구』, 대왕문화사, 1981.
   1920년부터 1980년까지 경남·부산지역 언론 활동을 다룬 유일한 글로 보이는 김대상은 '6·25사변하의 부산·경남 언론계'를 떼어 다루었다. 그리고 1991년 부산시사편찬위원회에서 낸 『부산시사』 제4권의 '언론' 부분에서 그것을 한 차례 더 가다듬었다.
3) 전중기에는 '대한군경원호회'와 '대한상이군인회'가 서로 나뉘어 상이군경의 후방 원호사업을 맡았다. '대한군경원호회'는 "군인군속 및 경찰관과 그 가족 또는 유족 상이군경과 그 가족에 대하여 원호를 함으로써 그들에게 後慮의 염려가 없도록 함을 목적"으로 삼아 국가 행정부인 사회부 안에 설치된 것이었다. 이와 달리 군대 바깥에서 상이군인의 재활과 복지, 사회적응을 위해 만들어진 '대한상이군인회'는 "명예제대 상이군인이 친목단결하고 상호부조하여 각자의 진로개척 및 생활향상을 지도 옹호함을 목적"으로 삼았다. 설립된 때는 1951년 5월 15일이었다. 1대 대한군경원호회 회장은 그 무렵 사회부 장관으로 있었던 허정이었고, 대한상이군인회 1대 회장은 육군소장 김홍일이었다. 1952년 4월 말 현재 상이 제대자는 53,814명, 그 가운데서 30,465명이 정회원으로 등록하고 있다. 이 두 단체는 1961년 5월 경자군부쿠데타 이후 국가원호청 아

스』는 '대한상이군인회'의 기관지로 나오게 된 것이다.

『재건타임스』는 펴낸이를 '대한상이군인회 회장', 엮은이를 '대한상이군인회 교도부', 찍은이를 강태수[4]로 시작했다. 첫호 창간사에 펴내게 된 입장이 잘 나타난다. "삼만상이군인의 장중한 의사를 대변하는 기관지 재건타임스가 오늘로써 고고의 소리 높여 자기 탄생을 선언한다"로 시작하는 창간사는 이어서, "불구대천의 원수 공산제국주의자들을 이 강산 이 강토에서 모라내기 위하여 조국의 부름을 받고 제일선에 출진하였다가 불행히도 적의 흉탄으로 부상당한 나머지 명예제대된 전상장병의 수는" "금년말에는 5만에 이를 것으로 추정"된다고 하면서, 사회적·국가적 대우에 대한 섭섭함을 간접적으로 밝히고 있다.

"간난하고 만신창이의 잔해만 남은 상이군인의 처지"에는 아랑곳없이 그들의 "생계와 재기"의 길을 마련해 줄 "군사원호법이 발효한지 벌써 일년여[5]가 되건만" 별반 사정이 달라지지 못했던 것이다. 그나마 '대한상이군인회'가 만들어져[6] 계속되는 치료와 생계 유지, 재활과 같은 사회

래로 발전적 해체와 통합을 거듭하여, 오늘의 '대한민국상이군경회'가 되었다.

　사회부, 「상이군경을 위한 원호사업」, 『상이군인원호의 현황과 장래』, 국방부정훈국, 1952, 139~140면; 편집위원회, 『한국신문백년』, 한국신문연구소, 1975, 264~266면.

4) 당시 29세였다. 1922년 평남 용강에서 태어나 "반일투쟁의 급선봉적 전통을 지니고 있는" 평북 신의주일신학교와 평양고보를 나왔다고 『프로필』은 밝히고 있다. 출범 초기 '대한상이용사회'의 부회장을 맡았던 사람이다. 그러나 최근 기록에 따르면 평양고보 졸업생 명부에서 그의 이름을 찾을 수 없었다. 대한상이군인회는 처음부터 이북 5도를 포함한 각도 지부를 두었고, "사회명망가 중에서 선출할 수 있었던" 회장과 달리 2명을 둔 부회장과 그 아래 조직원은 "회원임을 요한다"고 하였으니, 강태수가 북한지역에 대한 안배로 부회장에 오른 상이용사였던 것은 분명하다.

　편집위원회, 『한국신문백년』, 한국신문연구소, 1975, 243면; 평양고보동문회 편, 「평양고보 평양2중 동문회원 명부」, 『대동강』, 평양고보동문회, 2000.

5) 전전기인 1950년 4월 14일 처음 만들어졌다.

6) '대한상이군인회'에서 벌인 일들 가운데는 '재진료원의 설립', '상이군인의 혼인', '유상미 배급', '실명자 직업교육', '군사원호법 실시', '질병재발자의 진료', '취직', '기술학교 설치와 교육', '승차의 무료와 반액할인', '재활 교육', '국민들의 원호사상에 대한 계몽, 선전 활동'들이 있었다.

　윤치왕, 「상이군인원호 기능의 현황」, 『상이군인원호의 현황과 장래』, 국방부정훈국, 1952, 58~63면; 편집위원회, 『한국신문백년』, 한국신문연구소, 1975, 275면.

복지에 대한 제도적 전망을 갖추고자 했다. 상이용사들의 집단혼인식이
나 가족들의 바자회와 같은 행사도 잇따랐다. 그러나 그 뒤에서 보여준
사회적 냉대나 상이군인의 일탈 행동은 여전히 주요한 사회 불안 요인
이었다. 공식 기록에서조차 "회원 심리동향"을 아래와 같이 "총괄적으로
기술"하고 있다.

> 경북 대구시를 제외한 지역에서는 재신체검사로 인하여 회원심향은 심히 동
> 요하여 음주 폭행자가 일일증가하여 부산을 주로 한 경남에서는 생활난으로
> 인하여 수단과 방법을 가리지 안고 금전수집에만 맹종타가 헌병대 및 경찰서
> 등 각사법기관에 체포당하는 자 다유하며, 상당한 사회여론을 일으키고 있음.
> 타지방에 비하여 차지방는 상이군인의 가장 많은 수를 함유하고 있음이 원인
> 인지 경찰충돌, 민간충돌은 간단이 없으며, 회원 스스로 자포자기하여 이유없
> 이 자진충돌 투쟁하려는 경향이 보임과 동시 사회의 냉대로 인하여 회원 심리
> 동향은 심히 악화상태로 경주하고 있음.[7]

계급장도 없이 군복을 입은 채 후방을 떠돌아다니고 있는 상이군인은
민간인에게 두려운 대상이며, 평안을 해치는 장애자로 여겨질 뿐이다.
민간의 방어심리와 상이군인들의 공격심리가 서로 악순환을 거듭하며
곳곳에서 맞부딪쳤을 것이다. 상이용사 문제는 반공포로나 국민방위군과
는 달리 어느새 꾸준하고도 직접적인 나날살이의 문제로 들어앉았던 셈
이다. 게다가 그들을 이용해서 부를 쌓고자 했던 정상배나 모리배의 잔
꾀도 적지 않았을 것이다. "헐벗고 굶주린 불구군인의 떼는 기수를 증
가"하고 있는 한 쪽으로 "그들을 이용하여 사리사복을" 채우는 "국가적
역적행위" 또한 빈번했음을 창간사는 힘주어 고발하고 있다.
그런 속에서 "누만전상장병들의 참된 대변자로서" "그들의 애절한 심
지와 단성을 정부와 국민대중에게 솔직 대담히 그리고 단적으로 호소
전달하며 공수형이 아닌 진집하고도 성실한 온정의 손을 정부와 국민의

---

7) 편집위원회, 『한국신문백년』, 한국신문연구소, 1975, 284~285면.

손으로부터 드리워주는데 공명중정한 입장에서 미력하나마 교량의 역할"을 하기 위하여 발간하게 되었음을 밝히고 있다. "남은 팔 남은 다리로 재건하자 우리조국", "반신이 한데 뭉쳐 국난을 극복하자"라는 창간호 앞머리 표어에서 그러한 뜻이 잘 드러난다.

창간 첫호에서 『재건타임스』는 여러 사람이 글을 올려 의욕을 갖고 출발했다.[8] 그러나 큰 신문사에 견주어 어려운 사정이 많았을 성싶다. "국방부 공보처를 비롯한" 사회 각계의 협조가 있었다고 하나, 제대로 된 국가적 지원은 쉽지 않았을 터이다. 주간신문임에도 불구하고 1호가 9월 26일에 나온 뒤, 2호가 10월 8일에, 3호가 10월 16일에 나온다. 나온 날이 들쭉날쭉하다. 한정된 돈과 일손으로 때맞추어 신문을 내는 일이 어려웠음을 짐작하게 한다.

그런 가운데서도 지면을 다채롭게 마련하려 애쓴 모습을 곳곳에서 엿볼 수 있다. 일반 보도기사에서부터 시작하여, 문화·오락·교양 기사문까지 빠뜨리지 않았다. 비록 상이용사가 주축이 되어 펴낸, 그들을 위한 전문신문임에도 다양한 지면 가꾸기를 꾀했다. 꽁트·만화도 자주 실었다. 시 또한 빠뜨리지 않았다. 기성문인뿐 아니라, 상이군인, 학생의 작품까지 실었다. 수필에다 소인극 대본, 교양강좌, 격언이나 표어를 마련해 읽는 즐거움을 드높이고자 했다. 일반 신문에 못잖은 기획력을 보여준 셈이다.

이 신문은 여러 가지 점에서 눈길을 끈다. 앞으로 논의될 거리가 많은 매체다. 그런데 글쓴이가 장황하게 『재건타임스』를 든 것은 다름 아니라, '백석(白石)'이라는 이름으로 발표된 시가 한 편 실린 까닭이다. 이 작품이 우리가 익히 알고 있는 『사슴』의 시인 백석의 것이라면, 매우 뜻 있

---

8) 국회의장 신익희, 국무총리 장면, 사회부장관 허정, 대한상이군인회장 2대 회장인 이종욱의 축사가 앞머리를 채웠다. 그리고 초대회장 김홍일 장군의 휘호를 올렸다. 대표적인 우파문인 김광주가 소설가로서 본사를 방문했다는 기록이 눈에 뜨인다. 그리고 채규철의 노랫말 「상이병사의 노래」, 김광주의 꽁트 「코스모스는 피고」, 이동찬 시인의 시 「상이병은 말하노라」들이 실렸다.

는 일이다. 백석은 광복을 앞뒤로 한 시기 동안 중국의 동북성을 거쳐 북한에서 보낸 뒤, 남한을 선택해 월남하지도 않았다. 그런데 알려져 있지 않은 그의 시 한 편이 남한에서, 그것도 어느덧 '불구대천'의 원수로서 서로 피 비린 싸움을 벌이고 있는 '적진' 후방 매체에 실린 것이다. 예사롭지 않은 이 일이 『재건타임스』의 성격이나, 앞뒤 사정으로 보아 그럴 법하다는 데 흥미가 더한다. 이제 새롭게 백석의 시 한 편을 복권시키며, 그 일의 변증을 위해 바삐 생각을 묶는다.

2. 「병아리 싸움」의 짜임새

백석의 작품 「병아리 싸움」은 『재건타임스』 1952년 8월 11일자, 43호의 2면에 실렸다. 이 무렵은 정부통령 선거 유세로 바쁠 때였다. 같은 날 1면에는 그런 사정을 말해주듯이 대통령 이승만, 부통령 이범석 후보의 홍보문이 실렸다. 마찬가지로 대통령 조봉암, 부통령 정기원 후보의 것도 2면에 한 자리를 차지했다. 먼저 작품을 그대로 옮긴다.

> 성난 독수리마냥
> 두놈이 마주서 노린다
> 아직 날개쭉지도 자라지않고
> 젓비린내나는 두놈이
>
> 눈알맹이는 팽팽돌고
> 독사처럼 독오른 주둥이는
> 금시 간알픈 심장을 쪼아박아
> 들짱이 날것만같다

푸드득— 날쌘 조약과 함께
물고 뜯고 재치고
한놈은 기어코
또 한놈의 면두를 물고 늘어졌다

면두에서 피가 흐르고
가슴은 팔닥거려
밑에 깔린 놈이나
위에 덮친 놈이나 쥐죽은듯하다

이윽고 어미닭이 나타났다
두놈은 아무렇지도 않다는듯이
스르르 싸움을 헤치고
어미등에 품에 기여든다

　다섯 도막으로 된 작품이다. 그리고 낱 도막은 모두 넉 줄로 이루어져 있어, 시줄은 스물에 이른다. 지면에는 갈래를 '시'라고 적어 올렸다. 그러나 오히려 동시에 가깝다. 병아리 두 마리가 서로 싸움질을 하다 어미닭이 오자 그 일을 멈추고, "어미등에 품에 기여"드는 한 마당 풍경을 그렸다. 첫 도막이 싸움질에 들기 앞서 두 마리가 서로를 고누는 그림, 둘째 도막은 그 긴장이 막바지에 이른 그림, 셋째 도막이 서로 싸움질에 들어 물고 뜯는 그림, 넷째 도막은 둘이 싸움질에 지쳐 떨어진 그림, 다섯째 도막은 "어미닭이 나타"나자 언제 그랬느냐는 듯이 제 어미에게 안겨드는 그림이다.
　한낮 고요한 마당, 짧은 시각 안에 일어날 법한 예사로운 풍경을 건져낸 시인의 눈길이 꼼꼼하다. 될 수 있는 대로 감정 노출은 줄이고 관찰자적 눈길을 지키려 했다. "성난 독수리마냥" 마주 서 있다거나 "독사처럼 독"이 올랐다는 비유에서 거기서 벗어난 듯한 감정 개입이 보인다.

그러나 그들은 이미 어느 정도 굳어진 표현인 까닭에 굳이 특별한 표현 가치를 얻기 위해 끌어댄 수사장치로 보이지는 않는다.

게다가 밑그림을 끌어가는 숨길이 예사롭지 않다. 가장 동적이고 거친 그림인 셋째 도막을 중심으로 삼아, 첫째에서 둘째 도막으로 나아가면서 긴장을 드높였다가, 넷째 도막과 다섯째 도막으로 건너서면서 긴장을 해소해 나가는 숨길을 보여준다. 잘 짜여진 다섯 칸 짜리 만화 한 편을 보는 듯하다. 시공간 영역이 길지 않은 한 그림을 그려 보여 주되, 그 안쪽에 단단한 짜임새를 마련한 셈이다. 느낌을 알맞게 누르면서 스무 줄 다섯 도막으로 끌어간바, 두 마리 병아리 사이에 있었던 영문 모를 싸움질과 어미닭 앞에서 아무렇지도 않은 듯 이르게 되는 긴장과 싸움질 그리고 해소라는 정황이 결코 단순하지 않은 생각의 울림을 주고 있다.

그런데 이 작품은 그 이름으로 올려진 대로 백석 시인의 것인가? 그 답에 이르기 위해서는 몇 가지 해결할 문제가 있다. 생각을 따라가면서, 이 작품이 아주 특별한 경위로 발표된 백석의 작품이라는 변증에 이르고자 한다.

3. 백석과 「병아리 싸움」

「병아리 싸움」이 백석 작품이라는 구체적이고, 결정적인 터무니는 오로지 시인의 이름으로 지면에 올려진 '백석'이라는 데에 있다. 명확한 외적 증거인 셈이다. 그러나 이 시가 발표된 때는 1951년 한창 겨레 상잔의 포화소리 요란한 경인전쟁 전중기였다. 그 곳 또한 백석과는 인연이 먼 후방 남녘 항구 부산이다. 실린 자리도 문학 영역이나 백석과는 걸림이 있을 것 같지 않은 '대한상이군인회' 기관지 『재건타임스』라는 엉뚱

한 곳이다. 이 무렵 백석은 그 상이군인들이 밤낮 없이 성한 몸으로 전투를 하곤 했을 전선 북쪽 적진, 이른바 북조선인민공화국이나 중국 쪽에 머물고 있었다.

그러니 자연스레 이 작품에 이름이 올려진 '백석'이 『사슴』을 낸 시인 백석인가 아닌가는 중대한 의문으로 떠오른다. 왜냐하면 결정적인 터무니가 되는 '백석'이라는 이름이 『사슴』의 백석이 아니라, 우연히 또는 멋스러운 가명이나 필명을 찾다 '백석'을 고른 다른 시인이나 투고자의 이름일 수 있기 때문이다. 신문 편집자가 사실을 밝히는 주석을 지면에 남겨두었더라면 문제가 되지는 않을 것이다. 그러나 광복 뒤부터 평양을 중심으로 살아왔고, 그 무렵 적진 북쪽에 머물고 있을 시인의 작품이 전중기 전선 남쪽에서 발표되게 된 까닭을 말해주는 어떠한 곁텍스트나 군더더기 말도 읽을 수 없다. 신문 편집에 관계했던 이들이 살아 있다면 사실 여부를 물을 수 있겠으나, 이 또한 벌써 어려운 일이 되어 버렸다.

이제 결정적인 터무니로 믿을 수밖에 없을 '백석'이라는 이름이 『사슴』의 백석이 아니라 우연히 또는 멋스러운 가명이나 필명을 찾다 '백석'을 고른 다른 시인이나 투고자의 것이며, 「병아리 싸움」은 그 사람의 작품일 뿐이라고 말해도 대들 거리가 달리 없을 지경이다. 가장 구체적이고 직접적인 외적 증거를 믿기 힘든 사정이니 백석과 그의 작품 확정 문제는 다시 원점에 놓였다. 마침내 작품 자체나 주변 정황과 같은, 간접적인 내적 증거에만 기댈 수밖에 없게 되었다. 작품 안쪽과 작품 바깥쪽으로 나누어 그것을 살피겠다.

1) 작품 안쪽 증거

작품 자체로부터 암시 받는 내적 증거 가운데 가장 두드러진 점은 시어 선택에 있다. 「병아리 싸움」에서는 다른 시인들과 유다른 백석 특유의 자장을 지닌 낱말을 몇 살필 수 있다. 그 처음은 셋째 도막에 보이는 '조약'이라는 말이다. 도약(跳躍)은 흔히 '조약'으로 잘못 읽히기 쉽다. 그러나 여기서는 그것이 아니라, 의도된 말소리 뒤틀기로 말미암은 바다. '도약'에 견주어 '조약'은 얼마나 작고 귀여운 말인가. "푸드득— 날센 도약과 함께"와 "푸드득— 날센 조약과 함께"는 그 맛에서 크게 다르다. 큰 장닭이라면 몰라도, 작은 병아리가 쌈박질하기 위해 날아 솟구치는 모습에 '도약'이라는 말은 걸맞지 않게 큰 말이다. 이 작품에서는 그 점들을 충분히 알고 있었던 이가 병아리를 다룬 이 시의 동시적 바탕을 살리기 위해 일부러 '도약'을 '조약'으로, 흔히 아이들이 틀리게 읽기 쉬운 말로 장난을 치고 있는 것이다.

이미 「정문촌(旌門村)」에서 어린 시절의 그러한 말장난 버릇을 백석은 넌지시 보여준 바 있다.

주홍칠이날은旌門이하나 마을어구에있었다.

「孝子盧迪之之旌門」—몬지가 겹겹이앉은 木刻의額에
나는 열살이넘도록 갈지字둘을웃었다
— 「정문촌」 가운데서[9]

또래 아이들과 '정문' 앞을 지나다니면서 "열살넘넘도록" 그 글자를 보고 웃었다고 시인은 말한다. 그 '갈지字' 둘이 내놓고 발음하기 힘들었을 '보지' '자지'의 끝말처럼 여겨진 까닭일 것이다. 이런 경험은 '도약'과 '조약'의 읽기에서도 마찬가지였으리라. 시어에 관한 한 거침없었던, 경험의 구체성을 살리기 위한 백석다운 낱말 선택이다.

두 번째는 둘째 도막에서 보이는 "들짱이 날것만같다"라는 말이다. 평안도 지역말이다.[10] 본디 '들짱이 나다'는 '바닥나다', '다 소비되다', '다

9) 백석, 『사슴』, 선광인쇄주식회사, 1936, 64~65면.
10) 최이래 편, 『평북방언사전』, 한국정신문화연구원, 1981, 195~196면. '들짱 나다'(자)

없어지다'는 뜻이다. 여기서는 두 마리 병아리가 "독오른 주둥이"로 "간 알픈 심장"을 서로 '쪼아박아' 장차 이루어질 일이다. 그러니 문맥으로 보아 시줄 "들짱이 날것만같다"는 '곧 다 죽게 될 것만 같다'는 뜻이겠다.

셋째와 넷째 도막에서 거듭 씌어진 '면두'라는 말도 눈여겨볼 일이다. 이 말 또한 '들짱이 나다'와 마찬가지로 닭의 볏, 벼슬을 뜻하는 평안도 지역말인 까닭이다.[11] 평안도 정주 사람인 백석의 글에서는 초기 「닭에 채인 이야기」에서 이미 '면드레'로 한 차례 씌어진 바 있다. '맨드레', '면두라미'와 같이 지역민에게 조금씩 달리 씌어지기도 하는 이 말은 '면 두(面頭)'라는 한자말에서 비롯된 것으로 여겨진다. 백석의 글말고는 찾기 힘든 용례를 보여준다. 다만 백석이 처음 이 말을 썼을 때인 1935년대와 는 달리 '면두'라며, 평안도 사람이 아니더라도 문맥을 빌어 알 수 있을 본디 말을 썼다. 따라서 이 시는 적어도 1935년대와 거리를 둔 뒷날에 씌어진 작품이라는 점을 짐작하게 한다.

앞에서 살핀바, 시 「병아리 싸움」은 '조약'과 같은 재치, 감각이 뛰어 난 한자말 부려쓰기나 '면두', '들짱이 나다'와 같은 평안도 토박이말 부 려쓰는 버릇에서 백석 특유의 말씨를 그대로 지니고 있다. 게다가 통사 에 있어서도 이 작품은 세련된 솜씨를 보여준다. 백석의 특유한 말솜씨 라 할 수는 없는 것이지만, 첫 도막에 보이는 도치와 마지막 도막에 나 오는 "어미등에 품에"와 같은 자연스런 되풀이는 글쓴이의 언어감각이 결코 녹녹치 않음을 알게 한다. 전체적으로 다섯 도막 모두를 서술형으 로 끝어가면서도 시의 숨길에 불균형이나 어색함을 자아내지 않고 순조 롭게 말길을 틔운 일도 시인의 세련된 언어 제어력을 엿보게 한다.

바닥 나다. 다 소비 되다. 다 없어지다. (동)바닥 나다. '들짱 내다'(타) 바닥 내다. (동)바 닥 내다.

『우리말 큰사전』, 한글학회, 1991, 1184면. 들짱나다──들판나다(평북) 다 들어먹고 끝 장이 나다. 다하여 없어지다. 다하여 없애다.

11) 신기철·신용철 편, 『새 우리말 큰사전』, 삼성출판, 1981, 1151면. 면두(명) 볏 ①(평 안), ② 맨드라미.

게다가 이 작품의 글감 또한 토속적인 병아리 싸움질에서 따 왔다. 무 엇보다 그러한 '동시'적 정황의 작품을 '시'라는 갈래로 일군 일은 백석 이 다른 시인에 견주어 유별난 점이다. 여느 작품이었다면, '동시'라는 갈래로 발표되었을 법한 작품이다. 성인시와 동시 사이의 경계가 묽은 시인은 많지 않다. 어릴 적 체험이나 동시적 상상력은 백석 시의 중요한 특성 가운데 하나가 아닌가. 아예 경인전쟁 뒤에는 북한 문단에서 백석 이 살아남기 위해 번역뿐 아니라 아동문학 평론과 동시 창작에 힘껏 골 몰하였음은 잘 알려져 있다. 글감 처리나 '시'라는 갈래 규정을 눈여겨볼 때, 「병아리 싸움」이 백석의 것이라는 심증이 굳어지는 것이다.

낱말 표기도 이 시가 발표되었을 1951년 무렵 남한의 주류적인 것과 다르다. 둘째 도막의 '간알픈'이라는 시어는 자연스레 '가냘픈'이 되어야 했을 터이다. 띄어쓰기 또한 좀더 정돈되었어야 했다. 이 작품에 씌어지 고 있는 표기법은 남과 북에서 아직까지 국가 단위의 표기체계가 자리 잡히기 앞선, 혼란기적 상황이 반영된 이어 붙이기 방식인 셈이다. 같은 시기에 실린 다른 시의 낱말들과는 나뉘는 옛투가 물씬 배어 있는 모습 이다. 적어도 「병아리 싸움」이 발표된 시점과 작품 창작 시점 사이에 거 리가 있음을 암시 받는 대목이다.

그렇다면 「병아리 싸움」은 경인전쟁 이전, 남북 분단이 굳어진 1948년 보다 앞서 씌어진 것일 확률이 높다. 이미 1945년 광복 초기에 조만식의 통역비서를 하기도 했으나, 그의 몰락과 함께 이내 북한사회에서 문학· 문단 활동의 자리가 좁혀들었을 백석의 작품을 서울에 남아 있었던 그 의 벗 허준이 몇 차례 남쪽 발표로 이끈 적이 있었다.[12] 「병아리 싸움」 또한 비슷한 경로를 밟았을 경우라 짐작된다. 광복기 어느 시점에 발표

---

12) 백석이 광복기에 서울에서 발표한 작품은 「산」을 비롯한 5편이었다. 대부분 허준의 주선으로 말미암은 것으로 보인다. 허준은 그의 처가가 남녘 통영이다. 월북시기는 1949년 초였다. 1948년 10월의 「남신의주유동박시봉방」을 끝으로 백석의 작품은 남쪽 에서 볼 수 없다.

하기 위하여, 또는 그 밖의 다른 사정으로 백석의 작품이 가까운 이에게 주어졌고, 그것이 발표 기회를 갖고 있지 못하다가, 피란기 그 지인에 의해 남쪽 부산에서 발표된 것이다.

앞에서 살핀 대로 「병아리 싸움」은 여러 가지를 양보하더라도, 최소한 평안도 지역말을 잘 아는, 예사롭지 않은 시력을 지닌 시인이 쓴, 경인전쟁 앞 시기 작품임을 알 수 있었다. 그리고 그 됨됨이로 볼 때 조건을 두루 만족시킬 수 있는 사람은 작품 발표 때 구체적이고도 명료하게 적혀 있는 바와 같이 『사슴』의 시인 백석이 분명하다. 창작 연대도 광복기거나, 적어도 광복을 앞뒤로 삼은 짧은 시기로 좁혀들게 되는 셈이다. 이 점은 작품 바깥쪽의 내적 증거들을 살피면 더욱 수긍되는 바다.

2) 작품 바깥쪽 증거

첫째, 작품 바깥쪽으로 본 내적 증거로 가장 분명한 점은 백석이 이미 기성 문단에 널리 알려져 있는 유명한 시인이었다는 사실이다. 따라서 함부로 그의 이름을 빌리거나, 그와 같은 가명을 쓰기는 어렵다. 뜻 아니게 필명이나 가명이 필요했다 하더라도 그가 이미 문단에 얼굴을 낸 시인이었다면 백석이라는 이름은 피했을 것이다. 만약 백석의 존재를 몰랐을 습작기 일반인이나 학생 작품이었다면, 그것을 실을 때 『재건타임스』의 '시' 자리에 올렸을 리가 없다. 『재건타임스』 지면 배치의 버릇에 따라 활자 크기를 줄여 실었거나, '학생시'라는 이름을 표제에 밝혔을 것이다. 그런데 「병아리 싸움」은 양명문·장수철과 같은 기성시인들의 작품이 실린 자리에 꼭 같은 꼴의 지면 배치를 받고 있다. 기성시인 백석의 작품이라는 뚜렷한 증거다.[13]

---

13) 그 무렵 백석이 공개적으로 이름이 오르게 된 일은 「병아리 싸움」보다 한 해 뒤늦은 자리에 한 차례 더 있었다. 대학의 교과용 시선집 속에서였다. 본디 상중하를 만들 계

둘째, 시를 올린 시인과 편집진의 됨됨이에서도 백석의 시라는 암시를 얻는다.『재건타임스』에는 학생시나 상이군인들의 시, 추천시, 편집진 가운데서 가명으로 올린 것으로 보이는 시, 그리고 이미 시단에 알려진 기성시인의 것과 같이 여러 유형의 작품이 실리고 있다. 그런데 '시'라는 난에 실리고 있는 시는 기성시인의 것이나 사내 편집진이 가명으로 실은 것으로 여겨지는 작품에 그친다. 적어도 언론·문필 활동을 전문으로 하고 있었던 이의 것임을 알 수 있다.

그런데 거기에 시를 올린 기성시인들은 유별난 됨됨이를 지녔다. 상대적으로 월남한 시인의 것이 주류를 이루고 있는 까닭이다.[14] 1913년 평남 평양 출신으로, 그 무렵 육군종군작가단으로서 반공시를 많이 발표하고 있었던 양명문이 다섯 차례나 시를 싣고 있다. 같은 평양 출신으로 피란 시기 제주와 부산에서 언론인으로 활동하고 있었던, 1916년생 장수철이 수필 1편을 비롯해 네 차례에 걸쳐 시를 발표하고 있어 또한 빈도가 잦다. 시를 세 차례 발표한, 1910년 함북 경성 출신 함윤수와 수필 두 차례를 비롯해 1편의 시를 발표하고 있는 김성애가 그 뒤를 잇고 있다.

획으로 된 것인데, 상과 중은 확인된다. 유인본으로 카프계 시인들의 작품이나 월북한 시인들의 작품까지 싣고 있어 그 무렵의 사회 분위기로는 이례적인 출판물이다. 군이 엮은이가 책이름에 '조선'이라는 이름을 붙인 까닭이 거기에 있었을 듯싶다. 엮은이는 김사엽으로 짐작된다. 백석의 작품은 중권에 백기행으로 본명을 밝혀 실었다. 작품은 「여우난곬족」, 「주막」, 「외가집」 세 편이다. 그 뒤 백석의 자취가 공개적으로 나타난 자리는 비록 이름을 숨긴 채였지만, 1961년『현대문학』 9월호였다. 그러나 그 사이 남한 안쪽에서 백석의 시와 삶은 알게 모르게 알려져 왔다. 군이 백석의 이름을 따와 자신의 글에 붙여 내놓을 만한 시인은 없었을 것이다.

『조선현대시선』(중기), 경북대 사범대학 국문학회, 1953, 45~48면; 유종호,『비순수의 선언』, 신구문화사, 1973, 103~106면.

14) 신문에 글쓴이로 이름을 올린 이는 남한에 터를 두고 있었던 기성문인 가운데서도 적지 않았다. 59호까지 살피면 모윤숙이 3회로 가장 잦았고, 김광주·이서구·마해송·조연현·김말봉·유치환·이선구가 시나 수필, 또는 평론을 실었다. 이들은 두 가지 특징을 지니고 있는 사람이다. 그 하나는 종군작가 활동에 적극적이었던 문인이라는 점이다. 다른 하나는 문단권력이 상대적으로 컸던, 잘 알려진 우익 문인라는 점이다. 문학인이 아니었지만, 대표적인 우익 인사였던 안호상이 2회에 걸쳐 글을 싣고 있는 것까지 눈여겨볼 일이다.『재건타임스』가 선 자리를 짐작하게 하는 필진 선정이다.

그리고 같은 평양 출신으로 1918년생 박남수와 1919년생 김영삼 시인은 1편씩을 올리고 있다. 이 신문의 문예면 담당자나 주요 편집진이 북한에서 월남한 이나, 그들과 각별한 연관이 있는 이들일 것이라는 점을 확연하게 일깨워주는 사실이다.

『재건타임스』는 첫호에서 1951년 12월 5일 10호까지 편집인을 '대한상이군인회 회장', 인쇄인을 사장으로서 월남한 상이용사 강태수, 곧 회의 부회장 이름을 올렸다. 부사장은 최동희, 편집국장은 강영환이었다. 채규철은 '주간겸 업무국장'으로서 발령이 나 있었다. 그러다가 1951년 12월 15일 11호부터 주간 최동희, 편집국장 채규철의 이름도 지면에 올리기 시작했다.[15] 여러 사람들이 대한상이군인회 안에서 『재건타임스』 발간에 이름을 올리고 있지만, 일의 처음부터 책임을 지고 도맡았던 이는 월남한 상이용사 강태수 사장과 이북에서 그의 스승이나 막역한 선배로 연을 맺고 있었음직한[16] 채규철, 그 아래서 꾸준히 함께 일한 강영환임을 알 수 있다.

강영환에 대해서는 알려진 것이 없다. 일곱 달 남짓 편집국장과 주간이라는 주요 자리를 거친 채규철은 시인이자 소설가였다. 1954년의 기록인 「현재 한국문학인총람」[17]에 따르면 1913년 평북 후창군 출신이다. 평북 "강계 영실중학교를 나온 이래 시작 등을 발표하는 한편 『재건타임스』 주간 등 역임"하였고, "저서로는 시집 『민족의 윤리』 소년동화집 『우리동무』 등이 있다." 그리고 1954년 "현재 상업에 종사중"이라 기록했으니, 채규철은 『재건타임스』와 대한상이군인회 일을 그만 둔 뒤 문학활동으로부

---

15) 채규철이 주간으로 올라서고, 편집국장을 강영환이 맡기 시작한 때는 1952년 4월 21일 28호부터였다. 1952년 7월 7일 38호부터 주간은 그 무렵 교도국장이었던 장지용, 편집국장은 강영환이 그대로 맡았다. 채규철은 이어서 '대한상이군인회' 부회장으로 올라섰다. 1952년 9월 22일 48호부터 주간이 김광직으로 바뀌고, 편집국장은 강영환에서 달라짐이 없었다.

16) 두 사람은 아홉 살 터울이다.

17) 김봉희, 「전쟁기 한국문학인들의 삶과 그 재편」, 『경인전쟁과 한국의 지역문학』, 불휘, 2000, 299면.

터 차츰 멀어진 것으로 보인다.[18]

『재건타임스』에 작품을 실은 여러 월남시인들은 정도 차이는 있을 것이나, 채규철과 남다른 인연을 맺고 있었던 이임을 짐작할 수 있다. 출신지에서 채규철과 같은 평북·평남 지역이 압도적이다. 선후배 연배로 학연에서도 이리저리 걸릴 만한 관계에 있다. 그들을 『재건타임스』와 이어준 고리는 나이나 경력으로 보아 젊은 부회장이었던 월남 상이용사 강태수보다 오히려 기성문인이었던 채규철일 가능성이 높다. 그 무렵 월남했던 지역민이나 문학예술인들은 서로 잦은 교분을 나누고, 도민회니 피란지 임시학교를 중심으로 유별난 응집력을 보여주고 있었다.[19] 채규철과 이들 월남시인들도 『재건타임스』를 이음매로 자주 연결이 되었을 것이다. 그들과 함께 월남하지는 않았지만 재북시인 백석 또한 채규철과 같은 고향 사람이다. 백석의 작품이 다른 월남시인과 마찬가지로 『재건타임스』와 연을 맺을 개연성은 그만큼 큰 셈이다.

셋째, '백석'이 『사슴』의 시인이 아니라 다른 이일 가능성도 짚어두어

---

18) 채규철(蔡奎哲)이 처음으로 작품을 세상에 내놓은 때는 열여섯 살이었다. 『신소년』의 '동요와 소년시' 자리에 발표한 시 「길손의 가라침」이 그것이다. 그가 냈다고 기록되어 있는 낱책은 찾을 수 없었고, 광복 이전 활동도 찾기 힘들다. 광복기에는 공연예술 전문지인 월간지 『예술평론』(예술평론사, 1947.10.31)을 '편집겸 발행인'으로서 냈다. 광복기 작품으로는 단편과 꽁트, 소년소설, 동화가 몇 편 있다. 상이군경회나 이북오도회를 빌려 그의 행적에 대하여 알아보았으나, 이미 사망했다는 점만 알아낼 수 있었을 뿐 유족을 만날 수는 없었다.
　시 「길손의 가라침」, 『신소년』 12월호, 신소년사, 1929.
　콩트 「Y아파~트」, 『朝鮮週報』, 조선주보사, 1945.10.15.
　단편 「疏開地附近」, 『鹿苑』 1집, 조선불교학생동맹, 1947.
　소년소설 「사랑하는 마음」, 『새동무』 10호, 신문화사, 1947.
　동화 「참새 나라」, 『어린이나라』 5월호, 동지사 아동원, 1949.
　단편 「저주」, 『신천지』 4월호, 서울신문사, 1949.
　꽁트 「꿀벌」, 『신천지』 4권 5호, 서울신문사, 1949.
19) 「6·25예술대회를 보고」라는 기사에서는 '공보처 문총북한지부' 주최로 2회에 걸쳐 부산극장에서 '통일촉진피난민위안예술대회'를 열었다고 적고 있다. '월남예술인' 가운데서 박남수와 양명문이 그 대회에서 시낭송을 해서 박수를 많이 받았다고 한다.
　백웅, 「6·25예술대회를 보고」, 『재건타임스』 37호, 1952.6.30.

야 될 일이다. 경인전쟁 전중기에만 하더라도 작품 발표 때 호나 필명, 가명일 듯한 이름이 흔히 쓰였다. 그런 관례는 전후 문단이 재편·확대되어 가는 과정에서 자연스레 사라져 버렸지만, 그 일이 흔했던 광복 이전의 시기와는 또 다른 당대적 의미를 짚어볼 수 있다. 먼저, 필진 확보의 어려움으로 말미암은 일이다. 이 점은 원고료 지급의 어려움과도 맞물린 것으로 보이는데, 많은 경우 한 사람의 내부 필진에 의해서 여러 차례 본명과 가명이 함께 씌어질 가능성은 늘 있었다. 게다가 피란 문단에서는 모든 것이 불안정하고 불확실했다. 별다른 재주나 직업을 갖지 못한 이들은 전업작가로서 적은 원고료나 배급 쌀에 목을 매고 어려운 살림을 할 때였다.[20]

『재건타임스』 또한 예외가 아니었을 것이다. 급한 경우, 될 수 있는 대로 내부 필진으로 지면 처리를 하면서 원고료를 아끼거나 거꾸로 그 수입에 의존해야 할 일이 많았을 것이다. 게다가 북쪽 출신 문인의 생계난은 남쪽에 터를 둔 사람들과 결코 같을 수는 없었겠다. '백석'이라는 이름이 『사슴』의 시인 백석과는 무관한 이가 발표를 위해 내세운 가명일 가능성도 있는 것이다. 이 점을 놓치지 않으면서 지면을 꼼꼼하게 살필 필요가 있다.

시나 산문을 발표하고 있는 사람들 가운데서 소속이 분명한 학생시나 일반 투고시를 제외하고 아무런 표지가 없이 작품을 싣고 있는 필자 가운데서 백석과 유사한 이름을 갖고 있는 이를 찾아보면 여럿이 나타난다. '미석(美石)'이라는 이가 두 차례[21] 시를 내놓고 있다. 습작기 수준에다 한자 투성이로 된 거친 시여서 「병아리 싸움」과 작품 격차가 너무 난

---

20) 여러 유무명의 작가들이 일찍이 배웠던 일본어를 활용하여 번역을 한다던가, 종군작가단에 들어선다던가, 이곳 저곳에 원고를 맡기고 가난을 해결하기도 했다. 따라서 많은 수의 작가들이 적은 수의 지면에 글을 써야 했던 까닭에 특히 산문, 소설 갈래의 경우는 콩트나 그보다 더욱 짧아지는 엽편소설과 같은 꼴의 글이 봇물 터지듯 발표되었다. 전시 작가들이 겪었을 생활고를 짐작하게 하는 일이다.

21) 「어머니」, 1952.2.18; 「수원행스켓취」, 1952.4.7.

다. '석촌(石村)'이라는 이가 '춘극' 「역사」를 싣고, '백웅(白雄)'22)이라는
이도 한 차례 나온다. 「6·25 예술대회를 보고」라 이름 붙인 시평이다.
정도가 심한 한자말투로 이 또한 「병아리 싸움」의 섬세한 언어감각에서
벗어난다. '공석(功石)'도 시 한 편을 남기고 있다.

> 그대와 나
> 처음 만난 사이
>
> 어느새 십년전친구인양
> 이렇게 마주서 웃는군요
> 무엇이 좋으냐구요
> 글세 그것이 인생인 것을
>
> ─「처음 만난 사람」 가운데서23)

소박한 인생시다. 전문 습작과정을 겪지 않은 이의 작품이다. 이 또한
「병아리 싸움」에서 보이는 문재에서 한창 떨어진다. 이런 점에서 「우정
(友情)」24)이라는 시를 싣고 있는 '석연(石淵)' 또한 마찬가지다. "五十을
다못살아도 / 두사이에 심은 정은 / 한百年 살꺼냐"로 시작하는 이 작품의
품은 낮다. 앞선 '공석'에도 못 미친다. '준석(俊石)'이라는 이 또한 한 차
례 시를 발표하고 있다.

> 오색 령롱한 아침해살 타고

---

22) 1950년대 이래 가끔 대중 취향의 문학 번역서나 실용서를 냈던 백웅, 또는 김백웅이
라는 이름을 썼던 이와 같은 사람으로 보인다.
　김백웅·신동집·남욱·맹후빈 역, 『축소판 세계문학선집』 ①, 한국출판사, 1950년
대; 제임스 훼렐, 김백웅 역, 『젊은 로니갠』, 한국출판사, 1950년대; 백웅, 『애정의 본
질』, 한국출판사, 1959; 김백웅, 『진실한 사랑의 인식과 출발』, 한국출판사, 1960; 제임
스 훼델, 김백웅 역, 『사랑이 눈 뜰 때』, 백인사, 1963.
23) 『재건타임스』 42호, 1952.8.4.
24) 『재건타임스』 48호, 1952.9.23.

새乙자로 고개 치켜든 오리
자웅을 결하려 가는드시
둥둥 두둥실 떠간다

(…중략…)

물속깊이 목을 담거
두나래 활개치며
임진난 거북선마냥
둥둥 두둥실 떠간다

가벼운 실바람
물결은 잔잔이 이는데
호랑나비 물오리등에
둥둥 두둥실 떠간다
　　　　　—舊稿中—

　　　　　　　　　　—「물오리」 가운데서[25]

　『재건타임스』에 실린 시 가운데서 그나마 백석의 「병아리 싸움」과 가장 가까이 밀어다 놓을 수 있는 작품이다. 글감에서 그렇고, 동시적 감각을 보여주면서도 동시라 하지 않고 그냥 '시'로 발표하고 있는 점에서 그렇다. 그리고 '준석' 또한 '백석'과 마찬가지로 본명 같지는 않다. 『재건타임스』 다른 자리에서는 이 이름을 볼 수 없다. '백석' 또한 마찬가지다. 낱말도 예스러운 데가 있다. '령룡한'이라 적어 첫소리 ㄹ을 ㅇ으로 막지 않았고, 소리 이어 붙이는 표기를 따랐다. 그러나 이 작품이 백석의 「병아리 싸움」과 다른 점은 확연하다.
　「물오리」는 앞선 작품에 견주어 품이 마냥 낮다. "임진난 거북선 마냥" '물오리'가 "둥둥 두둥실 떠간다"는 표현은 한참 못 미치는 쪽이다.

──────────
　25) 『재건타임스』 51호, 1952.10.20.

시어 선택이 예스럽다고 하나, 「병아리 싸움」에서 본 '면두'니, '들짱이 나다'와 같은 평안도 특유의 토박이말 선택과는 달리 소박한 예스러움일 뿐이다. 두 작품은 동시적 발상법이나 '시'라는 이름으로 발표되고 있는 점말고는 연관이 없는 셈이다. 처음부터 작품 층위가 크게 달라, 「병아리 싸움」에 견주어 시의 공력이 한 수 아래인 이의 작품이 「물오리」다. 게다가 백석이라면 '충무공'을 손수 끌어다놓고 찬탄하는 일을 벌이지는 않았을 것이다.26) 백석과 '준석'은 사뭇 다른 이였을 뿐 아니라, '준석'이라는 이름을 올린 이가 자신의 작품에다 '백석'이라는 이름까지 끌어다 놓았을 가능성은 엷다.

오히려 이 '준석'이란 사람이 백석의 작품을 찾아 올린, 백석과 교분이 남달리 깊었던 이가 아닌가 짐작된다. 그럴 경우 떠오르게 되는 이는 둘이다. 백석과 같은 해인 1912년생 김성애와 그 한 해 뒤인 1913년생 채규철이다. 김성애는 함남 정평 출신이었지만, 어릴 적부터 중국에서 자라 배우고 머물면서 교사와 언론인으로서 활동했다.27) 광복기 남쪽으로 내려와 『서북신문』28) 문화부장을 거쳤고, 시인이자 소설가로 활동한 사람이다. 김성애와 백석이 만날 수 있었을 기회는 광복을 앞뒤로 한 짧은 시기―그녀가 중국 동북삼성에 머물고 있었던 1940년대부터 평양으로 들어섰을 광복 초기까지―였을 것이다. 그런 과정에서 동년배인 백석을

---

26) 충무공에 대한 백석의 관심 정도를 볼 수 있는 글이 한 편 있다. 백석과 함께 조선일보사에서 일하면서 막역하게 지냈던 수필가 신현중이 쓴 것이다. 자신의 고향 통영길을 함께 했던 백석이 이순신 장군의 사당 충렬사에서 참배할 것을 권했음에도 '그저 보고 서 있었을 뿐' 끝내 절하지 않은 데 의아했다고 적고 있다.
   신현중, 「서울문단의 회상」, 『영문』 7호, 영남문학회, 1949.
27) 그녀가 낸 책은 아래와 같다.
   시집 『초원』, 자가본, 1932; 엮은책 『경범죄해설 회중독본』, 1953; 엮은책 『경남명사록』, 1954; 엮은책 『경남명사록』 2집, 1955; 소설집 『사랑의 영역』, 민중여론사, 1957; 시집 『차원에의 저항』, 민중여론사, 1959; 시집 『심혼에 흐르는 모닥불』, 한국문학사, 1980.
28) 1948년 서울에서 창간된 주간신문이다. 『대동신문』과 마찬가지로 극우 반공지로서, 서북청년단의 기관지 역할을 맡았다. 강무학이 편집인으로 일했다.

만났을 수도 있었고, 백석이 자신의 작품을 김성애에게 건넸을 수도 있다. 이 경우라면 「병아리 싸움」의 창작 시기는 경인전쟁기보다 훨씬 아래로 내려서게 된다.

그러나 경인전쟁기 김성애는 『재건타임스』의 편집에 끼여들 입장에 있지 않았다. 광복과 북한 체제 개편 과정에서 어려운 일을 겪은 뒤 월남하여, 다시 서울에서 지닌 것을 모두 잃은 채 인천길로 화급하게 탈출해 내려온 이가 그녀다. 남쪽 생활 자체가 매우 곤궁하고 어려운 처지였을 김성애 시인이 백석의 작품을 온전히 갈무리해두고 있다 내어놓았을 가능성은 없다. 게다가 '준석'이라는 이름은 여자가 자신에게 붙이기는 어려운 이름이다.

『재건타임스』에 백석의 작품을 올렸을 가능성이 있는 다른 한 사람은 채규철이다. 그가 『재건타임스』의 실질적인 출판 기획을 오래도록 도맡았을 뿐 아니라, 작가였다는 사실은 이미 앞에서 밝혔다. 그야말로 기성 문인들의 작품을 올리는 '시'란에 '준석'이라는, 남쪽 문단에서는 아주 낯선 이름으로 작품을 올릴 수 있는 '기성' 작가였다. 백석과는 한 살 아래로 같은 평북 출신이어서 남다른 친분을 짐작해 볼 수 있다. '준석'이란 바로 채규철이 사내 필진이나 비슷한 자격[29]으로 올린 가명일 가능성이 짙은 셈이다.

'준석'은 작품 「물오리」를 '구고중'에서 끄집어냈다고 적었다. 생각을 더 키워보면 옛 글뭉치에서 작품을 고르다 절친했던 백석의 것을 찾게

---

29) 『재건타임스』의 주간 자리가 채규철에서 장지용으로 바뀐 때는 1952년 7월 7일, 38호였다. 그리고 채규철이 '대한상이군인회' 부회장으로 승진하였음을 같은 호는 기사로 다루고 있다(주 15 참조). 그로부터 5주쯤 뒤인 8월 11일, 43호에 백석의 「병아리 싸움」이 실렸다. 채규철은 여전히 신문 출판에 깊이 관여할 수 있었던 셈이다. 채규철이 『재건타임스』뿐 아니라, '대한상이군인회' 일에서 완전히 손을 뗀 때는 1953년 6월 본부 사무실을 서울로 옮길 어름으로 보인다. '대한상이군인회'가 그 이름을 10월에 '대한상이용사회'로 바꾸었는데, 그것은 임원 교체를 비롯한 전반적인 체제 개편을 끝낸 뒤의 일일 것이다. 게다가 1954년 봄의 인명록(주 17 참조)에 "상업에 종사중"이라 했으니, 기록이 만들어진 짧지 않을 기간을 고려에 넣을 필요가 있는 까닭이다.

되어 그것을 먼저 올리고, 다시 자신의 것도 지면에 올렸으리라는 데까지 나아간다. '준석'이라 이름 붙인 일이 예사롭지 않고, 백석의 '병아리'와 '준석'의 '오리'가 소박하게 연결되는 까닭이다. 그리고 채규철은 '준석'을 비롯해 『재건타임스』에 유달리 잦은바, '석(石)'을 돌림자로 삼은 이름의 사내 필자거나, 그 일에 알게 모르게 깊은 영향을 끼친 이로 보인다. 무엇보다 그는 백석과 가까운 관계에 있었을 사람인 것이다.

그리고 그러한 교분이 더 깊어질 수 있었다면 그 시기는 광복 초기 북한에서 김일성주의와는 다른 민족 우파 활동, 곧 조만식과 백석이 길을 같이 할 때였을 것으로 짐작된다. 그리고 일이 여기까지 이른다면 이 작품의 의의는 예사롭지 않다. 채규철이 남쪽 문단에서 쉬 잊혀져간 일과도 연관이 있을 법한 까닭이다. 그는 남쪽 문단과 그리 교분이 두터웠던 것으로 보이지 않는다.[30) 피란문단에서도 다른 문학활동은 찾을 수 없다.[31)

게다가 같은 월남문인이며 대표적인 극우 인사 오영진이 내고 있었던 『주간문학예술』에 장수철·박남수와 같은 이들이 작품을 실은 데 견주어 채규철은 끝내 이름을 올리지 않았다. 그리고 1954년 현재 그는 상업을 업으로 삼고 있었다. 이로 미루어 채규철이 남한 문단에 편입되지 못한 것은 그의 노선이나, 문학 감각과도 연관이 있을 것이라는 짐작을 갖게 한다. 그는 서북청년단과 같은 골수 반공주의자는 아니었다 하더라도[32) 남쪽에 내려와 상이군인회의 주요 구성원으로 활동하게 될 만한,

---

30) 그의 문학, 언론 활동이 나라잃은시기에는 주로 평양을 중심으로 소극적으로 이루어졌고, 광복 뒤 월남한 시기도 1946년 후반이나 1947년 초반으로 늦었을 법한 일과 묶어 볼 수 있겠다.

31) 대표적인 문예지였던 『전선문학』이나 『주간문학예술』, 그리고 『문화세계』와 같은 데에 그의 이름은 보이지 않는다. 월남한 문학인 가운데서 구상, 황순원과 같은 이들이 남쪽문단에 쉬 편입하여 일찍부터 활발한 활동을 한 것과 대비된다. 이미 광복 이전부터 시작 활동을 하고 있었던 장수철조차 월남한 뒤 다시 『주간문학예술』에 '신인'으로 작품을 내고, 뒤에 편집일을 맡아보기도 했다. 이런 일로 미루어보아 많은 월남 문인들이 편입을 포기하거나, 아예 무관심의 대상으로 밀려났을 수도 있다.

북한에서 남다른 문화자본과 기반을 쌓았던 이였을 것이다.

따라서 「병아리 싸움」이 남쪽 매체에 실린 일은 월남문인이자 편집자였던 채규철이 비록 적으로 맞서 북에 남아 있을지언정, 결코 계급주의자는 아님이 분명한 백석 시인에 대한 곡진한 마음이 담긴 표현일 수 있다. 일찍부터 간수하고 있었던 백석 시를 자칫 용공 시비를 자초할지도 모를 후방 매체에 거리낌없이 올린 까닭이다.

다른 경우도 생각해 볼 수 있겠다. 광복 초기 북쪽에서 간행된 매체에 실린, 교분이 깊었던 백석의 작품을 발견하고 채규철이 그것을 간수해두었다가, 『재건타임스』가 실을 만한 마땅한 작품을 얻지 못하자 재수록하도록 했을 가능성이 그것이다. 작고문인의 작품이나, 이미 발표된 작품이 재발표되는 일은 『재건타임스』에서 여러 차례 있었다.[33] 편집의 필요에 따라 작품 대필[34]뿐 아니라, 허락 없이 잘 알려진 남의 작품을 옮겨 오는 일은 그 무렵 언론계에서 그리 드문 경우가 아니었던 셈이다.

---

32) 그가 광복기 남쪽에서 발표한 몇 편 되지 않는 글 속에는 우파 잡지인 『신천지』뿐 아니라, 비록 대학생들의 회지이긴 했지만 좌파 '조선불교학생동맹'의 매체 『녹원』과 『조선주보』에 실은 작품도 있다. 광복기 그의 삶이 지녔을 굴곡과 너비를 짐작케 한다.

33) 특히 '재건문학독본'이라는 난을 두어 10차례 연재를 한 곳에서 두드러졌다. 거기서는 이미 작고한 민태원의 수필, 노자영의 편지글, 김환태의 문학평론, 방정환의 동화를 싣고 있다. 그리고 이병기의 수필과 조연현의 가벼운 평론이 2회, 월남문인인 허윤석과 이봉구의 콩트까지 실었다.

34) 김성애의 글에서 그런 행태를 잘 엿볼 수 있다.

"6·25가 벌어졌다. 남하하여 이름 없는 주간지의 문화부장으로 있으면서 하잘 것 없는 정기간행물(그 당시 범람하던)에 잡문과 기사와 수필을 썼고, 그 대필도 해주어 가며 그 고료로써 생활고에 시달리면서 또 원고를 썼다. 추워서 손을 홀홀 불어 녹여 가면서 담요를 뒤집어쓰고 배고픔을 견디어 가며 울면서 글을 썼다."

김성애, 「권말에 붙여서」, 『사랑의 領域』, 민중여론사, 1957, 261면.

4. 「병아리 싸움」의 뜻

백석의 시 「병아리 싸움」은 매우 이례적인 길로 세상에 알려진 작품이다. 시인과 경인전쟁 이전부터 여러 연이 깊었을 작가 채규철이 일찍부터 간수하고 있었던 그 작품을 자신이 편집을 맡은 대한상이용사회 기관지 『재건타임스』에 실은 것으로 보인다. 이 글은 그 사실을 뚜렷이 하기 위해 몇 가지 점에서 그 터무니를 작품 안·밖으로 나누어 찾아본 것이다. 그리고 이 일이 지닌 뜻은 아래와 같다.

첫째, 백석의 작품에 대해 갖게 된 세간이나 학문공동체의 관심은 그 연조가 길지 않다. 빈자리가 많을 터이다. 그 가운데서 백석의 작품 발굴 또한 꾸준히 관심을 가져야 될 일거리다. 그런 까닭에 이번 「병아리 싸움」의 발굴은 백석 시 한 편을 우리 근대문학사의 자산 가운데 하나로 더하는 즐거움을 준다.

둘째, 「병아리 싸움」은 시로 발표되고 있으나 동시에 가깝다. 그리고 이 작품은 채규철이 백석과 남다른 교분을 자주 나누었을 시기, 곧 을유광복을 앞뒤로 하는 짧은 시기에 얻게 된 것으로 보인다. 따라서 백석이 동시 창작이나 아동문학 평론에 관심을 보인 시기는 흔히 알려지고 있는 바와 같이 경인전쟁이 끝난 뒤, 그가 새로 북한문단에 편입되기 시작한 1950년대 중반 무렵부터가 아니다. 적어도 훨씬 앞선 광복 초기까지 내려선다. 백석의 작풍에는 초기 『사슴』 무렵부터 동시적 상상력이 깃들자리가 넓었다. 이 작품을 빌어 후기 아동문학에 대한 본격적인 관심으로 나아가는 자연스런 징검다리를 한 곳 확인할 수 있었던 셈이다.

셋째, 『재건타임스』에 「병아리 싸움」이 실리게 된 일은 채규철과 같이 백석을 익히 알고 있었을 월남문인으로 말미암은 것이다. 따라서 이 일은 광복기 평양에서 백석이 김일성주의 노선에 맞닿은 문학활동은 하지 않았음을 확인시켜 준다. 현재로서는 우익 인사 조만식의 통역비서였다는 풍문만 알려지고 있었다. 이 작품으로 그런 자리를 좀더 기울 수 있게 된 셈이다. 만약 백석이 '북조선문학예술총연맹'과 같은 데서 확실한 자리를 차지한 채 활동했던 계급주의자였더라면, 그 무렵 사회 분위기로 보아 그것도 적진에서 다쳐 돌아온 상이용사의 기관지에 작품이 실리는 이례적인 일은 일어나지 않았을 터이다. 적어도 백석의 시와 삶에 대한 사상 검증에서 확신을 가졌거나, 깊은 데까지 자신감을 지닌 이가 결정한 일이다.

넷째, 마침내 「병아리 싸움」은 광복기, 북쪽을 선택하기도 어려웠고 남쪽을 선택하기는 더욱 어려웠을 백석의 깊은 속내를 짐작하게 해준다. 작품에서 잘 드러나고 있는바, 병아리가 둘로 나뉘어 서로 싸우다가 한 어미 품에 아무렇지도 않게 안겨 하나가 되듯이, 둘로 나뉘어진 겨레의 삶이 그리 되었으면 하는 희원과 그리 되지 못하는 현실에 대한 낙망이 그것이다. 사람 세상이면서 날개짐승의 모습에도 못 미치는 겨레 현실에 대한 안타까움이 옹근 시다. 그런 점에서 「병아리 싸움」은 뒷날 그의 동시가 오롯이 지향하고자 했던 알레고리적 짜임새까지 일찌감치 보여주고 있는 셈이다.

백석을 가까이 기억할 수 있었을 많은 이들은 북에서 떠밀려 내려온 뒤, 남쪽 문단에 제대로 뿌리내리지 못했다. 어떤 사람은 전쟁기를 거치면서 문학사의 뒷자리로 잊혀졌다. 김광주·모윤숙·조연현과 같은 이른바 문협 정통파들에 빌붙어 새삼스럽게 새 삶을 얻는 이도 있었다. 함락과 수복에 이르는 '적치 90일' 동안 서울에 남아 '문학가동맹'에 들었던 문인들도 공산당의 '만행'을 애써 말로 외치고, 글로 뿌리며 한국사회로 다시 올라서기 위해 눈을 두리번거릴 무렵이었다. 그 무덥고 긴 8월, 남녘 항구 부산의 한 자리에서 백석은 벼슬 붉은 맨드라미 같이 고요히 익고 있었다.

백석을 베껴 읽었던 북녘 시인 윤동주를 문학사 위로 끌어올린 이는 고석규였다. 함경도 출신 그 젊은 평론가가 차가운 청동처럼 굳어 버린 심장을 안고 타향 부산에서 쓰러지고, 시인 한무학이 북녘 고향 가까운 인천 갯가를 떠돌며 장차 이 땅을 버리고 바다 건너 건너로 떠날 일을 입술 깨물며 결심하고 있었을, 그 여러 해 앞선 1951년이었다. 광복기를 앞뒤로 한 시기 북한에 대한 학맥·인맥, 문학사회학적 정보에 마냥 눈 밝고 귀밝은 이가 나와 더욱 온당하게 이 사실을 변증해 주기 바란다.

제 2 장

백석과 신현중, 그리고 경남문학

1. 백석과 경남

시인 백석(1912~?)은 모두 세 차례 경남지역을 다녀간 것으로 여겨진다. 1935년 6월과 1936년 1월, 그리고 1936년 12월에 있었던 세 번째 걸음이 그것이다. 그리고 세 차례에 걸친 남행을 빌어 백석은 모두 여섯 편에 이르는 기행시를 발표하고 있다. 백석이 북도 사람이고, 그가 남긴 작품 대부분이 고향과 그 가까운 함경·평안도 지역, 지나 동북지역에 걸치는 곳곳의 장소 경험이나 민속 체험 또는 거기서 겪었던 삶의 서정에 치우치고 있다. 모두 여섯 편에 이르는 경남지역 기행시의 경우는 썩 이례적인 경우라 하겠다.

그런데 이 세 차례에 걸친 걸음이 가 머물렀던 맨 끝자리는 언제나 다도해의 아름다운 항구로 이름이 드높은 통영이었다. 그의 남행시 여섯 편은 「통영(統營)」이라는 제목으로 발표된 세 편에 「창원도(昌原道)」, 「고성

가도(固城街道), 「삼천포(三千浦)」로서 통영에 이르기 위해 거쳐야 될 곳이
거나, 그 가까이 있는 곳의 이름이다. 이렇듯 통영이라는 장소가 백석 시
에서 중요한 자리로 올라서게 된 것은 그가 남긴 통영시 세 편이 모두 뛰
어난 작품인 까닭도 있으나, 나아가 그가 통영에 가게 된 속사정도 한 몫
을 한다. 곧 20대 젊은 백석이 사랑해 마지않았던 박경련이란 처녀의 고
향이 통영이었던 탓이다. 그녀를 만나기 위해, 때로는 그녀의 흔적을 찾
아 백석은 통영을 찾았고 그 일로 겪은 바가 여섯 편 남행시로 고스란히
남게 된 셈이다.

　그런데 앞의 두 차례 통영 길에 백석을 이끌었던 이가 통영을 고향으
로 삼고 있으면서 같은 일터인 조선일보사에서 함께 일하며 절친하게
지냈던 벗 신현중이었다. 백석에게 동향 통영 처녀인 박경련을 소개해
주고 혼인을 주선하는 일을 앞서 맡았다가, 뒷날 백석을 젖혀두고 그녀
와 혼인하게 된 이가 바로 그다. 그리하니 백석과 신현중, 그리고 그의
아내 박경련은 흔치 않은 인연의 고리로 얽혀 있었던 셈이다. 그 가운데
한 사람인 백석은 북에 머물러 있다 세상에 그 죽음을 알리지도 못한 채
삶을 마감하였다. 신현중 또한 돌아간 지 벌써 스무 해에 이르고 있다.
세월이 이런 저런 사람살이의 인연 꾸러미를 어디로 어떻게 끌고 갈 것
인지는 참으로 알 수 없는 노릇인가 싶다.

　어쨌든 백석은 젊은 시절, 이루지 못해 안타까웠을 연모와 그 기억을
애틋한 장소시로서 남겨 두어 통영이라는 남도 갯가의 한 도시를 우리
시문학 속에서 아름다운 사랑의 장소로 올려 세웠다. 통영을 고향으로
가진 대표 문학인인 청마 유치환이 고향 앞바다를 향해 부른, 억세고도
짐짓 허황된 「깃발」의 목소리와는 사뭇 달리 따뜻한 마음과 쉬 다치기
쉬운 섬세한 눈길로 푸른 통영 바다를 사랑의 기쁨과 애잔함이 한꺼번
에 뭉게구름처럼 피어오르는 곳으로 우리 앞에 남겨 주었다. 멀리 바닷
가를 끼고 있었던 평북 정주 지역 출신 백석이 남녘 먼 바닷가로 몸을
실어 그의 고향과 같은 안온한 느낌에 젖으면서 통영 지역에 색다른 장

소이미지를 마련해 준 셈이다.

이제 한때 백석과 가장 가까웠던 벗, 신현중이 남긴 수필 한 편을 빌려 백석의 나날살이와 남도 통영 걸음에서 겪었을 일들을 새삼스럽게 좇아가 보기로 한다. 신현중의 글은 백석의 사람됨을 알 수 있는 자료가 매우 드문 가운데서 얻은바, 그와 가장 가까이서 사사로운 일들을 함께 겪으면서 벗했던 이가 남긴 백석에 대한 구체적인 체험 자료라는 데 의의가 크다. 게다가 백석의 남행시 여섯 편이 지닌 속사정을 세세하게 들여다 볼 수 있도록 빌미를 마련해 주는 살아 있는 자료다. 경남지역 문단사에서 신현중이라는 수필가를 처음으로 되돌아보게 하는데 빠트릴 수 없는 글이라는 점도 짚어두어야겠다.

2. 백석과 신현중

신현중은 호를 위랑(韋郞)이라 썼다. 그는 1910년 경남 하동군 적량에서 아버지 신상재의 1남 3녀 가운데서 둘째로 태어났다. 그의 선친 신상재는 일찍이 진주와 통영 군청을 거치며 관리로서 일을 했다. 신현중은 보통학교 3학년 무렵 그러한 아버지를 따라 통영으로 건너와 거기서 자랐다. 1921년 통영공립보통학교를 졸업한 뒤 서울로 올라가 경성제일공립고등보통학교를 거쳤고, 1929년 이른바 경성제국대학 예과 6회로 입학하였다. 입학 뒤부터 독서회를 만들어 계급주의와 민족주의 사상을 키워갔다. 그 해 12월 광주학생의거가 일어난 다음 달, 경성제국대학 안에 그 격문을 뿌리기도 했던 행동력이 이미 거기서부터 다듬어졌던 셈이다.

1930년 예과 2학년 무렵 학교 바깥의 계급주의 조직과 연결, 물밑 작업을 계속했던 그는 1931년 9월 왜로들의 대륙침략이 일어나자 실천할 때라고 보고 격문을 쓰고 이틀 밤에 걸쳐 등사하여 시내 곳곳에 뿌렸다. 잠시 몸을 함흥으로 피하기도 했던 신현중은 다시 서울로 돌아와 붙들렸다. 이 일로 50여 명이 잡혔던 바 있었는데, 이듬해 8월 이른바 치안유지법과 출판법 위반으로 왜로들의 재판에 올라간 이는 일본인 세 사람을 포함, 모두 19명이었다. 이른바 '경성대반제동맹활동'[1]이다. 경성제국대학이 만들어지고 가장 규모가 크고 조직적인 현실 참여 활동이었던 셈이다. 이 일로 신현중은 기소 기간을 합해 3년 동안이나 서대문형무소에서 옥살이를 하였다. 주동인물로서 높은 형을 받았던 것이다. 그의 아버지 또한 파면을 당하여 집안이 커다란 곤경에 이르게 되었다.

1934년 겨울에 3년형을 마치고 나온 신현중은 다른 관련자들과는 달리 경성제대로 복학하지 않았다. 1935년 봄에 조선일보사에 들어가 사회부에서 언론인으로서 걸음을 내딛기 시작했다.[2] 거기서 그는 백석을 만

---

1) 이충우가 이에 대한 배경과 경과를 잘 살펴 놓고 있다. 이른바 경성제국대학 학생들을 중심으로 일어났던 '경성대반제동맹활동'은 왜로들이 대륙침략을 일으키자 이에 반전격문을 뿌리고, 세계대전의 출발이 될 대륙침략을 그치라고 나선 활동이었다. 조선 학생과 일본 학생들이 함께 참가했다는 점에서 왜로에게 충격이 더 컸다. 이 일을 두고 이른바 조선총독부 경무국이라는 왜로 기관에서 낸 『고등경찰용어사전』에서는 '성대중심비밀결사와 적우회사건'이라는 이름으로 항목을 올리고 있다. 거기에 따르면 조선공산당 조직책 이종림은 1931년 3월 경성대학 법과의 공산당 비밀결사 독서 조직을 처음으로 하여 경성대 반제위원회를 조직하고, 나아가 서울시 학생협의회를 결성했다고 적고 있다. 또한 경성대생 신현중은 사회혁명을 목적으로 한 적우회 조직 가운데서 첨예분자로 청년 적우회 결사를 조직하여, 그 조직을 여러 방면으로 넓힘과 아울러 경성대 독서회 뉴스, 반제학생신문, 적기, 격문들을 출판하였다. 같은 해 9월에 대륙침략을 틈타 일대 반전 활동을 일으킨 성대 비밀 조직 구성원들을 이끌며, 반전격문 50부를 찍어 서울시내 여러 공장, 학교, 극장들에 뿌렸다고 적고 있다. 학생 신분으로서 유일하게 신현중의 이름을 올리고 있어 그의 비중을 짐작하게 한다.
이충우, 『경성제국대학』, 다락원, 1980, 179~196면; 조선총독부 경무국, 『고등경찰용어사전』, 조선총독부, 1935.
2) 조선일보사에서 낸 『조선일보오십년사』의 직원 명단에 따르면, 신현중은 1935년에 들어가 1940년 봄까지 5년 남짓 사회부에서 부원으로 일한 것으로 여겨진다. 유족들이 뒷날에 되찍어낸 그의 수필집 『두멧집』(1993)의 해적이에는 1936년에 조선일보사로 들어갔던 것으로 적혀 있다.
조선일보사, 『조선일보오십년사』, 1970; 신현중, 『두멧집』, 언어문화, 1993.

났다. 백석과 매우 친했던 벗 허준과도 깊이 어울리면서 자신의 여동생을 그에게 맡기게 된다. 신현중의 누나인 신순정은 통영에서 교편을 잡고 있다가, 서울로 먼저 올라와 있었던 집안을 뒤 따라 포천에서 교사 생활을 하고 있었다. 통영에서 가르친 바 있었던 박경련은 그때 이화고녀에 다니면서 옛 스승댁을 드나들었고, 신현중과는 잘 아는 사이였다.

신현중은 이때 이미 동아일보사 편집국장을 하다 옥고를 치르고 나온 바 있는 김준연의 딸과 약혼한 사이였다. 그래서 백석에게 장가들기를 권하면서 통영 여자들을 칭찬하며 중매 들겠다고 나섰다 한다.3) 1935년 6월 벗인 허준의 혼인 기념 축하 모임에서 신현중과 백석, 그리고 허준을 비롯하여 박경련·김천금과 같은 통영 출신 처녀들이 초대되어 모임을 갖게 되었다. 거기서 백석은 박경련4)을 유심히 살핀 것 같고, 마음을 둔 듯하다. 그 모임에 이어 곧 백석은 허준과 신현중을 앞세워 통영에 첫 걸음을 하게 되었다. 아마 처가 신행을 떠나야 했을 허준 부부와 동행하는 꼴이었을 것이다. 그 해 12월 『조광』에 발표된 「통영」은 그때의 통영 풍광을 마음속에 새긴 작품이었다. 백석 나이 스물네 살에 박경련은 꽃다운 열여덟 살이었다.

---

3) 앞뒤 사정은 박경련과 대담을 빌어 송준이 간추려 놓았다. 신현중과 백석은 이 무렵 이미 허물없이 사사로운 이야기를 나눌 수 있는 사이였다. 그러한 관계는 백석과 함께 두 번째로 통영을 다녀온 바로 뒤였던 1936년 1월 29일에 이루어진 시집 『사슴』 출판 기념회에서 이원조·함대훈·안석영·홍기문들과 나란히 신현중이 발기인 가운데 한 사람으로 이름을 올리고 있는 데에서도 잘 알 수 있다.

　　송준, 『시인 백석 일대기 ① 남신의주 유동 박시봉방』, 지나, 1994, 148~155면.

4) 박경련은 통영시 도남동 470번지에서 1917년 6월 8일(음력) 박성숙의 고명딸로 태어났다. 아버지 박성숙은 그 무렵 통영청년회 활동을 거들기도 했던 소지주로서 박경련이 15세, 곧 이화고녀 1학년 때 32세 젊은 나이로 세상을 떠났다. 박경련은 통영공립보통학교를 졸업한 뒤 서울로 올라가, 통영의 유력자였던 외숙부 서상호의 집에 머물면서 그의 도움으로 학업을 이었다. 기미만세의거 때 통영에서 앞장섰던 애국자였던 서상호는 광복 뒤 2대 국회의원을 지내기도 했다. 그는 학생 신분으로 반제 활동에 앞장서 옥고를 치르고 나온 동향의 신현중을 아꼈으며, 신현중 또한 서상호를 깊이 존경하였다 한다. 몇 해 뒤 신현중이 박경련과 혼인하게 되는 데에는 후견인 셈이었던 서상호의 뜻이 많이 작용한 것으로 보인다.

> 넷날엔 統制使가있었다는 낡은港口의처녀들에겐 넷날이가지않은 千姬라는
> 이름이많다
> 미억오리같이말라서 굴껍지처럼말없이 사랑하다죽는다는
> 이千姬의하나를 나는어늬오랜客主집의 생선가시가있는 마루방에서맞났다
> 저문六月의 바다가에선조개도울을저녁 소라방등이붉으레한마당에 김냄새나
> 는비가날였다
>
> ―「統營」

　"저문 六月"의 통영 첫 걸음에서 겪었던 생생한 감각과 포근한 느낌을 잘 그려내고 있다. "넷날엔 統制使가 있었다는 낡은 港口" 통영 갯가의 건강한 처녀들은 모두 그가 연모해 마지않았던 박경련이었을 터이다. 그녀는 "넷날이 가지 않은" 정결한 모습으로 "말업시 사랑하다" 죽을 듯 이미 몇 달 앞서부터 젊은 백석을 강렬하게 사로잡으며 다가왔던 '千姬'였다. "소라방등이붉으레한마당에" 나리는 "김냄새나는비"라는 표현은 백석이 북쪽 고향에서 가끔 보았을 바다와 같은 장소이면서도, 그곳과는 다르다. 새로운 연모의 장소로 살아 오르던 남쪽 통영바다가 지닌 고유한 아름다움에 사뭇 즐거웠을 백석의 마음을 잘 담아낸 표현인 셈이다.

　즐거웠고 색달랐으며 가슴 두근거렸을 첫 통영 길을 마친 몇 달 뒤인 이듬해 1936년 1월 초순에 백석은 다시 한 번 먼 통영으로 신현중과 함께 내려갔다. 두 번째 통영 걸음이었다. 박경련을 만나기 위해서였는데, 그녀는 방학이어서 고향 통영 집에 머물러 있을 때였다. 백석은 대구, 삼랑진을 거쳐 마산에 이른 뒤 배를 타고 통영으로 가게 되어 있었다. 그러나 방학이 끝나가고 있었던 탓에 이미 서울로 되올라가 버린 박경련과 백석은 걸음이 엇갈려 만날 수가 없었다. 백석과 신현중은 박경련이 없는 통영에 내려, 박경련의 외사촌이었던 서병직의 안내를 받아가며 이 통제사순신 장군의 사당인 충렬사를 비롯해 통영의 여러 곳을 둘러보았다. 이미 서울로 떠나버려 통영에서는 볼 수 없었던 박경련을 생각하며

백석은 그 심회를 1월 23일 『조선일보』에서 「통영(統營)」이라는 시로 고스란히 담아냈다.

구마산의 선창에선 조아하는 사람이 울며날이는배에 올라서오는 물길이 반날
갓나는고당은 갓갓기도하다

바람맛도 짭짤한 물맛도 짭짤한

전북에 해삼에 도미 가재미의 생선이조코
파래에 아개미에 호루기의 젓갈이조코

새벽녘의거리엔 쾅쾅 북이울고
밤새ㅅ것 바다에선 뿡뿡 배가울고

자다가도 일어나 바라로 가고십흔곳이다

집집이 아이 만한 피도안간 대구를 말리는곳
황화장사령감이 일본말을 잘도하는곳
처녀들은 모두 漁場主한테 시집을가고싶허 한다는곳

山넘어로가는길 돌각담에 갸웃하는 처녀는 錦이라든이갓고
내가들은 馬山客主집의 어린딸은 蘭이라든이갓고
蘭이라는 이는 明井골에산다는데
明井골은 山을넘어 冬栢나무푸르른 甘露가튼 물이솟는 明井샘이잇는 마을
인데
샘터엔 오구작작 물을긷는처녀며 새악시들 가운데 내가조아하는 그이가 잇
슬것만갓고
내가조아하는 그이는 푸른가지붉게붉게 冬栢꽃 피는철엔 타관시집을 갈것만
가튼데
긴토시끼고 큰머리언고 오불고불 넘앳거리로가는 女人은 平安道서오신듯한

데 冬栢꽂피는철이 그언제요

　넷 장수모신 날근사당의 돌층게에 주저안저서 나는 이저녁 울듯울듯 閑山島
바다에 뱃사공이 되여가며
　넝나즌집 담나즌집 마당만노픈집에서 열나흘달을업고 손방아만찟는 내사람
을 생각한다.

— 「統營」

　‘명정샘’은 이통제사순신 장군을 모신 충렬사 앞에 있는 샘이다. 어떤
가뭄에도 마르지 않았다는데, 일정(日井)과 월정(月井)이라는 두 개의 샘으
로 이루어졌다. 그 둘을 모은 명(明)이라는 글자를 따서 명정(明井)이라 일
컫는다. ‘명정골’은 곧 맑은 그 샘이 있는 골이라는 뜻이다. 박경련과 그
가족이 살고 있었던 집은 바로 명정골 396호였다. 이 시에서 “내가조아
하는 그이”란 바로 박경련이었을 터이다. 충렬사 “날근사당의 돌층게에
주저안저서” 그녀를 만나지 못한 채 통영에 머물게 된 백석의 연정어린
마음이 잘 드러난다. ‘난’처럼 고운 자태로 “열나흘달을업고 손방아만짓
는 내사람”이라는 아름다운 구절로 담아낸 박경련에 대한 그리움이 사
뭇 깊었던 것을 알 수 있다.
　신현중은 이어 백석을 데리고, 진주로 건너가 그 무렵 식산은행의 행
원으로 일하고 있었던 그의 작은아버지 신경재의 집에 머물면서 즐겁게
유흥을 즐겼다. 그 다음 날 마산을 거쳐 신현중과 함께 서울로 올라온
뒤, 1월 23일에 백석은 이 시 「통영」을 조선일보에 ‘남행시초(南行詩抄)’라
는 곁텍스트를 붙여 발표했던 것이다. 이때 그가 통영과 진주를 거쳐 남
도에 머물렀던 기간은 사흘이나 나흘이었을 듯싶다. 그 짧은 동안에 진
주에서도 다시 바다 쪽으로 한참을 내려서야 닿는 삼천포까지는 둘러볼
여유가 없었을 것으로 보인다.
　3월에 이르러 백석은 『조선일보』에 다시 ‘남행시초(南行詩抄) 1·2·
3·4’라는 곁텍스트 아래 경남 이곳 저곳을 다룬 장소시 4편을 발표했다.

3월 5일의 「창원도」, 6일의 「통영」, 7일의 「고성가도」, 8일의 「삼천포」가 그것이다. 이때는 백석이 『조선일보』를 막 떠난 시점이며 4월에 함흥의 영생고보로 일자리를 옮기기 직전이라 마음을 정리할 겸, 홀로 박경련의 고향인 통영과 그 가까운 곳을 둘러볼 수 있었을 것이다. 송준[5]도 백석이 2월 9일 무렵 다시 통영으로 여행을 한 느낌을 받았으나, 속단할 수 없다고 했다. 만약 이 점이 사실이라면 백석이 통영을 걸음한 일은 세 번이 아니라, 네 번에 이르게 되는 셈이다.

실제 '남행시초(南行詩抄)' 속의 시들은 「창원도」와 「통영」이 두 번째 통영 걸음을 했던 때였던 1월 초순 무렵의 겨울 풍경일 뿐, 나머지 「고성가도」와 「삼천포」는 "아지랑이 올으고", "진달래 개나리 한창" 핀 봄날이 그 배경이다. 그러나 시가 발표되었던 3월 초순 무렵은 "진달래 개나리 한창" 피기에는 좀 이른 느낌이 있으나, 겨울과는 완연히 다른 봄날의 풍광을 그리고 있는 것만은 틀림없다. 게다가 그 느낌도 통영에 첫 걸음한 뒤였던 1935년 12월에 발표된 「통영」이나, 두 번째 걸음 뒤 발표했던 1936년 1월의 「통영」과는 그 분위기가 사뭇 다르다.

앞의 두 「통영」에서 말할이가 '천희' 또는 '난'이라는 이름으로 대표되는 이성을 향한 강렬한 느낌을 앞세우고 있는 것과는 달리 세 번째 통영시에서는 그 자신의 특장을 살려, 말할이의 심사를 죽이고, 통영과 그에 이르기 위해 지나쳐야 했을 창원이나 통영 가까이 있는 도시인 고성·삼천포의 토착적인 삶을 여유 있게 그려주고 있다. 따라서 1936년 3월 세 번째 통영시를 발표할 무렵에는 이미 함흥으로, 더욱 통영에서 멀어지는 북쪽으로 일자리를 옮길 것이 결정된 상태에다, 신문사를 그만 두고 모처럼 한가해진 그로서는 박경련의 자취를 느낄 수 있는 남행길을 다시 한 번 서둘렀을지도 모를 일이다. 그러나 이 점은 짐작에 지나지 않는다.

세 번째 통영시에서 백석은 '서병직씨에게'라는 곁제목을 붙여 두 번

---

5) 송준, 『시인 백석 일대기 ① 남신의주 유동 박시봉방』, 지나, 1994, 230면.

째 걸음부터 통영에 머무르는 그를 대접했던, 박경련의 외사촌 서병직에
대한 고마움과 믿음을 보여주고 있다. 그러한 믿음은 그 자신과 박경련
사이에 앞으로 깊어질지도 모를 사랑에 대한 낙관적인 믿음과도 무관하
지 않았던 듯싶다.

통영장 낫대들었다

갓한닢쓰고 건시한접사고 홍공단단기한감끈코 술한병바더들고

화륜선 만저보려 선창갓다

오다 가수내 들어가는 주막압헤
문둥이 품바타령 듯다가

열닐헤달이 올라서
나릿배타고 판데목 지나간다 간다

——「統營」

함흥에 머물고 있었던 백석은 1936년 겨울 방학이 되자, 그 곳을 떠나
서울로 올라왔다. 그리고 허준과 자신의 혼사 문제를 신중하게 의논하였
고, 마침내 허준을 앞세워 통영으로 박경련의 집으로 청혼을 넣으러 가
게 되었다. 그 무렵 박경련은 이화고녀를 졸업한 뒤, 통영 집에 와 있었
다. 그러나 집안의 완강한 거부로 혼사의 뜻을 이루지 못한 채, 백석은
서병직의 대접만 받고 돌아왔다. 이때가 겉으로 드러난 세 번째 통영 걸
음이었다.

그러나 그 몇 달 뒤인 1937년 4월, 신현중이 김준연의 딸과 파혼하고,
그의 벗 백석이 오래 마음에 두고 있었던 박경련과 오히려 혼인하게 된
사정은[6]은 밝혀진 바와 같다. 신현중은 백석과는 한때 뗄 수 없는 관계

를 맺고 있었던 벗이었으나, 그 뒤 백석이 '난'으로 깊이 사랑했던 여인
과 오히려 혼인하게 됨으로써 백석에게 깊은 마음의 상처를 남겨준 셈
이다.

> 바다ㅅ가에 왔드니
> 바다와같이 당신이 생각만 나는구려
> 바다와같이 당신을 사랑하고만 싶구려
>
> ―「바다」 가운데서

> 샛파란 피ㅅ대를 바라보며 나는 가난한 아버지를 가진것과
> 내가 오래 그려오든 처녀가 시집을간것과
> 그렇게도 살틀하든 동무가 나를 벌인일을 생각한다
>
> ―「내가 생각하는 것은」 가운데서

> 이길이다
> 얼마가서 甘露같은 물이 솟는마을 하이얀 회담벽에 옛적본의
> 장반시게를 걸어놓은집 홀어미와 사는 물새같은 외딸의 혼사말이 아즈랑이
> 같이 낀 곳은
>
> ―「南鄕」 가운데서

> 내 사랑하는 어여쁜 사람이
> 어늬 먼 앞대 조용한 개포가의 나즈막한 집에서
> 그의 지아비와 마조 앉어 대구국을 끓여놓고 저녁을 먹는다
> 벌서 어린것도 생겨서 옆에 끼고 저녁을 먹는다
>
> ―「흰 바람벽이 있어」 가운데서

  1937년 4월 믿고 지냈던 벗, 신현중과 박경련이 혼인을 한 뒤 여섯 달
뒤인 10월 『여성』에 발표한 작품이 맨 위의 「바다」다. 백석은 바닷가를

---

6) 송준, 『시인 백석 일대기 ① 남신의주 유동 박시봉방』, 지나, 1994, 101~108면.

거닐며, 그녀를 잊지 못한 채 '생각만' 나고, '사랑하고만' 싶다고 말한다. 여전히 그 혼인을 받아들이기 힘들었던 셈이다. 이듬해인 1938년 4월에 발표된 「내가 생각하는 것은」에서는 그 일을 이제 나름대로 받아들이고, 마음을 추스리려 하는 모습을 보인다. "내가 오래 그려오든 처녀가 시집을 간 것과 그렇게도 살틀하든 동무가 나를 벌인 일"이라는 명료한 표현에다, 그 일을 이제 '생각한다'고 말할 수 있는 마음가짐에서 그것을 엿볼 수 있다.

그리고 같은 해 10월에 발표된 「남향(南鄕)」에 이르면 그녀로 향했던 주체할 수 없었을 마음과 그로 말미암아 겪었던 지난 일들이 오히려 그리운 하나의 풍경으로 객관화되고 있다. "홀어미와 사는 물새 같은 외딸의 혼사말이 아즈랑이 같이 낀 곳"이라 해 통영이 어느덧 멀리 남녘에 있는 또 하나의 고향처럼 백석에게 새삼스러운 추억의 장소가 되고 있는 셈이다. 굳이 「남향」이라는 제목을 붙여둔 까닭이겠다.

그리고 끝내는 그녀를 향한 오랜 안타까움도, 야속한 벗 신현중에 대한 복잡했을 마음도 다 가라앉히고 그 일들을 멀찍이 떼어놓고 볼 수 있는 단계에 이른 시가 1941년에 발표한 「흰 바람벽이 있어」다. "내 사랑하는 어여쁜 사람" 박경련이 '난'과 같이 고왔던 처녀에서 "그의 지아비와 마조앉어", "벌서 어린것도 생겨서 옆에 끼고 저녁을 먹는" 여인으로 성숙해 간 세월과 한 가지로 백석의 연모도 아픈 그늘을 걷어내고 여느 사람의 세상살이 속의 그립고도 예사로운 풍경으로 그녀를 소담스럽게 올려놓을 만큼 성숙했던 셈이다. 백석이 여섯 해 남짓 닿을 데 없고 메아리 없이 박경련을 향해 홀로 겪었을 사랑과 그리움의 드라마가 마지막 짙게 찍힌 자리다.

그리고 그 맨 뒷자리가 그의 나이 30세인 1941년, 왜로 제국주의의 서슬이 더욱 퍼렇게 겨레의 말과 얼을 갈아먹고 있었던 때였다. 백석으로서는 굴욕적인 역사가 덮쓰우는 삶의 신산함과 질곡에 이리저리 쫓기며 피하며, 나라밖 동북지역으로 일본으로 방랑과 방황을 받아들일 수밖에 없었던 첫 자리였다. 이루지 못한 연모로 말미암았을 안타까움이 더욱 예사롭지 않게 여겨지는 대목이다. 그리고 그때 신현중은 이미 백석보다 한 해 앞선 1940년, 5년에 걸친 조선일보사 기자 생활을 그만 두고 문득 오랜 서울 생활을 마무리한 다음이었다.

신현중은 비록 태어난 곳은 아니었지만 어린 시절을 보냈던 통영으로 귀향해 농촌 생활을 하고 있었다. 통영에서 신현중은 요시찰 인물로 늘 감시를 받으며 시달림을 당했다. 어지러웠던 시국 속에서 광복을 한 달 남짓 앞두고 두류산 아래에 있는 하동 적량 고향으로 몸을 피해 있었던[7] 신현중은 광복이 되었다는 소식을 듣고 바로 서울로 올라갔다. 서울에서 신현중은 조선통신사에 들어가, 다시 언론인으로서 지식인으로서 제 몫을 찾아보려 하였으나, 뜻 같지 않았다.[8] 그리하여 진주로 내려오게 된 그는 진주여자중학교 교장을 처음으로 오랜 교직 생활을 시작하였다.

그 뒤 신현중은 내내 남쪽 그의 고향 언저리에서 머물며 1950년 통영여중교 교장, 1952년 통영중학교 교장, 1956년 부산 남중학교 교장, 1962년 부산여중교 교장으로 일했다. 경남·부산의 교직을 두루 거치면서 청마 유치환, 초정 김상옥과도 자주 어울렸다. 1980년에 영면하였는데, 고인의 뜻에 따라 통영 미륵산 아래에 묻혔다. 1982년 뒤늦게 '대한민국건국훈장애족장'을 서훈 받고, 1993년 그의 넋은 대전국립묘지 애국지사 제2묘역으로 옮겨졌다.

---

7) 「지리산」이라는 시 끝에 '1945년 7월 쫓기는 길에서'란 말이 적혀 있어 그 무렵 급박했을 사정을 짐작할 수 있다.
　　신현중, 『두멧집』, 청우출판사, 1954, 114면.
8) 이 부분은 신현중의 『두멧집』(21면)에서 암시적으로 표현되어 있다. "해방후 하두 세상이 소연하고 사람들이 주제 넓게 모두들 애국 애족을, 정치를 부르짖고 나서기에 그만 정이 떨어져서 내 풀 우거진 전원으로 낙향하고 말았다. 그러나 수양이 모자라는 나는 매일을 울울하게 지나다가 그 울울을 뚫고 나가는 길로서 가장 깨끗하고 죄 안 짓는 일이라고 생각하고 학교를 택하였다." 게다가 신병을 핑계로 그 무렵 통영에 남아 있었던 부인 박경련이 서울로 올라가 다시 낙향할 것을 강권했다고 한다. (1999년 3월 22일 부인 박경련 여사와 통화로 확인.)

신현중은 언론인으로서 뿐만 아니라, 여러 문인들과 자주 어울렸던 탓에 직접적으로 글을 쓸 기회가 많았을 터이다. 그러나 전문작가로 문단에 나서 잦은 활동을 하지는 않았다. 그런 가운데서도 광복 뒤에 발표했던 시 몇 편과 진주·통영 지역 교직 생활 가운데 틈틈이 써 둔 수필들을 모아 수필집 『두멧집』을 냈다. 『국문판 논어』와 『국역 노자』를 옮겨 내어 학생을 비롯해 많은 사람들이 고전에 쉬 다가갈 수 있도록 하는 일에 애썼다.[9] 그는 문학인으로서보다는 교육자로서 자신의 몫을 더 생각했고, 또 그렇게 처신했던 셈이다.

3. 수필 「서울 문단의 회상」

이제 신현중이 남긴 수필 「서울 문단의 회상」을 원문 그대로 옮겨, 백석과 신현중의 옛일을 따라가 보고자 한다. 한자로 되어 있는 낱말은 읽기 쉽도록 한글로 바꾸고, 한자를 괄호 안으로 집어넣었다. 다만 맨 뒤에 붙여 둔 백석의 시 「북방(北方)에서」는 발표되었을 때의 원본을 살렸다.

---

9) 『두멧집』은 1954년 10월에 나온 146면 짜리 책이다. 초정 김상옥이 겉표지 이름을 적고, 이은상과 김선기가 서문을 붙였다. 책 맨 뒤에는 자신이 꼬리말을 붙였다. 이 책은 그의 넋이 국립묘지로 옮겨지는 때를 즈음해 그의 부인인 박경련, 아들 신경득의 손에 의해 되짚혀 나왔다. 이때 조선일보 기자 시절에 남겼던 기사문들이 덧붙여졌다. 이 두 번째 『두멧집』은 언어문화사에서 1993년 10월에 나왔다. 『국문판 논어』는 1955년 1월에 낸 176면 짜리 책이다. 이때 이선근, 육당 최남선이 서문을 붙였다. 『국문판 논어』를 낸 때가 1957년 12월이었다. 134면 짜리 책으로 이은상이 서문을 붙였다. 뒤의 두 책 표지를 김상옥이 꾸몄다. 이미 고전에 해박했을 뿐 아니라, 한 동향이었던 초정 김상옥과는 오래도록 가까운 거리에 있었던 셈이다. 생전에 낸 그의 수필집과 옮긴 책을 모두 청우출판사에서 내고 있는데, 이 일도 김상옥의 주선으로 여겨진다.

서울 문단(文壇)의 회상(回想)

위랑(韋郎)

편집자(編輯者)[10] 하촉(下囑)하시되 "서울 문단회상(文壇回想)"이라고 하였으나 문단인(文壇人) 아닌 나에겐 알맞지 않은 제목(題目)이다 차라리 "서울 문인교유록(文人交遊錄)"이라면 서투른 붓이나마 쓸 수가 있겠다 과거(過去) 반평생(半平生) 내 직업(職業)이 일개(一介) 기자(記者)였기 때문[11]에 기림(起林)·만식(萬植)·원조(源朝)·석영(夕影)·일보(一步)[12]·소천(宵泉)[13]·병각(秉珏)[14]·대산(岱山)[15]·자영(子泳)·기영(基永)[16]·정희(貞熙)·천명(天命)·선희(善熙)[17]·허준(許俊)·백석(白石) 등등(等等) 한 직장(職場)에서 비비대고 일하고 낄낄거리고 놀았더니만큼[18] 이 쟁쟁한 문단(文壇)의 별들이 내 머리 속 한 구석에 남겨 준 그림자를 더듬어 회상(回想)할 수가 있다 이 별들이 다 빛나되 그 빛이 제마다 다르고 이 별들과 다 사겼으되 그 인상(印象)이 제각기(各其) 달랐으므로 이분들의 회상기(回想記)를 하나씩 하나씩 차근차근 쓸 수도 있는지라 우선 이번엔 내 교우(交友) 범위(範圍)에서 이 진양(晉陽)땅과 인연(因緣)이 깊은 시인(詩人) 백석(白石)의 이야기부터 쓰기로 한다 백석(白石)은 그 처녀시집(處女詩集)의 이름 그대로 "사슴"과 같은 시인(詩人)이다 새캄한 머리털이 가늘고 부드러우면서 구실구실 숱이 많아 우선 보기 좋다 웃 눈썹 역시(亦是) 새캄

---

10) 『영문』의 전신인 『등불』을 처음 시작할 무렵에는 시인 백상현도 그 일을 앞서 이끌었던 것으로 여겨지나 곧 설창수가 일을 중심에서 맡았다. 따라서 이 무렵 '편집자'라 함은 설창수를 일컫는 것으로 봄이 옳겠다.

11) 이 글을 쓸 무렵 신현중은 마흔 살로서, 조선일보를 거쳐, 조선통신사에 근무했던 기간을 다 합쳐 보면 6·7년 남짓 언론인으로 일했던 것을 알 수 있다. 따라서 여기서 "반평생"이라는 표현은 언론계에 몸담았던 기간을 뜻한다기보다 이 글을 썼던 1949년도 마흔 살에 이르렀던 그 자신의 연배를 잣대로 볼 때, 그 반에 이르는 20대 무렵이라는 뜻으로 읽힌다.

12) 소설가 함대훈.

13) 평론가 이헌구.

14) 시인 이병각.

15) 홍기문. 학예부장으로 일했다.

16) 화가이자 수필가 안기영.

17) 소설가 이선희.

18) 위랑 신현중과 함께 조선일보사에서 일했던 사람 가운데서도 주로 학예부와 출판부에 있었던 문인들이다.

하고 숱이 많고 약간 꾸불거리면 기운차게 가로 툭하게 긋겨 있고 속 눈썹 길게
자란 그 큰 눈이 이글이글 아름답다 약간 높은 코가 잔등선이 부드럽게 내려 와
서 변두리가 도톰하게 살져서 정말 잘 생겼다 구태여 흠잡으려면 이마가 조금
좁은 것 목이 긴 것뿐이다 키도 중키 이상(以上)이요 어깨며 다리며 균형된 체격
이어서 그 사치한 입성으로 세종로(世宗路)를 걸어가라치면 참 멋이 질질 흐르
는 당대(當代)의 미청년(美青年)이었다 우선 일반사회인(一般社會人)은 그만두
고 같은 사내(社內)에 있던 정희(貞熙)·천명(天命) 등등(等等) 여류시인(女流詩
人)들이 이 백석(白石)을 얼마나 좋아하고 가까이하려 애썼는지는 여러 가지 재
미나는 이야기가 있지마는 여기서는 그만 둔다 멋장이니만치 호사스런 사슴이
었다 그 때 우리는 삼사십원 정도(三四十圓程度)의 양복(洋服)을 입고 달릴 땐
데 백석(白石)은 이백원(二百圓) 들였다는 연두빛깔 "떠불 버튼"을 입고 다녔었
고 양말 한 결레 이삼십전(二三十錢)하던 땐데 일원(壹圓) 이원(貳圓)짜리 양말
을 신고 다녔었다 터틈한 나도 그의 강권(强勸)으로 해서 일원오십전(壹圓五十
錢)짜리 양말을 신어 본 것이 시방 생각해도 우습고 그리웁다 그와 동무해서 길
을 거닐다가 점심(點心) 때가 되면 큰 걱정이다 나는 설넝탕이나 대구탕이나 한
그릇이면 그만인데 그는 그런 음식점에는 들어가기를 싫어했다 깨끗하지 않다
는 것이겠지마는 그가 갈 수 있는 깨끗하고 먹음직한 곳으로 가려면 그 때 나의
호주머니가 허락하지 않았다 그가 지저분하고 궂은 것을 얼마나 싫어했는지는
전화(電話) 받을 때를 보면 그만이다 뭇 사람이 손과 귀와 입을 대던 것이라고
해서 으레 수화기(受話器)는 손수건으로 싸서 쥐고는 귀와 입에 수화기(受話器)
를 대지 않고 조금 떼어서 들고 받는 것이었다 나쁘게 보고 말한다면 괴벽스럽
고 신경질이라고 하겠지만 그렇게 깨끗한 것만 찾는 백석(白石)이가 사흘 나흘
낯을 씻지않고 컴컴하고 지저분한 방 안에 때 묻은 이불을 덮고 있는 허준(許
俊)19)이와 가장 친(親)한 것을 보면 반드시 그렇지도 않은 것을 알 수가 있다 이
십대(二十代)의 백석(白石)이와 사귀던 이런 일 저런 일 쓰려면 한정이 없고
내만이 관계(關係)하고 내만이 알고 있는 여러 가지 자미(滋味) 있는 그의
Romance를 가지고 있어 흥한 말이지만 만약(萬若) 백석(白石)이 나보다 일직 죽
는다면 한 권쯤 책으로 엮어 내 놓을 수도 있으나 아마도 백석(白石)이 나보다
오래 살 것 틀림없으므로 이건 있을 수 없는 일이고 영남문학(嶺南文學) 독자

---

19) 백석이 조선일보사를 그만 둔 뒤, 그 뒷자리를 이었다.

(讀者)를 위해서 그의 내진담(來畛譚) 하나를 펴련다 그 때 백석(白石)이 스물
다섯 살 때이던가 겨울 방학(放學)이 지나고 서울 공부(工夫)하는 학생(學生)들
이 신학기(新學期) 등교(登校)하러 갈 때니까 아마 정월(正月) 초순(初旬)쯤 되
었겠다[20] 백석(白石)이와 나는 통영(統營)을 들려서 이 진주로 왔다 젊은 시인
(詩人) 장차 우리 시단(詩壇)의 빛나는 별이 꼭 될 것 같이 생각되는 백석(白石)
을 안내(案內)해 온 나는 논개(論介)로 이름높은 이 낭만(浪漫)의 진양(晉陽)에
와서 우선 손 쉽게 만날 수 있는 고운 아가씨를 소개(紹介)하기로 작정(作定)하
고 등아각(登雅閣)이라던가 하는 요정(料亭)으로 하루 저녁 자리를 잡았다[21] 마
침 무슨 인연(因緣)이 있었던지 그 때 진주(晉州)서 가장 인기(人氣) 높은 예기
(藝妓) 한 사람도 자리를 함께 하여 노래하고 술마시고 하였는데 그 아가씨 이름
을 잊었으니 여기선 란(蘭)이라고 해 두자[22] 한참 흥겨워 노는데 하기야 그 때
백석(白石)도 나도 똑같은 문자(文字) 그대로의 숫총각이었지만 고운 아가씨들
이 모두다 나는 춘향전(春香傳) 방자로 제쳐놓고 백석(白石)만을 도령(道令)님
으로 모시고 마음 조렸던 건 두 말 할 것 없다 우리는 서울서 온 손인지라 자연
(自然) 서울 이야기가 벌어질 수밖에 없었는데 아가씨들이 서울을 아니 백석(白
石)이 살고 있는 서울을 그리워하는 빛이 완연하였고 나도 백석(白石)이도 그 란
(蘭)이란 애보고 그만하면 서울와도 일류(一流)가 될 수 있다고 지나는 말로 한
것도 그럴 법도 한 일이었다 하루 저녁 유쾌하게 그러나 어디까지 깨끗하게 즐
긴 다음 바로 그 이튿날로 상경(上京)하고 말았었다 그런데 그 후 한 열흘도 못
지난 어느 날에 출판국(出版局)에서 일하던[23] 백석(白石)이가 편집국(編輯局)으
로 허덕허덕 나를 찾아 왔다 아주 해쓱 질린 얼굴로 황겁하게 나를 찾아 왔다
손에는 전보(電報) 한 장을 쥐고 좀 그 때 광경(光景)을 과장해서 표현(表現)한

---

20) 양력으로 셈한 것이다.
21) 송준은 이때 신현중이 "작은아버지 집에서 기생까지 불러놓고 놀았다"고 적고 있어
이 글에 적힌 내용과 다르다. 백석이 진주에 머물렀던 때는 하루 정도였을 것이므로,
'등아각'과 '작은아버지 집', 두 곳에서 두 차례 기생과 어울리지는 않았으리라 여겨진
다. 따라서 일을 손수 겪었던 신현중의 글이 더 정확하겠다.
　송준, 『시인 백석 일대기 ① 남신의주 유동 박시봉방』, 지나, 1994, 183면.
22) 백석이나 신현중이나 그 무렵 청초하고 어여쁜 여자들에게 흔히 붙였던 통칭으로
보인다.
23) 『조선일보오십년사』(1970)에서는 백석의 소속을 처음부터 그만 둘 때까지 교정부원
으로 올려 놓았다.

다면 전보(電報) 한 장을 쥔 그 손이 와들와들 떨고 있었다 전보를 보니 사연은
간단하다 "내일 아침 서울 도착 맞아주오 란이" 『이거 큰 일 났네. 어떡허면 좋
은가.』 그는 정말 어쩔줄을 모르고 걱정하며 나에게 어떻게 조력(助力)해 달라
고 애원(哀願)이다 나는 전보(電報)를 내 손에 받아 쥐고 훑어 본 다음 일부러
애꾸지게 『나는 모르겠네. 내 이름으로 전보가 왔으면 모르거니와 자네 앞으로
온 거니까 자네 알아서 처리(處理)하게 내가 알 바 아닐세 내 못난 게 나는 섧네.
자네가 부러우니보다 심술이 날 지경이야』 이런 수작으로 한참 놀린 다음 그의
애원(哀願)에 못이기는 듯 첫째 서울역(驛)에서 그를 찾아 서울 첫 번 길을 딛는
그 아가씨들을 자동차도 인도해야 될텐데 그 택시값이 없어서 걱정이다 그와 나
는 이 자동차 삯을 이리저리 겨우 주선하여 놓고 이튿날 아침 서울역(驛)에서 만
나기로 약속(約束)하였다 이튿날 이른 아침 경부선(京釜線) 첫차가 도착(到着)
될 무렵 경성역(京城驛)엘 나갔더니 이등대합실(二等待合室)에서 백석(白石)은
검은 두루막 검은 모자를 쓰고 나 오기만 고대중(苦待中)이다 이윽고 우리는 이
진양(晉陽)서 올라온 란이와 또 하나 아가씨 두 분을 태우고 경쾌(輕快)히 남대
문(南大門)을 스치고 장안(長安)으로 드라이브 해 들어갔다……

백석(白石)이를 연분(緣分)해서 상경(上京)한 이 두 송이 진양(晉陽) 꽃이 한
달 뒤에는 일류(一流)가 된 것은 말할 것도 없거니와 시인(詩人) 백석(白石)이
가 첫날 서울역(驛)에 마중나가 준 다음 그후론 일체(一切) 그들과 면대(面對)
조차 없었던 것은 특기(特記)치 않을 수 없다 그 때 진양(晉陽) 오기 전 통영(統
營)을 둘러서 충렬사(忠烈祠)에 갔었는데 내가 먼저 충무공(忠武公) 위패(位牌)
아래 절하고 나서 백석(白石)을 참배(參拜)하랬더니 그는 그저 보고 서있었을
뿐 끝내 절할 줄을 몰랐는데 나는 그 때 그의 충성(忠誠) 없음을 속으로 탓도
했었지만 시방은 그가 왜 절하지 않았는가를 이해(理解)할 수 있는 것 같다 백
석(白石)의 시(詩)가 뛰어난 건지 아닌지는 평론가(評論家)에 맡기고 그저 독자
(讀者)의 한 사람으로서 조선(朝鮮) 것만 쓰고 조선(朝鮮) 때 조선(朝鮮) 내음새
조선(朝鮮) 향기만 풍기는 독특(獨特)한 시(詩)이라해서 좋아하던 내가 요즘 당
시잡지(當時雜誌)를 뒤적거려 백석(白石)의 시(詩)를 읽으니 정말 조선의 슬픔
을 절실(切實)히 노래한 열열(熱熱)한 민족시인(民族詩人) 백석(白石)이란 것을
새삼스레 더 느끼게 한다. 끝으로 백석(白石) 구고(舊稿) 한 편(篇) 베껴써서 시
인(詩人) 백석(白石)의 회상(回想)을 돕는 바다

北方에서
─鄭玄雄에게─

白 石

아득한 넷날에 나는 떠났다 扶餘를 肅愼을 渤海를 女眞을 遼를 金을
興安嶺을 陰山을 아무우르를 숭가리를,
범과 사슴과 너구리를 배반하고
송어와 메기와 개구리를 속이고 나는 떠났다.

나는 그때
자작나무와 익갈나무의 슬퍼하든것을 기억한다
갈대와 장풍의 붙드는 말도 잊지않었다
오로촌이 멧돌을 잡어 나를 잔치해 보내든것도
쏠론이 십리길을 딸어나와 울든것도 잊지않었다

나는 그때
아모 익이지못할 슬픔도 시름도 없이
다만 게을리 먼 앞대로 떠나왔다
그리하여 따사한 해ㅅ귀에서 하이얀 옷을 입고 매끄러운 밥을먹고 단샘을 마
시고 낮잠을 잤다
밤에는 먼 개소리에 놀라나고
아츰에는 지나가는 사람마다에게 절을 하면서도
나는 나의 부끄러움을 알지못했다

그동안 돌비는 깨어지고 많은 은금보화는 땅에 묻히고 가마귀도 긴 족보를
이루었는 데
이리하야 또 한 아득한 새 넷날이 비롯하는때
이제는 참으로 익이지못할 슬픔과 시름에 쫓겨
나는 나의 넷 한울로 땅으로─나의 胎盤으로 돌아왔으나

이미 해는 늙고 달은 파리하고 바람은 미치고 보래구름만 혼자 넋없이 떠도
는데

아, 나의 조상은 형제는 일가친척은 정다운 이웃은 그리운것은 사랑하는것은
우럴으는것은 나의 자랑은 나의 힘은 없다 바람과 물과 세월과 같이 지나가고
없다.

(西紀 一九四〇年 七月[24] 文章에서)

4. 백석의 됨됨이

「서울 문단의 회상」은 1949년 4월 5일에 나온 『영문(嶺文)』[25] 7집에 실
린 신현중의 수필이다. 이 글을 쓸 무렵 신현중은 광복 뒤 잠시 머물렀
던 두 번째 서울 생활을 모두 마감하고, 낙향하여 진주여자중학교 교장
으로 일하고 있었다. 따라서 백상현과 함께 진주에서 영문을 내는데 앞
장서고 있었던 설창수가 오래 서울에서 언론인으로 활동했을 뿐 아니라,
서울 문단 사정에 밝을 신현중에게 서울 문단 회고기를 부탁하였다. 신
현중은 바로 절친했던 백석을 떠올려 그의 남행기를 중심으로 이 글을
쓴 것으로 여겨진다. 신현중과 백석이 함께 진주까지 건너와서 머물렀던
일을 기억해 내고 있는 이 글은 그러므로 1936년 1월 백석이 두 번째로
통영으로 걸음 해서 박경련을 만나보려다 길이 엇갈려 뜻을 이루지 못

---

24) 바르게는 6 · 7월 합호이다.
25) 『영문』은 1946(?)년에 첫호를 낸 뒤, 1960년 18집까지 낸 경남지역 최초의 종합문예
　지다. 처음 4호까지는 『등불』이라는 이름으로 내다가 5 · 6집은 『경남문학』, 그리고 7
　집부터 『영문』으로 바꾸어 그 이름을 계속하였다. 『영문』에 대한 상세한 이해와, 그것
　이 지역문학사에 끼친 바에 대해서 송창우가 잘 밝혔다.
　　송창우, 「경남지역 문예지 연구」, 경남대 석사논문, 1995.

한 채 되올라 갔을 때의 회고인 셈이다.

　이 글은 먼저 ① 앞머리에서 서울 문단 회상에 대해 가볍게 운을 뗀 뒤, 백석을 지목하여 ② 그의 됨됨이를 여러 가지로 일러 준 다음, ③ 그와 함께 통영·진주로 내려와서 함께 겪었던 일을 밝히고, ④ 맺음말로 마무리짓고 있다. 모두 네 덩어리로 글이 짜여져 있는 셈이다. 이 글을 빌려서 우리는 알려져 왔던 바와 같이 신현중과 백석의 절친했던 관계를 새삼스럽게 알게 될 뿐 아니라, 백석의 사람됨에 대해 구체적이고도 새로운 정보를 얻을 수 있다.

　각별히 ②에서 신현중이 백석의 생김새와 됨됨이에 대해 묘사한 것은 다른 어떤 글보다 꼼꼼하다. 문인 인상기를 즐겨 썼던 안석영의 글과 견주어 보면 이 점을 잘 알 수 있다. "머리와 체격과 걸음걸이와 용모가 이국풍정을 느끼게 하며 정열이 대단하고 남구적인 정조를 띤 이로 그 외모와는 달리 그의 시는 조선적이며 고전적인 데가 있다"[26]는 안석영의 소박하고도 겉치레에 가까운 표현과는 썩 다르다. 게다가 결백증에 가까운 듯이 "괴벽스럽고 신경질"적으로까지 보이는 백석의 깔끔하고 섬세하면서도 흐트러지지 않는 모습은 자신에게 충실하고자 했던 백석의 엄격하고도 심지 굳은 됨됨이를 엿보게 하는 좋은 실마리가 된다.

　새카만 머리털이 가늘고 부드러우면서 구실구실 숱이 많아 우선 보기 좋다. 웃 눈썹 역시(亦是) 새캄하고 숱이 많고 약간 꾸불거리면 기운차게 가로 툭하게 긋겨 있고 속 눈썹 길게 자란 그 큰 눈이 이글이글 아름답다. 약간 높은 코가 잔등선이 부드럽게 내려 와서 변두리가 도톰하게 살져서 정말 잘 생겼다. 그태여 흠잡으려면 이마가 조금 좁은 것 목이 긴 것뿐이다. 키도 중키 이상(以上)이요 어깨며 다리며 균형된 체격이어서 그 사치한 입성으로 세종로(世宗路)를 걸어가라치면 참 멋이 질질 흐르는 당대(當代)의 미청년(美靑年)이었다.

26) 안석영, 「조선문인인상기」, 『백광』 6월호, 백광사, 1937, 63면.

그가 지저분하고 궂은 것을 얼마나 싫어했는지는 전화(電話) 받을 때를 보면
그만이다. 뭇 사람이 손과 귀와 입을 대던 것이라고 해서 으례 수화기(受話器)
는 손수건으로 싸서 쥐고는 귀와 입에 수화기(受話器)를 대지 않고 조금 떼어
서 들고 받는 것이었다. 나쁘게 보고 말한다면 괴벽스럽고 신경질이라고 하겠
지만 그렇게 깨끗한 것만 찾는 백석(白石)이가 사흘 나흘 낯을 씻지않고 컴컴
하고 지저분한 방 안에 때 묻은 이불을 덮고 있는 허준(許俊)이와 가장 친(親)
한 것을 보면 반드시 그렇지도 않은 것을 알 수가 있다.

　"내만이 관계(關係)하고 내만이 알고 있는 여러 가지 자미(滋味) 있는
그의 Romance를 가지고" 있는 벗이 쓴 글답게, 백석의 생김새와 사람됨
에 대한 구체적인 감각이 돋보인다. 게다가 백석의 시를 두고 "조선(朝鮮)
것만 쓰고 조선(朝鮮) 때 조선(朝鮮) 내음새 조선(朝鮮) 향기만 풍기는 독특
(獨特)한 시(詩)"라 한 대목이나, 백석이야말로 "정말 조선의 슬픔을 절실
(切實)히 노래한 열열(熱熱)한 민족시인(民族詩人)"이라 추겨 세운 대목은
단호하고 눈부시다. 이 글이 씌어졌던 무렵의 문단 정황으로 보아,27) 그
의 가까운 벗이었다는 점을 감안하더라도 신현중이 백석의 문학에 대해
가지고 있었던 매우 적확하고도 남달리 깊었던 이해를 엿보게 한다.

　이 글을 빌미로 경남 지역문학에서 반제 항쟁에 앞장 서 옥고를 치렀
을 뿐 아니라, 언론인이었으며 교육자로서 어려웠던 시기를 남다르게 살
고자 했던 신현중의 수필문학에 대한 새로운 이해가 이어지기를 바란다.
백석이 남긴 아름다운 통영 장소시 또한 각별하게 지역 사람들에게 사
랑 받게 되기를 바란다. 남달리 삶의 비바람이 잦고 사나웠던 시인 백석
의 삶자리 가운데 작은 한 곳을 일깨워 주는 흔치 않은 이삭 하나를 조
심스럽게 드넓은 문학마당에 거두어 올리는 까닭이다.

---

27) 신현중이 이 글을 쓸 무렵, 백석에 대한 평가는 백철에서 가볍게 이루어졌을 뿐이다.
　　"지방적인 민속적인 것에 집착하여 백석은 특수한 일경지를 개척하였고, 그것으로 성
　　공한 사람"이라 한 평가가 그것이다. "열열한 민족시인"이라 단호하게 못 박고 있는
　　신현중의 평가와는 사뭇 다르다.
　　백철, 『조선신문학사조사－현대편』, 민중서관, 1949, 291~293면.

제3장

백석의 미발굴 번역시 「머리오리」

1.

1980년대 중반부터 널리 일기 시작한 백석의 시와 삶에 대한 관심은 이즈음에 와서도 누그러진 것으로 보이지 않는다. 내놓고 요란한 관심을 들내고 있지는 않지만, 대학에서 중·고등학교에 이르는 우리의 문학교육 제도 안에서 그의 자리는 뚜렷하게 자리 매겨진 것으로 보인다. 참으로 짧은 기간 안에 이루어진 상찬이다.

그럼에도 아직까지 밝혀내고 찾아 들어서야 할 일들이 많다. 그의 가계에 대한 것뿐 아니라 개인사에서도 더 확인될 일은 널려 있다. 각별히 1940년을 앞뒤로 한 시기, 만주 곧 지나 동북지역에서 보냈던 나날들에 대한 행적 조사는 꼭 필요한 일이다. 광복 뒤 남쪽으로 내려오지 않고, 평양문단에 머물게 되는 배경과 그 시기의 활동이 한 고리로 맞물려들 가능성이 큰 까닭이다.

게다가 아직까지 발굴되지 않은 작품도 적지 않게 있을 것으로 짐작
된다. 까다로운 사람됨에도 불구하고, 언론에 몸담고 있었던 까닭에 그
는 여러 영역의 문화인들과 교류가 잦았다. 작품 발표가 다양한 경로로
이루어졌을 가능성을 점쳐볼 수 있게 하는 대목이다. 이동순·송준·박
혜숙·김재용과 같은 이들이 열심히 찾아낸 공이 있음에도 앞으로 백석
작품에 대한 조사와 갈무리는 꾸준하게 이어져야겠다.

이 글에서는 백석의 미발굴된 시를 한 편 소개하려 한다. 시 「머리오
리」가 그것이다. 이 작품은 한글시로 알려진 것이 아니다. 처음부터 번역
된 꼴로 실려 있어, 원문을 알 수가 없다. 그럼에도 백석 시의 개성을 잘
보여주는 작품으로 보인다. 비록 온전한 꼴이 아니어서 아쉬움이 크나,
백석의 작품 가운데 하나로 올려두기에 모자람이 없는 작품이다.

2.

김종한이라는 시인이 있다. 1916년 함경북도 경성군 명천에서 태어났
으니, 백석보다는 몇 살 아래인 사람이다. 1937년 『조선일보』 신춘문예에
시가 당선되었고, 1939년에는 『문장』에 정지용의 손을 빌려 다시 추천되
기도 했다. 그러나 작품 활동이 그리 잦지는 않았다. 게다가 부왜시를 여
럿 남기고, 부왜활동을 한 죄가 크다. 그리 크게 눈길을 끌 만한 일을 이
룬 바가 없는 셈이다. 그가 일문 번역시집 『설백집(雪白集)』[1]을 낸 것도
부왜행각 가운데 하나였다.

『설백집』은 이승만이 전통한옥을 화려하게 그려 표지그림으로 올리고

---

1) 1943년 7월 20일 박문서관에서 펴냈다. 딱딱한 표지에 고급스럽게 꾸몄다. 총 105면
이다.

책의 맵시까지 꾸몄다. 앞머리에 시집을 옮겨 엮은 김종한 자신의 서시가
한 편 실렸고, 끝에 후기까지 붙었다. 시들은 모두 네 매듭으로 나누어
실었다. '수지장(壽之章)', '복지장(福之章)', '부지장(富之章)', '귀지장(貴之章)'
이 그것이다. '수지장'에서는 "正統的인 半島詩人의 自然感"을 가장 잘
보여준 정지용 시인의 자연시들을 모았다. '복지장'에서는 이른바 "半島
農民의 生活과 風俗을 노래한" 작품을 모았다. 그러면서 그러한 작품은
"民族的"인 것이어서 올린 것이 아니라, 이른바 '대동아공영권(大東亞共榮
圈) 건설(建設)'을 눈앞에 둔 "皇國의 한 地方으로서 半島의 땅과 自然性
의 뿌리"에 닿아 있는 '국민문학(國民文學)'적 작품으로 올린 것이라는 번
지레한 흰말을 덧붙였다. 김종한 자신의 작품과 홍사용 · 김동환 · 주요한
· 정지용 · 김상용 · 백석의 작품이 그것이다.

그리고 '부지장'에서는 이른바 "半島人의 大陸進出의 副産物"로서
"강력한 결의로 帝國의 臨戰食糧問題의 한 쪽을 맡아내고 있는 半島農
業"의 재편성과 그 성과를 잘 보여주는바, 동북삼성 지역의 "새로운 생
활"을 노래하고 있는 작품을 모았다. 백석의 작품 「두보나 이백같이」,
「조당(澡唐)에서」, 「수박씨, 호박씨」, 「안동(安東)」과 유치환의 「수(首)」를
실었다. '귀지장'에서는 이른바 "半島의 徵兵制가 결정"된 앞뒤 시기에
"國民詩와 愛國詩"를 어떻게 써야 할 것인가를 고민하는 "宿命的인 焦
燥感"이 부자연스럽게 드러난 작품들이라 했으니, 그의 부왜의식이 잘
보이는 듯싶다.

크게 보아 『설백집』에는 조선의 토착 정서나 소박한 향토성을 드러내
고 있으면서 완성도가 높다고 판단한 작품들을 실었다. 따라서 이 책의
발간도 1930년대 중반 이후 두드러졌던 근대문학의 상고적 · 향토적 취
향의 분위기에서 멀리 벗어나지 않아 보인다. 게다가 그 무렵 조선 거주
왜인 문인이나 지식인들 사이에 유행하고 있었던 조선풍토에 대한 애찬
과 탐색의 분위기2) 또한 『설백집』의 편찬과 맞물려 있다. 김종한은 그
위에다 태평양침략전쟁기 왜로 제국주의자들의 이른바 '국책문학' · '국

민문학'에 이바지하겠다는 공식적인 출판 명분을 하나 더 얹었던 셈이다. 백석의 「머리오리」는 이 책의 '복지장' 부분에 실려 있는 것 가운데서 한 편이다. 김종한은 조선 농민의 토착 정서를 잘 보여주고 있는 것으로 이 작품을 골랐던 셈이다.

번역시3)를 우리말로 다시 옮기면 아래와 같다.

머리오리

할머니 머리오리
오마니 머리오리
작은오마니 머리오리
빗으로 빗어 말아둔 머리오리를
할머니 오마니 작은오마니
머리오리를 서까래에 나란히 꽂는 까닭은
할머니 머리오리는 안채 서까래에
오마니 머리오리는 뒷문 서까래에
작은오마니 머리오리는 별채 서까래에 꽂는 까닭은
할머니 오마니 작은오마니
이른 봄 산을 넘어 갯장어 장수가 오면
흰장어 먹장어 갯장어와 바꾸어서
정답게 화롯불에 구워먹으려 한다
할머니 오마니 작은오마니
머리오리를 서까래에 꽂는 까닭은 또한 가을
황해도로부터 황화장수가 오면 큰바늘 작은바늘 바늘과 실을 사고

---

2) 대표적인 것으로 아래와 같은 책을 들 수 있다. 모두 805명에 이르는 왜인들의 방대한 단가를 엮은 이 책을 빌려, 우리는 노예 조선의 땅과 풍토에 대한 식민자로서 누릴 바 만족감에 한껏 빠져들었던 왜인들의 식민지 자본과 파시즘 권력의 즐거움을 짐작할 수 있다.

市山盛雄 편, 『朝鮮風土歌集』, 조선공론사, 1936.

3) 『설백집』은 한양대학교에서 영인해 낸 시집총서 가운데 실려 있다. 쉬 얻어 볼 수 있다. 김종한이 옮긴 「髮の毛」의 전문은 그 곳을 참고하기 바란다.

추월옥색 진분홍 연분홍 가루분을 사려고 한다

깊은 일본어 지식에 바탕을 둔 번역이나, 섬세한 문법적 고려는 내 힘을 벗어난 일이다. 몇 가지 옮기는 데 유의했던 대강만을 보인다. 먼저 시의 제목은 '머리오리'로 삼았다. 「발의 모(髮の毛)」의 번역이다. 우리말로 바로 옮기면 '머리카락'이겠다. 그런데 단순한 머리카락이 아니고, 내다팔기 위해 빗어 모아둔 머리카락, 곧 달비다. 백석의 다른 시 속에서 달비란 말이 보이지 않는다. 머리카락이라는 말도 없다. 나만 「여승(女僧)」에서 '머리오리'가 보인다.

> 산꿩도 설게 울은 슬픈 날이 있었다
> 산절의 마당귀에 여인의 머리오리가 눈물방울과 같이 떨어진 날이 있었다

물론 위의 시에서 '머리오리'는 머리카락을 총칭해서 부른 말이라기보다는 차례차례 떨어져 내리는 머리의 묶음을 일컫기 위한 것으로 보인다. 따라서 할머니와 어머니, 그리고 작은어머니의 빗어둔 머리카락을 표현하기 위한 말로서는 '머리카락'이라는 말보다는 '머리오리'가 더 어울린다. 게다가 '카락'이라는 센소리보다는 '오리'라는 부드럽고 밝은 소리가 이 시의 따뜻한 분위기에 걸맞다. 따라서 제목을 '머리카락'이라 하지 않고, '머리오리'로 확정했다.

일역시를 옮기는 일에서 다음으로 문제가 된 것이 부름말이다. '할머니', '어머니', '작은어머니' 그리고 '행상인'이 그것이다. '할머니'와 같은 말로 백석의 시에서는 '할미'(「古夜」), 또는 '큰마니'(「가즈랑집」)가 쓰인다. 그 가운데서 빈도가 가장 높은 말이 '할머니'다. '할미'나 '큰마니'의 경우는 자신의 친할머니를 일컫지 않고, 외할머니나 일반의 할머니를 통칭할 때 주로 쓰이는 것을 볼 수 있다. 따라서 자신의 친할머니를 일컫는 이 시의 경우에는 할머니로 쓰는 것이 자연스럽다.

'어머니'의 경우는 '엄마'(「수라」), '어마니'(「여우난 곬족」), '오마니'(「넘언 집 범같은 노큰마니」), '엄매'(「童尿賦」), '어머니'(「흰 바람벽이 있어」), '어미'(「모닥불」)들이 그의 시에서 두루 쓰이고 있다. 이 시에서는 지역말을 살려 '어머니'보다는 '오마니'로 옮겼다. 뒤의 '작은오마니'와도 연결이 자연스러운 까닭이다.

그 다음에 문제가 되는 부름말은 '작은오마니'다. 이 말은 원문에 'をばさん'로 되어 있다. 흔히 '아주머니'로 옮길 수 있는 말이다. 이밖에도 '고모'나 '이모'·'백모'·'숙모'의 뜻을 아울러 지닌다. 특히 그 가운데서 '고모'는 백석 시 속에서 아주 중요한 친족 구성원의 한 사람으로 들앉아 있다. 확대가족 구성원 가운데서 고모는 삼촌, 사촌과 더불어 즐겁고 화해로운 가족 풍경을 되살리는 데 중요한 동기가 되고 있다. 따라서 이 시의 원문에서도 '고모'나 '고무'로 되어 있을 확률이 높다. 그럼에도 시의 가락감을 드높이기 위해 '작은오마니'로 옮겼다. 이 시가 거듭 점증하며 되풀이되는 낱말과 말마디를 빌려 시의 분위기를 강화시키고 있는 점을 고려한 까닭이다. 평북을 비롯한 여러 지역말에서 숙모를 일컫지 않고, 아버지의 소실이나 첩을 일컫는 말로 '작은어머니'가 쓰이기도 한다. 이 시에서는 물론 숙모를 뜻한다.

그리고 '갯장어 장수'와 '황화장수'가 문제로 떠오른다. '갯장어 장수'는 그리 옮기는 데 별 다른 대안이 있을 것 같지 않다. 그러나 본문에 김종한이 '행상인(行商人)'으로 옮겨놓은 '황화장수'의 경우는 우리말로 되바꾸려 할 때는 다음 네 가지가 모두 가능하다. 첫째, '도붓장수'다. 둘째, '행상인'을 그대로 쓴다. 셋째, '등짐장수'로 옮기는 경우다. 넷째, '황화장수'다. 이 가운데서 첫째는 일본어에 뿌리를 둔 말이라는 점에서 굳이 따를 필요가 없겠다. 둘째 행상인의 경우는 너무 딱딱하며, 앞의 시줄에 있는 '갯장어 장수'와 흐름을 잇기가 부자연스럽다. 따라서 셋째와 넷째의 경우가 가능하겠다. 그리고 '등짐장수'보다는 '황화장수'라는 한자말이 더 알맞아 보인다. '등짐장수'는 토박이말이 되어 부드럽고 좋으나, 너무

남성적인 느낌이 강하다. 이어진 '대침 소침'이라는 여성적 기물의 분위기와도 맞선다. 따라서 갖가지 잡스런 일상 잡화를 옮겨다니며 파는 '황화장수'라는 말이 좋겠다. 앞의 '황해도'와 이어져 말맛을 살리는 쪽일 뿐 아니라, '황화장사'로 이미 「통영」에서 한 차례 쓰이기도 한 까닭이다.

> 집집이 아이만한 피도 안 간 대구를 말리는 곳
> 황화장사 영감이 일본말도 잘도 하는 곳
> 처녀들은 모두 어장주한테 시집을 가고 싶어 한다는 곳

사물의 이름 또한 옮기는 데 주저스러운 몇 군데가 있다. 먼저 '해만(海鰻)'이 그것이다. '흰 해만'은 '흰 갯장어'로 옮기면 될 터이나, '검은 해만'이 문제된다. '검은 갯장어'는 '먹장어'를 뜻하는 까닭이다. 따라서 이 부분은 "흰 장어 먹장어 갯장어 장수와"로 옮겨 '개'라는 접두어를 거듭 쓰지 않으면서도 이 시 속의 장어가 바다장어, 곧 '갯장어'임을 알릴 수 있도록 했다.

다음으로 '대침소침(大針小針)'이다. 이 말을 "큰바늘 작은바늘"로 바꾸기보다는 그냥 두는 것도 좋을 듯싶다. 그러나 앞의 '행상인'을 '등짐장수'가 아니라 한자말에 뿌리를 둔 '황화장수'로 옮겼고, 그 다음 시줄에서 한자말이 시의 앞에서보다 갑자기 많이 쓰이고 있어 시의 무게가 뒤쪽으로 너무 쏠린다. 그렇지 않아도 뒤에서는 시줄이 길어지고 숨길이 늘어지고 있다. 따라서 무게를 조금 덜어내기 위해 "큰바늘 작은바늘"로 옮겼다.

맨 마지막 시줄 "秋月玉色の唐紅の朱鷺色の染粉"도 문제다. '추월옥색(秋月玉色)'은 '가을달 옥빛'이나 '추월옥빛'으로 옮기기보다는 그대로 쓰는 것이 자연스러워 보인다. 그래서 바로 뒤의 "진분홍 연분홍"과 걸맞은 소리결로 이어지도록 했다. '염분(染粉)'은 바로 옮기면 '가루물감'이 된다. 그러나 이 시에 담겨 있는 인물형들이 가정에서 바깥 세계 사람을

기다리는 일에 익숙한 여자들이라는 점에 초점을 두어 볼 때 바깥 세계
에서 가지고 들어오는 것으로, "큰바늘 작은바늘"과 마찬가지로 단순한
가루물감이라기보다는 여성용품인 '가루분'이 알맞을 것으로 생각된다.

3.

비록 옮긴 시이긴 하지만, 백석의 「머리오리」는 그의 특성을 고스란히
간직하고 있는 작품이다. 시의 주도동기가 무엇보다 백석이 득의한 바
있는 자잘한 나날 속에 향토적 사물이다. 흔히 지나치기 쉬운 그러한 사
물은 패티시즘에까지 이른 백석의 눈길과 손길에 힘입어 우리의 토착
체험을 환기시켜주는 주요한 몫을 다한다. 때로는 부엌의 갖가지 기물이,
때로는 갓 마련한 음식물이, 때로는 너겁이나 허접쓰레기와 같은 사물들
이 서로 서로를 환하게 끌어당기며 백석다운 구체적이고도 따뜻한 자장
공간을 마련해준다.

이 시에서는 집안 여자들이 각기 머물고 있는 장소를 중심으로 그들
이 공통적으로 하루하루 빗어 내린 머리카락을 모아, 파는 풍속에다 초
점을 두었다. 그리고 그 일에 얽힌 추억을 말할이는 흥겹게 좇아가고 있
다. '화롯불'처럼 정답게 한 집안에서 살아가고 있는 대가족 여성들의 정
겨운 풍속을 시인은 반복 · 병렬시킨 말에다 적극적으로 담아내고 있다.
"이른 봄 산을 넘어" 가까운 바닷가에서 오는 "갯장어 장수"나, "황해도
로부터 오는 황화장수"가 물고 온 바깥 지역의 즐겁고 낯선 풍문조차 내
고향, 우리 집의 추억을 완성하는 소도구로 쓰인다. 그들 모두 우리 집이
라는 화해로운 중심공간 안으로 쉼 없이 들어와 새롭게 되살아난다.

"할머니 머리오리 / 오마니 머리오리 / 작은오마니 머리오리"가 푸른 삼

밭의 바람소리처럼 시원한 향수를 불러일으키면, 시인은 서울의 소란한 골목 어느 길에서 문득 행복한 미소를 머금었으리라. 이 시의 말법은 단순하다. 고향의 집안 여자들이 머리카락을 버리지 않고 집안 은밀한 곳에 모아두는 까닭을 거듭 묻고, 그에 답하는 말 형식을 빌고 있을 따름이다. 그러나 쓰잘 데 없는 "할머니 오마니 작은오마니"의 머리카락을 '화롯불'가에서 이루는 정겨운 친족 삶의 실체로, 빛빛깔의 '가루분'처럼 다채롭고 아름다운 행복으로 되살려내는 놀라운 요술을 이 시는 보여준다. 제국주의 근대의 폭압 아래서 찢어지고 망가지고 억압되었던 우리들의 마음자리, 든든한 삶의 장소를 생생하게 되살려주었던 그의 솜씨를 이 시 또한 예외 없이 확인시켜 준 셈이다.

비록 그 원문을 알 수는 없으나 이 시는 대강의 분위기만으로도 여느 것에 뒤떨어지지 않는 훌륭한 작품이다. 아직 발굴되지 않은 백석의 다른 글들과 함께 이 시의 원문도 곧 제 본디 모습을 드러내 널리 사랑 받기를 바란다. 김종한이 후기에서 『설백집』에 실린 번역시들은 한글로 씌어진 것에서 가져왔다고 한 바 있다. 시의 원문이 어느 구석 매체 속에서 발견될 가능성을 점쳐보게 하는 말이다.

시 「머리오리」를 빌려 새삼스럽게 평안북도 수원백씨 정주 백촌, 아름다운 백석의 고향 풍경을 떠올려본다.

흙꽃 이는 봄의 무연한 벌을
輕便鐵道가 노새의 맘을 먹고 지나간다

멀리 바다가 뵈이는
假停車場도 없는 벌판에서
차는 머물고
젊은 새악시 둘이 나린다

―「曠原」

"젊은 새악시" 둘은 '할머니'의 멀리 사는 손녀였을까, 백석의 고모였을까? 그들 딸의 딸들은 지금 어디서 어떤 삶을, '맘을' 매만지며 살아가고 있을까?

제 4 장

백석과 『만선일보』, 그리고 우리시의 북극성

1.

아직까지 백석에 관한 일은 찾아내고 밝혀낼 것이 많다. 그를 떠받드는 목소리가 높은 한 쪽에서 그가 이룬 시와 삶에 대한 꼼꼼한 관심 또한 넓어지고 깊어져야 되리라. 그런 점에서 백석 시 이해를 위한 길은 여러 곳으로 열려 있다. 나라잃은시기 막바지였던 1939년에서 1945년까지 백석이 중국 동북지역[1]에서 머물면서 남긴 자취를 찾는 것도 주요한 일거리다.

---

1) 흔히 '만주'라 적는 곳이다. 그러나 '만주'란 왜로 제국주의자들이 대륙침략을 저질러 허수아비 '만주국'을 세우면서 붙인 그들 쪽 역사용어다. 동북삼성, 또는 동북지역, 동북이라는 이름이 중국 쪽 행정명으로는 마땅하다. 길림성·요령성·흑룡강성이 그 안에 든다. 그러나 이 이름을 그냥 따르게 되면 배달겨레가 먼 예로부터 이 지역과 맺고 있었던 무거운 연고를 놓쳐버리는 큰 문제가 있다. 오양호는 우리 옛사람들의 일컬음을 좇아 '마도강'이라 적는다.

동북지역은 오래도록 우리 겨레에게 한 중심장소였다. 공간으로나 시간으로나 그 곳은 겨레 삶의 굽이마다 맡은 몫이 컸다. 경술국치로 말미암아 나라를 빼앗겼던 겨레는 의병에 이어 광복군이라는 깃발을 내걸고 나라 회복을 꿈꾸기도 했다. 왜로들이 대륙침략을 꾀했던 열다섯 해 동안, 그 곳은 쫓겨간 우리 농민들이 낫과 쟁기를 새로 걸었던 곳이다.

그들이 일구었던 꿈과 영광, 그리고 오욕은 어느 기록에서도 제대로 남아 있지 않다. 한때 피눈물로 감발한 채 의병들이 새로 냈을 눈길에도, 러시아 쪽으로 몽고 쪽으로 쫓겨가며 광복군이 밤새 익혔을 산길에도 지금은 한국인을 태운 보신관광 버스만 바쁘게 오가고 있으리라. 밀정과 부왜인이, 왜로와 '만주국' 군벌의 말발굽이 제 이익을 좇아 좌고우면했던 곳이다.

너르고 너른 그 북방 자리로 많은 우리 문인들이 기차를 따르고 철길을 좇아 들어섰다. 경남지역만 하더라도, 유치환이 핏덩이 아이를 안고 고향 통영을 도망치듯 벗어나 북행 열차에 올랐던 때가 1940년이었다. 금강산 유점사에 머물던 김달진은 고향인 진해·웅동에 이어 두 번째로 야반도주를 감행했다. 왜로 순사를 흠씬 패준 터라 더 남아 있을 수 없었던 까닭이다.

연배는 달랐으나, 젊은 조연현까지도 무슨 까닭에선지 「이국(異國)의 밤」을 노래하며 그 곳을 떠돌았다. 계급주의 소년동맹을 이끌었던 젊은 아동문학가 손길상도 어느새 이향 거리에서 남녘 길 기러기를 올려보는 신세다. 그들과 달리 백석은 압록강만 넘으면 고향 정주에 닿을 수 있을 처지였다. 그러나 백석 또한 동북지역에다 몸을 숨겼다. 일찍부터 머물고자 했던 곳이 아닌가.

　　이방 거리는
　　비오듯 안개가 나리는 속에
　　안개 같은 비가 나리는 속에

이방 거리는
콩기름 쪼리는 내음새 속에
섭누에번디 삶은 내음새 속에

이방 거리는
도끼날 벼르는 돌물레 소리 속에
되광대 켜는 되양금 소리 속에

—「안동」 가운데서

2.

　무엇보다 제국 수탈의 몸통 서울과는 멀리 떨어진 가장자리가 중국
동북지역이다. 비록 괴뢰 '만주국' 군벌과 '관동군' 말발굽 소리 요란하
긴 했으나, 일찍부터 평안도·함경도 사람들이 쉬 드나들면서 삶터를 마
련했던 곳이다. 백석에게 낯익은 이들도 심심찮게 머물렀으리라. 그래도
백석이 그리로 자리를 옮긴 일에는 시인 박팔양이 큰 도움을 주었으리
라 짐작된다.

　그는 일찍이 『조선일보』를 거쳐 『중외일보』에서 사회부장과 학예부장
으로 일한 바 있는 중견 기자였다. 백석과는 서울에서부터 앎이 두터웠
던 것으로 보인다. 1937년부터 동북으로 건너와 있었던 박팔양은 이른바
'오족협화회'와 『만선일보』 기자 일로 여러 해 관록을 쌓고 있었다. 삶자
리를 옮긴 백석이 몇 차례 『만선일보』에 이름을 올리도록 이끌었음직하
다. 현재까지 백석은 네 차례 그 이름이 보인다.

　그 처음이 '내선만문화좌담회(內鮮滿文化座談會)'다. 1940년 4월 10일부
터 여섯 차례에 걸쳐 그 내용이 실린 바 있다. '만일문화협회(滿日文化協

會'에서『만선일보』학예부 주최로 이루어졌던 모임이다. 참석자는 이른 바 '내지인측', 곧 왜인과 '만계측'뿐 아니라, '선계측'에서도 여럿이 자리를 함께 했다. 박팔양(협화회 홍보과), 백석(국무원 경제부), 극작가 박영팔(방송국), 금촌영치(今村榮治, 소설가), 만선일보 기자 이갑기가 그들이다. 그러나 이 긴 좌담에서 백석은 슬쩍 얼굴을 비쳤다 지나갔을 따름이다.

그 무렵 '만주인 문단'의 "현세나 문학경향이 엇덧습니까"라는 지극히 개인적인 물음 한 차례에 그쳤다. 이른바 '내선만' 문화인의 '대동단결'을 꾀하고자 자리를 마련했을 사람들 입맛에 맞는, 정보가치가 높은 발언이 아니다. 물음에 대한 답변이 이어졌을 리 없다. 구색을 갖추기 위해 백석의 말을 한 차례라도 올렸는지 모를 일이다. '조선인 문단'이니, '만주인 문단'이라 이름 붙일 만한 제도 장치가 없었던 때다.[2]

「슬픔과 진실(眞實)―여수박팔양씨시초독후감」은 1940년 5월 9일과 10일 두 차례에 걸쳐 실린 평문이다. 글 끝머리에 백석을 다음과 같이 소개했다. "필자 백석군은 전조선일보기자로서 조선시단의 최첨단에 서 있는 시인. 현재는 신경에 거주하야 경제부에 근무중"이 그것이다. 이 글에서 백석은 "놉고 참되고 겸손한 시인"인 박팔양에게서 진실로 "높은 시름"과 "높은 슬픔"을 읽어내고 있다. 그러나 뉘 모르랴, 그야말로 백석이 스스로 나아가고자 했던 삶이며 시의 세계라는 사실을.

그 다음인 5월 24일 백석은 한 차례 더 이름을 선뵌다. '박팔양씨 저『여수시초』기념 내27일 대화호텔에서'라는 기사다. 발기인에 신기석·이태우·김영팔·신영철·이갑기·백석·손길상이 이름을 올렸다. '신경'에 살고 있는 문화인들에게 많은 참석을 바란다는 내용이다. 사람을 쉽게 사귀지는 않았지만, 한 번 사귄 이에 대한 정리를 분명히 했던 백석

---

2) '재만문인망라 조선문 대중잡지『大地』간행, 내 6월 1일, 창간호 발행'이라는 기사가 있어, 그 무렵 문단 형성의 기류를 엿볼 수는 있다. 그 편집동인은 박팔양·이갑기·백석·박영준·송지영들이었다. 그러나 잡지가 실제 펴나오지는 않았던 것으로 보인다. 백석이 동북성으로 옮긴 바로 뒤 사정을 짐작케 한다.
『조선일보』1940년 4월 16일, 조선일보사.

다운 자리 거들기다.

그러나 '신경'에서 그는 오래 머물지 못했다. 이른바 '창씨개명', 곧 왜로 성이름으로 뜯어고치는 책략을 따르지 않다가 '만주국' 경제부 일마저 버리고 거리로 나선 것이다. 그 뒤 남달리 결백하고자 했던 백석이 북방 세찬 바람 속에서 이리저리 떠돌며 겪었을 고초는 짐작하기 어렵지 않다. 왜로 군인들이 빙 둘러 울타리 변을 서주는 '만주개척' 조선인 모범 이민촌에서 유치환이 총무로 일하고 있었을 때다. 부여, 고구려 옛 조상들이 활과 창을 걸었을 자작나무 흰 줄기 아래서 백석은 파리한 하늘을 어떻게 올려다보았을까.

> 그 동안 돌비는 깨어지고 많은 은금보화는 땅에 묻히고 가마귀도 긴 족보를 이루었는데
> 이리하야 또 한 아득한 새 옛날이 비롯하는 때
> 이제는 참으로 이기지 못할 슬픔과 시름에 쫓겨
> 나는 나의 옛 한울로 땅으로 — 나의 태반으로 돌아왔으나
>
> 이미 해는 늙고 달은 파리하고 바람은 미치고 보래구름만 혼자 넋없이 떠도는데
>
> 아, 나의 조상은 형제는 일가친척은 정다운 이웃은 그리운 것은 사랑하는 것은 우러르는 것은 나의 자랑은 나의 힘은 없다 바람과 물과 세월과 같이 지나가고 없다
>
> —「북방에서」 가운데서

공간으로나 시간으로나 절망이 끝간데를 보여주는 시다. "나의 옛 한울로 땅으로 — 나의 태반으로 돌아왔"어나, 모든 것이 "바람과 물과 세월과 같이 지나가고" 없다는 부재와 불모의 감각이 처절하다. "산골로 가는 것은 세상한테 지는 것이 아니다. / 세상 같은 건 더러워 버리는 것이다"(「나와 나타샤와 흰 당나귀」)라 짐짓 말한 바 있는 그다. 여린 백석이 감

당하기 힘든 현실이었음은 쉬 짐작된다.

이른바 '경성'에서 기자로 몸을 기대고 있었을 때도, 사실 백석은 정주 출신 '시골' 사람이었다. 그런 그가 중국 동북지역까지 올라가게 된 일은 운명이다. 고향 정주에는 그가 사랑해 마지않던 '천재 시인' 소월의 하늘도 있었다. 더 너머 '북방'에는 겨레의 옛날과 옛말이 살아 있을 것 같지 않았던가. 그러나 그 곳에서도 시인은 시와는 동떨어진 측량기사니 세관 일로 몸을 숨기면서 더욱 절망하고 있었던 셈이다.

3.

네 번째로 백석이 이름을 올린 자리는 「조선인(朝鮮人)과 요설(饒舌)」이라는 수필이다. '서칠마로단상(西七馬路斷想)의 하나'라는 곁텍스트를 붙이고 있다. 새로 동북 장춘3)에 삶터를 옮긴 백석이 아침저녁으로 오가던 거리에서 느껴졌음직한 생각을 담아보고자 한 글이다. 『만선일보』 1940년 5월 25일과 26일 두 차례에 걸쳐 '일가언(一家言)'이라는 난에 실렸다.4) 번잡스럽지만 아직까지 알려지지 않았던 글이라 본문을 죄 보인다.

그 무슨 요설인고 허튼 수작인고 실업는 우슴인고 그것은 코춤이요 구역이니 나는 눈을 가리고 귀를 막는다. 그러하지 안흘 수 업는 것이다.

나는 조선인의 이 말 만흔 것을 미워한다. 말은 정열이 아닐 것인가. 예지가

---

3) 왜로가 붙인 이름은 신경이다.
4) 본문에서는 한자어를 많이 쓰고 있다. 그러나 대부분 한글로 바꾸어도 무리가 없을 듯한 낱말들이어서, 한글로 고쳐 적었다. 그렇지 않을 경우, 괄호 속에 한자어를 적는 방식을 따랐다.

××의 이른바 경제가 아닐 것인가. 생산이 아닐 것인가. 말은 그러해야 올흘 것이다. 진실로 갑잇게 다변한 개인이나 민족은 다 이런 연원(淵源)이 있는 것이다. 이 연원이 넘치고 흘너서 다변(多辯)하지 안흘 수 업는 것이다. 계몽(啓蒙)이 이 곳에 잇고 총명(聰明)이 이 곳에 잇고 비판이 예서 생기는 것이다. 생각하면 우리는 요설의 문명 속에도 잇는 것이다.

그러나 다만 우연히 이런 문명 속에 잇게 된 것으로 해서 말의 진실한 연원이 업시 잇는 줄도 모르고 요설일 수도 잇는 것이다. 가막까치처럼 짓걸이고 참새새끼가티 조잘대일 수 잇는 것이다. 태평양회의의 모힌 대표들도 요설일 수 잇고 경상도의 무학한 녀편네도 요설일 수 잇는 것이다.

조선인의 무엇으로 말이 만흘 것인가. 무엇을 그럿케 요설하지 안을 수 업는 것인가. 무엇이 그럿케 차고 넘치는 것이 잇는가. 무엇이 그럿케 글허올흐는 것이 잇는가. 조선인은 그 무거운 자성(自省)과 회오(悔悟)와 속죄의 염(念)으로 해서라도 오늘 누구를 계몽한다 할 것인가. 무엇을 천명하고 어떠케 비판한다 할 것인가.

조선인에게 진실로 침통한 모색이 잇다면 이 요설이 헛된 수작과 실업은 우슴이 어떠케 잇슬 것인가. 더욱히 조선인이 진실로 광명의 대도(大道)를 바라본다면 이 큰 감격과 희열로해서라도 어떠케 참으로 이러케 요설일 수 잇슬 것인가.

조선인의 요설을 나는 안다. 그것은 고요히 생각할 줄 모르는 것이다. 생각하기 실허하는 것이다. 가슴에 무거운 긴장이나 흥분이 업는 것이다. 또 무엇인가 비애를 가슴에 지닐 줄 모르는 것이다. 조선인에게는 이러케 비애와 적막이 업슬 것인가. 분노가 업슬 것인가. 조선인은 이러케 긴장과 흥분을 모르는 것인가. 그리고 생각하는 것까지도 일허버린 것인가. 멸망의 구극(究極)을 생각하면 그것은 무감(無感)한 데 잇슬 것이다. 그것은 무감하야 나날이 짓걸이고 밤낫으로 시시덕걸이고 언제나 어데서나 실업슨 우슴을 웃고 떠드는 데가 잇슬 것이다.

진실로 연원이 업는 말이란 사술(詐術)이다. 허튼 수작이란 더욱 사술이다. 조선인이 허튼 수작을 즐기는 것을 생각하고 한편 남이 조선인을 가르치 사술적이라 한 것을 생각하자. 이 남의 말을 글타고만 할 수 잇슬 것인가. 요설이란 언제나 실천궁행이 아니다. 이것과는 멀리 떠러저 도는 것이다. 개으른 놈의 실행 대신의 호도(糊塗)다.

조선인의 요설인 것을 생각하고 남이 조선인을 말하야 게으르고 꾀피고 무실
행하다는 것을 생각하자. 이 남의 말을 탓할 수 잇슬 것인가. 허튼 우슴이란 아
첨의 쟁기다. 그중에도 가장 비굴한 방편이다. 조선인이 실업슨 우슴을 웃기를
××××날니듯 하는 것을 생각하고 한편 남이 조선인을 욕하야 비굴하야 아
첨에 능하다고 한 ××을 생각할 때 누가 감히 정색할 것인가. 정색할 수 잇슬
것인가.

그들이 만일 가정에 잇다면 이 허튼 수작이나 실업슨 우슴이 가소로울 것이
요 그들이 만일 ×의포식(衣飽食)한다면 이것이 한업시 명랑한 것이다. 허나
굶주린 속견(屬犬)이 잇서서 실업시 꼬리를 저어 보는 사람마다 조타하고 헛되
히 작고 입을 벌여 뜻업시 즛는다면 이것은 가소롭고 명랑할 것인가. 불쾌하야
증오하지 안을 것인가. 참으로 그러케 안을 것인가.

민족의 경중(輕重)을 무엇으로 달 것인가. 그 혼의 심천(深淺)을 나아가서
존멸(存滅)의 운명까지도 무엇으로 재이고 점칠 것인가. 생각이 이곳에 밋칠 때
우리는 놀라 두렵지 안을 수 잇슬까. 우리는 동양과 서양을 가려 본다. 그리고
서양보다 동양이 그 혼이 무겁고 깁픈 것을 예찬하고 이것에 심취한다. 동양은
무엇을 가지는가. 동양에 무엇이 잇서 그러하는가. 조선은 동양의 하나는 무엇
을 일여버렸다. 일어서는 아니 될 것을 일코도 통탄할 줄 몰라 한다. 무엇인가
묵(默)하는 정신을 일혼 것이다. 일코도 모르는 것이다.

인도의 푸른 빗을 바라보며 나는 이것이 무엇이고 어데서 오는가를 본다. 인
도의 푸른 빗은 항하만년(恒河萬年)의 흐름에 젓는 생명의 발광(發光)이다. 이
생명의 적멸(寂滅)에 가까운 숭엄(崇嚴)한 침묵이다. 나는 몽고의 무게가 무엇
인가를 안다. 일망무제 몽고 초원이다. 몽고인의 심중(心中)에 노인 일망무제의
초원이다.

잇다금 범이 울어 깨어지는 그 초원의 적막이다. 이것이 몽고의 무게다. 조선
인은 인도의 빗도 몽고의 무게도 다 일허벌엿다. 본래부터 업싯는지도 모른다.
슬픈 일이다.

조선인이 스스로 말하야 천만가지 자랑이 잇다한들 헛된 말이다. ×× 잇슬

것은 자랑과 ××이 아니다. 무엇인가 ×신과 분노와 비애. 심각한 고통이다. 이것들이 조선인의 혼을 꽉 붓잡는 것이다. 조선인이 고난 속에 잇다는 것은 거짓말이다. 그들이 요설인 동안 이것은 거짓말이다. 조선인에게는 광명이 조약(照躍)하는 것이다. 허나 이것에 감격하고 감사할 줄 모르는 것인지도 모른다. 그들이 요설인 동안 누가 이것을 거짓말이라 할 것인가.

비록 몸에 남루를 걸치고 굶주려 안색이 창백한 듯한 사람과 한 민족에 오히려 천근의 무게가 업슬 것인가. 입을 담으는데 잇다. 입을 담을고 생각하고 노하고 슬퍼하라. 진지한 모색이 잇서 더욱 그러할 것이요 감격할 광명을 바라보아 더욱 그러한 것이다.

모두 여섯 도막으로 이루어진 줄글이다. 백석 스스로 표지를 두어 그것을 갈랐다. 첫 도막에서는 조선인들이 '요설'임에 대해 비판을 연다. 무슨 "허튼 수작"인지 "실업는 우슴"을 날리며 '요설'에 빠진 모습에 차라리 구역질까지 일으킨다 했다. 모든 '요설'이란 그 "말의 진실한 연원"에서 말미암은 바다. 그런데도 조선인들은 그것이 "잇는 줄도 모르고" "가막까치처럼 짓걸이고 참새새끼가티 조잘"대는 까닭이다.

둘째 도막에서는 '진실로' '요설'일 수 있는 요건을 말했다. 자연스레 "차고 넘치는 것", "글허울흐는 것"이 그것이다. 그를 위해 '조선인'은 모름지기 "무거운 자성과 회오와 속죄의 염"으로 "침통한 모색"을 거듭해야 한다. "고요히 생각"하고 "무거운 긴장과 흥분", 그리고 "悲哀와 적막"을 지녀야 될 일이다. "滅亡의 究極"으로 가듯이 "밤낮으로 시시덕걸"여서야 되겠는가는 탄식이다.

셋째 도막에서는 요설에 대한 비판을 한 차례 드높인다. 요설이란 '사술'이며, '실천궁행'과는 멀다. "개으른 놈의" '호도'며, "가장 비굴한" '아첨'의 '방편'이다. 넷째 도막에서는 이제 요설과 민족의 관계를 끌어들였다. 굶주린 개가 먹이를 위해 "실업시 꼬리를" 젓는 일이 조선인의 요설이다. "불쾌하야 증오"스럽다. "민족의 경중"이나, "그 혼의" 깊고 얕음, 나아가서 "존멸의 운명까지도" 잴 수 있는 터무니다.

다섯째 도막에서는 다른 나라 사람 경우와 견주어 '조선인' 요설의 문제점을 짚었다. '조선인'은 "印度의 빗도 蒙古의 무게도 다 일허벌엿다" "본래부터 업싯는지도 모른다" "분노와 비애"며, "심각한 고통"인데도, 그것을 모른다. 그러니 '조선인'이 "요설인 동안은" '조선인'의 고통은 '거짓말'이다. 장차 "조선인에게는 광명이 조약"할 터이나, 그것에 "감격하고 감사할 줄"도 모른다.

여섯째 도막은 요설을 벗어날 방도를 말한다. 더욱 "입을 담을고 생각하고 노하고 슬퍼"하며, "진지한 모색"을 거듭하는 일이 그것이다. 비록 "굶주려 안색이 창백"하더라도 "천근의 무게"로 "입을 담을고" "감격할 광명을" 바라보자 했다. 동북 지역에서 여러 종족들과 어울려 살아가면서 '조선인'들이 깊은 생각 없이 떠들고 시시덕거리는 데 대한 깊은 분노와 낙담을 두루 담은 글이다.

그런데 이 글은 크게 두 가지 점에서 눈여겨볼 만하다. 첫째, '민족'·'조선인'에 대한 성찰이 문면에 드러나고 있다. 많지 않은 백석의 글에서 '민족'이니 '조선인'에 대한 타자적 자각은 잘 드러나지 않는다. 중국 동북성 남의 나라, 남의 종족에 섞여서 그것을 뚜렷이 하고 있는 셈이다. 물론 이 무렵의 시, 곧 「북방에서」나 「조당에서」와 나란한 현상이다. 그가 단순한 댄디보이가 아니었다는 뜻이다.

둘째, 그의 시법과 깊이 맞닿아 있는 문제 인식을 보여준다. 이 글에서 백석이 거듭거듭 비판하고 노여워하며 비탄스러워 하는 일은 오로지 한 가지다. '조선인'들이 깊은 생각 없이 요설에 빠져 있다는 점이다. 지배자 왜인이나 그 아래 청인과 달리 나라를 빼앗긴 채, 먼 북방까지 비루먹은 말처럼 흘러 들어와서도 '조선인'들이 고뇌 없이 웃고 시시덕거리는 데 백석은 깊은 치욕감을 느낀다.

백석 시를 이해하는 한 길이 여기에 있다. 시인의 싸움은 그 처음과 끝이 모두 말로 말미암는다는 사실이다. 나라잃은시기는 왜로에게 배달말의 힘과 빛마저 앗긴 때다. 섬나라 동경에서부터 부산·서울·신의주를 거쳐 대륙으로 도도하게 이어졌던 뱃길·철길과 마찬가지로 왜말, 곧 '국어'가 가장 힘있는 말이었다. 거기에 지식이 실리고 돈이 실리고 명예가 실렸다. 배달말은 더러운 노예 말, 부끄러운 머슴 말에 지나지 않았다.

침략자 제국주의자들이 이른바 '오족협화', 곧 왜인·청인·조선인·몽고인·백계러시아인의 '대동단결'을 소리 높이고 있었던 때다. 그 동북지역에서도 배달말은 가장 천한 말이었다. 아예 사람이 뱉는 말에 들지 못하고 마소가 내는 소리에 가까웠다. 말하면 할수록 그 구차함과 비참함이 깊을 따름이다. 그 속에서 배달말로 시를 생각함은 어떤 뜻이 있는 것일까.

「조선인(朝鮮人)과 요설(饒舌)」은 겉보기로 '조선인'·'민족'에 대한 비판을 담았다. 그러나 그 속뜻은 다르다. "가난하고 외롭고" '쓸쓸'(「흰 바람벽이 있어」)할 망정, 아무렇게나 흰말·벌말을 지껄이며 살지 않겠다는 새삼스러운 다짐을 읽을 수 있는 까닭이다. 왜로의 수탈과 억압이 막바지로 치닫고 있었던 무렵이다. 마침내 멀리 중국 동북성까지 쫓겨와서도, 하늘처럼 맑고 높게 살겠다는 옹골찬 뜻이다.

4.

시인은 시대가 찾아낸다. 그 삶의 높이와 시의 아름다움을 스스로 웅변하기는 어렵다. 이육사 시인과 윤동주, 그리고 이상은 첫 작품집을 나란히 광복기에 냈던 이다. 그러나 경인전쟁을 거치면서 윤동주와 이상만이 주류로 편입되고, 무장항왜단체 의열단원 이육사 시는 그 뒤에도 오래도록 잊혀져 있어야만 했다. 시인은 시대가 부추기고 시대가 찾아낸다.

이 말은 참이다.

백석에게서 고향에 대한 깊은 절망과 허무를 읽어내고, 그 극복 방식으로서 이야기체 형식의 의의를 짚었던 김윤식[5]은 지금도 은판 하늘을 보듯이 그 신선함이 새삼스럽다. 「조선인(朝鮮人)과 요설(饒舌)」을 빌려 볼 때, 백석이 감당하고자 했던 그 절망의 한 줄거리는 확연하다. 이곳 저곳에서 "실업는 우슴"과 "헛된 수작"으로 시시덕거리는 '조선' '민족'에게 차라리 "눈을 가리고 귀를 막"지 않을 수 없다 한 까닭이다.

나라잃은시기 배달말이 노예 말이 되고, 그 안에 담긴 삶이 부끄럽다 세상이 내칠 때, 거기에 질긴 심줄을 넣었던 이가 백석이다. 왜로 제국주의 중심권력에서 볼 때 가장 낯설었을 삶자리, 겨레의 참된 조건은 토박이말이었다. 그것은 끊임없이 식민지 근대성 가장자리로 밀려나면서도 제 형식을 마련하고 내용을 단련시켰다. 백석은 그 든든한 자리를 오롯이 안고 뒹굴었던 시인이다.

그의 시는 '요설'로 홍성했던 근대 식민언어·제국언어 권력을 향한 대거리였다. 나라잃은시기 어느 시인도 흉내내지 못한바, 구체적인 민속 체험 묘사와 능숙하게 되살려낸 토박이말 가락은 그 대거리가 매우 방법적이었음을 잘 보여준다. 말씨에서 볼 때 그것은 놀라운 요설과 엄격한 눌언에서 말미암았다. 그 둘을 뒤바꾸어 가면서 마련한 고요하고 맑은 생명 사랑과 깨끗한 절망.

백석 시야말로 개인의 개성과 겨레의 집단성이 하나로 녹아든, 우리 근대시의 뜻깊은 경험이다. 그런 점에서 앞으로도 오래 사랑 받을 것이다. 시인은 시대가 만든다. 아니다. 참으로 좋은 시인은 하늘이 낸다. 백석이야말로 하늘이 낸, "하늘이 사랑하는 시인"(「촌에서 온 아이」)이 아닌가. 우리시의 북방 하늘에 홀로 떠 있는 북극성, 백석 시는 그렇게 우리 곁으로 내려왔다.

---

5) 김윤식, 「백석론─허무의 늪 건너기」, 『백석』(고형진 편), 새미, 1996.

제 5 장

새 발굴 자료로 본 정지용의 광복기 문학

1. 들머리

2003년은 정지용 탄생 백주년이 되는 해다. 때맞추어 이를 기리기 위한 행사와 업적이 학문 공동체 안에서 부쩍 늘었다.[1] 이제껏 이루어 놓은 정지용과 그의 문학에 대한 연구 성과를 새삼스럽게 살펴 헤아리고, 새로운 관심을 드높이는 좋은 기회가 된 셈이다. 정지용은 우리 근대시사에서 그 이름이 빠지지 않을 중요 시인 가운데 한 사람이다. 그러나 그의 경우도 앞으로 연구자들이 찾아 들어서야 할 자리가 적지 않게 남아 있다.

---

1) 낱책으로 나온 것만 들어 보이면 아래와 같다.
김종태 편, 『정지용 이해』, 태학사, 2002; 김학동 편, 『정지용 전집』 1·2, 민음사, 2003(고친판); 권정우, 『정지용의 정지용 시집을 읽는다』, 열림원, 2003; 이숭원 주해, 『원본 정지용 시집』, 깊은샘, 2003; 최동호·맹문재, 『다시 읽는 정지용 시』, 월인, 2003; 최동호 편, 『정지용 사전』, 고려대 출판부, 2003.

그가 남긴 작품을 죄 찾아내고 갈무리하는 일도 그 가운데 하나다. 각별히 1920년대 활동에서 중요한 무게를 갖는 아동문학 작품에 대한 발굴이 한 일거리로 남아 있다.[2] 1940년대 왜로 제국주의의 이른바 '국민총력운동' 시기 작품 활동에 대한 갈무리 또한 손을 기다리고 있다. 근대문인 가운데서 한글과 일본어로 된 이중언어 글쓰기에서 여느 문인에 견주어 뒤떨어지지 않을 자유로움을 보여주었던 정지용이다. 이 시기 작품의 실재와 전모가 밝혀지지 않은 것은 뜻밖인 셈이다.

광복기 작품도 전모를 알 수 없기는 마찬가지다. 광복기는 정지용 문학에서 후기에 놓인다. 바깥 환경의 급격한 변이와 함께 정지용 개인의 삶에서 사회적·문학적으로 굽이와 고개가 가장 잦았던 시기다. 휘문고보 교사로 오래도록 한결같았던 나라잃는시기와 달리 1년이 채 못되는 『경향신문』 주필과 이화여전 교수 자리 오가기, 그리고 전향작가로서 어깨를 낮추고 지내야 했던 정지용이다. 빠르게 이어졌던 신분 이동·사상 전향과 함께 큰 변화 없이 확대 재생산을 거듭했던 그의 문학적 명성도 급격한 변동의 물살을 탔던 때다.

정지용은 1945년 11월 좌파 단체 조선문학가동맹 회원으로서 광복기 문학활동을 시작했다. 그 4년 뒤인 1949년 9월에는 중등학교 교과서에 실려 사랑을 받아왔던 자신의 작품들이 좌익작가의 것으로 지목되어 모두 삭제되는 수모를 겪었다. 11월에는 국민보도연맹에 들어가 공개적인 전향의 표지를 뚜렷이 한다. 그리고 1950년 2월 새로 출범하는 대한민국의 반공 문학단체, 한국문학가협회 결성준비 모임에 이름을 올렸다.[3] 마

---

2) 이즈음 『신소년』에 실린 동시 「넘어가는 해」와 「겨울ㅅ밤」을 글쓴이가 찾아 학계에 알리면서 정지용의 아동문학 작품 편수를 늘였다. 이어서 최동호가 『정지용 사전』을 마련하면서, 북한 쪽에서 낸 『1920년대 아동문학집』 1에서 동시 「굴뚝새」를 더 찾아 기웠다. 그러나 최동호의 『정지용 사전』에는 글쓴이가 발굴한 성과가 담기지 않았다.
  박태일, 「정지용의 미발굴 동요 '넘어가는 해'와 '겨울ㅅ밤'」, 『시와비평』 3집, 불휘, 2001; 최동호 편, 『정지용 사전』 고려대 출판부, 2003, 516면.
3) 정지용은 1945년 11월 조선문학가동맹 중앙집행위원회에서 시부문 위원이자, 아동문학위원회위원장으로 이름을 올리면서 좌파 문인으로서 광복기 자신의 자리를 뚜렷이

했다. 『경향신문』 주필과 이화여전 교수 일을 그만 둔 뒤인 1948년 4월, '문화인 108명이 남북협상(전조선정당단체연락회의-평양)을 지지하는 성명서를 발표'했을 때 정지용 또한 그 가운데 한 사람으로서 이름을 올리고 있다. 1949년 9월 문교부에서는 중등교과서 가운데 "국가 이념에 위배되는 좌익작품에 대하여 관계기관과 협의하고 각 중등학교에서 장관명의로 삭제할 저작자와 저작물의 내용을 지적"했다. 그 무렵 기사에 따르면, 『중등국어』 1·2·3·4와 『국어』 1·2, 『중등국어』 1·2·3·4, 『신생중등국어』 1·2·3, 『현대중등글짓기』 이상 14종의 중등학교 교과용 도서 가운데 실린 동시와 시, 산문의 좌익 필자는 26명이었다. 박팔양·김동석·박아지·박노갑·조운·정지용·김남천·김기림·박태원·현덕·안회남·이근영·이용악·이선희·엄흥섭·오장환·김용준·신석정·김철수·오기영·박찬모가 거기에 들었다. 이 가운데서 정지용의 작품이 가장 많이 삭제 대상으로 올라, 10편이나 되었다. 이 일은 새로운 대한민국 체제 아래서 정지용이 지녔던 급변했던 문학적 위상을 상징적으로 보여주는 사건이다. 이미 1947년부터 그 활동이 크게 억눌려 있었던 조선문학가동맹은 1949년 10월에는 공식적으로 대한민국 공보처에 의해서 등록이 취소되었다. 그리고 1949년 11월 4일 정지용은 서울지구 '국민보도연맹'에 자수 형식으로 가입하였다. 그에 대한 기사가 『연합신문』·『동아일보』·『서울신문』·『태양신문』에 걸치는 유력 신문의 11월 5일자에 한꺼번에 다루어졌다. 『한성일보』에서는 6일에 설정식의 자수와 함께 그 일을 다루었다. 『동아일보』 기사가 「시인 정지용씨도 가맹-전향지변 '심경의 변화'」라는 이름으로 그 앞뒤 경과를 가장 꼼꼼하게 적고 있다. 그에 따르면 '남로당원자수주간'을 맞이하여 국민보도연맹 서울지구에 자수한 사람 수는 11월 4일 아침 현재 3876명으로, 40%는 비당원이었다. 그 가운데서 "세간에 월북하였다는 풍설이" 떠돌고 있었던 시인 정지용도 아침 10시 "녹번보도연맹에 자진 가맹을 했다는 바 동기는 문학가동맹을 탈퇴한 후 심경의 변화로서 온 것"이라 적었다. 문화인으로서는 그가 처음이라며 그의 '가맹'을 무게 있게 다루었다. 정지용은 "남로당의 충실한 선전기관으로서 행세해오던 '조선문학가동맹'에 가입하여 때로는 중간파로 혹은 좌익으로 세간에 커다란 의혹을 던져 왔던 바 남로당원자수주간인 익일 오전 10시에 녹번보도연맹에 자진 가맹을 해왔다는 바 동기는 문학가동맹을 탈퇴한 후 심경의 변화로서 온 것"이다. 이어서 신문이 전하고 있는 정지용의 "가맹의 감상"은 아래와 같다. "나는 소위 야간도주하여 삼팔선을 넘었다는 시인 정지용이다. 그러나 나에 대한 그러한 중상과 모략이 어디서 나왔는지는 내가 지금 추궁하고 싶지 않은데 나는 한 개의 시인이면서 애향인이다. 나는 23년 이상 세월을 교육에 바쳐왔다. 월북했다는 소문에 내가 동리 사람에게 빨갱이라는 칭호를 받게 되었다. 그래서 나는 집을 옮기는 동시에 경찰에 신변보호를 요청했던 바 보도연맹에 가입하라는 권유가 있어 오늘 온 것이다. 그리고 앞으로는 우리나라에 도움을 주는 일을 해볼까 한다." 이로 미루어 보아, 정지용은 중등 교과서에 좌익작가로 작품 수록에서 제외된 뒤, 완연히 월북했으니 '빨갱이'니 하는 세간의 변명하기 힘든 풍문에 휩싸였던 것으로 보인다. 그 일이 광복 뒤 조선문학가동맹에 가입하고부터 그에게 쏠려 있었던 좌익작가라는 의심에 결정적인 기름을 부은 꼴이었다. 그리하여 정지용은 녹번동에서 다른 곳으로 집을 옮기고 경찰에 '신변보호를 요청'해야 할 만큼 위험을 크게 느꼈던 것으로 보인다. 그것이 그를 서둘러 보도연맹에 들게 하는 빌미를 마련한 셈이다. 중등 교과서에 실린 작품 삭제 조치와 더불어 사상적으로 더욱 곤경에 빠져

지막 문필 활동으로 알려져 있는 시 「곡마단」에다 장차 「사사조 오수」와
연재 수필 「남해오월점철」이 씌어질 무렵이다.

나라잃은시기 오랫동안 근대시의 한 자리를 떠맡았던 명명가 시인의
삶으로서는 견디기 힘든 모멸과 굴종을 겪어야 했을 상황이다. 이런 속
에서 정지용은 드물지 않게 산문과 평문을 썼고, 번역에도 힘을 기울였
다. 그리고 그것을 중심으로 저작물을 왕성하게 내놓았다.[4] 그러나 광복
기에 남긴 그의 작품들은 아직 죄 갈무리되지 않았다. 적지 않은 작품이
아직까지 발굴을 기다리고 있는 형국이다.

이 글은 이제껏 알려지지 않았던 정지용의 광복기 작품들을 발굴하여
그 됨됨이를 학계에 처음으로 들어냄으로써, 정지용 후기 문학에 대한
이해의 자리를 더욱 넓히는 일을 목표로 삼아 씌어진다. 이 글에서 새롭
게 찾아내 학계에 알리는 작품은 모두 10편이다. 수필 2편, 심사평 5편,
좌담 1편, 시 1편, 육필로 된 시집 발문 1편이 그 세목이다. 이 글은 이들
10편을 됨됨이에 따라 아동문학과 시, 그리고 육필 원고로 나누어 살필
것이다.[5]

있었던 입장이 잘 드러난다. 그리고 정지용은 자신에 대한 혐의가 '중상 모략'임을 뚜
렷이 하고 있다. 게다가 조선문학가동맹을 탈퇴한 사실도 새롭게 알려준다. 그런 까닭
에 그는 1950년 2월 대한민국의 우익계 문학단체인 한국문학가협회 결성준비(전국문학
가협회문학부와 한국청년문학가협회를 중심으로 무소속 작가와 전향 문인 포함한 준
비 모임)에 당당히 이름을 올렸다. 정지용의 전향이 매우 극적이었던 셈이다.

　계훈모 편, 『한국언론연표』 II, 관훈클럽신영연구기금, 1987, 775·783면; 『동아일보』
1949년 11월 5일자.

4) 나라잃은시기에 나온 정지용의 개인 저작물들은 『정지용시집』(시문학사, 1935)과
『백록담』(문장사, 1941)에 지나지 않는다. 그의 작품집이 나오고, 그의 문학적 명성이
문학교육 제도 속에 뿌리내리면서 대중 속에 결정적으로 내면화된 것은 광복기였다.
『지용시선』(을유문화사, 1946), 『산문』(동지사, 1949), 『지용문학독본』(박문출판사, 1948,
1949 재판), 『정지용시집』(건설출판사, 1946 재판), 『백록담』(백양당, 1946 재판, 동명출
판사, 1950 삼판) 간행과 같은 낱책이 모두 이 무렵에 마련되었다.

5) 그 글들을 한 자리에 모아 살피면 아래와 같다.

　「싹이 좋은 작품들」, 『소학생』, 조선아동문화협회, 1947년 8월; 「작품을 고르고서」,
『어린이나라』, 동지사 아동원, 1949년 5월; 「작품을 고르고서」, 『어린이나라』, 동지사
아동원, 1949년 6월; 「반성할 중대한 재료-특히 선생님들에게 드리는 말씀」, 『소학생』,

2. 아동문학 활동의 두 국면

정지용은 그 문학의 출발을 아동문학, 곧 동시와 함께 한다. 동시인으로서 적지 않은 작품을 띠엄띠엄 발표했다. 시의 습작과 문단 진출의 한 방식으로 같은 시대 문인들이 흔히 거쳤던 길을 정지용도 어김없이 거친 셈이다. 그리하여 그는 일찌감치 1920년대 후반 대표적인 아동문예지였던 『신소년』의 주요 필진 가운데 한 사람으로 자라났다.

광복기에 이르러 정지용은 아동문학 활동을 다시 보여주고 있다. 조선문학가동맹 아동분과 위원장으로 이름을 올림으로써 광복기 문학을 시작한 것이다. 게다가 주요 아동문학 매체 심사위원으로 줄곧 활동하였다. 시 영역에서 쌓았던 명성을 아동문학에서도 한결같이 넓히고 있다. 정지용이 주필로 있었던 『경향신문』[6]에서는 그 무렵 여느 일간 신문과 달리

아협, 1949년 7월; 「평어」, 『여자중학생 문예작품집』, 교육주보사, 1949; (좌담회)「우리들의 설맞이 하던 이야기」, 『어린이나라』, 동지사 아동원, 1949년 1월; 「어린이와 돈」, 『소학생』, 아협, 1949년 5월; 「어린이날, 5월 5일」, 『어린이나라』, 동지사 아동원, 1949년 5월; 「椅子」, 『彗星』 창간호, 혜성사, 1950; 「시집 『얼굴』을 보며」, 육필원고, 1950.

글이 길어지는 어려움이 있음에도 발굴의 뜻을 살리기 위해 본문 끝에 전문을 죄 옮겨두었다. 다만 본문에 전문이 옮겨져 있는 시 「의자」, 수필 「어린이날, 5월 5일」, 심사평문 「평어」는 그 자리에서 뺐다.

6) 1946년 5월 미군정은 신문 발행을 허가제로 바꾸었다. 격렬한 논조로 한결같았던 좌익계 신문이 남발되는 일을 막기 위한 일이었다. 그 바로 뒤인 1946년 10월 6일에 『경향신문』은 창간되었다. 이른바 위폐사건으로 큰 사회 문제를 일으켰던 조선정판사의 시설을 불하받아 천주교 서울교구에서 맡아 낸 일간지였다. 그럼에도 일반 대중지를 지향했는데, 1년 남짓만인 1947년 현재 가장 많은 발행부수인 6만 부를 내는 신문사로 자랐다. 정지용은 이 신문의 초대 주간이었다. 『경향신문』의 유일한 고정칼럼이었던 「여적」을 그가 떠맡아 썼다. 시사와 정치 동향에서부터 신변잡사에 관련된 내용으로 이루어진 것으로 사람들의 관심을 적지 않게 끌었다. 이 무렵 『경향신문』은 다른 신문과 나뉘는 몇 가지 특성을 보여준다. 첫째, 고정적인 문화면 확보다. 영화·미술·출판·연예로 고루 돌아가며 다양한 지면을 마련했다. 그리고 학생특집을 정기적으로 내놓았다. 둘째, 이색적인 어린이특집을 달마다 한 번씩 마련했다. 내용은 동요, 동시, 위인전기에서부터 어린이 만화에 걸치는 내용이었다. 1947년 7월부터 간부진과 편집 진용에 대한 개편·강화의 필요성이 제기되었다. 이와 맞물려 정지용도 창간 첫돌을 앞둔 7월 9일자

문화면을 마련해 두고 한 달에 한 번 어린이 자리를 펼쳤다. 정지용의 영향이 있었다고 볼 수밖에 없는 각별한 일이다.

정지용은 다채롭지는 않았지만 광복기 내내 아동문학 영역에서 나름의 활발한 작품 활동과 문학적 명성을 쌓아나가고 있었던 셈이다. 그런데도 이제까지 광복기 정지용의 아동문학 활동에 대해서는 알려진 것이 없었다. 이 글로 말미암아 그 사실이 처음으로 확인된 셈이다. 글쓴이가 발굴하여 보고하는 작품은 아동 · 소녀 현상문예의 심사 평문 5편, 아동 수필 2편과 아동독자를 겨냥한 좌담회 기록문 1편이다. 발표순에 따라 하나씩 살펴보기로 한다.

1) 심사 평문

1945년 을유광복을 맞이하자 아동문학 매체의 발간도 기다렸다는 듯이 이어졌다. 12월에 나온 『새동무』와 『별나라』 속간호, 그리고 『아동문학』[7]이 그 맨 앞자리에 선다. 이 셋은 좌파 매체였다. 함께 나온 것이 『어린이 신문』이다.[8] 여기서 편집 동인으로 일하고 있었던 윤석중은 1946년 2월부

인사로 주간 자리에서 물러났다. 정지용에 대한 공식 발령일자는 1946.10.1~1947.7.9이다. 9개월 남짓 『경향신문』에 몸담았던 셈이다. 정지용에 이은 주간 자리는 잠시 조용만을 거쳐 9월 1일자로 오종식이 맡게 되었다. 이 시기는 미소공동위원회 구성과 남북 합작 논란으로 사회가 매우 불안정한 때였다. 보수적이었던 『경향신문』의 논조로 보아 정지용과 같이 좌파 활동 시비가 따라 다니는 이에 대한 숙정이 필요했던 듯싶다.

『文化京鄕社史』, 주식회사 경향신문문화방송, 1976, 152~154 · 674면.

7) 조선문화건설중앙협의회 조선문학건설본부 아동문학위원회(위원장 정지용, 서기장 양미림) 기관지다. 월2회 간행을 목표로 내놓았으나 2호를 내고 그쳤다. 조선문학가동맹 아동문학위원회가 결성된 뒤, 이것을 발전적으로 이어받아 1947년 7월에 3호를 내었다.

8) 주간으로 나온 신문으로 고려문화사에서 펴냈다. 임병철이 주간을 맡았고 채정근이 편집부장으로 일했다. 윤석중 · 정현웅 · 김영수 · 박계주가 편집동인으로 일했다. 1946년 4월 17호부터는 대표적인 우파 문인이었던 김영수가 주간을 맡았다.

터 따로『주간소학생』을 내기 시작했다. 이미 1945년 9월에 출범시켜 이끌고 있었던 조선아동문화협회를 앞세워 이뤄낸 일이다.[9]

『주간소학생』은 1947년 5월 통권 46호부터 월간『소학생』으로 이름과 맵씨를 바꾸었다. 그리하여 전쟁으로 말미암아 발간이 그치기까지 1950년 6월호인 79호까지 꼬박꼬박 나왔던 광복기의 대표적인 아동문학 매체다. 다섯 해에 걸친 그 일을 한결같이 윤석중이 이끌었다.『새동무』·『별나라』·『아동문학』과 달리 중도 좌파 문인들까지 끌어안은 우파 문예지라 할 수 있다.[10]

정지용은『주간소학생』과『소학생』에서 해마다 마련하고자 했던 '아협상 타기 작문 동요' 현상응모에서 고정 심사위원을 맡았다. 1946년도에는 현상응모의 결과와 명단만 발표되었다. 정지용이 심사를 맡았으나 심사평은 실리지 않았다. 그리고 1948년은 계획과 달리 현상응모를 한 해 걸렀던 것으로 여겨진다. 1949년에는 현상응모가 순조롭게 이루어졌고, 현상응모 심사 결과와 개별 심사평 그리고 수상작품 전문까지 죄 실렸다. 따라서 현재 실물로 확인할 수 있는 정지용의 심사평은 두 해치 것이다. 1947년도와 1949년도가 그것이다.[11] 먼저 1947년도 심사평「싹

---

9) 윤석중은 다른 아동문학인과 달리 아동문학 영역에서만 꾸준하고도 한결같이 작품 창작과 매체 편집 활동을 펴온 이다. 1924년『신소년』에 동요「봄」으로 문단에 나선 뒤『어린이』와『소년중앙』,『소년조선일보』,『소년』과 같은 매체의 편집 일을 죽 맡으면서 나라잃은시기를 거쳤다. 1940년대 왜로 제국주의의 폭압적인 지배와 검열 아래 이루어졌던 이른바 '국책문학'의 소용돌이 속에서도 현명하게 자신의 문학적 빛깔을 잘 다스린 아동문학인이었다. 그로서는 광복 뒤 누구보다 먼저 아동문학 활동에 실질적인 선편을 잡을 만한 명분과 역량을 갖추었던 셈이다. 윤석중의 문단 활동에 대한 큰 줄거리는 이재철이 간추린 바에 도움 받을 수 있다.
　　이재철,『세계아동문학사전』, 계몽사, 1989; 윤석중,『우리나라 소년 운동 발자취』, 웅진출판주식회사, 1988.

10) 박세영·박태원·김동석·신고송·이원수와 같은 좌파 문인에서부터 박목월·윤석중·조지훈·최현배·권태응과 같은 우파 문인이 두루 대표 필진으로 이름을 올리고 있다.

11) '아협상 타기 현상응모'는 해마다 7·8월에 당선작 발표와 당선 작품 발표를 했다. 1946년 7월·8월치(통권 22호)에서는 현상작품 당선작 발표만 이루어졌고, 심사평과

이 좋은 작품들」이다.

　싹이 좋지 못한 아이가 크면 클쑤록 힘은 셀 수 있을찌 몰라도, 머리와 맘성
은 점점 나빠지는 수가 많다. 말과 글이라는 것은 원래 맘성과 머리에서 나오
는 것이니까 어려서부터 싹이 그른 아이는 장래 바랄 것이 없다. 싹이 좋고 낮
은 것을 따지어 이번 작문과 동요를 뽑았다.
　작문 「나의 발견장」을 통하여 김종길이라는 아이를 생각해 볼 때, 아마 잇과
와 작문에 다 우등일까 한다. (…중략…) 자연(自然)에 대한 사랑과, 그것을 이
상히 여기는 마음과, 그 문학자다운 힘 있게 일어나는 감정의 세력으로 볼 때,
김종길 소년은 싹이 좋은 즉 정신력이 왕성한 아이다.[12]

　정지용이 산문에서 으뜸인 '특등'으로 뽑은 작품은 「나의 발견장」이
다. 어린 소년이 밭에서 콩이 자라는 모양을 보고 나서 생각을 일으켜
유리컵에다 콩을 넣고 그것이 싹트는 과정을 관찰한다. 그 일을 학교에
서 발표할 기회를 가진 뒤, '나의 발견장'에다 겪은 일을 적어둔다는 내
용이다. 이 작품을 두고 정지용은 크게 추겨주고 있다. "자연(自然)에 대
한 사랑과, 그것을 이상히 여기는 마음과, 그 문학자다운 힘 있게 일어나
는 감정의 세력"이 많아 어릴 적부터 "싹이 좋은 즉 정신력이 왕성한
이"로 그 소년을 본 까닭이다.[13]

　수상작품은 실리지 않았다. 1948년도에는 현상응모가 한 해 걸렀을 가능성이 현재로
서는 가장 크다. 1948년 8월치가 결호임에도, 7월치가 통권 59호이고 9월치가 통권 60
호로 매겨져 있는 까닭이, 그리고 59호와 60호에서 현상응모에 대한 어떠한 군말도 없
다. 첫 심사였던 1946년도 심사에서는 비록 심사평은 실리지 않았지만, 그 심사 사실
은 이 글에서 찾아 올린 1949년 네 번째 심사평에 적혀 있다. 곧 "나도 첫회부터 여러
선생들과 함께 선자 축에 끼워 온 것을 명예롭게 생각한다." 그리고 "제 일회 때 특등
당선인 이문용군의 「그리웠던 고국」과 재작년도 특등 당선인 김종길군의 「나의 발견
장」과 같은 것이 다시는 볼 수 없었다"라 적은 자리가 그것이다.
12) 정지용, 「싹이 좋은 작품들」, 『소학생』, 조선아동문화협회, 1947년 8월, 18면.
　정지용은 동요와 작문(산문)을 한꺼번에 고누었다. 심사위원은 이원수·이희승·윤
석중·정지용이었다. 심사평과 뽑힌이의 소감 '뽑히고 나서'가 함께 실렸다.
13) 김종길에 이어서 뽑힌 김애리수의 「내 이름」은 자신의 서양식 이름으로 말미암아
일어나게 된 곤경과 즐거움을 아울러 드러낸 글이다. 이 작품에서 정지용은 조선문학

정지용은 모름지기 어린이의 작품은 형식이나 기교보다는 그에 앞서 어린이가 지녀야 할 바 자기 둘레에 대한 꼼꼼하고도 '왕성한' 관찰력과 인정스러운 마음 바탕과 같은, '좋은 싹'을 지니는 것이 훨씬 중요하다는 점을 일깨우고자 했다. 김종길을 비롯해 뽑힌 작품이야말로 어린이가 '어려서부터' 지녀야 할 바 싹인 "맘성과 머리"가 바르게 드러난 것들이다. 그 뜻이 분명치 않은 대로 본디부터 지녀야 바 '싹'이라는 당위적 바탕이 어린이의 글에서 선행되어야 할 일이라 말했다. 뽑힌 아이들을 비롯해 장차 응모할 아이들을 직접 내포독자로 삼아 차분하게 목소리를 낮추어 깨우쳐주고자 한 바가 그것이다.

이에 대하여 1949년도 '아협상 타기 작문 동요'의 심사평인 「반성할 중대한 재료─특히 선생님들에게 드리는 말씀」은 아이들의 작품을 골라 내 그 응모를 책임지고 있을 현장 학교 교사들을 내포독자로 삼아 당부한다. 이례적인 형식으로 된 긴 글이다.

① 소학교 교육에 있어서 말글의 교육은 과학적 교육이 되어야 하고, 또 모든 과학적 교육 중에 가장 기초가 되고 중요한 것이 말글의 과학적 교육이 아닐 수 없는 것이다. 말글의 과학적 방법적 교육에 신념을 갖고, 열의와 부지런을 계속할 때, 우리는 그 효과의 일부 중에도 꽃과 같이 아름다운 열매를, 어린이들의 예술적 표현인 작문과 동요와 동시에서 얻어서, 이것을 과학교육의 승리로 돌리고 안심할 만한 것이다.

우리는 어린이들을 가르치어 위대한 어른들을 만들 수 있는 것을 믿어야 한다. 다만 어린이의 소질과 천재에 방임하는 태도를 버리고, 과학적 교육의 방법으로써, 어린이의 소질과 천재를 남김없이 발양시킬 수 있다는 신념을 가질 수밖에 없는 것이다.

② "동요의 수준은 높아가는데, 작문의 성적은 해마다 내려 간다."

의 한 특색인 "유모어와 익살"을 읽어내고 있다. 그 다음에 뽑힌 「서울로 동무에게」는 서울로 전학간 이여옥이란 벗에게 보내는 편지글 꼴로 된 줄글로, 둘 다 "순직하고 인정이 무르녹은 글"로 칭찬을 아끼지 않았다.

(…중략…)

이러한 현상(現狀)에는 반드시 원인이 있는 것이다.

동요의 성적이 좋다는 것은 재래로 어린이의 자연발생적 충동적 표현에서 우연한 성적이겠고, 작문 성적이 내려가는 것은 국민학교의 말글 교육과 표현 훈련과, 기타 종합적 교육 일반의 반성거리가 아닐 수 없는 것이다. 불과 몇몇 어린이의 작품에서 뽑은 것이 아니라, 수천 어린이들의 작품에서 엄선한 것이 이러한 것이니, 이것을 일개 아협에서 발견한 것이라고 볼 것이 아니라, 아동 교육의 사회적 위치에서 논란할 반성의 중대한 재료가 되어야 할 것이다.

③ 이번 작문들에서 전에 볼 수 없었던, 어린이들에게서 보아서는 아니될 암담하고 슬픈 기록을 많이 보았다. (…중략…)

과연 어린이들이 이러한 부자연하고 음울한 환경의 기록을 제공하게 된 사정을, 민족과 사회적 위치에서 지적하고 비판하고 반성하여야 한다. (…중략…)

우리는 전력을 다하여 명년도에는 이러한 현상을 극복한 성적을, 현상 아동 작품 성적에서 단적으로 구체적으로 보도록, 위정자와 교육가와 사회인과 민족으로서 초인적 노력을 하여야 하겠다.[14]

'특히 선생님들에게 드리는 말씀'이라는 부차 텍스트를 굳이 내세우면서 정지용이 짚고 있는 생각은 크게 셋이다. 첫째, ①에서 드러나는 바와 같이 "학교 교육에 있어서 말글의 교육은 과학적 교육이 되어야 하고" 그 가운데서 "가장 기초가 되고 중요한 것이 말글의 과학적 교육"이라는 생각이다. 작문 교육은 그러한 "말글의 과학적 방법적 교육" 가운데 하나여야 한다. 그런데 그가 내세우고 있는 "과학적 교육"의 방법이 불분명하다. 다만 "어린이의 소질과 천재에 방임하는 태도"가 아닌 것만은 알 수 있다.

둘째, "말글의 과학적 교육" 가운데서도 "자연발생적인 그대로 두더라도 수준 높은 작품이 나오고 있는 동요와 달리 작문, 곧 산문의 경우는

---

14) 정지용, 「반성할 중대한 재료—특히 선생님들에게 드리는 말씀」, 『소학생』(통권 69호), 아협, 1949년 7월, 18~19면.

②에서 보는 바와 같이 보다 과학적인 지도가 필요하다는 점이다. 셋째, ③에서 보는 바와 같이 아이들의 작문에서 암담하고 슬픈 기록이 많다는 점이다. 이 점은 단순히 교사의 지도로만 해결될 수 없는 학교 바깥 현실의 문제다. 마침내 학교 바깥의 "민족과 사회적 위치에서" 바르게 되기를 바랄 따름이다.

글의 내용으로 볼 때 아이들 작문 부진의 궁극적인 원인은 학교 안팎의 환경에 있다. 학교 안쪽으로는 이른바 "과학적 말글교육"의 모자람이 그 원인이다. 학교 바깥쪽으로는 "민족과 사회적 위치"의 '암담하고' 슬픈 상황, "음울한 환경"이 그 원인이다. 둘 다 아이들의 구체적인 작품이나 그 내용과는 거리를 둔 지적이다. 따라서 그 해결 방법 또한 작문 바깥에 있는 것일 수밖에 없다. 모름지기 학교에서 지녀야 할 바 과학적 말글 지도와 함께 "위정자와 교육가와 사회인"들이 "민족과 사회"가 밝은 환경이 되도록 "초인적 노력"을 다하는 일이 앞설 마련이다.

구체적인 작품 지적에서 벗어나고 있는 점이 문예물에 대한 심사평으로서는 특이하다. 아이들이 감당하기 힘든, 작문 바깥 장소 곧 사회·민족과 같은 외부 현실이나 '과학적' 학습 방법과 같이 미리 주어져 있는 당위적 준거점을 빌어서 아이들 작문이 지닌 실제 문제점을 짚어내고 있는 태도가 그것이다.15) 게다가 어느덧 과장된 목소리로 그 점을 짚고 있다. 당위적인 준거 장소와 실제 현실 사이에 가로놓인 거리가 정지용에게서 더욱 강조되고 있는 셈이다.

『소학생』에 올린 두 편의 심사 평문을 살폈다. 이밖에도 정지용은 『어린이나라』에 다시 심사 평문을 실었다. 『어린이나라』는 1949년 1월에 창간된 월간 아동문예지다. 현재까지 1950년 2월호까지 간행 사실을 확인할 수 있다.16) 여기서 정지용은 『소학생』의 해결이 현상응모 심사평과

---

15) 이러한 모습은 그의 오랜 『문장』 '선고평'이 거의 모두 작가에 대한 개인적인 충고나 구체적인 표현법, 그 개선 요구에 머물렀던 점과 견주어볼 일이다.

16) 낸 곳은 동지사 아동원이다. 편집위원은 정인택, 김용환이었다. 발행인은 이대의·

달리, 다달이 이루어졌던 투고 작품에 대한 게재 심사 평문을 내놓고 있다. 창간호에서 이미 '작품을 꼬느실 선생님들'의 한 사람으로 작문에 정인택, 동시에 정지용을 내세워 미리 심사위원을 알렸다.[17] 따라서 2월치부터 투고 작품과 그 심사평 게재가 이루어졌다고 본다면 정지용의 심사 평문은 많이 잡아서 7편에 이른다.[18] 이제 확인된 1949년 5월치와 1949년 6월치 정지용의 심사평 「작품을 고르고서」의 부분을 옮긴다.

①어린이의 모방성은 그것이 어린이의 좋은 점이다. 그러나 모방성으로 인하여 어린이의 창작성이 짓밟히는 것은 그것이 동요와 동시에 있어서 대단히 가엾은 노릇이다. 현대 우리 아동문학에 어른들이 해놓신 일이 매우 훌륭하기는 하나 너무도 아동문학 전문가가 되어 버리어 동시와 동요에 실증이 나도록 그만 틀과 버릇이 잡히어 버린 것을 이것을 다시 모방하고 흉내 내는 어린이들이 딱한 노릇이다. (…중략…)

나는 어른 흉내 낸 것 어린이의 생각답지 않은 것을 철저히 배척하고, 다음 동요와 동시를 뽑고 기분이 좋다.[19]

백남홍, 편집인은 이종성이 맡았다. 이들은 『어린이나라』를 내기 앞서 월간 『아동문화』를 1948년 봄부터 낸 것으로 보이나, 실물을 확인할 수 없었다.

17) '어린이 나라 편집부'의 이름으로 내놓은 사고에 따른다.
    『어린이나라』 1월 창간호, 동지사 아동원, 1949, 40면.

18) 1949년 9월치부터는 투고 작품 게재 심사평에 뽑는 이의 이름이 산문, 동요 모두에 걸쳐 익명으로 처리되고 있다. 지금으로서는 동시의 뽑는 이가 정지용과 마찬가지로 『어린이나라』의 주요 필자 가운데 한 사람이었던 이원수의 글로 짐작된다. 이원수는 작품 투고와 함께 『어린이나라』에서 한 차례 벌였던 어린이날 기념 '어린이나라의 노래' 현상 모집에서 정지용·이병기·양주동과 함께 심사자로 일하기도 한 무게 있는 글쓴이여서 그 가능성이 높다. 따라서 『어린이나라』가 1949년 1월 창간 이후 2월치부터 달을 거르지 않고 제때 나왔고, 1949년 8월까지는 다달이 정지용이 동시 심사평을 올렸다고 가정한다면 정지용의 심사 평문은 많이 잡아 보아 모두 7편에 이르는 셈이다. 글쓴이는 그 가운데서 1949년 5월치와 6월치 두 편만을 실물로 확인했다. 하루바삐 2·3·4월치와 7·8월치가 확인되기를 바란다. 그리고 이번에 찾아 올리는 두 글은 이름에 번호를 붙여 다른 글과 구별했다. 「작품을 고르고서」(4), 「작품을 고르고서」(5)가 그것이다. 앞으로 나머지 글들이 찾아진다면 「작품을 고르고서」(1)·(2)·(3)·(6)·(7)이 되겠다.

19) 정지용, 「작품을 고르고서」(4), 『어린이나라』, 동지사 아동원, 1949년 5월, 47면.

②동요와 동시라는 것이 어린 아이가 숙성한 체 하는 것도 아니요 어른이 어린 양 하는 것도 아니다.

숙성한 체도 없는 어린 양도 없는 철저하게 천진스러워서 어른이 읽던지 어린 아이가 읽던지 저절로 감복해 지는 것이 동요요, 동시다.

나와 같이 늙은 사람이 색동저고리를 입고 율동춤을 춘다면 얼마나 숭업겠으며 국민학교 어린 아이가 금수강산 삼천리에 건국사업의 노래를 지어 바친다고 반드시 일등상을 주어야 할 것인가? 어린 아이의 어린 아이다운 애국심을 다음 박태문에게서 보아서 나는 눈물이 나도록 좋았다.[20]

①에서 정지용이 뼈대로 삼은 생각은 아이들이 "그만 틀과 버릇이 잡히어 버린" 어른의 작품을 "모방하고 흉내"낼 일이 아니라는 것이다. 그리하여 "어른 흉내 낸 것 어린이의 생각답지 않은 것을 철저히 배격"하고 작품을 뽑았노라고 말하고 있다. 그것을 정지용은 모방성과 창작성이라는 말로 맞세워 드러냈다. 그런데 천진스러운 가운데 참신한 표현이라는 짐작은 할 수 있지만 정지용이 말하고 있는 창작성, 곧 '어린이다움'이 무엇이며 과연 그것이 본디부터 있기는 한가라는 물음이 금방 일어난다.

② 또한 ①에서 크게 멀지 않다. 어린 아이가 어른 흉내를 내며 "숙성한 소리를" 내는 작품이 있다. 어른이 "아이 흉내를 못내" 안달하는 듯한 동요도 마땅치 않다. 그 둘 다 "부자연한 어른", 부자연한 아이의 것일 따름이다. 그리하여 "숙성한 체도 없는 어린 양도 없는 철저하게 천진스러워서 어른이 읽던지 어린 아이가 읽던지 저절로 감복해 지는 것이" 좋은 "동요와 동시"이다. 그러면서 정지용은 그러한 '아이다움'이 잘 드러나는 작품으로 박태문의 「산바람」[21]에다 두 학생의 작품을 더 뽑아 올

---

20) 정지용, 「작품을 고르고서」(5), 『어린이나라』, 동지사 아동원, 1949년 6월, 41면.

21) 정지용이 '눈물이 나도록 좋았다'고 말하고 있는 박태문(창경공립국민학교 2학년)의 작품 「산바람」은 아래와 같다. "산 바람이 분다 / 이쪽 바람은 봄 바람 / 저쪽 바람은 몬지 바람 // 이쪽 산은 푸른 산 / 저쪽 산은 하얀 산 // 하얀 산은 까까중 / 중중 울넘이 // 산에 산에 올라서 / 푸른 나무 심그자"(『어린이나라』, 동지사 아동원, 1949년 6월, 40면).

리고 있다.

①과 ②에서 볼 때, 정지용이 좋은 동시의 잣대로 삼은 것은 아이다움이다. 그것은 어른의 작품에 대한 '모방성'과는 달리 '창작성'이 살아 있는 상태며, '철저'한 '천진스러움'을 일컫는다. 그러나 아이의 아이다움이란 아이의 구체적이고 다양한 현실에서부터 벗어나 있는 어른들의 대타적 타자상일 따름이다. 어른이 아이에게서 천진스러움만 읽어내고자 하는 데서 아이의 구체적인 현실은 많은 자리가 빠져 달아나 버린다. 말하자면 정지용이 미리 설정하고 있는 아이다움이란 당위적 상태의 것일 따름이라는 뜻이다.

마지막으로 찾아 올리는 심사 평문은 여자 중학생의 시를 대상으로 삼은 것[22]이다. 1949년 서울 "동명여자중학교 문예부에서 서울신문 문화부와 여류신진문학회의 공동후원을 얻어 전국 여자중학생들의 문예작품을 현상 모집"한 적이 있었다. 그리고 그 입상 작품집으로 나온 책이 『여자중학생 문예작품집』이다.[23] 정지용의 글은 그 심사평 가운데 하나다.

> 시는
> 첫째 말해야 할 것
> 둘째 사람의 감정을 강열(强烈)히 흔드러 놓아야 할 것
> 셋째 되도록 압축(壓縮)되어야 할 것
> 넷째 아름다워야 할 것(글의 흐름이 부드러워야 할 것)입니다.
> 그런데
> 「돌맹이」는 압축되지 못한 것이 험(끝에 몇 줄은 군말이니 소용이 없듯이)

---

22) 따라서 세대문학 쪽에서 보면 이 심사평은 아동문학에 드는 글이 아니라 소년문학에 드는 것이다. 이 글에서는 편의를 좇아 아동문학에 넣어 다루었다.

23) 10월 10일 예비심사위원회를 거쳤다. 작품 212점을 놓고 여상현·박영준·조인행·송돈식·이원조가 심사를 맡았다. 10월 12일 시는 정지용·김기림·임학수가, 수필은 설의식·백철·전홍진이, 소설은 박태원·채만식·박종화가 심사위원회를 구성하여 입상 작품을 뽑았다. 작품집은 이른바 4x6배판 크기 92면으로 마련된 책으로 교육주보사에서 냈고, 표지는 권채운이 그렸다.

「두메산 골」은 사람의 감정을 강열히 흔들지 못했고
「우물」은 하고자 하는 말이 꿈에 지나지 않았고
「지레시든 꽃」은 슲으기만 했습니다.24)

　예사 경우와 달리 심사평을 가락글로 마련했다. 게다가 첫째, 둘째, 셋째, 넷째라 간결하게 바람직한 시의 당위적 자질 넷을 먼저 제시해둔 다음, 그에 걸맞게 대위적인 꼴로 심사 대상 작품에 대한 평가를 넷으로 나누어 늘이놓았다. 먼저 제시해 놓은 바 감동적인 표현 효과, 압축, 그리고 음률적 세련성과 같은 시의 자질은 일반적인 수준에서 멀지 않은 평범한 내용이다. 나라 여러 곳에서 보내온 여중학생 작품에 대한 공개 심사평으로서는 심사숙고한 흔적을 내보이지 않는다. 가락글에다 의례적인 내용으로 서둘러 글을 마무리하고 있는 모습에서 그 무렵 정지용이 지녔을 법한 위축된 마음바닥을 읽을 수 있다.

　앞에서 살핀 바와 같이 정지용은 아동문학 영역의 선평자로서 문학사회에서 지닌 바 명성을 한결같이 굳히고 있음을 알겠다. 다섯 편에 이르는 평문이 그 모습의 한 자락을 잘 보여준다. 그들을 빌려 정지용은 산문과 동시에 걸쳐 두루 기본 됨됨이를 갖출 것을 강조하고 있다. 산문의 경우 현실에 대한 관찰력을 키우고, 학교에서는 그것을 기를 수 있는 과학적 말글 지도가 먼저 이루어져야 한다. 문학 바깥쪽으로는 어린이다움을 발현할 수 있는 좋은 사회가 먼저 마련되어야 한다. 동시 경우에는 어른들 모방에 빠지지 말고, 천진스러운 어린이다운 특성을 잘 찾아 창조성을 가꿀 것을 요구하고 있다.

　이러한 요구는 언어의 쓰임새에 누구보다 엄격했던 정지용으로서는 당연한 일이며 심사 안목이라 하겠다. 그러나 이들은 어린이 작품 자체에 대한 직접적인 해명이나, 지도 요구가 아니다. 아이나 교사가 갖추어야 할 당위적인 자리를 먼저 마련해두고, 그에 대해 마땅한 수준에 오르

---

24) 정지용, 「평어」, 『여자중학생 문예작품집』, 교육주보사, 1949, 17면.

지 못함을 짚는 방식을 취하고 있다. 심사자와 그 평가 대상이라는 위상으로 보아 당위적 이상 상태를 먼저 제시하고 그에 미치지 못한 작품 현실을 지적하는 모습은 그리 낯선 일이 아니다.

그런데 정지용의 경우 그것은 무엇보다 자신의 문학적 자의식 속에 터잡고 있는 우월 의식을 드러내는 한 방식이 될 수도 있다. 게다가 당위적 잣대라는 전제가 미학적인 것이 아니라, 근본적인 '싹'이나 '어린이다움' 또는 바람직한 아동문학이 자랄 수 있는 바탕으로서 바람직한 사회, 민족 현실이라는 선험적이면서도 문학 외적인 환경이다. 그것은 작품을 창작하는 아동이나 그 지도를 맡은 교사가 어찌할 없는 결정론적 가치 지평으로 남을 따름이다. 그리고 그 관계에서 거듭 확인되는 것은 그러한 당위적 요구를 현실화할 수 없을 아동이나 교사, 또는 아동 문학 사회 구성원들에 대한 안타까움이라기보다는 그들에 대한 선평자 정지용의 변함 없는 우월적·절대적 위치다.

2) 수필

광복기 문학사회에서 정지용이 작품을 가장 많이 남기고 있는 갈래는 수필이다. 오래도록 시를 중심으로 활동해 왔던 그로서는 뜻밖에 산문에 많은 공을 들인 셈이다. 그런데 정지용이 남긴 수필 가운데서 아이를 대상으로 삼거나 아이 문제를 글감으로 다룬 글은 많지 않다. 이 글에서는 새로 아동 수필 두 편을 찾아 올린다. 둘 다 아이의 나날살이에 관련된 글이다. 게다가 아이의 사회경제적 현실과 관련된 생각을 드러내놓고 있다. 1949년 5월치 어린이 매체에 실렸다는 공통점도 있다. 먼저 『소학생』에 실린 「돈과 아이들」이다.

성녀·작은 테레샤는 어려서부터 어떻게 착하고 총명하고 경건하였던지, 어버님 어머님의 대단한 사랑을 받으시었다. 어려서부터 보통 아이에 지나치게 총명하여서, 여간해야 남에게 속지 않으셨다 한다. 네 살 적에 한번은 그의 아버님이 하도 총명한 어린 딸을 시험해 보기 위하여, "너 땅에다 머리를 굽히고 입술을 흙에 붙치고 일어 서면, 아버지가 돈을 많이 주마" 하시었다. 작은 테레샤는 성이 나서 단연코 아버지의 시험하시는 말씀을 거부하셨다.

(…중략…)

그러나 나는 그때 그 아버님의 하신 일을 따님과 같이 훌륭한 짓으로 볼 수 없게 한다. 만일 그때, 네 살된 어린 따님이 아버지의 명령대로 하셨다면 어찌하였을까 생각해 볼 만한 일일까 한다. 아버님은 크게 실망하시고 분해하시고, 어린 딸을 다소 미워하셨을 것이다. 돈이 좋은 것이라고, 좋은 것이라고 만들어 놓은 것은 모두 어른들이 하여 놓은 것이다. 세상에 모든 어린이들도 돈을 좋아하게 된 것은, 어른의 잘못 지도한 짓이 아닐 수 없다.

그리하여 놓고 왜 어린 딸을 시험하여 본 것일까?

(…중략…)

전기와 수도와 일용잡화 등속이 반드시 사람의 생활에 필요하듯이, 돈도 필요한 것에 틀림없는 것이다. 돈이 그렇게 좋은 것도 아니요, 그렇게 더러운 것도 아니요, 적당히 필요한 것임으로, 어린이가 철이 나려고 할 때부터 돈에 대한 지혜와 옳은 도리를 배우게 할 것이다.

돈을 무조건 하고 더러운 것이라고 가르치거나, 제일 좋은 것으로 알게 하는 교육에서 비참한 어른들의 사회가 되는 것이다.

(…중략…)

그러니까 가장 이상적인 돈과 어린이의 관계를, 적어도 소학생 시절까지는 아주 가깝게 만들지 않도록 하는 것이 상책일까 한다.

교과서, 학용품 값, 월사금, 입학금, 후원회비 따위 문제로 일체 어린이의 머리와 가슴을 조이게 하고 괴롭게 굴지 않을 만한 어른의 사회가 먼저 서져야 하겠다.[25]

이 글에 나타나고 있는 특성은 크게 셋이다. 첫째, '성녀 · 작은 테레샤'와 그 아버지에 대한 존칭을 과장되게 쓰고 있는 점이다. 두 사람을

---

25) 정지용, 「어린이와 돈」, 『소학생』(통권 67호), 아협, 1949년 5월, 6~7면.

죄 높이려 하다 보니 나타나게 된 결과다. 이미 몸에 익은 가톨릭 신자로서 정지용은 자신의 마음 밑자리를 걸림 없이 드러낸다. 둘째, 정지용의 다른 글에서 보기 힘든 경제 문제를 다루고 있다.[26] 광복기 어려운 시대 현실 앞에 놓여 있었던 정지용으로서 자연스러운 인지상정이라 하더라도, 나라잃은시기의 글에서는 볼 수 없었던 현실에 대한 관심이다. 이러한 관심과 조선문학가동맹이라는 좌파 문단 조직 선택과는 뗄 수 없는 고리가 있음직하다.

셋째, 정지용의 현실 경제에 대한 이해는 소박한 도덕론자가 지닐 법한 상식적 수준을 넘어서지 못했다. "가장 이상적인 돈과 어린이의 관계를, 적어도 소학생 시절까지는 아주 가깝게 만들지 않도록 하는 것이 상책"이며, 어린이들이 "교과서, 학용품 값, 월사금, 입학금, 후원회비 따위 문제로 일체" "머리와 가슴을 조이게 하고 괴롭게 굴지 않을 만한 어른의 사회가 먼저 서져야 하겠다"는 생각은 선언적 명분론에 지나지 않는다. 다시 한 번 정지용의 광복기 글에서 드러나는 바 당위와 현실 사이의 대위적 관계 인식과 당위의 우월적 자리를 확인할 수 있다. 두 번째로 찾아 올리는 아동 수필에서 정지용은 '어린이날'의 의의를 되새긴다.

> 5월달을 들어 여러 나라에 명절이 많다. 동양 한문자를 쓰는 나라들에 예전부터 단오가 있어 왔고, 그리스도교가 풍속화한 나라에서는 5월달을 초하루부터 그믐까지 성모 마리아의 달로 정하여 한 달 서른 날이 명절 아닌 날이 없는 것이고, 공장과 노동자의 시대에 들어 5월 1일이 노동자의 거저 놀아버리는 날이 아니라, 노동가와 행진으로 전 세계가 합창하는 명절인 '메이 · 데이'가 된 것이다. 또 서양에는 '어머니의 날'이라는 모든 어머니의 은혜와 사랑을 기르는 명절도 따로 있다.
>
> 그러나 '어린이날'이라는 명절은 내가 몰라서 그런지 우리나라에만 있는가 한

---

26) 상황이 다르지만 이 점은 앞서 살핀 1949년도 심사 평문 「반성할 중대한 재료—특히 선생님들에게 드리는 말씀」에 나타나고 있는 아동의 경제적 어려움에 대한 정지용의 관심과 바로 맞닿아 있다.

다. 예전부터 있었던 것이 아니고 나보다도 어른들이 정하신 우리나라의 3·1 혁명 이후에 예절이다.

일제하에 하도 가엾고 딱하게 자라는 우리나라 어린이들을 위하여 만든 명절이다. 일 년 열두 달 중에 5월이 제일 좋은 달이다. 꽃이 만발하고 새와 짐승이 새끼를 치고 사람 중에도 어린이들이 무럭무럭 자라는 달이다.

우리나라에 아직 어린이가 완전히 행복하게 자라게 되기가 멀다. 완전히 어린이의 행복한 나라를 만들기 위하여 우리 어린이들이 이 명절날에 기를 받고 북을 치며 노래와 행진으로 저벅 저벅 시위와 열렬한 연설로 요구하고 주장함으로 잔치를 삼는 날이다.[27]

5월은 종교·사회·가정·자연 그 어느 자리에서 보더라도 아름답고 뜻이 있는 달이다. 게다가 "우리 나라 어린이들을 위하여 만든 명절인" 어린이날이 있어 5월은 그 뜻을 더한다. 그리하여 "완전히 어린이의 행복한 나라를 만들기 위하여 우리 어린이들이" "기를 받고 북을 치며 노래와 행진으로 저벅 저벅 시위와 열렬한 연설로 요구하고 주장함으로 잔치를" 벌이는 날이 어린이날이라 하여, 5월에 대한 적극적인 의의를 더하고 있다.

정지용이 아니면 담아내기 어려울 새롭거나 신선한 내용이 담긴 글은 아니다. 재미있는 사실은 함께 5월의 뜻을 더해 주는 날인 '메이 데이'에 대한 설명과 '어린이날'에 대한 설명이 같은 맥락으로 씌어지고 있다는 점이다. "노동가와 행진으로 전 세계가 합창하는 명절인 '메이·데이'"와 "북을 치며 노래와 행진으로 저벅 저벅 시위와 열렬한 연설로 요구하고 주장"하는 '어린이날' 사이에 표현 유사성이 크다. 광복기 정지용이 터잡고 있는 간단치 않은 마음자리를 엿보게 한다.

앞에서 살핀 두 아동 수필은 수준 높은 글은 아니다. 「어린이와 돈」은 자신이 잘 알고 있는 가톨릭 체험을 중심으로 소박한 경제관념을 두드리고 있다. 우리 아이들이 겪고 있었던 경제적 곤경 상황과 아이들에 대

---

27) 정지용, 「어린이날, 5월 5일」, 『어린이나라』, 동지사 아동원, 1949년 5월, 11면.

한 올바른 경제 관념을 내비친 글이다. 이와 나란히 뒤에 올린 「어린이날, 5월 5일」 또한 어린이날의 의의를 설명하면서 의례적인 이야기로 한결같다. 각별하게 감동을 줄 만한 수필적 상상력이나 경험 현실이 드러나고 있지 않다. 이와 달리 이제 아래에 보이는 좌담 「우리들의 설맞이 하던 이야기」 속에서 정지용의 발언은 구어적 형식이라는 요인에서 말미암은 것만도 아닐 법한 생기가 완연히 돈다.

①김용환ㅡ이제 설도 가까웠습니다. 새 설을 맞이하여 우리 사에서 새 잡지를 내이기로 하였읍니다. 거기다 여러 선생님들이 어렸을 때 설을 맞이하시던 여러 가지 재미난 말씀을 들어서 신년호의 빛을 삼고자 합니다.

②정지용ㅡ그런 딱총은 나중에 들어온 것이겠지. 설날이라고 해서 따로 좋은 까닭은 없겠지만 좋은 옷을 갈아 입구 하니 그것만으로도 좋았지 ㅡ. 우리 소년 시기에는 옷을 자주 빨아 입지도 못하다가 그 날 옷을 갈아 입는 것이 오직 좋았남?
채만식ㅡ설전 대목장이면 장터가 왼통 어린애 옷, 꽃신이 중심이었는데 지금은 그런 정취가 자꾸만 허전해지기만 하거든 ㅡ.
정지용ㅡ나두 이젠 늙었지만 그래도 정월에 새옷을 갈아 입으면 그 때 기분과 같겠으니 ㅡ(웃음소리)

③김용환ㅡ그런 그 다음으로 세배의 내력에 대해서 좀 말씀해 보실까요?
송완순ㅡ그것은 일종의 경모사상(존경하고 사모하는 것)이 아닐까 하는데요 ㅡ.
정지용ㅡ내 생각에는 계급제도가 생긴 이후의 일이 아닌가? 하는데 ㅡ.
정인택ㅡ보통 때는 늘 어른께 대한 경모하는 마음을 품고 있다가 정월을 계기로 해서 나타내는 것이라구두 생각되는데요
정지용ㅡ아무튼 그것은 고운 풍속이야 ㅡ.

④김용환ㅡ어렸을 때 우리 지방에서 보면 널뛰기를 하는데 땅을 파고 널을 뛰는 것이었읍니다만은 지금 널은 그렇지 않드군요
정지용ㅡ하여간 일제시대 온통 전쟁에 시달리느라구 설의 즐거움이나 재미

나는 풍속을 하나하나 잊어버려온 것이 사실인데 우리들이 순수하게 느끼었던 설의 가지가지 즐거움을 요지음 어린이들에게 줄 수 있게 그런 것을 살려야 할 것입니다.

⑤정지용―부모들이 음력설을 지내려구 해두 어린이들은 양력설을 정말 설로 여겨야 할 것입니다. 그리구 설이라구 해서 쓸 데 없이 좋아하지 말고, 우리나라가 통일되거든 정말 마음껏 좋은 설을 지낼 셈 잡고, 올에는 그저 마음 속으로 조용히 지내도록 했으면 합니다.

김용환―오랫동안 고맙습니다. '어린이나라' 독자에게 좋은 선물이 될 줄 믿으며 이것으로 줄이기로 하겠습니다.[28]

74차례나 오간 대화로 이루어진 좌담이다. 지역적으로 서로 다른 사람을 한 자리에 모으고자 애썼다.[29] 그 가운데서 김용환은 사회자 자격으로 나섰다. ①은 좌담을 여는 들머리 자리다. 어릴 적 "설을 맞이하던" "여러 가지 재미난 말"을 자연스럽게 끄집어내도록 했다. ②에서는 "눈섭 세던 이야기"를 비롯해 어렸을 적 겪었던 설에 대한 추억을 늘어놓고 있다. ③은 설날 세배와 "세뱃돈 받으러 다닌 이야기"다. ④는 "가지가지 설놀이"에 대한 추억이다. 널뛰기와 윷놀이에다 정월 대보름 풍속까지 덧붙였다. ⑤는 좌담 마무리 자리다. 올해 설을 어떻게 지냈으면 좋을지에 대한 당부의 말이다.

글 흐름으로 볼 때 몇 가지 특징을 살필 수 있다. 첫째, 정지용은 좌담 내내 명망가 문학인으로 높이 대접받고 있다. 담론의 주도권이 한결같이 그에게 있다. 좌담의 들머리와 마무리를 정지용이 열고 닫았을 뿐 아니라, 새로운 화제로 옮겨갈 적마다 그 첫머리는 대개 정지용의 답변으로

---

28) (좌담회)「우리들의 설맞이 하던 이야기」, 『어린이나라』, 동지사 아동원, 1949년 1월, 18~21면.
29) 정지용(충북), 채만식(전북), 송완순(충남), 조경희(경기), 박내현(평양), 정인택(서울), 그리고 김용환(경남)이 그들이다. 정인택·김용환은 편집위원으로서 좌담을 마련한 쪽이다.

이루어지고 있다. 정지용에 대한 나머지 참석자들의 삼가며 예의를 다하
고자 하는 말씨가 또한 그 점을 더해준다. 한 살 연장자인 채만식[30]보다
정지용에 대한 대접이 완연히 무겁다.

둘째, 좌담의 전체 비중으로 볼 때 정지용이 가장 많은 발화 빈도수를
보여주고 있다. 좌담 진행 과정에 나타나고 있는 담론 주도권과는 또 달
리 정지용의 무게를 엿보게 한다. 모두 74회에 걸친 발화 가운데서 정지
용의 것이 23회를 차지했다. 채만식이 그 뒤를 따라 18차례에 이르고, 사
회자인 김용환이 10차례, 송완순이 9차례, 조경희가 8차례, 정인택이 3차
례, 그리고 박내현이 3차례에 머물고 있다. 물론 좌담 기록자의 개인적인
선호도가 끼여들었을 터이지만, 그것이 정지용에 맞춰진 발화의 초점을
흐리게 할 정도는 아닐 것이다.

따라서 이 좌담은 선배이자 명망 높은 문인인 정지용이 채만식의 도
움을 받아가면서 주도적으로 후배문인들과 마련한 대담 형식을 방불하
게 한다. 이러한 정지용의 높은 주도권과 무거운 비중은 좌담 참석자 안
쪽의 동의뿐 아니라, 좌담 바깥의 사회적 지명도에 대한 참석자들의 묵
시적 동의를 전제로 해서 이루어진 일이다. 정지용의 말씨나 목소리도
자연스럽고 위축된 느낌이 없다.[31] 자신의 체험과 생각을 머뭇거림 없이
생기 있게 드러내고 있는 모습에서, 사회적 평판과는 별개로 그 무렵 정
지용 스스로 문학사회 안쪽에서 지녔을 법한 나름의 당당함을 엿볼 수
있다.

---

30) 정지용이 1903년생, 채만식이 1902년생이다.
31) 앞서 살핀 아동문예 심사평이나 아동 수필과 같이 눈앞에서 확인할 수 없는 익명의
    독자들을 상대로 한 글에서 나타난 의례적이고, 겉도는 듯한 분위기와는 나뉜다.

3. 시 「의자」에 나타난 타자의 문제

광복기는 몇 해 되지 않은 내내 숱한 매체의 범람을 보여준다. 서울에서나 지역에서나 사정은 마찬가지였다. 『혜성』은 1950년 2월에 창간호가 나온 월간 잡지다. 손소희가 발행인을, 전숙희가 편집인을 맡았다. 3호까지 나온 것으로 보인다. 문화에 초점을 둔 종합 교양지로 나아가고자 했다.[32] 문예란에서 소설로는 황순원·김동리·손소희·홍구범이 작품을 올렸다. 시로는 조지훈·박목월·노천명과 더불어 정지용이 첫머리를 꾸몄다. 「의자(椅子)」가 그것이다. 물론 이제까지 알려지지 않았던 시다.

너
앉았던 자리
다시 채워
남는 靑春

다음 다음 갈마
너와 같이 靑春

深山 들어
안아 나온

---

32) 창간호는 이른바 크라운판 크기로 86면이다. 인쇄는 고려문화사에서 맡았고, 표지는 정현웅이 그렸다. 창간사에 들어 있는 아래와 같은 말들이 그 됨됨이를 암시한다. "혜성을 내보내려는 엉뚱─참으로 엉뚱한 일이다─한 생각을 내게 된 것은 한국문화의 발전을 위하여 이바지하겠다는 갸륵한 생각도 물론 있다. 그러나 그보다도 대한민국의 육성발전을 위하여 미충을 다하겠다는 것이 혜성의 대담스러운 포부이다. 문화도 문화려니와 나라없는 문화는 생각할 수도 없지 않은가. 이 포부를 위하여 혜성의 모든 노력과 가진 정성은 기우려질 것이다." 그런데 창간호는 나오자마자 발매금지가 되었다. 어떤 까닭으로 그리 된 것인지는 알 수 없다. 발매금지에서 풀려 다시 팔리고 있다는 광고 기사가 『동아일보』 1950년 3월 1일, 『경향신문』 3월 8일 신문에 실려 있어 그 사정을 짐작케 한다.

丹頂鶴
흰 알

冬至 바다 위
알 보금자리
한달 품고 도는
翡翠새

봄 물살
휘감는
오리 푸른
목

石炭 팔은 불 앞
上氣한
紅玉

草綠 전 바탕
따로 구르다
마조 멈춘
象牙玉突

香氣 담긴 靑春
냄새 없는 靑春

비싼 靑春
흔한 靑春

고요한 靑春
흔들리는 靑春

葡萄 마시는 靑春
紫煙 뿜는 靑春

靑春 아름답기는
皮膚 한부피 안의
琥珀 빛 노오란 脂肪이기랬는데

─ 그래도
나
조금 騷擾하다

아까
네 뒤 딸어
내 靑春은
아예 갔고
나 남었구나!

― 「椅子」[33]

모두 14도막, 44줄로 된 시다. 그런데 짜임새로 보면 크게 넷으로 다시 묶을 수 있다. 첫 묶음은 1·2도막, 둘째 묶음은 3·4·5·6·7도막, 셋째 묶음은 8·9·10·11·12도막, 그리고 마지막 넷째 묶음은 13·14도막이다. 첫 묶음에서는 의자를 이음매로 삼아 '너'의 청춘과 마찬가지로 말할이인 '나'의 '청춘'도 한결같이 지속될 것에 대한 믿음을 드러냈다. "너 / 앉았던 자리 / 다시 채워"도 남을 청춘이 있을 '너'처럼 '나'도 '다음'에 "너와 같이 청춘"을 '갈' 수 있으리라 말한 데서 그 점을 알 수 있다.

둘째 묶음에서는 아름다운 '청춘'의 속성을 다섯 도막에 걸친 은유적 표현을 통해 병렬적으로 늘어놓고 있다. 곧 "단정학 / 흰 알"과 '비취새', "오리 푸른 / 목", '홍옥', 그리고 '상아옥돌'이 그것이다. 청춘의 속성이

─────────────────
33) 『혜성』 창간호, 혜성사, 1950.2, 32~33면.

뚜렷하게 공간화되고 있다. 게다가 붉음과 흼, 푸름과 검정이라는 색체 감각까지 끌어들여, 청춘의 속성을 더욱 선명하게 마련하고자 했다.

셋째 묶음에서는 둘째 묶음에서 더 나아가 청춘의 양상을 보여준다. 다양한 청춘이 있을 터인데 말할이는 그것을 냄새의 있음 / 없음, 값의 높음 / 낮음, 멈춤 / 흔들림, 마심 / 내뿜음이라는 대립적 서술 양상으로 드러냈다. 그러면서 그 청춘은 "피부 한 부피 안의 / 호박 빛 노오란 지방" 처럼 아름다운 것이라 일컬었다. 청춘의 아름다움에 대한 비유가 다소 도발적이면서도 예사롭지 않은 공간성을 보여준다.

그리고 마지막 넷째 묶음에서는 첫 묶음을 다시 이어 받아 시를 마무리했다. 여러 모습으로 빛나고 아름다운 속성과 양상을 지닌 그 청춘을 '다시' 갈아 채우려 했으나, 이미 채울 자신의 청춘은 '아예' 가버리고 그 뒤에 덩그러니 청춘을 잃은 자신만 남았음을 자탄하고 있다. 말하자면 청춘이라는 손에 잡히지 않는 삶의 시간성을 선명하고 아름다운 공간적 비유와 대립적 양상을 통해 형상화하면서 그 청춘의 상실에 대한 갈등과 회한을 노래하고자 한 작품이 「의자」다.

그런데 이 시는 몇 가지 특성을 보여준다. 첫째, '나'와 '너'로 드러나고 있는 바 뚜렷한 대립적 관계 인식이다. 이때 '너'라는 타자는 두 가지 뜻으로 읽을 수 있다. 먼저 구체적인 타자로서 나의 청춘 상실을 자각하는 계기를 만들어준 어떤 젊은이다. 이렇게 보면 이 시는 특정한 젊은이를 빌려 그와 같이 아름답고 빛나는 젊음을 지니지 못한 채 이미 청춘을 잃어버린 자신에 대한 낮은 자탄의 모습을 그려준다. 그 다음으로 '너'란 바로 '나'의 자의식으로서, 타자화된 자아상이다. 이럴 경우 이 시는 지나간 시절 청춘기의 '너'와 현재 그 청춘기를 그리워하고 다시 되찾을 수 없을 것을 한탄하고 있는 현재 '나'의 상심어린 모습을 드러낸 작품이 된다.

어느 경우든 이 시는 '나'와 '너'라는 대립 관계로 단순화된 관계인식을 중심으로 시상이 짜여져 있다. 따라서 셋째 묶음에서 볼 수 있는 바

'청춘'의 대조적 양상과 더불어 이 시의 흐름은 매우 단선적이다. 거기다 둘째 묶음에서 한껏 드러나고 있는 대조적인 빛깔 배치가 그것을 더 거들어주고 있다. 정지용 후기시의 단선적인 세계 인식을 단적으로 보여주고 있는 셈이다.[34] 게다가 그 대립 양상은 지극히 정적이어서 삶에 대한 깊은 성찰을 불러일으키지 않고, 피상적이라는 느낌을 준다.

둘째, 내적 문맥에서 유기성이 엷다. 특히 둘째 묶음에서 나열되고 있는 바 청춘의 속성에 대한 간명한 형상화는 그 자체 어떤 일관성이나 필연적 연속성을 읽는이들에게 일깨워주지 못하고 있다. 시간적으로도 '동지'인 겨울과 '봄'에 걸치는 양상이 마냥 단편적이고도 기계적으로 널려 있어, 정지용 시로서는 세련된 계기성이나 통합성을 엿보기 힘들다. 셋째 묶음 또한 다르지 않다. 대립적 언어의 병렬과 나열로 한결같이 말과 체험이 겉돌 뿐 읽는이에게 절실한 체험적 진실성을 맛보기 어렵게 만든다.

셋째, 심한 눌언에 빠져든 것처럼 서술어의 쓰임새가 퇴조하고 있다. 쓰이고 있다고 하더라도 평범한 진술에 쓰이고 있을 따름이다. 시에서 서술어란 두 말할 것도 없이 말할이의 동적 움직임이나, 시인의 세계 인식 양상을 구체적으로 보여줄 수 있는 주요 요소다. 이 작품은 그 점에서 뚜렷하게 물러나 앉았다. 시의 형태는 길어지고 있으나 그 긴 길이를 나열된 명사가 떠받들고 있다고 말해야 할 정도로 서술어가 소극적으로 쓰이고 있다. 그만큼 세계와 사물에 대한 생생하고도 진지한 지각에서 멀어진 시인의 상태를 보여주고 있는 셈이다.

말하자면 시 「의자」는 대타적 대립 의식을 보여주고 있는 정지용의 광복기 시 일반의 모습을 그대로 따르고 있다. 그러나 상대적으로 청춘이나 젊음의 상실에 대한 진지한 해석이라기보다는 경험 협착을 벗어나지 못한 언어 상실 상태를 보여준다. 이 점에서는 같은 무렵의 작품 「사

---

34) 이러한 단선적인 대립 양상은 정지용의 광복기 시에서 두드러진 특징이기도 하다. 「곡마단」이나 「사사조 오수」에서 그것이 잘 드러난다.

사조 오수」35)를 그대로 닮았다. 서술어는 뚜렷하게 물러나 앉은 가운데 대립과 병렬 관계를 통해 단순화되고 단선화된 경험 현실을 드러내고 있는 모습이다. 그리하여 그러한 언어와 형태 사이에서 빠져 나가버린 것은 '청춘'의 상실에 대한 구체적인 감각이다.36)

이러한 시적 맥락은 넓게 보아 정지용이 광복을 맞이한 뒤부터 지나치게 풀려버렸던 현실에 대한 긴장과 무관하지 않은 변화로 여겨진다. 시는, 언어는 정지용에게 한 긴장된 실존적 장소37)로서 모자람이 없었다. 그런데 광복을 맞이하자 그는 그 방법을 포기했다. "최대한도로 조선인 노릇을 해야만 하는 것이겠는데 어떻게 8·15 이전같이 왜소 귀축한 문학을 고집할 수 있는 것"38)인가라는 말 속에 그 까닭이 숨겨져 있다.

---

35) 「사사조 오수」는 단시 다섯을 엮은 연작시 꼴로 내놓았으나, 「의자」는 언어 활용의 양에 견주어 볼 때 긴 꼴로 이루어졌다는 점이 다를 뿐이다. 장도준의 경우는 「사사조 오수」에 대해 긍정적인 노력을 읽어내고자 했다. "약 4년간이나 공백 후 「곡마단」을 발표했던 지용이 왜 44조의 정형시를 새삼스럽게 썼는지를 밝힐 근거는 없다. 짐작컨대 불안한 현실과 수습되지 못한 자기동일성을 시의 형식적 정형성을 통해서 회복함으로써 시를 원점에서부터 새롭게 시작하려는 노력으로 볼 수 있을 것도 같다."
  장도준, 『정지용 시의 연구』, 태학사, 1994, 228면.

36) 정지용은 광복기 산문에서도, 이러한 청춘의 상실이나 청춘에 대한 자의식을 민감하고도 집중적으로 드러내고 있다.
  "학생 속에서 청춘을 유실하고 청춘 틈에서 나는 산다. 학생과 청춘! 그들은 팔팔하고 싱싱하다. 괴상하고도 기발하다. 우스워서 요절할 적도 잇고 화가 나서 역정이 날 때도 있다. 그들은 다만 '청춘'이라는 이유만으로도 '천재'라고 감탄할 만하다."
  정지용, 「학생과 함께」, 『정지용 전집』 2, 민음사, 2003, 464면.
  "불행하게도 조선에 태어나서 기쁨을 빼앗긴 어린 시절에 나는 마침내 소년이 없었고 말았으니 청년기도 없었던 것이요 애초에 청춘이 없었으니 말하자면 노년도 없이 우습게 쇠약하여 죽을 것 같다."
  정지용, 「대단치 않은 이야기」, 같은 책, 552면.

37) 정지용은 나라잃은시기 내내 문학 바깥으로부터 밀려드는 현실 사회의 긴장에 대해 엄격한 언어적 긴장을 통해 맞서려 했다. 그것으로 말미암아 그는 지나친 언어주의자라는 힐난을 들을 정도로 내면적 결백과 삶의 응집성을 지킬 수 있었다.

38) "일제시대에 내가 시니 산문이니 죄그만치 썼다면 그것이 내가 최소한도의 조선인을 유특하기 위하였던 것 이외의 아무 것도 아니었다. 해방 덕에 이제는 최대한도로 조선인 노릇을 해야만 하는 것이겠는데 어떻게 8·15 이전같이 왜소 龜縮한 문학을 고집할 수 있는 것이랴?"
  정지용, 「산문」, 『정지용 전집』 2, 민음사, 2003, 288면.

　광복 뒤 그의 언어는 더 이상 현실과 팽팽한 긴장을 유지할 수 없게 되었다.[39] 광복기는 언어 바깥에 대한 섣부른 낙관을 정지용에게 안겨 주었다. 언어와 벌였던 팽팽한 긴장 대신에 현실로 내려서서 이념적 당위성을 좇으려 했던 그에게 조선문학가동맹에서 국민보도연맹을 거쳐, 다시 납북 과정과 죽음이라는 혼란과 현실 삶의 '곡예'는 이미 예정되어 있었던 것이다.

　정지용으로서는 이제 다시 언어로 채우고, 언어로 맞설 것은 별로 남아 있지 않았다. 텅 비어 채울 것 없는 현실과 빈 껍데기 언어를 안고 오로지 자신이 광복 이전에 이루었던 '청춘'과 같이 빛나는 문학적 명성에 기대 현실을 떠돌면서 시간 속에 매몰되어갈 뿐이었다. 그런 점에서 「의자」는 「곡마단」이나 김명인이 "실패한 실험시에 불과"[40] 한 작품으로 본 「사사조 오수」에 견주어, 그의 후기시 모습을 더욱 극명하게 웅변하고 있는 작품이라 할 수 있다.

　따라서 시 「의자」는 한 '천재' 언어주의자를 눌변 상태로 만들어 버린, "그 자신 한 개의 천재"였던 '역사'[41] 현실에 대한 에두른 한탄에서 멀지 않다. 정지용의 삶과 시에서 걷잡을 수 없는 시간, 곧 역사적 감각이 급격하게 끼여들어오는 순간 그의 팽팽한 언어적 직조 공간은 남아 있을 자리가 많지 않았다. '역사'의 물길 속으로 마냥 휩쓸려 들어갈 뿐이다. 누구보다 시인으로서 문학적 명망과 자존·결백을 지켜왔을 그에게 있어 자신이 쓰고 있는 시는 이미 세든 집과 같은 장소였다. 긴장과 흥취도 사라진 빈 껍데기 언어였을 따름이다. 「의자」는 바로 그 점을 우리에게 일깨워준다.

---

39) 정지용은 나라잃은시기의 글에서는 현실사회에 대해 긍정적이든 부정적이든 내놓고 이념적 발언을 한 사실을 찾기 힘들다. 오로지 시에서 엿볼 수 있는 언어적 긴장이 그 이념에 대한 대겨리의 강도를 엿볼 수 있게 할 따름이다. 그리고 그 점이 그를 언어주의 시인으로 남게 하는 한 빌미가 되었다.

40) 김명인, 『시어의 풍경―한국현대시사론』, 고려대 출판부, 2000, 99면.

41) 정지용, 「서 대신」, 『정지용 전집』 2, 민음사, 2003, 419면.

4. 시집 『얼굴』의 발문과 경남·부산 지역문학

1949년 11월 4일 정지용은 '국민보도연맹'에 자수 형식으로 들어갔다. 여러 중앙 일간지에 떠들썩하게 보도될 만큼 전향작가로서 모자람 없는 문학적 명성과 선전 효과를 지니고 있는 대표 문인이 정지용이었다. 새로 출범한 대한민국 공보부로 볼 때는 새로운 사상적·문학적 동향 재편성에서 뺄 수 없을 중요 인물인 셈이다. 그러니 가맹 뒤 정지용의 몸과 마음은 자신의 뜻과 많이 달랐을 것이다. 거듭 국민보도연맹 지부 결성식이나 선무 활동을 위해 이곳 저곳으로 불려 다니면서 전향 문화인 대표로서 고달픔이 컸을 것이다.[42]

『국도신문』[43]에 올린 수필 「남해오월점철」 18편은 그러한 정지용의 그 즈음 나날에 마지막 화려한 마침표와 같은 글이다. 5월 초부터 6월까지 한달 가까이 경남·부산지역으로 내려가 곳곳에서 느낀 감회를 수필로 잇달아 올린 것이다. 일행으로는 청계 정종여가 함께 했다. 그 또한 좌파 화가로서 국민보도연맹에 자수한 전향 예술인이었다.[44] 그 무렵 부

---

42) 이 일에 대한 기록은 잘 남아 있지 않다. 정지용과는 견주기 힘든 만큼 아랫 사람이었던 거창 출신 김상훈 시인도 국민보도연맹에 가입하여, 이리저리 불려 다녔다. 그 일을 다룬 정영진의 글에서 정지용의 편린을 엿볼 수 있다.
    정영진, 「김상훈, 변신의 일생과 갈등의 시」, 『김상훈 시 연구』(한정호 편), 세종출판사, 2003, 33면.
43) 1948년 4월 1일 창간된 일간 시사지로 2면을 내었다. 1950년 전쟁 발발로 휴간했다가 임시수도 부산에서 1951년 2월 1일 다시 속간되었다. 『연합신문』·『서울신문』과 더불어 대표적인 친여지로서 자유당 기관지, 반공투쟁지로서 역할을 떠맡았던 매체다.
    편찬위원회 편, 『한국신문백년—사료집』, 한국신문연구소, 1975, 243면.
44) 청계 정종여는 경남 거창 출신으로, 나라잃은시기 부왜미술 활동을 하지 않은 화가 가운데 한 사람이다. 1950년 월북하여, 대표적인 한국화가로 일했다. 그는 광복기 여러 신문이나 잡지의 컷이나 삽화에 이름을 올려, 정현웅·이주홍과 아울러 출판미술 화가로 이름을 떨쳤다. 그의 남행은 전향 뒤 고향땅을 밟는 새로운 경험이었을 것이다. 부산에 내려온 그는 정지용과 청마를 비롯한 문인들의 시에 자신이 그림을 그려 시화를 만든 뒤 미공보원에서 시화전을 열었다. 그리고 그 일은 모두 부산에서 이루어진 것으로 보인다. 향파 이주홍에 따르면 그때 시화전이 우리나라 시화전의 남상이라 알려지

산에는 많은 좌파 문인들이 전향을 앞뒤로 하여 몰려 들어와 새로운 환경에 적응하고 있었다. 신고송·유열과 같은 이들은 월북한 뒤다. 대구 이갑기와 하동 남대우, 합천 손풍산, 김해 정진업과 오랜 서울 문단활동을 접고 내려와 있었던 합천 이주홍이 아슬아슬한 전향 환경 아래 몸을 움츠리고 있었을 때였다.

정지용의 남쪽 여행과 그에 따른 기행 수필 연재는 다분히 국민보도연맹의 전체 기획 아래 이루어진 남쪽 지역 선무활동으로 보인다. 그리고 정지용의 수필은 그 점을 잘 자각하여 충분한 홍보 효과를 거둘 수 있도록 씌어져 있다. 부산을 향한 기차 안의 풍경 묘사에서부터 그 일에 대한 정지용의 적확한 동조 발언을 엿볼 수 있다.

내가 설령 삼등 말석에 발을 뻗고 앉았을 망정 나는 검찰관과 같이 정확하고 엄밀한 차체의구조와 모든 장식과 도포와 배치와 질서와 봉사를 조사하기 위해 일어선다.

나는 슬리퍼 대신 집세기를 끌고 전망차로부터 일일이 삼등실과 식당차 변솟간까지 모조리 답파한다. 완전히 파스로구나. 일제말기내지 미군청시절의 비절애절한 열차가 아니다. 완전하게 깨끗하고 구비하고 아름다워졌다. 나는 현직 교통부장관의 방명이 누구신지 마침 잊었다. 나는 남쪽의 대소교통 동맥에 주야근로하는 수만 종업원 조원께 감사해야 한다.[45]

흔 나라가 물러가고 새 나라가 일어설 때 많은 사람이 당분간 다소 불리함을 각오하고 더 많은 사람이 유리해지는 것을 축복해야 한다. 차창 밖에 일망무제한 보리가 푸르구나.[46]

고 있다. 현재 통영 청마문학관에 남아 있는 청마의 시화는 그때 그려진 것이다.

45) 정지용, 「기차」, 『국도신문』 5월 7일자, 국도신문사, 1950(『정지용 전집』 2, 민음사, 2003, 166~167면에서 다시 옮김).

46) 정지용, 「보리」, 『국도신문』 5월 11일자, 국도신문사, 1950(『정지용 전집』 2, 민음사, 2003, 169면에서 다시 옮김).

마냥 들뜬 듯한 정지용의 모습에서 거꾸로 시대의 손아귀에 목줄기를 쥐여버린 시인의 가식과 수사적 과장이 묻어난다. 그리고 부산에 닿은 뒤, 그는 '경남보도연맹문화실' 주최로 부산 미공보원에서 열릴 시화전을 준비하면서 부산지역 학교 방문을 비롯한 공식 일정을 시작했다. 부산에 내려온 정지용이 가장 많이 기댄 사람은 향파 이주홍이다.[47] 을유광복과 더불어 대표적인 좌파 문인이자 출판 미술인으로서 활동하다가 1947년 부산으로 내려온 뒤, 성공적으로 자리잡아가고 있었던 무렵이다.[48]

향파와 정지용는 1945년 11월 조선문학가동맹 중앙집행위원 아동문학 위원회에서 같이 이름을 얹었다. 그러나 그에 훨씬 앞선 1920년대 후반부터 『신소년』의 주요 필진으로 이미 교분을 나눈 사이였다. 정지용은 이주홍이나 김수돈이 근무하고 있었던 학교 문화예술 행사에 참여하기도 하면서,[49] 수필을 써서 서울로 올렸다. 부산항에 대한 정지용의 감회

---

47) 이 점은 향파 이주홍의 글에서도 잘 엿볼 수 있다.
  "6·25가 나던 해 초여름, 서울서 정지용이 부산에 내려와 시화전을 열 때도 그런 일이 있었다. 여담이지만 우리나라의 시화전은 이것이 효시가 아니던가 생각하는데 이것은 나의 과식일는지? 여하튼 지용은 문장에서 자기를 뽑아준 선자라는 연고가 있었을 뿐 아니라, 수돈은 그때 마침 시화전 장소인 미국공보원에서 멀지 않은 곳에 있는 N여고에 내가 쓴 오페레타 '호반의 집'을 연출 맡고 있었던 관계로 해 밤으로는 꼭 꼭 그 근처의 술집에서 지용과 만나 술을 마시게 되었다."
  이주홍, 「수돈 생각」, 『격랑을 타고』, 삼성출판사, 1976, 182면.
  정지용의 수필에서는 아래와 같이 표현을 읽을 수 있다.
  "취하고 보니 다리가 휘청거리는 것이 무슨 큰 죄랴. 쓰윽 닿고 보니 영도 향파댁이 아니고 어딜가 보냐! 담치국이 왜 맑은 것이냐? 담치(홍합)가 심기어 맑은 것이다. (… 중략…) "청계야! 청계야! 비온다! 비온다!"
  정지용, 「부산 1」, 『국도신문』 5월 12일자, 국도신문사, 1950(『정지용 전집』 2, 민음사, 2003, 170면에서 다시 옮김).
  "영도 향파댁 남창 유리가 검은 새벽부터 흔들린다. 새벽이 희여지자 유리창 밖 가죽나무 가지가 쏠리며 신록 잎알들이 고기새끼들처럼 떤다."
  정지용, 「통영 1」, 『국도신문』 5월 26일자, 국도신문사, 1950(『정지용 전집』 2, 180면에서 다시 옮김).
48) 동래고등학교를 거쳐 수산대 교수로 일하고 있었던 그 시기 이주홍의 활동에 대해서는 아래 글을 참조 바란다.
  박태일, 「향파 이주홍론─교육자로서 걸었던 길을 중심으로」, 『교수작가』, 교수작가회, 2003년 여름호.

에는 전향작가로서 그 자신의 모습이 분명히 드러난다.

　대한민국의 신흥 부산부두는 일로부터 장식되는 것이다. 세계 민주국가의 상

---

49) "향파 원작 겸 연출인 입학학생극이 동래여자중학교 연극부원들의 실연으로 부산여
　자중학교 대강당에서 열린다. (…중략…) 연극의 줄거리는 이렇다."
　　정지용, 「부산 4」, 『국도신문』 5월 24일자, 국도신문사, 1950(『정지용 전집』 2, 민음
　사, 2003, 176~177면에서 다시 옮김).
　　"한국극의 효과는 좋은 대사를 암송하고 무대 뒤에서 동작과 함께 구연 실연함으로
　써 어문학 낭독 훈련의 절대한 효과일 것인가 한다. 나비의 풍속이 종래 여중 여학생
　의 열심히 공부한 표준어로 유창하게 진행된다. 죽어서 마침내 그칠 평생 고질과 같은
　경상도 사투리가 이만치 아름다운 표준어로 탈태되어 씩씩하고 귀여운 경상도 여학생
　들의 입으로 발표되는데 나는 국어말살교육 이래 흐뭇한 기쁨을 얻는다. (…중략…)
　통영친구 두준을 이십년만에 만나 "여보게 평생 낫지 못하는 것을 무엇이라 하지?"
　"만성병이캉 고질이캉 그렇거 아닌가?" "시끄럽다! 내사 늬 경사 뻴이사 없다!" 여학생
　들은 검도 시합하듯 긴장하여 표준어 연극을 진행하고 있다."
　　정지용, 「부산 5」, 『국도신문』 5월 25일자, 국도신문사, 1950(『정지용 전집』 2, 178~
　179면에서 다시 옮김).
　　위에 나오는 '종래 여중'은 '동래 여중'의 잘못이다. 그리고 '통영친구 두준'은 '두춘'
　이다. 정지용이 원문에서 잘못 적었던지, 정지용의 글을 옮긴 김학동의 잘못인지는 현
　재로서는 확인하기 힘들다. 해당 신문의 마이크로 필름이 판독 불가능한 상태인 까닭
　이다. 여기에 이름을 올리고 있는 두춘(杜春)은 최삼한기(崔三漢馳)의 필명이다. 그는
　1908년 3월 3일 경남 통영시 도남동 423번지에서 태어났다. 1923년 통영공립보통학교
　를 졸업한 뒤, 같은 해 동경시 풍산중학교(5년제)를 졸업하였다. 이어서 1928년 4월 조
　도전대학 제2고등학원(2년제)에 입학하여 이듬해인 1929년 7월에 퇴학하였다. 경도 동
　지사대학에서 공부하고 있었던 정지용과는 이무렵 유학생 신분으로서 경도나 동경에
　서 만나 교유를 나누었던 것으로 보인다. 1929년 고향 통영으로 돌아와 산양공립보통
　학교를 처음으로 오래 이어질 교직 생활을 시작한다. 1937년 『자오선』 동인으로 활동
　했다. 1940년 4월에는 동향 벗 유치환과 함께 중국 동북성 '빈강성'으로 건너가 '연수
　현공립국민우급학교' 교사로 일했다. 유치환은 그곳 '연수현 가신촌 가신흥농회 총무'
　로 일했다. 1941년부터는 '연수현 공립도산국민우급학교 교장'으로 임명된 최두춘은
　1945년 광복 때까지 거기서 머물렀다. 청마는 이미 몇 달 앞선 1945년 6월에 통영으로
　돌아와 10월부터 통영공립여자중학교 교사로 일하고 있었을 무렵이다. 최두춘은 고향
　통영으로 돌아온 뒤 '통영농업학원장'으로 1946년부터 일하게 됨으로써, 다시 경남지
　역에서 교직 생활을 잇게 된다. 1949년에는 통영공립수산중학교 교장으로 일하기 시
　작했다. 청마의 추천으로 『문예』와 『현대문학』에서 추천을 받았던 것도 이때였다. 정
　지용의 수필에 언급되고 있을 무렵인 1950년 그는 통영공립수산중학교 교장으로 일하
　고 있었다. 부산까지 굳이 나와 이주홍, 유치환과 함께 정지용을 만난 것이다. 그리고
　정지용 일행이 다시 통영에 이르렀을 때 두춘은 청마 유치환과 함께 그들을 이끌고
　충렬사와 한산도 제승당, 미륵산을 함께 돌았다.

선들이 수집은 듯 겸손히 닻을 나리고 우리 나라 무수한 선박들의 호화로운 출
범을 이 부두에서 날로 밤으로 볼 때가 빨리 와야 한다.50)

진정성 여부에 관계없이 정지용의 마음가짐이 매우 진지했음을 알 수
있다. 그 뒤 마산을 거쳐 통영과 진주로 일정을 잡아 떠난 정지용 일행
은 통영에서 유치환과 최두춘의 환대를 받는다. 청마댁에 머물면서 명정
샘과 충렬사, 한산도 제승당을 둘러 미륵도 꼭대기인 미륵봉 등산까지
이어지는 화려한 일정이었다.51) 그리고 이어서 진주로 걸음을 옮겨, 정
지용 일행은 촉석루와 의암을 둘러보았다.

이렇듯 일주일이나 되도록52) 마산, 통영을 거쳐 진주를 여행지로 삼았
던 까닭은 어디에 있었을까. 먼저 드나드는 교통편이 좋은 큰 도시였다

---

50) 정지용, 「부산 3」, 『국도신문』 5월 16일자, 국도신문사, 1950(『정지용 전집』 2, 민음
사, 2003, 174면에서 다시 옮김).

51) "우리는 먼저 손을 씻고 이를 가시고 시인 청마 두춘 두 벗의 안내로 명정에서 다시
올라 동백꽃 고목이 좌우로 어우러진 길과 석계단을 밟는다. (…중략…) 우리는 종교
적 신앙 혹은 사생관 영혼유무에서 전해온 여러 종류의 의식배례를 떠나 단 한가닥
민족적 통절한 실감에서 대충무공께 배복하기에 조금도 에누리가 없어진다."
    정지용, 「통영 3」, 『국도신문』 6월 9일자, 국도신문사, 1950(『정지용 전집』 2, 민음사,
2003, 184~185면에서 다시 옮김).
    "청마댁 이층에 밤에 앉아 우리는 이곳 친구들과 한산도 제승당에 모신 충무공의 신
구영정에 대한 인상을 의론한다."
    정지용, 「통영 4」, 『국도신문』 6월 10일자, 국도신문사, 1950(『정지용 전집』 2, 186면
에서 다시 옮김).
    "우리가 미륵도 미륵산 상봉에 올라 한려수도 일대를 부감할 때 특별히 통영포구와
한산도 일폭의 천연미는 다시 있을 수 없는 것이라 단언할 뿐이다. (…중략…) 민족의
성지 순례지로서 영원한 품위와 방향을 유지하면 빛날 뿐이다. (…중략…) 위로 보릿
빛 아래로 물빛 아울리기 이야말로 금수강산 중에도 모란꽃 한송이다. (…중략…) 큰
부자 큰 가난이 없이 부즈런히 산다."
    정지용, 「통영 5」, 『국도신문』 6월 11일자, 국도신문사, 1950(『정지용 전집』 2, 188~
189면에서 다시 옮김).
    박철석의 구술에 따르면, 정지용은 이 감회를 1950년 5월 23일 「미륵산에서」라는 시로
남겨 최두춘을 통해 마산의 시동인지 『낙타』에 실렸다고 하나, 실물을 확인하지 못했다.

52) "나는 부산 이후 일주일만에 레콜 음악을 듣는 것이냐?"
    정지용, 「진주 3」, 『국도신문』 6월 24일자, 국도신문사, 1950(『정지용 전집』 2, 민음사,
2003, 196면에서 다시 옮김).

는 점이다. 게다가 이 도시들은 죄다 광복기 초기 좌파활동이 활발했던 곳이기도 하다. 좌파문인에 대한 전향과 선무 작업에 효과적인 곳이었음 직하다. 또한 지인이 있어 방문과 체류가 손쉬웠다는 점도 요인이 되었을 것이다. 통영에서는 유치환과 최두춘이 진주에서는 설창수가 그 일을 떠맡은 것으로 보인다.53)

부산을 시작으로 마산·통영·진주를 한 달에 가까운 동안 여행하면서 정지용은 많은 지역 문화예술인을 만나고 그들과 교분을 나누었다. 대한민국 수립을 뒤이어, 나라 분위기가 급격하게 자리잡혀가고 있었던 시기에 경남·부산 지역문학은 무게 있는 문인의 방문으로 새삼스럽게 지역사회의 관심을 받기에 이른 셈이다. 통영, 진주를 거쳐 다시 부산에 돌아온 정지용은 '경남보도연맹문화실' 주최로 시화전을 마련하고 있었던 미공보원에서 잇달아 열린 문학의 밤, 곧 '시인 정지용 선생을 마자 시와 음악, 무용의 밤'에 참석하였다. 이미 광복기 진주에서 조선문학가동맹 진주지부 핵심 회원으로서 진주의 계급시단을 이끌었던54) 전향문인 손풍산이 사회를 보았다. 많은 문인들이 자리를 함께 했는데 정진업55)도

---

53) 통영에서 청마와 최두춘이 동행했다는 점은 정지용의 글에서도 드러나는 바다. 그러나 진주에서는 구체적으로 교분을 맺었던 문인의 이름이 보이지 않는다. 경남의 어느 지역보다 좌우 갈등이 심했던 진주의 경우, 우파문단으로 재편성된 그 무렵 정황으로 보아 설창수가 정지용 일행을 앞서 맞이하였을 것으로 짐작된다. 1948년 12월 서울의 전국문화인 궐기대회에 진주에서는 영남문학회를 실질적으로 이끌면서 경남일보 주필로 일하고 있었던 설창수와 영남문학회 총무 이경순이 올라갔다. 그리고 그 행사에 통영에서는 유치환이 참석했다. 1949년 5월에는 전국문화단체총연합회 진주지구특별 지부(서부경남지부를 개칭)를 따로 마련하였는데, 설창수가 위원장을 조진대가 문예부장을 맡았고 유치환이 고문으로 이름을 얹었다. 경남의 대표적인 우파문인이었던 설창수와 유치환의 남다른 이해관계를 엿볼 수 있는 한 자리다. 정지용의 진주 체류에서는 청마의 주선과 설창수의 접대가 하나로 맞물렸을 것임에 틀림없다.
54) 광복기 진주지역의 계급시단의 동향과 손풍산의 활동에 대해서는 아래 글을 참조바란다.
    박태일, 「경남지역 계급주의 시문학 연구」, 『어문학』 80집, 한국어문학회, 2003.
55) 정진업은 1916년 경남 김해에서 나서 1983년에 영면했다. 1939년 『문장』지에 소설이 추천되어 문단에 나섰으나, 주로 연극·연출 활동에서 많은 힘을 쏟았다. 시집으로 『풍장』(시문학사, 1948), 『김해평야』(남광문화사, 1953), 『정진업작품집』 1(신조문화사,

그 가운데 한 사람이었다. 이주홍은 그 문학의 밤에 대한 기사를 써서 정진업이 문화부장으로 일하고 있었던 『부산일보』에 싣기도 했다.56)

이 글에서 공개하는 정진업 시집 『얼굴』의 육필 발문, 「시집 『얼굴』을 보며」는 정지용이 마산, 통영, 진주 여행에서 돌아와 다시 서울로 올라가기 앞서 부산에 머물면서 쓴 것이다. 정진업도 광복기 초기에는 좌파 문인으로 활동했다.57) 그러다가 국민보도연맹에 들어가 전향을 하여 부산일보사 문화부장으로 일하고 있었던 사람이다. 그 무렵 부산시단에서는 매우 영향력 있는 시인이었다. 그로서는 지난 시기 좌파 활동에 대한 우려를 완전히 지워버릴 필요가 있었다. 그러다가 '좌익계 문화단체원' 사건에 끌려 들어가, 1950년 8월 신문사를 그만두게 될 때까지 1년 남짓 부산일보 초대 문화부장으로 일했다.58) 전향 문인 정진업으로서는 장차

1971), 『불사의 변』(시문학사, 1976), 『아무리 세월이 어려워도』(해조문화사, 1981)가 있다. 산문집으로 『정진업작품집』 2(신조문화사, 1971)를 냈다. 그밖에 옮긴 책 『아나키즘』(허버트 리드 지음, 형설, 1983)이 있다.

　박태일, 『가려뽑은 경남·부산의 시 □1 두류산에서 낙동강에서』, 경남대 출판부, 1997, 463면.

56) 이주홍, 「예술의 계절―지용 시의 밤의 성과」, 『부산일보』 6월 7·8일, 부산일보사.

57) 아직까지는 조선문학가동맹에 가입하여 좌파 조직활동까지 한 것인가에 대해서는 확인할 수가 없다. 이성모가 광복기의 미공개 시들을 대상으로 좌파 활동에 대한 해명을 처음으로 시도했다.

　이성모, 「광복기, 정진업의 시세계」, 『잠시 쉬는 등을 바람은 너무 흔들고』, 불휘, 1997.

58) 전쟁 초기, 전선에서 취재활동을 벌인 종군기자가 있는가 하면, 가짜 기자 증명서를 들고 다니며 공갈과 협박을 일삼은 기자들도 등장, 사회 문제로 떠올랐다. 그와 함께 신문사와 통신사를 각각 통폐합하게 될 것이라는 소문마저 나돌았던 때다. 이런 상황 아래 언론인에 대한 수난이 구체적으로 드러난 것이 '좌익계 문화단체원'으로 몰려 정진업을 비롯한 부산일보 기자들과 국제신문 기자들이 수난을 겪었던 사건이다. 이 사건으로 부산일보에서는 정진업 문화부장, 신예균 편집부장, 최우일 사회부 기자를 비롯해 7명이 무더기로 해임되었다. 정진업의 해임 날짜는 1950년 8월 5일이었다. 이 일에 관련된 이광우의 구술 또한 상세하게 이루어졌다. 재직 동안 『부산일보』 지면에 '일요시단'이 마련되고 프랑스 영화에 대한 근황을 소개하는 일과 같은 문화 지면의 쇄신이 이루어졌는데, 시인 정진업이 문화부장 자리에서 이바지한 바겠다. 해임된 뒤 정진업은 시조시인 김기호가 교장으로 일하고 있었던 거제의 하청중고등학교에 국어 교사로 부임해, 1년 남짓 일했다. 김기호 교장은 정진업의 두 번째 시집 『김해평야』의 발간을 주선해주고 그에 대한 지원을 아끼지 않았다.

내고자 했던 시집 『얼굴』의 발문을 대표적인 전향문인 정지용의 것으로 얹을 수 있게 된 일이 매우 만족스러웠을 것이다.

①나서 예닐곱 달 된 발가숭이 어린 것이 바깥 재미를 붙이게 되면 자고 젖 먹는 시간 이외에는 바. (…중략…) 나는 아직까지 우리 손자 아이에게 강이며 바다를 소개할 기회가 없었다.

②나는 이번 남해 일대 내해의 무수한 도서와 물과 구름과 하늘과 돛과 배 와 생활과 풍습을 이십여 일 두고 보고 나서 산이면 금강산이요 물이면 다도해 지 이 이상에 더 아름다운 자연미의 쌍벽이 지구 위에 다시 있을 수가 없다고 생각한다. (…중략…)

남해 풍광을 접하고 나니 어린 손자 놈 첫눈에 바다 더욱이 다도해 일대의 신묘한 자연을 비추워 주고 길렀으면 한이 풀릴까 싶었다.

이번 여행 중에 부산서 통영서 마산서 진주 등지에서 많은 청년 시인 화가 또는 음악가를 만나 보았다. 모두 소질이 특이 우수하고 의욕이 왕성한 것을 발견하고 나는 놀랐다.

(…중략…)

그런데 나는 이번에 또한 다른 일면을 발견했다. 그 많은 시인 화가들이 남 해의 해양 도서미에 등한하다기보다도 향토미에 탐닉하지 못하는 정도가 거진 술 못 마시는 사람이 술에 취할 수 없는 상태와 유사한 것을 보았다.

(…중략…)

그러니까 남해 연안의 시인 화가의 작품에서 남해의 자연미를 찾아보지 못하 는 것은 그들의 생활이 남해의 자연에서 유리 이탈된 것이오, 자연은 버려지고 생활은 상실된 것으로 보는 수밖에 없다. 생활이 없는 예술이 버려진 자연 이 하로 미저러블 할 수밖에 없다. 남해 연안에 불쌍한 시인을, 화가를 많이 만났 다. 소질과 천품이 졸렬한 것을 본 것이 아니었다. 타고 나기는 잘 타고났다. 사실은 대부분이 실직자이었고 몇몇 최저급의 월급 생활자를 보았을 뿐이었다.

편찬위원회, 『부산일보50년사』, 부산일보사, 1996, 183면; 이훈 편, 『이광우─회고와 추억』, 자가본, 2003; 『하청중학교 직원록』.

③ 다혈질 계통의 시인은 희비가 빠르다. 향토미에 섬세하지 못할지는 몰라
도 남해 시인은 경상도 사람들 특이한 성격적 향토애에 열렬하다. 이것이 남북
한 십사도 삼천리에 찌르르한 애국 정열에서 분립된 것이 아니다.

(…중략…)

진업의 시는 시의 이상이 아니다. 이상적 시라는 것이 성립되는 것인지 나는
아직 모른다. 진업의 시는 그만해도 좋다. 진업의 시는 그이 청춘과 육체적 조
건과 패기와 울분과 순정만으로서도 전도 유망하다.

④ 진업아! 그만만에서 그치지 말고 너의 희망을 잃지 말아라. 진보하라. 누
가 다음 날 위대한 시인이 되는 것일지 나는 모르겠다. 네가 혼자 위대한 시인
이 될 수도 없는 정황이다. 너의 시는 마침내 우리 민족 국가와 희망을 같이 하
는 것이다. 시도 한 가지 건설이요 역사(役事)다. 남해 연안의 대자연이 완전히
시에 협려하기에는 우리의 시와 손으로 분시를 다토아 민족의 농공상적 위대
한 인공미로 남해 전폭이 개편 개장되어야 한다.[59]

정지용의 발문 「시집 『얼굴』을 보며」는 크게 네 도막으로 나뉘어진다.
첫째, ① 들머리다. 자신이 첫 손자의 경우를 들면서 바깥 구경을 매우
좋아하는 손자에게 아직까지 바다를 소개할 기회가 없었다며 생각을 일
으키는 자리다. 둘째, ② 남해 여정에서 느낀 감회를 드러낸 자리다. 그것
은 셋인데 남해 자연 풍광의 아름다움에 대한 놀라움, 많은 젊은 예술문
화인을 만난 일과 그들의 소질과 의욕에서 받은 강한 인상, 그러면서도
뜻밖에 "향토미에 탐닉하지 못하는 모습"에 대한 아쉬움이 그것이다.
셋째, 정진업 『얼굴』 시편들에서 받은 느낌과 생각을 드러내고 있는
③ 자리다. 작품 「눈물이 많아서 탈이다」를 비롯해 네 작품을 본보기 시
로 내세우면서 정지용은 정진업에 대하여 크게 세 가지를 짚고 있다. 정

---

59) 이 육필 원고는 정진업 시인의 유족이 간직하고 있다. 일찍이 이성모 교수(마산대학
교)가 입수하였다. 2003년 11월에 나온 『시와비평』 7호(경남시사랑문화인협의회)에 그
전문과 발굴 앞뒤 사정을 꼼꼼하게 밝혔다. 그 일에 앞선 10월 25일 글쓴이가 한국어
문학회 전국학술발표대회에서 이 글을 다룰 수 있도록 허락해준 이성모 교수에게 다
시 한 번 각별한 고마움을 전한다.

진업이 '성급'하고도 "다혈질 계통의 시인"으로 "희비가 빠르"다는 점이 하나다. "향토미에 섬세하지" 못하지만 경상도 특유의 패기어린 "성격적 향토애"를 보여준다는 점이 둘이다. 그리고 앞으로 "전도 유망"이라는 믿음이 셋이다. 넷째, 마무리 ④로 정진업 시인에 대한 당부가 이루어진 자리다. 남보다 앞서 부지런히 "우리 민족 국가와 희망을 같이" 하면서, 남해의 "농공상적 위대한 인공미"를 담아내는 시인이 되라는 당부가 그 것이다.

전체적으로 보아 정지용은 꼼꼼하게 정진업 시집 『얼굴』 시편들을 읽고 있지는 않다. 게다가 언어탁마에 남다른 시인 정지용의 눈길로 볼 때 정진업의 시는 감정 노출이 너무 잦다. 절제되지 않고 설익어 마땅찮게 여겨질 법하다. 그럼에도 시집 발문이라는 의례에 맞추어 정진업의 열정과 패기를 높이 추겨주고 밀어주는 목소리를 아끼지 않았다. 그리하여 남해의 향토적이면서도, 새로운 생활 감각을 시 속에 담아내는 시인이 되기를 당부했다. 정진업으로서는 매우 만족스러운 발문이었겠다.

그런데 이 발문에서 다루어진 정진업의 시들은 「밤차」 한 편을 남기고 그의 두 번째 시집인 『김해평야』[60]에는 죄 실리지 않았다. 시집 『얼굴』 원고 모두가 1950년 8월의 '좌익계 문화단체원' 사건으로 말미암아 압수되었거나 사라졌을 가능성이 높다. 아니면 정지용의 발문에 영향을 받아 아예 작품을 시집에서 빼버렸을 수도 있다. 그렇게 본다면 시집 제목이 본디 내고자 했던 『얼굴』이 아니라, 지역성 짙은 『김해평야』로 바뀌게 된 일도 정지용이 발문에서 짚었던 '향토미'에 대한 권유가 작용했음직하다.

앞에서 살핀 바와 같이 한달 가까이에 걸쳐 이루어진 정지용의 부산·경남지역 여행과 그에 따른 여러 활동은 지역문화계에 많은 화제를

---

60) 정진업, 『김해평야』, 남광문화사, 1953.
    정지용의 발문은 실리지 않았다. 서문으로 그 무렵 남광문화사를 운영하고 있었던 김용호의 것이 올라 있다.

남기고 영향을 끼쳤다. 시화전과 문학의 밤, 그리고 각급 학교 문예활동 현장에 대한 참관과 같은 일을 통해 대한민국 건국 초기 전향문인들에 대한 선무작업과 국민보도연맹 활동에 대한 홍보 효과를 높이는 데 이바지가 컸다.61) 따라서『얼굴』발문에서 드러나는 바 정지용의 생각 또한 이러한 눈길로 살펴볼 수 있다.

왜냐하면 비록 특정 시인의 시집 발문이라는 개별적인 본보기를 중심으로 이루어지고 있지만, 그 안에 정지용이 경남·부산지역 문화예술인들에게 요구하고 있는 바가 분명하게 드러나고 있기 때문이다. 정지용이 보기로 "자연은 버려지고 생활은 상실된 것"이 가장 큰 문제였다. 곧 "생활이 없는 예술"과 "버려진 자연"이 그것이다. 따라서 지역의 '자연'미를 되찾고, '생활'을 새로 마련하는 일이 필요하다. 이때 그가 말하고 있는 '생활'은 두 가지를 뜻한다. 나날의 생활이 성실해야 한다는 것과 작품 속에 그러한 생활 감각을 담아내야 한다는 점이 그것이다.

지명도 높은 국민보도연맹의 대표 전향 문인으로서 정지용이 경남·부산지역 문학예술인들에 대한 선무활동으로서 모자람 없는 생각이다. 정지용은 정진업의 간행 예정 시집『얼굴』에 대한 발문을 여숙에서 써서 주는 이례적인 행동과 발문을 빌려, 그 스스로 경남·부산 지역 여행의 본디 목표를 분명히 하고 있는 셈이다. 그리고 그의 방문과 체류가 건국 초기 경남·부산 지역사회와 우파 문단 재편성에 알게 모르게 일정한 이바지를 다한 것은 의심할 바 없다.

---

61) 김학동은 정지용이 전향 뒤 "보도연맹 문화실장으로 있었으나, 활동한 흔적은 거의 없다"(『정지용 전집』2, 민음사, 2003, 620면)고 적고 있다. 그러나 경남·부산 여러 지역에 걸쳐 이루어졌던 여행과 문학행사 참가 자체가 문화계 선무활동과 직접 관련되는 일이다.

5. 마무리

　정지용의 광복기 문학 활동에 대해서는 알려지지 않은 자리가 많다. 명망 높은 시인 가운데 한 사람이었던 정지용이 급격한 신분 이동·사상 전향으로 겪었을 법한 혼란과 어려움은 쉬 짐작할 수 있는 일이다. 이 글은 이제까지 알려져 있지 않았던 광복기 정지용의 작품 10편을 찾아 학계에 알리고 정지용의 후기 문학, 곧 광복기의 활동에 대한 이해의 자리를 더욱 넓히기 위한 목표 아래 씌어졌다. 아동문학에서 8편, 시에서 1편, 육필 원고로 된 시집 발문 1편이 그 세목이다. 논의를 줄여 마무리로 삼는다.

　첫째, 광복기 정지용의 아동문학 활동과 작품이 처음으로 알려지게 되었다. 아동문학 심사 평문 5편, 수필 2편, 그리고 좌담 1편이 그것이다. 심사 평문은 1947년부터 1949년 사이에 아동문예지 『소학생』과 『어린이 나라』 그리고 『여자중학생 문예작품집』에 실린 것이다. 심사 평문에서 두드러진 점은 아동 작품이 지니고 있는 실제적인 현상보다는 좋은 '싹' 이니 '아이다움' 또는 '과학적 말글 지도'나 마땅한 사회 환경과 같이 작품 바깥에서 당위적이고 이상적인 가치 지평을 먼저 끌어다 놓은 뒤, 그에 미치지 못하는 작품 현실을 강하게 맞세우는 대립적인 틀을 한결같이 보여준다는 점이다.

　아동 수필 「어린이와 돈」, 「어린이날, 5월 5일」에서는 각별한 경험 현실을 담은 수필적 상상력을 보여주지 못했다. 그러면서 우리나라 아이들의 사회경제적 조건에 대한 두드러진 관심이 이채롭다. 광복기에 들어서서 좌파 문단 활동으로 비롯된 바 현실 사회에 대한 관심 노출과 맞물린 모습이다. 그러나 그의 경제 문제 인식은 소박한 도덕론자의 명분론에 그치고 당위와 현실 사이의 대립적 거리는 한결같이 메워지지 않았다. 이와 달리 문학인끼리 이어졌던 좌담에서는 활기 있게 주도적인 자리를 지키고 있는 정지용의 당당한 자의식이 이채로웠다.

둘째, 「의자」는 모두 14도막 44줄로 된 긴 시다. 그러나 그 안쪽은 넷으로 다시 묶어볼 수 있었다. 첫 묶음은 의자를 이음매로 삼아 말할이인 '나'의 '청춘'이 지속될 것임을 믿으면서 생각을 일으키는 자리다. 둘째 묶음은 아름다운 청춘의 속성을 "단정학 / 흰 알", '비취새', "오리 푸른 / 목", 붉은 '홍옥', 그리고 하얀 '상아옥돌'이라는 색채 감각을 앞세운 공간적 은유로 담은 자리다. 셋째 묶음은 빛나는 청춘의 양상을 대립적 서술로 담아낸 곳이다. 마지막 넷째 묶음은 잃어버린 청춘으로 말미암아 상심에 젖는 자리다. 청춘이라는 삶의 시간성을 선명하고 아름다운 공간적 비유와 대립적 양상을 통해 형상화하면서 그것의 상실에 대한 회한을 노래한 작품이 「의자」다.

그런데 이 시는 말할이 '나'와 타자인 '너' 사이로 단선적인 대립 관계, 체험의 구체성을 엿보기 힘든 내적 문맥, 그리고 눌언에 빠진 듯한 언어 상실 상태가 유별났다. 이러한 까닭에 나라잃은시기의 경우와 달리 언어 바깥의 현실에 대한 낙관적 관심으로 말미암아 말과 현실 사이의 긴장 관계를 더는 지켜나가기 힘들었을 한 뛰어난 언어주의자 정지용의 곤경을 읽어내기에 모자람이 없다. 이미 정지용에게 시는 문학적 결백과 자존을 지켜나갈 수 있도록 도와주는 든든한 버팀자리가 아니었다. 시 「의자」는 광복기의 역사적 탁류 속에서 정지용이 겪었을 혼란과 자기 파탄을 가장 극명하게 보여주는 작품이다.

셋째, 전향문인 정진업 시인의 간행 예정 시집 『얼굴』의 발문으로 씌어진 「시집 『얼굴』을 보며」는 육필 원고로 남아 있는 작품이다. 『국도신문』 수필 연재라는 명분을 앞세워 1950년 5월과 6월에 걸쳐 한 달 가까이 이루어졌던 경남·부산지역 여행 도중에 부산 여숙에서 씌어졌다. 여기서 정지용은 남해의 아름다운 풍광에 대해 찬탄을 아끼지 않으면서 지역 문화예술인들이 그러한 자연미와 향토미를 살려내지 못하고 있는 점에 아쉬움을 드러냈다. 이어 정진업은 모자람이 있음에도 "경상도적

토착 순정"과 패기를 지닌 까닭에 앞으로 좋은 시인으로 자랄 것을 기대
했다.

이러한 육필 발문은 부산에서 마산, 통영, 진주를 거쳐 다시 부산에 머
물렀던 여정 가운데서 거쳤던 각급 학교 문예활동 참관과 경남보도연맹
문화실 주최의 시화전, 문학의 밤 참석과 같은 일정과도 맞물린 일이다.
그 내용에서 드러나는 바와 같이 경남·부산지역 문화예술인들에게 요구
했던 생활이 있는 작품, 향토성 갖춘 작품에 대한 지적이 그 점을 잘 보
어준다. 대표적인 전향문인으로서 대한민국 수립 초기의 새로운 시대 분
위기에 뜻을 같이 해야 할 것이라는 국민보도연맹의 전향 선무활동과 그
취지에 적극 동조하는 모습을 엿볼 수 있다. 결과적으로 그의 체류 활동
은 광복기 경남·부산 지역문학의 재편성에 이바지가 컸던 셈이다.

따라서 이 글을 통해 광복기 작품 10편을 정지용의 작품 목록에 새로
올릴 수 있게 되었다. 그들 속에 틀잡혀 있는 이상적 당위와 실체적 현실,
타자와 나, 그리고 젊음과 늙음과 같이 두드러진 대립적 관계 인식과 그
둘 사이에 메울 수 없을 듯이 매우 큰 결정론적 낙차는 정지용이 광복기
현실 앞에서 얻게 된 열패감의 다른 표현으로 보인다. 그러한 마음바닥
위에서 이 글은 정지용의 광복기 아동문학 활동과 국민보도연맹에 자
수·전향하게 된 과정, 그리고 부산·경남지역 여행이라는 형식으로 마
련되었던 국민보도연맹의 선무활동 사실을 처음으로 확인할 수 있었다.

다만 이 글은 작품 발굴과 그 소개에 초점이 주어진 까닭에 정지용의
광복기 다른 글들과 맺고 있는 관계 양상을 좀더 유기적으로 살피지 못
한 흠이 있다. 이 글의 발굴로 알려지게 된 10편을 젖히고 보더라도 그
실재가 확인되는 정지용의 광복기 미발굴 작품만도 6편[62]이다. 하루바삐
이들을 포함하여 남아 있을 광복기 미발굴 작품을 죄 찾아낸 뒤, 전체적
인 조망 아래서 정지용의 광복기 문학 활동의 전모와 그 됨됨이가 제대

---

62) 1949년 『어린이나라』에 실렸을 심사 평문 「작품을 고르고서」(1)·(2)·(3)·(6)·(7)의
　　다섯, 그리고 『낙타』에 실린 것으로 짐작되는 시 「미륵산에서」가 그것이다.

로 밝혀지기를 바란다.

【붙임】

싹이 좋은 작품들

글과 말은 어른이 돼야 잘 하는 것이지 아이들이 잘하는 것이 아니다. 말과 글은 어느 정도 늙어야 깊이가 있을 수 있는 까닭이다. 그러나 싹이 좋지 못한 아이가 크면 클수록 힘은 셀 수 있을찌 몰라도, 머리와 맘성은 점점 나빠지는 수가 많다. 말과 글이라는 것은 원래 맘성과 머리에서 나오는 것이니까 어려서 부터 싹이 그른 아이는 장래 바랄 것이 없다. 싹이 좋고 낮은 것을 따지어 이번 작문과 동요를 뽑았다.

작문 「나의 발견장」을 통하여 김종길이라는 아이를 생각해 볼 때, 아마 잇과와 작문에 다 우등일까 한다. "이 아이가 장래 이학자(理學者)가 될까? 문학자가 될까?" 하는 말씀들이 났을 때, 나는 "그 아이는 장차 문학자가 될 것이요" 하였다. 왜 그런고 하니 수리(數理) 점수가 나쁜 학생이 장차 문학자가 된다는 것은 그야말로 구식 문학자인 까닭이다. 자연(自然)에 대한 사랑과, 그것을 이상히 여기는 마음과, 그 문학자다운 힘 있게 일어나는 감정의 세력으로 볼 때, 김종길 소년은 싹이 좋은 즉 정신력이 왕성한 아이다.

「내 이름」을 쓴 김애리수는 참 귀여운 아이다. 조선사람은 문학에 있어서 '유모어'와 익살로 특색이 들어나고 있다. 영국 사람은 어른이 되어야만 할 수 있는 '유모어'를, 조선 소녀 김예리수가 소학생으로서 능히 그것을 하고 있다. 김애리수는 어른을 웃기고 기쁘게 하고, 또 흉악한 어른이라도 웃음으로 착하게 만들 만한 아이다. 그런데 너 여자가 너무 우스운 소리 잘하면 안 된다.

이연자의 「서울로 간 동무에게」라는 편지처럼 순직하고 인정이 무르녹은 글은 처음 보았다 이희승 선생님께서 특등을 주자고 하신 것도 이유가 당당하다.

동요는 나는 잘 모르니까 윤석중 선생님께 일임한다. 그러나 이 당선 동요들이 작문보다 급이 떨어진다는 의견에는 나는 반대한다. 왜 그런고 하니 동요가 작문보다 훨씬 어려운 까닭이다. 다시 말하면 시(詩)가 보통글보다 어려운 까닭이다.

반성할 중대한 재료—특히 선생님들에게 드리는 말씀

아협에서 하는 사업 중에 제일 유익하고 재미 있는 일이 해마다 현상으로, 어린이들의 작문과 동요와 동시를 모집하는 것이다. 나도 첫해[63]부터 여러 선생들과 함께 선자 축에 끼워 온 것을 명예롭게 생각한다. 해마다 죽순이 돋아오르는 듯하는 어린 소년 소녀들의 싹이 좋고 기상이 놀라운 정신과 재주를 볼 때, 당선된 어린이들 보다, 이러한 어린이들과 그들의 글을 발견한 우리가 도리어 더 기쁘기가 첫아들을 낳은 아버지와도 같고, 또는 거꾸로 사오십이 되어도 소학교 때 반장 노릇하듯이 신이 나기도 한다.

8·15 이후에 기역 니은을 새로 배워, 이만한 성적을 보는 것이 기쁘지 않다면, 대체 무슨 좋은 꼴을 볼 수 있느냐 말이다.

국민 교육에 과학적 교육(科學的敎育)이 토대가 되는 것이 물론 중요한 일이다. 과학적 토대에 다시 더 기초적 교육(基礎的敎育)이 우리의 말글이 되는 것이니, 말글의 교육 그 자체가 과학교육(科學敎育) 이상의 과학적 교육이 아니 되면 안 되는 것이다. 과학교육과 과학적 교육을 달리 생각하여 볼 때, 소학교 교육에 있어서 말글의 교육은 과학적 교육이 되어야 하고, 또 모오든 과학적 교육 중에 가장 기초가 되고 중요한 것이 말글의 과학적 교육이 아닐 수 없는 것이다. 말글의 과학적 방법적 교육에 신념을 갖고, 열의와 부지런을 계속할 때, 우리는 그 효과의 일부 중에도 꽃과 같이 아름다운 열매를, 어린이들의 예술적 표현인 작문과 동요와 동시에서 얻어서, 이것을 과학교육의 승리로 돌리고 안심할 만한 것이다.

우리는 어린이들을 가르치어 위대한 어른들을 만들 수 있는 것을 믿어야 한다. 다만 어린이의 소질과 천재에 방임하는 태도를 버리고, 과학적 교육의 방법으로써, 어린이의 소질과 천재를 남김없이 발양시킬 수 있다는 신념을 가질 수밖에 없는 것이다.

여태까지 우리는 소학생의 작문과 더욱이 동요와 동시를, 신문 잡지 단행본의 사회적 영향에서 다분히 얻어 온 것이었다. 바로 말하면 어린이들의 조숙한 과외서적 남독벽에서, 문학소년이 되고 문학청년으로 자라서 동요 시인이 되고, 기껏 소년소녀 문학자가 되어버리는 것을 보아 왔다. 이러한 길을 밟아 온 어

[63] 1946년이다.

른들의 영향을 다시 받는 어린이들이 대체 어떠한 어른 문학자가 될 것인가를 항시 교육적 위치에서 반성해야만 한다.

이번 제 사회 현상작품을 고르고 고르고 한 나머지에, 우리는 이러한 공통한 결론을 얻은 것이었다.

"동요의 수준은 높아가는데, 작문의 성적은 해마다 내려 간다."

선자 선생들의 채점이 거진 일치하였고, 선후 감상(選後感想)이 일치하였다.

동요만 성적이 좋다고 기뻐할 수 없는 노릇이요, 동요가 성적이 좋다고 당선 된 어린이들이 자라서 모두 시인이 된다고 할 수도 없는 일이고 보니, 작문 성 적이 해마다 내려가는 것이 큰 걱정거린 것을 알아야 한다.

이러한 현상(現狀)에는 반드시 원인이 있는 것이다.

동요의 성적이 좋다는 것은 재래로 어린이의 자연발생적 충동적 표현에서 우 연한 성적이겠고, 작문 성적이 내려가는 것은 국민학교의 말글 교육과 표현 훈 련과, 기타 종합적 교육 일반의 반성거리가 아닐 수 없는 것이다. 불과 몇몇 어 린이의 작품에서 뽑은 것이 아니라, 수천 어린이들의 작품에서 엄선한 것이 이 러한 것이니, 이것을 일개 아협에서 발견한 것이라고 볼 것이 아니라, 아동 교 육의 사회적 위치에서 논란할 반성의 중대한 재료가 되어야 할 것이다.

제 일회 때 특등 당선인 이문용군의 「그리웠던 고국」과, 재작년도 특등 당선 인 김종길군의 「나의 발견장」과 같은 것이 다시는 볼 수 없었다. 그 아이들을 천재라고 추킬 것이 아니라, 그 다음 아이들은 모두 머리가 과연 나아진 것인 가를 생각하여야 할 것이다.

이러한 사정은 국민학교 선생님들이 우리보다 중대한 관심을 가지시고, 그 원인을 철저히 밝혀 주셔야 하겠다.

그리고 이번 작문들에서 전에 볼 수 없었던, 어린이들에게서 보아서는 아니 될 암담하고 슬픈 기록을 많이 보았다.

「후원회비」 「아버지를 찾아서」 「새책」 「세금과 어머니」 등을 거저 잘 된 작 문이니 점수를 많이 주어야 한다는 것은, 거저 사무적 태도밖에 아니다.

과연 어린이들이 이러한 부자연하고 음울한 환경의 기록을 제공하게 된 사정 을, 민족과 사회적 위치에서 지적하고 비판하고 반성하여야 한다.

예전에는 항가에 도는 동요와 민요로 민심과 세태를 살피었다고 한다.

우리는 이렇게 절실하고 긴급한 아동들의 현실과 사태의 호소를, 거저 채점으로 통과시키기에는 너무도 비통한 사정이다.

당선 동요 동시 작품에서는 볼 수 없는 현상(現狀)을 작문에서 보았다.

국민학교 선생님들의 작문 과정 지도로서, 이러한 기현상이 생활기록을 보게 된 된 것이 아니다. 맞춤법과 말글 읽기가 잘못 되었다면, 가장 초보적 책임을 선생님들께 돌릴 수는 없지도 않겠으나, 작문에 나타난 어린이들의 겪어야 하는 생활기록 그 자체는, 결코 선생님들이 지도하신 것이 아닐 것이고 보면, 작문 교육 그 자체도 선생님들이 책임지신 것이 아닌 한 개의 자연발생적 현상이 되고 만다. 그러니까 동요 동시뿐만이 아니라, 작문 교육도 학교에서 하등의 책임도 지지 않았다는 것이 되고 만다. 우리는 전력을 다하여 명년도에는 이러한 현상을 극복한 성적을, 현상 아동 작품 성적에서 단적으로 구체적으로 보도록, 위정자와 교육가와 사회인과 민족으로서 초인적 노력을 하여야 하겠다.

작품을 고르고서 (4)

어린이의 모방성은 그것이 어린이의 좋은 점이다. 그러나 모방성으로 인하여 어린이의 창작성이 짓밟히는 것은 그것이 동요와 동시에 있어서 대단히 가엾은 노릇이다. 현대 우리 아동문학에 어른들이 해놓신 일이 매우 훌륭하기는 하나 너무도 아동문학 전문가가 되어버리어 동시와 동요에 실증이 나도록 그만 틀과 버릇이 잡히여 버린 것을 이것을 다시 모방하고 흉내 내는 어린이들이 딱한 노릇이다. 동요와 동시를 기를 쓰고 공부할 것이 아니다. 다른 학과를 열심히 공부하고 나머지 시간에 산과 들과 꽃과 짐승을 친하고 음악과 무용과 그림을 가까이 하는 것이 좋다. 잘 공부하고 잘 놀구 잘 일하는 데서 저절로 좋은 시가 생기는 것이다.

나는 어른 흉내 낸 것 어린이의 생각답지 않은 것을 철저히 배척하고, 다음 동요와 동시를 뽑고 기분이 좋다.

「고개」 서울 금양 공립국민학교 6의 2 강성호

그렇게 말솜씨 작문 솜씨가 좋아서 잘된 것이 아니라 조금도 요새 동요에서 보는 약어 빠진 버릇이 없어서 좋은 것이다.

억지와 가짓이 없고 조금 슬프기도 하고 훨석 강하고 순진한 시다.

「전깃불」 주소 성명 미상

시라고 하기보다는 짜른 작문이다.

그러나 이런 바탕에서 새로운 동시를 기대할 수 있는 것이다. 구름 위에 선녀가 산다는 둥, 달 속에 토끼가 있다는 둥 쨍아 쨍아 고추 하는 것 따위는 인제 아무 재미가 없어진 것을 알아야 한다.

학교와 성명을 알리시오

「나비」 서울 청파동 1가 1의 98 서영배

앞에 보이는 조그마한 경치를 이동식으로 잘 그렸다. '끝으로 나비야 나비야 그 꽃도 나쁘면 무슨 꽃이 좋으냐' 하는 것으로 어린이의 아름다운 서정시가 된 것이다.

그러나 작가가 소학생은 아닌가 싶다.

「송아지」 충남 홍성군 홍동학교 4의 3 김연오

송아지와 송아지와 딸랑 딸랑이 좀 많다. 이런 것이 요즘 많은 동요의 버릇이다. 억지루 글자 수를 마출랴는 데서 이렇게 되는 것이다. 동요는 창가가 아니다. 어디까지던지 시가 아니면 안된다.

「봄 바람」 서울 사범 부속 국민학교 3의 1 현홍주

이 동요는 학교 선생님이 손을 조금 대신 것일 게다. 소학교 삼학년생으로 이렇게 경묘한 솜씨를 피울 수 없을가 한다.

읽고 불르기에 좋은 것이지 천진난만한 소년의 상상력 창작 본능에서 된 시가 아니다.

작품을 고르고서 (5)

어린 아이들이 숙성한 소리를 납족 납족 잘 하면 어른들이 칭찬한 시대도 있었다. 나도 어려서 그런 칭찬을 들은 일이 있다. 지금 생각하니 등어리가 싫긋 하도록 부끄럽다.

지금 나이가 삼사십이 되도록 어린 아이가 되겠다고 어린 아이 흉내를 내지 못해 하는 어른 동요시인도 있다.

어찌하였던지 둘이 다 부자연한 어른이오, 어린 아이들이다.

동요와 동시라는 것이 어린 아이가 숙성한 체 하는 것도 아니요 어른이 어린 양 하는 것도 아니다.

숙성한 체도 없는 어린 양도 없는 철저하게 천진스러워서 어른이 읽던지 어린 아이가 읽던지 저절로 감복해 지는 것이 동요요, 동시다.

나와 같이 늙은 사람이 색동저고리를 입고 율동춤을 춘다면 얼마나 숭업겠으며 국민학교 어린 아이가 금수강산 삼천리에 건국사업의 노래를 지어 바친다고 반드시 일등상을 주어야 할 것인가? 어린 아이의 어린 아이다운 애국심을 다음 박태문에게서 보아서 나는 눈물이 나도록 좋았다.

1. 「산바람」 박태문

동요와 동시가 나이와 학년이 높아서 잘 된다는 것이 아닌 것을 이 '산바람'으로 보아도 안다. 국민학교 이학년 자리가 거진 '파랑새'에 가까운 노래를 지었구나.

1. 「면 잣기」 정재창

'면 잣기'나 '고무신'이나 육 학년 남학생답게 익살스럽게 씩씩하게 그리고 소학생다운 생활의 시다. 이 학생은 장난도 잘 하고 머리도 좋은 사내다운 학생인가 싶다. 이대로 나가면 새로운 동시를 개척한 것이오 커서 좋은 시인이나 소설가가 될 듯하다. 한목 두 편을 발표시켰다. 으쓱하여 덤비지 말라.

1. 「집」 추승호

정채창의

"할머니가 잣으면 실이 잘 나와

목포서 서울까지 연대겠지"

하는 유장하고 통쾌한 상상력은 볼 수 없으나 역시 단순하고 복잡하지 않은 말 중에도 이상스럽게도 낙천적이오 이지가 발달된 아이다. 읽어서 어른까지 덤비지 않고 생각게 하는 쪽 빠진 동요다.

어린이와 돈

프랑쓰에 유명한 성녀·작은 테레샤라는 분이 계시었다. 제일차 대전 전에 빠리 카르멜 수녀원에서 스물네 살로 이 세상 나이를 마치신 수녀이시었다. 열다섯 살에 수녀원에 들어 가셨지만, 본래 빠리에서 상당한 보석상을 하시던 아버님의 딸이시었다.

성녀·작은 테레샤는 어려서부터 어떻게 착하고 총명하고 경건하였던지, 어버님 어머님의 대단한 사랑을 받으시었다. 어려서부터 보통 아이에 지나치게 총명하여서, 여간해야 남에게 속지 않으셨다 한다. 네 살 적에 한번은 그의 아버님이 하도 총명한 어린 딸을 시험해 보기 위하여, "너 땅에다 머리를 굽히고 입술을 흙에 붙치고 일어 서면, 아버지가 돈을 많이 주마" 하시었다. 작은 테레샤는 성이 나서 단연코 아버지의 시험하시는 말씀을 거부하셨다.

물론 아버님도 딸이 구태어 흙에다 입술을 붙쳐가며 돈을 얻기를 바란 것이 아니고, 어린 딸의 기상이 어떠한가를 보려고 한 것이었으나, 어린 딸의 늠늠한 기상을 보고, 매우 만족해 하시고 기뻐하신 것이다. 어려서부터 이러한 높고 깨끗한 기상을 갖춘 성녀·작은 테레샤는, 스물 네 살에 과연 거룩한 성녀로 이 세상을 떠나신 것이었다.

그러나 나는 그때 그 아버님의 하신 일을 따님과 같이 훌륭한 짓으로 볼 수 없어 한다. 만일 그때, 네 살된 어린 따님이 아버지의 명령대로 하셨다면 어찌 하였을까 생각해 볼 만한 일일까 한다. 아버님은 크게 실망하시고 분해하시고, 어린 딸을 다소 미워하셨을 것이다. 돈이 좋은 것이라고, 좋은 것이라고 만들어 놓은 것은 모두 어른들이 하여 놓은 것이다. 세상에 모든 어린이들도 돈을 좋아하게 된 것은, 어른의 잘못 지도한 짓이 아닐 수 없다.

그리하여 놓고 왜 어린 딸을 시험하여 본 것일까?

이 세상에는 성녀·작은 테레샤 같으신 분은 매우 수가 적고, 혹시 몰라 돈을 바라고 흙에다 입술을 대일 네 살짜리 어린이들이 훨씬 많을 것이다. 그렇다면 자라서 성인 성녀가 못될 이런 어린이들은, 모두 못쓸 것인가를 또 생각해 보아야 한다. 성인 성녀는 몇 분에 그치는 것이요, 보통 어린이들도 자라서 모두 훌륭한 사람이 되는 것이다. 그러니까 애초에 어른들이 돈을 표준하여 만들은 사회에서, 어린이들도 보기에 가엾은 짓을 하게 되는 것이요, 심하면 남의 돈을 훔치기까지 하게 되는 것이다. 그렇다면 돈 그 물건이 나쁘고 더러운 것은 아니다. 전기와 수도와 일용잡화 등속이 반드시 사람의 생활에 필요하듯이, 돈도 필요한 것에 틀림없는 것이다. 돈이 그렇게 좋은 것도 아니요, 그렇게 더러운 것도 아니요, 적당히 필요한 것임으로, 어린이가 철이 나려고 할 때부터 돈에 대한 지혜와 옳은 도리를 배우게 할 것이다.

돈을 무조건 하고 더러운 것이라고 가르치거나, 제일 좋은 것으로 알게 하는 교육에서 비참한 어른들의 사회가 되는 것이다. 서양 문화국의 좋은 가정에서는, 아버지 어머니가 아무리 어린 아들 딸이 귀엽다고 해서 돈을 거저 주는 법이 없다고 한다. 마당을 쓸리우든지 방을 치우고 반드시 그 보수로 돈을 준다고 한다. 일을 하여 돈을 받고, 돈으로 먹고 입고 시는 것을 알리우랴는 것이라고 생각한다. ˙

그러면 서양 문화국의 좋다는 가정에서 귀여운 아들 딸에게 집안 일을 시키고 돈을 준다는 것이, 거저 돈을 주어 까먹게 하는 것보다는 좋을까도 싶으나, 그렇게 한다면 돈을 반드시 보아야만 일을 하게 되고, 돈 없이는 집안 일도 못 시킬 염려가 있지 않을까?

그렇게 자란 문화국의 아이들이란, 극단 가는 개인주의자로 늙을 염려가 있지 않을까? 이러나 저러나 돈이라면 어려서부터 약이 빠져 깍정이가 될 염려가 있다. 그러니까 가장 이상적인 돈과 어린이의 관계를, 적어도 소학생 시절까지는 아주 가깝게 만들지 않도록 하는 것이 상책일까 한다.

교과서, 학용품 값, 월사금, 입학금, 후원회비 따위 문제로 일체 어린이의 머리와 가슴을 조이게 하고 괴롭게 굴지 않을 만한 어른의 사회가 먼저 서져야 하겠다.

아이들이 돈을 자랑하고 돈 때문에 눈이 퉁퉁 부어야 하는 꼴을 지금 우리나라에서 본다. 소학생이 해가 지기 전부터 밤이 늦도록 "내일 아침 신문 삽시오, 삽시오" 하고 비참한 소리를 지르며 달음질을 쳐야 하는 것이, 어찌 "이마에 땀을 흘려 일하고 먹어라"하는 성경 말씀에 맞는 것이 되느냐?

성경에 이르기를 "이마에 땀을 흘려 일하고 먹어라" 하였다. 우리나라에서는 아직도 어떻게 나쁜 풍속이 남아 있는지, 정월 초 하룻날 세배돈이라는 것이 있다. 어린들 세배를 받고 즉시 돈을 준다. 으레히 받을 작정으로 세배를 한다. 아아! 이것이 흙에 입술을 붙치고 돈을 받는 것과 조금 다른 것일까?

이렇게 자란 어린이들이 자라서, 돈이라면 무슨 짓이라든지 하지 않을지 어

떻게 보증하겠는가? 돈을 단 한 푼이라도 절을 하고 비굴한 짓을 하여 얻을 것
이 절대로 아니다. 제 손발로 일을 아니하고, 남의 덕분에 살기 좋아하는 어른
이나 어린이일수록 돈을 제일 좋아하는 것이다. 생각만 해도 싫금한 일이다.

우리들의 설맞이 하던 이야기

김용환―이제 설도 가까웠읍니다. 새 설을 맞이하여 우리 사에서 새 잡지를
내이기로 하였읍니다. 거기다 여러 선생님들이 어렸을 때 설을 맞이하시던 여
러 가지 재미난 말씀을 들어서 신년호의 빛을 삼고자 합니다.

눈섭 세던 이야기

조경희―그럼 먼저 대 그뭄날 밤에 눈섭 세던 애긴 정지용선생님 들여주시지
요(웃음소리)
정지용―좀 가만히 있어, 숨을 좀 돌려야지 애기가 나오지 안는감 ―. (웃음
소리)
채만식―설날보다 그뭄날이 더 기뻤읍니다. 온통 집안에 설 잔치 음식 만들
기에 바쁘고, 또 어머니가 아이들 수효대로 불을 켜서 광 앞 뒤랑 그리구 변소
깐에까지 환하게 불을 켜서 놓시는게 어떻게도 좋은지―.
그리고 일쯕 자면 눈섭이 센다구 해서 조름이 오는 눈을 억지로 버티고 참느
라구 벅석을 하였지요 (웃음소리)
조경희―그래 밤새 잠을 안 주므시고 버티셨에요?
채만식―아니야. 나중에 나두 모르게 잠을 자 버리구 말지요
그럼 어머나나 형님들이 눈섭에다 쏨바귀 물로 눈섭을 칠해 주셨지요
김용환―아니 겨울에 무슨 쏨바귀가 있어요?(웃음소리)
채만식―내 애긴 팔월 추석 이야기예요 (웃음소리)
조경희―지금 머 추석 애기나 나왔나요 설 애기에 엉두당투 않은 추석 애기
를 하시게―. (웃음소리)
정지용―하여튼 대 그뭄날 밤에는 어쩐지 참 좋지, 눈섭을 세게 하는 것은
언니나 누나들이 일쯕 자는 아우한테 잘 장난을 하거든……
조경희―요새는 눈섭에다 분이 밀가루를 칠해줍니다.

정지용—그것은 아마 즐거운 날이니까 아이들에게 일찍 자지 말라구 주의를 시키려는 데서 그런 풍속이 되었을 게야.

채만식—그리구 못된 귀신을 쫓는다구 해서 집집마다 돌아다니며 풍경을 울리며 노는 패가 있지요.

정지용—그걸 충청도에서는 보름날에 하는데—.

채만식—그것을 재인이라구 해서 백정보다두 낮은 사람이라구 했습니다. 이 재인들 중에서 노래 잘 하는 사람을 광대라구 해서 무당보다두 낮다구 백정들도 이 사람들한테는 반말을 하지요.

송완순—우리 고장에서는 그런 사람이라구 정해 있는 것이 아니라 동내 머슴 패들이 모여서 하는 데 — 참 요란하죠.

채만식—전라도에서는 아주 딱 전문가들이 정해 있지요.

우리가 어렸을 때와 설, 지금 어린이들의 설

채만식—그런데 보면 대체로 지금 어린이들은 설에 대한 정취가 그리 깊지 못한 것 같아요. 늘 세상이 어지러운 고비에서만 지내오니까 어린이들에게까지 그런 어려움이 그대로 지워져서 설날이라는 즐거움이 우리들이 어렸을 때 모양 깊지 못한 모양이드군요. 기다리던 명절이 와두 그저 딱총이나 놓구 — (웃음소리)

정지용—그런 딱총은 나중에 들어온 것이겠지. 설날이라고 해서 따로 좋은 까닭은 없겠지만 좋은 옷을 갈아 입구 하니 그것만으로도 좋았지 —. 우리 소년 시기에는 옷을 자주 빨아 입지도 못하다가 그 날 옷을 갈아 입는 것이 오직 좋았남?

채만식—설전 대목장이면 장터가 왼통 어린애 옷, 꽃신이 중심이었는데 지금은 그런 정취가 자꾸만 허전해지기만 하거든 —.

정지용—나두 이젠 늙었지만 그래도 정월에 새옷을 갈아 입으면 그 때 기분과 같겠으니 —(웃음소리)

내 열 살까지는 머리를 땋고 다녔는데 그 때는 명지나 목바지나 하나 얻어입으면 큰 자랑이었구. 거기다 명지 조끼나 하나 입으면 아주 뭐 고만이었거던 —. 그리고 행전 치고 갓쓰는 것은 동리에 하나 있을까 말까 그랬지. 그리고 여자는 금박댕기, 꽃신이 참 좋았지.

송완순―경상도에서는 세배하는 데도 차별이 있어요. 상사람은 마당에서 하는등, 뜰, 마루, 웃방, 이러게 자리가 각기 달르죠 ―.

정지용―정월 차례는 일가끼리 한테 모여서 지내구 14일까지를 명절로 치지. 보름이후는 백정놈의 설이라구 해서 열나흔날까지는 아무 것도 안하구 그저 놀기만 하지. 내가 어렸을 때만해두 시골에서는 머리를 깎으면 아주 숭한 것으로 생각했구 그리구 또 절하기가 참 어려웠어. 여자는 3, 4일 동안 통 남의 집에 못 가구. 부정을 탄다구 해서 ―.

조경희―그건 지금도 그렇죠.

김용환―그런데 개 해니 소 해니 해서 또 무슨 재미난 풍습이 있지 않아요?

송완순―돼지 해는 뱀에 물려도 괜찮으니 뭐니 하는 것이 있지요.

채만식―그것두 다 미신이지. 다 과학이 발달 못 됐으니까 그랬겠지만, 말하자면 제왕등이 정해놓고 백성을 미신으로 속여 다스리려고 한 한 가지 방패로 그런 풍습도 전해졌을 게거든.

세배는 어째서 하는 것인가?

김용환―그런 그 다음으로 세배의 내력에 대해서 좀 말씀해 보실까요?

송완순―그것은 일종의 경모사상(존경하고 사모하는 것)이 아닐까 하는데요 ―.

정지용―내 생각에는 계급제도가 생긴 이후의 일이 아닌가? 하는데 ―.

정인택―보통 때는 늘 어른께 대한 경모하는 마음을 품고 있다가 정월을 계기로 해서 나타내는 것이라구두 생각되는데요.

정지용―아무튼 그것은 고운 풍속이야 ―.

채만식―내 한번 망신한 일이 있지요. 시골서는 정월도 추석도 다 명절이라구 하니까, 추석날 식전 아침에 멋도 모르구 이웃 영감한테 절하러 갔더니 "팔월에도 시배여?이놈!" ― (웃음소리) 해서 아주 얼굴이 홍당무 되었던 일이 있지요.

조경희―선생님 그건 돈 얻으시려고 가신 게 아니야요 ― (웃음소리)

정지용―어른께 대해서 절을 하는 것은 좋지만 보면 나이 잡수신 어른들이 절을 하거라 하듯이 아주 기다리는 모양은 보기에 싫어.

조경희―하여튼 노인들은 절받기를 참 좋아하시거든요 골이나셨다두 아이들이 절을 하면 그저 좋으셔서 ― 껄껄 웃으시니까요 (웃음소리)

정지용―우리 집에서도 나까지는 어른들께 절을 하지만 애들한테는 "나한테는 고만 둬라"하고 일로고 있지요 지금까지 같은 방에서 자구 있다가 별안간 일어나서 새삼스럽게 절을 하는 것이 쑥스러우니 "그저 그 절하는 정신, 질서만을 잊지 말라", 하고 있지요 사실 지금까지 해온 절을 금시는 없앨 수 없겠지만 이후 우리 자손까지에 전할 필요는 없다구 보거든.

송완순―조선 절이란 퍽 태평한 느낌이 있는데 태평한 때는 몰라도 이렇게 바쁜 시대에는 간단하게 해치우는 다른 절을 만들어 내이면 좋겠어 ―.

채만식―그리구 또 저 남선지방의 여자들 절이란 혼란하고 아주 무용적이지 ―.

송완순―그런 건 생활이 진보되는데 따라 자연히 달라질 것이라고 생각합니다.

세뱃돈 받으러 다닌 이야기

김용환―세뱃돈 받던 얘기 좀 해 보시죠

정지용―서울에서나 그렇지 시굴에서는 없었어 ―.

박내현―평양에두 있었는데요

정지용―요샌 글쎄 절하구 나서 어른 주머니 뒤지러 달려드는 깜찍한 버릇을 가진 아이들도 있단 말이야……. (웃음소리)

송완순―시굴서는 세배하러 다니면 돈 대신에 먹을 것을 주는데요, 그래서 설날이면 조끼 주머니에 밤, 대추가 부듯하게 모이지요

정지용―그건 서울서두 그렇지 ―.

채만식―그렇지만 정말 딱한 것은 세배 받고도 줄 돈이 없는 사람야 ―.

송완순―참말 어렸을 때는 세배하고 세뱃돈 못 받으면 섭섭하더군요

정인택―우리 사는 데는 정릉리라 아직 시굴 티가 남아 있는데 정월 초하루면 온통 아는 놈, 모르는 놈 몰려 오는 데는 질색입니다. 아마 그 놈들이 돈벌이를 다니는가 봐요 (웃음소리)

가지가지 설놀이

김용환—어렸을 때 우리 지방에서 보면 널뛰기를 하는데 땅을 파고 널을 뛰는 것이었읍니다만은 지금 널은 그렇지 않드군요

정지용—하여간 일제시대 온통 전쟁에 시달리느라구 설의 즐거움이나 재미나는 풍속을 하나하나 잊어버려온 것이 사실인데 우리들이 순수하게 느끼었던 설의 가지가지 즐거움을 요지음 어린이들에게 줄 수 있게 그런 것을 살려야 할 것입니다.

채만식—정월 대보름에는 아홉가지 오곡 밥에다가 아홉가지 나물을 먹고 또 글 아홉 번 읽고 기맞이를 하지. 농기를 가지구 형님부락(읍)으로 모여서 집집에서 나물을 얻어다 먹었는데 그것이 그 때는 큰 기쁨이었어. 또 전라도에서는 쥐날(톱날)이 되면 들에서 불을 놓지. 이 날도 여자는 남의 집에 못가는 날이야.

조경희—어째 그렇게도 여자가 남의 집에 못가는 날이 그리 많아요 참. (웃음소리)

김용환—보름날이면 경상도에서는 줄다리기를 하는데요. 딴 지방에서도 그렇습니까?

정지용—전라도, 충청도에서도 하지요

채만식—동네끼리 어울려 줄을 달리는데 자기네 동네가 지게 되면 온 동리 부인네들이 치마에 돌을 잔뜩 안구 와서 줄을 매달리기도 하지요

정지용—어떤 데는 사람이 몇씩 죽기까지 했다는데 뭘. 아마 퍽 두 굉장했던 모양이거든.

채만식—또 답교라는 것이 있지. 대보름날 밤 다리를 밟으면 그해 일년 동안 다리병이 없다고 해서 늙은이나 어린이 할 것없이 다리 위를 왔다 갔다 했다고 합니다.

정지용—줄다리기, 석전, 햇불, 공전, 농악, 이렇게 농민들을 훈련시켜서 상무 정신을 기르는 것이 아니었던가 생각되는데 —.

채만식—그리구 흔히 조선 이불은 청색과 홍색 아니예요 신라 때 국기가 그랬다고 하더군요 그것도 일반에게 상무 풍습을 기르기 위해서 그렇게 된 것이라는 말이 있지요

정인택—효종대왕 때에 행진도 갓도 그런 색이었다고 하드군요 —.

김용환―정월 집안놀이에는 어떤 것이 있나요?

정지용―윷?

채만식―부인네들은 토정비결을 보죠.

박내현―윷은 대개 아이들이 많이 놀드군요 ―.

정지용―윷 다섯 가락을 가지구 금, 목, 수, 화, 토로 윷점을 치지. 그리구 또 밤윷도 있구 밭윷도 있구. 윷이라는 것은 기술로 해서 재미 나는 것이지 ―.

채만식―아무튼, 윷보다두 더 즐거운 무슨 놀잇감이 새로 생기어서 어린이들의 설을 좀더 즐겁게 해주었으면 생각됩니다.

정지용―그것은 태평한 태의 이야기구, 어디 이렇게 어지러운 때에 어린이 장난감 생각할 여유가 있는감?

박내현―그래두 웨 깜통같은 걸 가지구 잘 만들던데요 (웃음소리) 일본 '가루다'같은 것을 조선 것으로 해서 만들면 애들한테 한글 깨쳐 주기 위해서도 좋을 턴데 ―. 조선에는 정말 어린이 장난감이 없어요 좋은 장난감으로 어린이들을 좀더 씩씩하고 즐겁게 놀게 해야 할 줄 압니다.

정지용―대보름날 버름 깨무는 건 전선에 다 있는 풍속이지, 이걸 깨물면 부스럼이 안난다는 그런 말이 있지만 그건 다 실없는 말이구 생각하기에 겨울동안 씨로 저장해 두었다가 해동이 가까우니까 그것들이 썩을 염려가 있거든. 그래 이왕 썩을 것이니까 이 때에 모두 처분하는 것이 상책이라구 해서 모두 털어 놓구 막 먹어버리는 것이 아닌가 싶지 ―.

올 설은 어떻게 지내나?

김용환―지금 이야기 한 외에두 여러 가지 듣구 싶은 말씀은 산떼미같습니다만 이만치 해 두기로 하겠읍니다. 끝으로 한 가지만 더 말씀해 주십시오 해방된 후 올해로 네 번째의 설을 맞이하는 셈입니다만, 우리는 설이라면서도 정말 설답지 않은 서굴픈 중에서만 지내오는데 이 번 설은 어떻게 지낼까? 우리 '어린이나라' 독자 동무들에게 한 마디씩만 선생님들의 좋은 말씀을 전해주고 싶습니다.

송완순―올해는 나쁜 만화를 보지 말라구 하구 싶습니다. 만화 중에서도 좋은 것을 골라서 볼 줄 알고, 다른 좋은 동화책 같은 것을 많이 읽어주었으면 좋겠읍니다.

정지용―부모들이 음력설을 지내려구 해두 어린이들은 양력설을 정말 설로
여겨야 할 것입니다. 그리구 설이라구 해서 쓸 데 없이 좋아하지 말고, 우리나
라가 통일되거든 정말 마음껏 좋은 설을 지낼 셈 잡고, 올에는 그저 마음 속으
로 조용히 지내도록 했으면 합니다.

김용환―오랫동안 고맙습니다. '어린이나라' 독자에게 좋은 선물이 될 줄 믿
으며 이것으로 줄이기로 하겠읍니다.

시집 『얼굴』을 보며

나서 예닐곱 달 된 발가숭이 어린 것이 바깥 재미를 붙이게 되면 자고 젖 먹
는 시간 이외에는 바깥 세계를 좋아하기 시작한다.

젖을 재촉하여 우는 적보다 업히어 밖에 나갈 투정이 더 많다. 우리는 이만
적의 바깥 산천 초목 조수들이 우리 어린 눈에 어떻게 어떠한 인상으로 비추웠
던 것인지 전연 기억할 수 없다. 우리가 이제까지 보아 익어 온 세계보다는 신
기하고 놀라운 첫 세계 딴 세상이었음에 틀림없었을 것이다.

그러렸으려니 한 것을 나는 나의 첫 손자를 안고 추측한다. 이 놈이 할아비
할미를 좋아하는 것이 먼저 바깥 구경이 용이한 까닭에 있는가 싶다.

첫눈에 소개한 것이 가까운 논과 밭이랑 하늘 까치 등이다. 정정한 송림 속
으로 안고 드니 둘레 둘레 보며 저으기 불안한 표정이요 웃지도 울지도 않았다.
길옆에 핀 민들레 오랑캐꽃에 바짝 얼굴을 대어주니 전부터 아는 터이란 듯이
반기며 손으로 훔켜 잡는다. 나는 아직까지 우리 손자 이이에게 강이며 바다를
소개할 기회가 없었다. 나는 물이 없는 밭이랑 속으로 손자를 기르기에 그렇다.

나는 이번 남해 일대 내해의 무수한 도서와 뭍과 구름과 하늘과 돛과 배와
생활과 풍습을 이십여 일 두고 보고 나서 산이면 금강산이요 물이면 다도해지
이 이상에 더 아름다운 자연미의 쌍벽이 지구 위에 다시 있을 수가 없다고 생
각한다.

나는 애초에 물이 없는 충북 비산 비야의 촌읍에서 나서 유소년기를 애절하게
보냈다. 자라서 어른 되어 식구들을 물하고는 딴 데로만 끌고 다니며 살았다.

남해 풍광을 접하고 나니 어린 손자 놈 첫눈에 바다 더욱이 다도해 일대의
신묘한 자연을 비추워 주고 길렀으면 한이 풀릴까 싶었다.

이번 여행 중에 부산서 통영서 마산서 진주 등지에서 많은 청년 시인 화가 또는 음악가를 만나 보았다. 모두 소질이 특이 우수하고 의욕이 왕성한 것을 발견하고 나는 놀랐다.

이러한 놀라운 상황을 나는 깊이 연구한 것이 아니라, 이를 간단히 남해 일대의 위대한 자연미와 그의 영향에 돌리었다. 그들이 어찌 어찌 나서 자랐는지 나는 모른다. 그들은 부럽고도 나머지가 있는 자연에서 자란 것을 안다. 그들이 나서 눈이 트이자 나의 손자보다는 더 놀라운 신기한 자연에 첫 대면하였던 것이요 안계가 애초부터 넓고 시원했던 것이리라. 눈부신 일광 먼지 없는 공기 사철 자라는 아열대권 이내의 각색 식물, 앞 바다 속의 무수한 어류 해초를 저축하고 자랐다.

바다와 함께 사는 생활은 들과 산 생활보담 더 기민하고 기술적이어야 하는 것이다. 대도시 생활보다 개방적이고 선이 굵다. 부지런하지 않고 살 수 없다. 남해 일대의 괄괄한 사투리에 태초로부터 너울거리는 나부리(波浪) 소리와 생활의 마찰음을 들을 수 있다 하여 억지 소리는 아닐까 한다.

그런데 나는 이번에 또한 다른 일면을 발견했다. 그 많은 시인 화가들이 남해의 해양 도서미에 등한하다기보다도 향토미에 탐닉하지 못하는 정도가 거진 술 못 마시는 사람이 술에 취할 수 없는 상태와 유사한 것을 보았다.

환경에 너무 익어버리면 그럴 수도 있을 것이다. 그러나 환경의 자연미만으로서는 항시 새로운 생활 의욕과 예술적 창조를 기대하기 어려운 것임으로 자연적 환경에 인간의 생활이 주체가 되어 능동적으로 환경을 경륜하고 움직이고 운영하여야만 환경 자체도 황막한 버려진 자연을 면할 것이요, 인간이 逐適流刑의 고역을 면하는 것이다. 원래 인간이 자연의 일부 노릇으로 그치기에는 초목 토석 조수보다 너무도 우수한 생명을 가졌고 능동적인 까닭에 자연은 인간 생활의 구비한 조건으로 유구히 유동하여 말지 않아야만 할 것이었다. 자연과 환경의 제왕은 반드시 생활에 열렬한 인간이 아닐 수 없는 것이요, 인간이 한 개의 귀향살이꾼으로 방황하는 동안에는 그 환경은 주체할 수 없는 권태와 우수를 제공하는 눈물 골짝이 버려진 자연에 지나지 못한다.

그러니까 남해 연안의 시인 화가의 작품에서 남해의 자연미를 찾아보지 못하는 것은 그들의 생활이 남해의 자연에서 유리 이탈된 것이오, 자연은 버려지고 생활은 상실된 것으로 보는 수밖에 없다. 생활이 없는 예술이 버려진 자연 이

하로 미저러블 할 수밖에 없다. 남해 연안에 불쌍한 시인을, 화가를 많이 만났다. 소질과 천품이 졸렬한 것을 본 것이 아니었다. 타고 나기는 잘 타고났다. 사실은 대부분이 실직자이었고 몇몇 최저급의 월급 생활자를 보았을 뿐이었다. 의식주에 소극적으로 걱정이 없는 유지 신사에게 시와 미술이 천부되지 못한 것은 소위 유지 신사의 생활이 그다지 예술과 문화의 창조 모태가 될 만한 '생활'이 아니었던 것인가 한다. 시인 예술가 일반은 마침내 남해 연안에 인조 아담의 슬픈 죄과 보속을 부당하게도 독담해야 할 형편에 있다.

말이 장황히 흘렀음으로 어서 시인 정진업과 그의 시집 『얼굴』로 옮기자.

······
방매가
억울히 죽은 아비의 원한스런 꿈자리가
사납다 하면서 낡은 대문에다 창호지로
이렇게 써 붙이게 한 홀어머니였다

어디로 가야 하는 것이냐

식구라는 게 홀어미에 그나마
어미를 생이별한 아들놈 근이 이들은 고작
눈물이 많아서 탈이다.

　　　　　　　　　　　　—「눈물이 많아서 탈이다」에서

이래서야 남해적 자연미기로서니 남해적 자연 시인이 될 수 있겠는가?

······
뻐꾸기 우는 삼월 초하루가 와도
노고지리 해를 보고 솟는
오월이 와도
우리는 노래를 잊어버린 카나리아였다.

하이네의 노래가 아니라
우리는 실연을 하여도
고향에 돌아가지 못하였다.
......

— 「김해 사람들에게」에서

8 · 15 해방 직후의 시다.

우리 오늘 마음놓고
고향 하늘로 날라 가 보자
더부살이로 흘러간 오−랜 세월
......

— 역시 「김해 사람들에게」에서

남해 시인은 흥분하기 쉬웠다. 남방 단해의 대자연이 그들을 애초에 성급한
시인으로 선택하기는 했다.

......
그러나 고향에는 웬 일인지
먼지 섞인 바람이
아직도 멎지 않아
우리는 눈을 뜨지 못하고
동구 밖 네거리에 두 다리를 끌고 섰다.
......

— 역시 「김해 사람들에게」에서

다혈질 계통의 시인은 희비가 빠르다. 향토미에 섬세하지 못할지는 몰라도
남해 시인은 경상도 사람들 특이한 성격적 향토애에 열렬하다. 이것이 남북한
십사도 삼천리에 찌르르한 애국 정열에서 분립된 것이 아니다.

......

지쳐 잠이 드면
어깨를 베고
다리쯤 섞어도
탓할 사람이 없다.

사투리마냥
생각도 가지가지
다른 것인데
오직 마지막 한 곳을
바라고 가는 사람들

노나 건네는
담배불처럼
우리 이왕이면
가난한 겨레의 얘기에[64]

도란도란 꽃을 피우며
그렇게 가는 것이 어떻냐

—「밤차」에서

시를 한 개 공예품으로 감상하기보담은 시가 이렇게 서럽게도 진정이어서 좋지 않은가? 시에는 완벽이라는 것이 드물다. 시에는 절정이 없다. 절정이라고 오르고 보아야 끝난 것이 아니라 다시 휘이 굽은 길이다. 내려가는 길이래야 거기서부터 다시 오르는 길의 한 고비다. 시가 이래서 한이 없이 좋은 것이다. 시가 진정이어서 좋은 것을 좋아하는 사람은 일류 시인인 듯 자기 도취하는 자는 젊은 놈이 실상 반 짓밟은 놈이다. 진엽의 시는 시의 이상이 아니다. 이상적 시라는 것이 성립되는 것인지 나는 아직 모른다. 진엽의 시는 그만해도 좋다. 진엽의 시는 그이 청춘과 육체적 조건과 패기와 울분과 순정만으로서도 전도

---

64) 시집 『김해평야』에서는 "다정한 이웃 이야기에"로 바뀌어 있고 그 다음 도막은 따로 떼지 않고 올려붙였다. 정진업, 『김해평야』, 남광문화사, 1953, 33면.

유망하다. 경상도적 토착 순정이 도리어 서구 선진 국가의 문화 세련보다도 시의 육체적 조건으로 더 요망되 것인가 싶다.

......
그러면 등불이여
차라리 황홀한 것을 위하여
꺼진 그대로 이 한 밤을 같이 있자.

끊이락 이으락 어둠의 유언 속에
울어 오는 빛의 우렁찬 산성(産聲)을 들으면서……

—「등불」에서

진업아! 그만만에서 그치지 말고 너의 희망을 잃지 말아라. 진보하라. 누가 다음 날 위대한 시인이 되는 것일지 나는 모르겠다. 네가 혼자 위대한 시인이 될 수도 없는 정황이다. 너의 시는 마침내 우리 민족 국가와 희망을 같이 하는 것이다. 시도 한 가지 건설이요 역사(役事)다. 남해 연안의 대자연이 완전히 시에 협려하기에는 우리의 시와 손으로 분시를 다토아 민족의 농공상적 위대한 인공미로 남해 전폭이 개편 개장되어야 한다. 그때까지 고대하는 것이 아니다. 먼저 시인 정진업! 너부터 부지런하자!

4283년 5월 南海過次 於釜山 지용

제 6 장

정지용의 미발굴 동요 「넘어가는해」와 「겨울ㅅ밤」

1.

「고향」이라는 노래로 갑작스레 많은 이들에게 낯익은 시인이 되었다. 사람 나이 오십도 차마 넘기지 못하고 고향 남녘으로 고개를 돌린 채 숨을 거두어야 했을 그에게 찾아온 새삼스러운 즐거움이다. 정지용. 비록 덩그러니 버려져 있을 망정 그의 고향 집자리에 새 집이 되세워지고, 그를 기리는 문학제가 이루어진 일도 큰 위로가 되었으리라. 한 시인으로 말미암아 옥천 큰 고을이 축제를 마련할 수 있었으니 놀라운 일이다.

게다가 그가 사람들의 입에 오르내릴 이즈음, 한 하늘 아래서 마냥 휴전선 위 아래로 나뉘어 살아왔던 그의 자식들이 다시 서울에서 만나게 된 일도 어찌 남다른 기쁨이 아닐 건가. 가난하고 불우했던 어린 날과 섬나라 일본에서 보냈던 타향살이, 이념의 덫에 갇혀 잊혀졌던 긴 세월 끝에 얻은 행복이다. 넘쳐나는 대중노래에 힘입지 않았으면 결코 살아나지 못했을, 위태로운 벼랑 끝에서 시가 얻은 홍복이라 하더라도 고마운 일임에는 틀림없다.

그러나 그가 세상에 널리 알려지기 이전부터 그의 시는 빛났다. 음삼월 동해 물빛처럼 맑고 찬 감각과 절제된 말씨는 그를 여느 시인과 썩 다른 자리로 올려 세우게 했다. 그의 시에는 1910년대나 1920년대 초기 한글 자유시가 보여주었던 요설과는 다른 말씨가 담겨 있다. 생각과 말이 하나로 얽혀 막힘 없이 흐르는 듯한 자연스러운 입말씨와 개성적인 묘사에다 독특한 감각의 촉수로 건져낸, 정지용 시의 구체적인 형상은 거리가 있다. 그의 것은 무엇보다 글말씨다. 글로서 생각하고 글로서 말하고자 했던 새 세대의 고뇌와 그것을 넘어서려는 긴장된 문법을 그의 시는 보여준다. 입말을 그대로 글말로 가져다 놓은 듯한 만해의 걸림 없는 말씨와 그의 것을 견주어 보라.

그런 점에서 정지용은 마음과 몸, 말과 글의 분리와 그 거리를 시로서 안고 뒹군 몇 되지 않는 절제된 수사학자다. 마음의 가닥, 뱉어내야 했을 말의 욕구를 제대로 다독거리는 데 시력의 많은 부분을 쏟았던 셈이다. 그리고 그의 시가 보여준 절제된 표현과 감각 훈련은 젊은 시절 겉잡을 수 없었을 식민지 근대의 폭압적인 외면과 그를 둘러싼 삶의 좌절 속에서 그를 끝까지 세상에 발붙이게 해준 한 성소였음직하다. 그에게 시창작이 자주 기도의 경지나 드높은 봉우리를 향한 숨가쁜 등정과 맞물린 것은 뜻밖의 일이 아니었던 셈이다.

그리고 그 가운데 그의 동요나 동시가 지닌 각별한 뜻이 있다. 초기에서부터 뚜렷하고도 전면적인 비중으로 그가 지향하고자 했던 동시적 감각과 그 훈련은 어쩌면 고향과 유년으로 들어서는 디딤돌이었다. 어릴 적 그가 감당해야 했을 불행과 좌절에 대한 고착 심리로 향수의 감각이 음습하게 자리잡았다. 그러니 「고향」이라는 시로 세상의 사랑을 받게 된 일은 그로서는 지극히 자연스럽다. 정지용의 많은 시들이 자신의 동시가 확대된 것이거나, 거기에 바탕을 둔 것으로 보이는 까닭이다.

　정지용의 문학이 광복기에 이르러 보였던 산문 과잉과 양식화된 시형식에 대한 관심은 어쩌면 동시적인 감각의 상실과 관련이 있는 것은 아닐까? 고향이라는 중심을 향해 기울어졌던 그 감각에서부터 다시 쫓겨나 힘없이 외래적 내용의 담장에 기대서거나, 자신의 실존에 닿아 있지 않은 형식 조형에 눈길을 줄 수밖에 없었을 삶의 피폐와 혼돈을 그는 급격히 경험하고 있었음에 틀림없다.

2.

　여기 정지용의 초기 동요 두 편을 찾아내 세상에 알린다. 「넘어가는해」와 「겨울ㅅ밤」이다. 1926년 11월 1일 '신소년사'에서 낸 『신소년(新少年)』 11월호에 실렸다. 엮고 펴낸이는 신명균이다. 발표 때 이름은 지용으로 삼았다. 자주 보여주었던 버릇이다. 정지용은 습작기 때부터 동시를 많이 남겼다. 그리고 그것들을 1934년에 낸 첫 시집 『정지용시집』 3부에 실었다. 그러나 정지용은 이 작품 둘을 거기서 빠뜨렸다. 까닭은 알 수 없으나, 그 뒤에도 그의 다른 시집에 이 작품은 오르지 않았다. 그리고 오래도록 정지용의 시전집 묶는 일에서나 연구 대상에서도 이 작품 둘은 빠져 있었다. 이 자리에 올림으로써 비로소 세상에 새롭게 알려지게 된 셈이다.

　　　넘어가는해

　불　　짜막이
　불　　짜막이

들녁   지붕
파   먹어라

내려   왔다
쫏겨   갓나

서쪽   서산
불야   불야

겨울ㅅ밤

동네ㅅ 집에
강아지 는
주석   방을

칠성산 에
열흘   달은
백통   방을

갸웃   갸웃
고양이 는
무엇   찻나

두 편 모두 띄어쓰기가 노래 악보의 마디를 고려해 이루어졌고, 그렇게 실렸다. 노랫말로 불려질 것을 고려한 탓이다. 『신소년』에 내놓은 다른 이들의 작품도 이런 버릇을 지켰다. 그러나 이제 이 시를 두고 눈으로 읽는 글말시로만 받아들인다면 굳이 악보 마디를 고려한 표기를 따를 필요는 없겠다. 따라서 아래와 같이 원본을 확정할 수 있다.

넘어가는해

불 싸막이
불 싸막이

들녁 지붕
파 먹어라

내려 왔다
쫏겨 갓나

서쪽 서산
불야 불야

겨울ㅅ밤

동네ㅅ집에
강아지는
주석방을

칠성산에
열흘 달은
백통방을

갸웃갸웃
고양이는
무엇 찻나

「넘어가는해」는 이른바 기승전결이라는 흔한 짜임새를 가졌다. 가을
일 법한 철, 시골 들녁에 내리는 노을과 그로 말미암은 풍경을 잘 그렸

다. 노을의 빛깔을 불붙은 것으로 표현해 강렬함을 드높였다. 작품으로
서 격이 높다. 비슷한 글감을 가진 그의 다른 동요와 견주면 이 점은 분
명하다.

> 우리 옵바 가신 곳은
> 해님 지는 서해 건너
> 멀리 멀리 가섰다네.
> 웬일인가 저 하늘이
> 피ㅅ빛 보담 무섭구나!
> 날리 났나. 불이 났나.
>
> ―「지는해」[1]

옮겨놓은 「지는해」에 견주어 「넘어가는해」가 훨씬 구체적임을 알 수
있다. 「지는해」에서 보는 "날리 났나. 불이 났나"와 같이 말할이의 생각
이 썩 드러나는 시줄과 「넘어가는해」에서 보이는 "서쪽 서산 / 불야 불
야"와 같이 외침소리를 그대로 뱉어두고 있는 시줄 사이의 감각 차이는
뚜렷하다. 「지는해」는 정지용이 아니라도 내놓을 수 있는 서툰 작품이다.
해를 "들녁 지붕"을 파먹는 "불 까막이"로 일컬은 뒤, "서쪽 서산"에 내
린 노을은 그 "불 까막이"가 내려앉았다 떠난 뒤 붙은 산불로 연상하고
있는 「넘어가는해」의 솜씨에 훨씬 못 미친다.

두 번째로 올린 「겨울ㅅ밤」은 재치가 넘치는 작품이다. 겨울밤 한 풍
경을 잘 그렸다. 눈이 되고 있는 데는 셋째 마디다. 차가운 겨울 밤 늦도
록 잠들지 않고 돌아다니는 고양이는 왜 그런가라는 호기심 어린 물음
을 세 도막 아홉 줄로 답하고 있는 단순한 짜임새를 지녔다. 그리하여
'고양이'에 대비되는 존재로 '동네ㅅ집' '강아지'와 '칠성산' 위에 올라앉
은 '열흘 달'을 떠올렸다. '강아지'가 기웃거리는 '주석방'이란 주석(酒席),

---

1) 『정지용시집』, 건설출판사, 1946, 46면.

곧 술판이 벌어진 와자지껄한 젊은이들의 모임방일 듯싶다. 그와 달리 '칠성산' 하얀 '열홀달'이 기웃거리는 곳은 '백통방'이다. 아마 달빛과 마찬가지로 하얀 '백통' 곰방대 터는 톡톡 소리만 가끔 들릴 뿐 적요하기만 할 늙은이의 방일 것이다.

'강아지'와 '보름달', '주석방'과 '백통방'의 대비는 동과 정, 젊은이와 늙은이, 가까운 곳과 먼 곳이라는 대조와 긴장을 바탕에 깔고 있는 셈이다. 따라서 그 사이의 넓은 공간과 밤 시간 속을 '갸웃갸웃'거리며 오래 잠들지 않고 오가고 있는 '고양이'는 단순히 사소한 짐승으로만 머물지 않는다. 시인이 겨울 고향 마을을 이리저리 되새김질하는 그윽하고도 따뜻할 뿐 아니라, '고양이' 털같이 섬세한 눈길까지 아낌없이 드러난 작품이다.

3.

정지용은 자신의 시업 출발기였던 1920년대부터 현재까지 많은 시인 지망생들에게 한 모범이었다. 백석과 윤동주, 그리고 목월도 그들의 어릴 무렵 소월에 기울어졌던 것 못지 않게 정지용을 반성적으로 읽었음에 틀림없다. 그들을 포함해 많은 시인들이 정지용과 알게 모르게 얽힌 바 '영향'과 '오독'으로부터 자유롭지 않다. 아동시와 성인시를 오간 행적도 그 한 본보기다.

이제 정지용의 동요 두 편을 세상에 다시 선보이면서, 아동시에 대한 관심을 다시 한 번 다진다. 일반 대학의 학습 세목에서 일찌감치 빠졌고, 문학사에서도 내쳐진 채로 놓여 있는 아동시는 우리 근대시의 계몽적 지향 속에서, 또는 노래시와 문자시의 분리 과정에서 중요하고도 뜻깊은 실험 장소였다. 정지용의 경우에도 아동시는 형식 단련이라는 점에서 세상과 이어진 디딤돌이었다. 정서적 원질이라는 점에서 늘 되돌아가고자 했던 고향집과 같았다. 짤막한 두 편의 동요를 찾아 올리는 즐거움이다.

2부

문학과 전쟁

제 1 장

이순신 담론 연구 1

근·현대 역사가사를 중심으로

1. 들머리

충무공 이순신 장군은 우리 겨레가 결코 잊을 수 없을 우뚝한 공을 세운 분이다. 참혹했던 임진왜란과 정유재란에 걸쳐 왜구를 물리치고 왜란을 승리로 이끄는 데 끼친 공의 큰 업적은 견줄 바를 찾기 힘들다. 임진왜란이 가라앉은 다음 조정에서 일등공신을 내린 것은 지극히 마땅한 대접이었던 셈이다.

그런데 충무공의 우뚝한 점은 왜란에서 큰 공을 세웠다는 데에 머물지 않는다. 효자며, 충신이며, 모자람 없는 명장일 뿐 아니라 우리 해전사의 으뜸 영웅이다. 개인으로서나, 공인으로서나 널리 오래도록 본 받아야 할 덕성을 모두 갖춘 겨레의 본보기로서 섬김을 받아오고 있다.[1]

---

[1] 몇몇 전기나 야사를 들추어보면 ① "政治家", "經濟家", "外交家", "發明家", "孝者", "비상한 愛國者", "正義人道家"(장도빈)에서부터 ② "朝鮮은 업스나 영원히 있는 英

특히 20세기에 들어 나라 잃는 치욕을 겪으면서 우리 겨레가 충무공에 대해 기울인 관심은 부쩍 더했다. 위인전이나 명장전에는 빠짐없이 올려질 뿐 아니라, 『충무공전서(忠武公全書)』가 거듭 간행되어 공에 대한 관심을 부추겼다. 이러한 사정은 광복 뒤에도 한결같았다. 특히 경인전쟁기에는 전술 전략 측면에서 많은 위인들을 되살려내게 되었는데, 예외없이 충무공이 첫줄에 올려졌다. 김용호와 설의식이 공력을 쏟아 내놓은, 충무공을 다룬 장시 둘이 그런 사정을 잘 보여준다.

충무공은 제도적·이념적 요청에 따르건 개인적 신념에 따르건 20세기 초반부터 현재에 이르기까지 한결같이 민족영웅으로서 역사·문학·영화에서부터 만화에 이르기까지 다양한 조명2)을 받아온 분이다. 이렇

靈"(왕명), ③ "眞正한 愛國心, 오직 眞正한 朝鮮精神", "萬代의 垂範하신" 분(이은상), ④ "오직 나라를 위하는 그 지극한 정성과 숭고한 인격 위대한 통솔 지휘력 또 그 신묘한 전략"(함돈익)을 보이신 분, ⑤ "諸葛孔明의 智略과 나폴레옹의 勇猛과 岳飛의 忠誠과 넬슨의 殉國精神을 一身에 뭉인" 분(강홍수), ⑥ "조선이 낳은 위대한 천재요, 인격자요, 애국자요, 또 해군정신을 가장 빛나게 들어낸 무인"(마욱), ⑦ "탁월한 능력과 창의성, 그리고 신념을 가진 희대의 인물"(육군사관학교)에 이르기까지 실로 다양하게 충무공을 그려두고 있다. 도를 넘겨 부풀린 표현도 많다. 충무공에 대한 인식과 평가가 생리·윤리·사회·정치·시간·공간에 걸치는 여러 모델을 끌어들여 이루어지고 있다. 이미 충무공은 역사나 사실 차원을 벗어나 신화로 올라섰다 하겠다.
　장도빈, 「이순신전」, 『조선역사강단』 1집, 고려관, 1929, 15~158면; 왕명, 「위인 이순신」, 『오천년 조선사화집』, 조선출판사, 1946, 156면; 이은상, 『이충무공일대기』, 국학도서출판관, 1946, 117면; 함돈익, 『조선영웅위인전』, 신조선문화사, 1947, 226면; 강홍수, 『임진왜란과 병자호란』, 문창당, 1952, 82면; 마욱, 『조선영웅위인전』, 오곡문화원, 1980, 257면; 육군사관학교, 『나라를 빛낸 명장들』, 병학사, 1984, 77면.
2) 특히 충무공에 대한 기록문학 쪽 관심만을 언뜻 살펴도 전기·야사·소설·아동문학에서부터 한시·시조·현대시와 같이 여러 형태에 걸친다. 낱책으로 나온 서사류만 현공렴(1907)의 『李忠武公實記』, 최찬식(1925)의 『李舜臣實記』, 장도빈의 『李舜臣』, 회동서관본 『李舜臣傳』, 이광수(1953)의 『이순신』, 이윤재(1946)의 『聖雄 李舜臣』, 이은상(1946, 1969)의 『李忠武公一代記』와 『성웅 이순신』, 김파우(1959)의 일문 『名將李舜臣』, 강철원(1963, 1973)의 『李舜臣의 亂中逸話』와 『聖雄李舜臣』, 최인욱(1970)의 『聖雄 李舜臣』, 조성도(1973)의 『忠武公李舜臣』, 김의환(1972)의 『人間 李舜臣傳』, 임돈(1977)의 『忠武公의 生涯』, 충무시교육청(1981)의 『충무공 이순신』과 같이 14종 16책에 이른다. 한시로는 매천선생(1884)의 「李忠武公龜船歌」, 강위(1889)의 「統制營」, 해창(1957)의 「李忠武公」과 충무공 관련 유허에서 낸 여러 시회·백일장의 거듭된 한시집, 그리고 시조로는 이은상(1970)이 엮은 충무공시조 화답집 「한산섬」이 눈에 뜨인다. 현

듯 충무공의 큰 비중은 소설을 대상으로 공의 형상화 문제를 처음으로
다루었던 신동욱이 '이순신학'을 제기하기에 이른 데[3]서 잘 드러난다.

여러 형태로 전승, 재생산되고 있는 다양한 이순신 담론[4] 가운데서도
글쓴이가 관심을 갖고 있는 자리는 서정전승이다. 그 한 들머리로서 이
글에서는 근·현대 역사가사[5] 속에 옹글어 있는 충무공의 모습을 살펴
보고자 한다. 이 일을 빌려 1950년대 전쟁기와 전후에 부쩍 일었던 충무
공의 서정전승을 살피기 위한 물꼬를 틔워볼 생각이다. 이순신 담론의
통공시적 문법과 총체적 구명도 이러한 일들을 징검돌로 하여 이루어질
수 있을 터이다.

문제삼은 근·현대 역사가사는 양에서 적지 않다. 글쓴이는 그 가운데

대시로는 장시에서만 김용호(1952)의 『南海讚歌』, 설의식(1952)의 「白衣從軍의 길」, 김
성영(1979)의 『白衣從軍』, 그리고 김해성(1991)의 『南海의 북소리』를 고를 수 있다.

3) 신동욱, 「이광수작 '이순신'의 인물 형상화에 관한 고찰」, 『예술논문집』 32집, 예술
원, 1992.

4) 역사란 담론주체의 관점 또는 이데올로기 선택에 따라 되풀이 씌어지는 허구적 구
성물이다. 역사를 사실을 가장한 거짓, 또는 사실이라고 합의된 거짓이라 부르는 까닭
이 이에 있다. 이른바 문화유물론자들의 생각을 빌지 않더라도 문학과 역사의 통합가
능성은 크다. 이 글에서는 이데올로기 형성체로서 언어형식을 두루 아우르는 넓은 뜻
으로 담론이라는 말을 쓴다. 이순신 담론에 대한 연구는 서사 쪽에서 소재영·신동욱
의 글이 눈에 뜨인다.

소재영, 『임병양란과 문학의식』, 재단법인 한국연구원, 1980; 신동욱, 「이광수작 '이
순신'의 인물 형상화에 관한 고찰」, 『예술논문집』 32집, 예술원, 1992; 신동욱, 「신채호
의 '이순신전'에 나타난 이순신상에 관한 고찰」, 『임진왜란과 한국문학』(김태준 외저),
민음사, 1992.

5) 이 글에서 역사가사는 가사의 하위갈래를 일컫는 말이 아니다. 조선왕조의 역사와
치적을 왕계 중심으로 읊어 최강현이 '왕조한양가'라 부른 『漢陽五百年歌』계 작품들
과 1960년대에 나온 『半萬年韓國歌史』계 작품들을 아우르기 위해 편의를 좇아 붙인
이름이다. 이들은 권영철에 따르면 '영사류가사' 가운데서 '통사계가사'에, 최두식에
따르면 '영사문학' 가운데서 '국문 영사문학'에 든다. 역사가사의 연원은 흔히 조선왕
조의 국망과 관련지어 이야기되고 있으나, 그런 것만은 아닌 것 같다. 『濬源世譜』나
『東國歷代』와 같은 한문들이 현토를 거쳐 국문 역사가사로 바뀔 수 있는 갈래변화의
가능성은 일찍부터 있었다.

최강현, 「한양가의 이본에 대하여」, 『국어국문학』 32호, 국어국문학회, 1996; 권영철,
『규방가사각론』, 형설, 1989; 최두식, 『한국영사문학연구』, 태학사, 1987.

서 여러 필사본이나 그것을 뒤에 다시 간행한 것들6)은 버리고, 근대 인
쇄기술에 힘입어 출판, 배본 회로를 거친 작품들만 대상으로 삼았다. 왜
냐하면 이들은 갈래선택이라는 점에서는 전근대적이지만 중계, 수용이라
는 측면에서는 근대문학으로서 제 자리가 분명하기 때문이다. 그러한 이
종혼합의 성격이야말로 20세기 초반부터 부쩍 비중을 높였던 이순신 담
론의 앞선 모습을 살피는 데 유효하리라 생각된다. 글쓴이가 확인한 작
품들을 늘어놓으면 아래와 같다.

1. 세창서관, 『漢陽五百年歌』, 세창서관(서울), 1925.
2. 권우상, 『한양오백년가』, 석판본(대구), 1947.
3. 문성당본, 『한양오백년가』, 문성당(대구), 1954.
4. 김호직, 『漢陽歌』, 석판본(안동), 1955.
5. 태동문화사, 『한양오백년가』, 태동문화사(대구), 1965.
6. 김갑록, 『半萬年韓國歌史』, 일광출판사(서울)・인쇄 문림당석판사(영덕),
   1963.
7. 황주봉, 『半萬年史歌集』, 태동문화사(대구), 1962.
8. 진문출판사본, 『半萬年史歌集』, 진문출판사(대구), 1970.
9. 조애영, 「한양비가」, 『隱村內房歌辭集』, 금강출판사(서울), 1971.
10. 향민사, 『한양오백년가』, 향민사(서울), 1978.

1의 세창서관본은 2와 3, 그리고 5, 10으로 이어지면서 1970년대 말까

---

6) 신영길 주석본과 권재용본이 대표적인 것이다. 특히 '중국조선족고적총서' 가운데
하나로 발간되어 세상에 알려진 권재용본은 세창서관본과 같은 계열이다. 그러나 그
내용이 복잡하고 분량이 훨씬 많을 뿐 아니라, 보다 원형에 가까워 보이는 작품으로
눈길을 끈다. 해설에 따르면 권재용은 본이 안동, 호는 흑석(黑碩)이다. 1870년 4월 경
상북도 예천군 유동면의 몰락해 가는 선비 집안에서 태어났다. 1910년 경술국치를 당
하자 식구들을 불러 모아놓고 상복을 입고 통곡을 하기도 했던 그는, 그 뒤 솔가하여
중국의 요양일대로 옮겨가 살다 1939년 69세로 숨졌다. 이밖에 대학의 교과용 도서로
나온 것이나 유인본들도 제외한다.
  신영길 주석, 『한양오백년가』, 범우사, 1985; 권재용, 『한양가』, 흑룡강성조선민족출
판사, 1991; 이병기 주해, 『한양가』, 유인본, 미상; 『한양가』, 경대학생프린트사, 미상.

지 발간되어 읽혔다.[7] 4의 김호직본은 다른 발행 사실은 확인할 수 없다. 6의 김갑록본은 7과 8로 이어진다. 그리고 짤막한 작품으로 9의 조애영본이 있다. 계열로 따지면 세창서관본과 김호직본, 김갑록본 그리고 조애영본의 넷으로 나뉘는 셈이다. 이 넷은 시기적으로 모두 경술국치를 겪은 뒤부터 1970년대에 이르는 60년 남짓 동안 경북 지역을 주도지역으로 삼아 창작, 필사, 간행되어 읽혀져 왔다는 점에서 같다.

이 글에서는 충무공을 다루지 않은 조애영본은 버리고 나머지 셋을 중심으로 그 속에서 충무공이 어떠한 모습으로 옹글어 있는가를 살피고자 한다.[8] 이 일을 위해 세 이본을 낱낱으로 살피되, 편의를 좇아 충무공의 됨됨이 · 행적 · 평가라는 세 가닥으로 나누어 보고자 했다. 물론 이 셋은 따로 떼어 다룰 일은 아니다. 충무공의 옹근 모습이라는 점으로 모아지기를 기대한다.

2. 세창서관본과 충무공에 대한 과소평가

세창서관본 『한양오백년가(漢陽五百年歌)』는 일찍부터 거듭 인쇄, 필사를 거친 까닭에 가장 널리 알려져 있고 각편도 흔하다. 조선왕조의 역사적 사실을 다루면서 허구적 확대가 두드러진 것도 잘 알려진 일이다. 그것이 가장 크게 일어난 데가 임진왜란 부분이다. 이에 이르러서는 옛소설 『임진록(壬辰錄)』의 서사진행을 거의 그대로 따왔다.[9] 다른 본에 견주

---

7) 태동문화사에서 1970년 12월에 되찍어 낸 책까지 확인했다. 딱지본으로 향민사에서 나온 것은 1978년까지 보인다.

8) 세창서관본 계열은 2의 권우상을 텍스트로 삼았다.

9) 서종문, 「'임진록'과 '한양오백년가'의 관계와 의미」, 『한국고전소설 연구』, 새문사, 1983.

어 훨씬 흥미소가 많은 까닭이 여기에 있다. 이러한 자질은 '문학' 형태
이면서도 역사가사가 지녀야 할 '역사'로서의 정확성과 학습효과를 떨어
뜨리게 한다. 충무공을 다루는 데에도 이 점은 그대로 되풀이된다.

국운은 침체하나	충신렬사 극성하다
선치는 못하시되	백성은 무사터니
이ㅅ대가 어는 ㅅ댄가	임진년 삼월이라
국운이 쇠잔한가	백성이 불행턴가
란리가 나난구나	란리는 어대난나
(…중략…)	
용맹잇난 신장사는	八十병마 거나리고
탄금대에 진을 치고	의사만은 권화산은
사천병을 거나리고	치산개에 진을치고
충성잇난 정경세난	六千병을 거나리고
상산읍내 진을 치고	재조잇난 마하백은
삼천병마 거나리고	남한산성 진을치고
총무대장 리순신은	거북선을 모아타고
세류강에 잡아두고	죽기모른 김선원은10)

임진왜란이 일어난 선조조를 두고 "국운은 침체하나 / 충신렬사는 극
성"이라 하여 여러 '충신렬사'들이 나올 수 있는 배경을 마련했다. 그런
다음 충무공을 그들 여럿 가운데 한 사람으로 올려놓았다. 바로 앞 부분
에서 진주성의 삼장사와 '열녀충신' 논개의 행적을 15줄과 20줄에 걸쳐
길게 늘어놓은 것에 비추어보면 공에 대한 배려가 지극히 소홀하다 하
겠다. 게다가 한두 줄씩에 걸쳐 활약상과 됨됨이를 죽 들어 보이고 있는
여러 '충신렬사'11) 가운데서도 마찬가지다.

---

10) 권우상, 『한양오백년가』, 석판본, 1947, 42~44면.
11) 이본에 따라서 둘쭉날쭉하다. 권재용본에서는 정발·송상현·조종도·이순신·권
  율·곽재우·조중봉·고종후·김준랑을 들고 있다.

① 장략將略 많은	곽망우당	② 장할시고	조중봉
③ 용맹 있는	신장사	④ 의사 많은	권화산
⑤ 충성 있는	정경세	⑥ 재주 있는	마하백
⑦ 총무대장	이순신	⑧ 죽기 모를	김선원
⑨ 육도삼략	허　봉	⑩ 활 잘 쏘는	손무사

　사람 됨됨이는 크게 셋을 빌려 살필 수 있다. 크게 형용사나 형용어귀
가 붙은 평가 특성으로, 역할·직위를 가리키는 명사로, 또는 행적으로
미루어 짐작하는 일이 그것이다. 그런데 충무공 경우는 다른 '충신렬사'
들과 달리 형용어귀에 힘입은 또렷한 특성이 보이지 않는다. 뜻이 어름
한 '총무대장'12)이라는 이름만 걸쳐놓았다. 다른 이들과 달리 개성 있는
인물로서 추체험할 수 있는 여지를 죽이고 있는 셈이다.

　게다가 충무공의 행적에 관해서도 관심이 엷다. "총무대장 이순신은 /
거북선을 모아 타고"라 하여 기껏 거북선을 끌어와 틀에 박힌 환유적 연
상을 되풀이했을 뿐이다. 탄생·성장·활약·죽음에 따라 여러 행적이
두루 다루어지고 있는 김덕령장군이나, 조선 출병에서부터 환국까지 여
러 사건들을 순차적으로 늘어두고 있는 이여송에 비추어보면 충무공에
대한 인식이 크게 소홀함을 알 수 있다. 그렇다 보니 정유재란에 가서는
충무공이 비치지도 않는다.

　충무공의 사람됨이나 행적이 비중 있게 다루어지지 않은 탓에 공에
대한 평가가 올라설 자리 또한 있을 턱이 없다. 그렇다고 공에 대한 배
려가 소홀한 까닭을 짐작하는 일도 쉽지 않다. 다만 세창서관본이 창작,

---

12) 박성의는 '총무대장'이 '충무대장'이라 보았다. 세창서관본 계열은 모두 '총무대장(總
　務大將)'을 따르고 있다. 그러나 권재용본에서는 '충무공'이라 적고 있으며, 그 부분도
　"충무공 이순신은 / 거북배로 성공하고"라 했다. 앞부분 태조조에서도 그의 직명으로
　'총무대장'이 쓰이고 있어 '총무대장'이 '충무대장'의 잘못인지 아닌지는 분명치 않다.
　만약 '총무대장'이 '충무대장' 또는 '충무공'의 잘못이라면 세창서관본『漢陽五百年
　歌』의 담론주체나 발행자가 지닌 최소한의 역사지식을 의심하게 하는 일이 될 것이다.
　박성의 교주,『농가월령가·한양가』, 민중서관, 1974, 325면.

간행, 배포된 때는 국치를 겪은 뒤였던 까닭에 지난날 왜구들에게 확실하게 패배를 안겨준 바 있는 인물인 충무공을 다룸에 있어서, 왜로들을 의식한 담론주체가 미리 자기검열을 했던 탓일 수도 있다. 그러나 이 점은 그 통쾌함에서 충무공의 승리에 지지 않을 사명당 도왜화소가 크게 다루어지고 있어 설득력이 약하다.

이밖에 향유계층을 두고 짐작해 볼 수 있다. 세창서관본『한양오백년가(漢陽五百年歌)』가 텍스트로 정착, 고정되기까지는 뚜렷한 역사지식이나 냉정한 역사이해가 뒷받침된 개인작가의 의도보다는 발간, 배포를 맡았던 출판사 쪽 의도가 큰 몫을 했을 가능성이 크다. 그렇다면 실용적, 상업적 출판물을 많이 다루었던 세창서관의 출판 행태가 알게 모르게 작용했을 수 있는 것이다.

게다가 세창서관본의 현실독자층은 주로 일반 서민·여성층으로 짐작된다. 여러 설화적 흥미소가 덧붙고, 계월향이나 마고할미, 또는 논개와 같은 여성의 역할이 높아진 것이 이와 무관하지 않는 성싶다. 다수 서민·여성 독자층을 상대로 한 읽을거리를 염두에 둔 탓에 이미 정사에서 그 평가가 움직일 수 없이 뚜렷한 관군장 충무공은 문제삼지 않았을 수 있다. 같은 관군장이었던 권율장군도 이런 점에서 소홀하기는 마찬가지였다.

따라서 세창서관본은 국치를 맞이한 슬픔을 되씹고 그 내력을 적어 장차 사라질지도 모를 왕조역사를 기록해두겠다는 의도가 있었다손 치더라도 재미있는 읽을거리가 되어야 한다는 현실적 고려를 넘어서지 못했던 것으로 보인다. 뚜렷한 역사의식이나 현실비판 의식이 뒷받침하고 있다고 볼 수 없다.[13] 가사 전개에 있어서 정사의 항목이나 비중과는 거

---

13) 정기철은『漢陽五百年歌』계 작품이 담고 있는 뜻을 따지면서 "직접적인 비판의식으로 당대의 부패와 부조리를 날카롭게 지적하면서 민족의식의 회복과 국권의 회복을 염원"하고 "악행과 부조리를 자행하는 집권층과 모순 투성이의 제도를 준열하게 비판하고 있다"고 하였으나 받아들이기 어렵다. 사색당파에 대한 탄식이나 신분제도에 대한 증오, 매관매직에 대한 비판, 또는 경술국치를 겪게 된 분한 심사들이 드러나고 있

리를 띄우며 흥미소에 따라 왜곡, 확대가 빈번했던 것이다. 그것에 힘입어 '문학'으로서 지닐 바 재미는 더할 수 있었을지 모르나, '역사'로서 갖추어야 할 바 바른 지식은 크게 기대할 만한 것이 못 된다. 충무공의 경우도 이것의 영향을 벗어나지 못한 셈이다.

3. 김호직본과 충무공에 대한 과대평가

　김호직본은 세창서관본과는 많은 점에서 다르다. 먼저 왜란의 '충신열사' 가운데서 의병장보다 관군장에 대한 배려가 높고 들낸 사람도 많다.[14] 그리고 중국 쪽 인물고사나 한시 인유를 통해 그들의 됨됨이를 보여주는 일이 잦다. 명나라 신종을 "거룩한 신종황제"[15]라 부르고, 명나라가 우리를 도와준 내력과 물목을 들고 있을 뿐 아니라 마침내는 조선을 구하려다 명나라가 망했다는 인식을 보여주고 있다. 이여송에 대해서도 저항감 없이 그를 칭송하고 있다. 한자어나 한문숙어 사용이 빈번하다. 지은이 김호직이 화이론적 틀에 충실했던 수준 높은 한문지식인이었던 것으로 여겨지는 까닭이 여기에 있다.

어 부분적으로는 옳다. 그러나 세창서관본이 창작, 배포되고 있었던 20세기 초반 우리 사회 전반에 흐르고 있었던 '민족의식'의 수준이나 현실 상황에 비추어 더 조심스런 접근이 필요하다. 흔히 비판적 현실의식을 잘 보여주는 자리라고 들먹거려지는 "가사 짓난 이사람도 // 탕패 하야 가던살림 / 부명에 걸렸거늘 // 농우팔아 원납하니 / 그해농사 폐농했소"란 부분에서도 작품 안쪽 담론주체로 나타나는 "이 사람"이 구체적인 현실에 바탕을 둔 자의식적 개체인가, 아니면 텍스트 전략 가운데 하나로 붙은 비인칭적 호칭인가를 제대로 살펴야 한다.

　정기철, 「한양가연구」, 『한남어문학』 12집, 한남대 국어국문학과, 1986.

14) 의병 쪽 장수는 다섯이나 관군 쪽은 스물다섯이나 된다. 이렇듯 관군 중심의 토왜 과정 전개는 김호직본의 성격을 짐작하는 데 한 실마리가 됨직하다.

15) 김호직, 『한양오백년가』, 석판본, 1955, 111면.

충무공의 경우 서술 분량에서부터 크게 많아지고(116줄), 비중도 매우
높아졌다. 그런데 전라좌수사로 나아가 여러 전투를 거치며 공을 세우고
마침내 죽음에 이르는 충무공 관련 내용이 정유재란 부분에서 한꺼번에
다루어지고 있어 눈길을 끈다. 충무공의 비중을 키우기 위한 배려였거나,
정유재란 때 겪었던 공의 장렬한 죽음에 초점이 두어진 까닭이라 여겨
진다.

統制使李舜臣은　　　伯仲之間見伊呂라
經天緯地才略이요　　補天浴日勳功이라
加里僉使井邑縣監　　下位에沈屈터니
柳西崖推薦하야　　　全羅水使超拜로다
龜船을創造하야　　　神明不測造化로다[16]

충무공의 사람됨은 "經天緯地才略"이라는 말에서 엿볼 수 있다. 명나
라 진린이 충무공을 두고 저의 임금에게 올린 글에서 했다는 이 말[17]은
수사적 관례를 감안한다 하더라도 무장으로서 공의 능력을 치켜세움이
극진하다. 권율장군을 '명장'으로, 김덕령장군을 '충용장군'이라는 한 마
디 명명으로 가볍게 지나치고 있는 것과는 사뭇 다르다.

見乃梁扁小海口　　　敵兵을만나고나
毒龍潛處水偏淸에　　危險할걸預度하고
佯敗而北다라난다　　敵軍이乘勝追건
旗鼓를다시돌여　　　一死戰을決斷하니
鼓조납喊火砲소래　　海上千山문허진다

---

16) 김호직, 『한양오백년가』, 석판본, 1955, 91면.
17) 이명선은 충무공이 거만하던 명나라 진린에게서 이 말을 듣기까지 얼마나 고통스런
　시간들을 보내었겠는가고 되묻고 있다.
　　이명선, 「임진왜란과 사대주의」, 『이충무공 삼백오십주기기념논총』(진단학회 편), 동
　연사, 1950, 213면.

忽地에狂風暴雨　　敵軍中에震動하니
隨波逐浪저敵船이　　求死不瞻顛倒로다
我軍이乘時하야　　左衝右突掩殺하여
七十餘隻全滅하니　　腥血이漲海로다[18)]

충무공이 벌였던 구체적인 전투 경과나 그 현장에 대한 박진감 있는
묘사를 통해서도 공의 됨됨이를 읽을 수 있다. 한문투여서 구체적 울림
을 불러일으키는 데까지는 나아가지 못했다. 그러나 따옴글을 빌려 견내
량전투의 경과를 짐작하기는 어렵지 않다. 현재형 시제에 담긴 이러한
힘있는 묘사야말로 전투의 격렬함뿐 아니라, 나아가 싸운 조선수군과 충
무공의 용맹스러움을 박진감 넘치게 일깨워준다. 물론 그 바닥에는 승리
한 전투에 대한 기꺼움뿐 아니라 그 전투를 승리로 이끈 충무공의 뛰어
난 "才略"에 대한 공감이 넓게 자리하고 있음은 말할 나위가 없다.

不知分數元均이는　　此所謂以國予敵
長平에趙括이요　　卽墨에騎劫이라
閑山島赴任後에　　忠武約速失變하고
흉醉만日事하고　　形罰이無度하니
士卒이憤怨하고　　鬪志가全無로다
畜銳伺隙저敵兵이　　半夜掩襲하단말가
醉眼朦朧하야　　舍舟登岸慾走라가
敵軍에밟펴죽고　　全軍이覆沒이라[19)]

무능한 장수로 원균 장군을 등장시켜 충무공이 훌륭한 장수였음을 보
여주고자 한 점도 눈여겨볼 일이다. 따옴글에서 원균 장군은 첫째, 제 분
수를 모르고 통제사에 올랐던 사람으로 본디부터 능력 없는 사람이다.
둘째, 임지에 이르러서도 충무공과는 달리 무능한 관료로 한결같았다.

---

18) 김호직, 앞의 책, 92~93면.
19) 김호직, 위의 책, 94~95면.

셋째, 취한 몸을 이끌고 달아나다 "敵軍에 밟펴" 죽음에 이른 부끄러운 장수였다.

그런데 충무공은 하나같이 이와는 대조된다. 첫째, 통제사에 오를 자격이 넘치는 분이다. 그런 데도 늘 "下位에 沈屈터니 / 柳西崖 推薦하야" 뒤늦게 "超拜"[20]된 불우한 관력을 지녔다. 둘째, 임지에서 능력 있는 관리로서 맡은 바 몫을 훌륭히 다했다. 뿐만 아니라 셋째, 열심히 싸우다 전장에서 명예롭고도 장렬하게 순국한 장수다.

충무공과 원균은 용장 / 겁장, 명장 / 패장으로 명백하게 갈라서 있다. 사실여부와 관계없이 원균 장군에 대한 이러한 낮춤[21]은 하나같이 충무공의 뛰어남을 돋보이게 해주는 몫을 다하고 있다. 그러한 뛰어남은 "天性이 悍敖"한 진린에게 전투의 공을 넘김으로서, 그가 '대희(大喜)'하여 "國王께 上請하야" 충무공이 임금의 "極口稱誦"[22]을 듣게 했다는 부분에 이르러서는 덕장으로서 갖추어야 할 바 사려 깊은 품성까지 짐작하도록 이끌었다.

충무공의 행적도 김호직본은 다른 본들과 다르게 처리되고 있다. 충무공이 마땅한 벼슬길에 오르게 된 배경과 그 뒤의 경과, 거북선에 대한 상세한 소개와 전투양상, 그리고 백의종군 뒤 다시 복직되는 과정, 게다가 그의 죽음이 일대기 서사의 형태를 띠면서 낱낱이 다루어지고 있다.

먼저 눈여겨볼 일은 "下位에 沈屈턴" 충무공이 유서애의 도움에 힘입어 '초배(超拜)'될 수 있었다는 점[23]을 밝힌 뒤, 충무공과 거북선의 환유적 연상을 더욱 굳게 끌어들이고 있다는 점이다. 상세하게 거북선의 생

---

20) 김호직, 『한양오백년가』, 석판본, 1955, 91면.
21) 충무공에 대한 표폄이라는 문제와 관련되어 있어 조심스러운 바가 있지만, 이이화나 이재범 같은 이는 원균의 복권을 주장하고 있다.
    이이화, 『인물한국사』, 한길사, 1988; 이재범, 『원균정론』, 계명사, 1992.
22) 김호직, 앞의 책, 97면.
23) 유서애는 '공명'과 같은 재주를 지닌 '元勳'이었다 해 세창서관본과 달리 많은 관심을 두고 있다. 이 점은 이율곡을 고려에 넣고 있지 않는 것과 대조된다. 김호직본의 향유지역과 향유층의 성격을 살피는 한 실마리가 됨직하다.

김새와 무기배치, 전투할 때의 모습과 '신명불측조화(神明不測造化)'로운
활약상을 알려주고 있다.

船上에鋪板하야	龜背와恰似하다
中爲十字細路하야	我人이通行하고
餘外簇立刀錐	精利가無比하다
戰時에覆以編茅	刀錐를不露하고
前作龍頭하얏난대	其口가銃穴이요
後作龜尾하얏스니	尾後銃穴六이라
其底에藏兵하야	四方으로發咆한다
敵軍中橫行하니	進退捷速如飛로다
敵軍이超登하면	刀錐에亂刺하고
敵軍이掩襲하면	大咆가 齊發이라
所向이無敵하여	以此常勝하난고나
二十隻만加造기로	備局에懇請하니
後患이念慮런가	置之勿問하단말가24)

   적어도 담론주체는 『충무공전서(忠武公全書)』에 기록된 거북선에 관한
설명을 읽었거나 이해한 지식인이라 보여질 정도로 상세하다.25) 잘 만들
어진 거북선과 뛰어난 활약상은 바로 충무공의 책임감 있는 준비와 명
장으로서의 모자람 없는 능력을 한꺼번에 보여주는 것이다.
   여기서 재미있는 점은 거북선이 실전에서 유용함을 깨달은 뒤 '비국
(備局)'에 '가조(加造)'할 것을 '간청(懇請)'했으나, '후환(後患)'을 '염려(念慮)'
한 탓인지 조정에서 더 묻지 말라고 했다는 자리다. 그 사실의 옳고 그
름을 떠나 충무공은 조정의 충분한 이해나 지원을 받지 못한 처지에서

---

24) 김호직, 앞의 책, 91~92면.
25) 거북선에 대한 기록은 시차를 크게 띄우면서 『忠武公全書』와 『實錄』을 비롯해 몇
   곳에 올라 있어 그 실상 파악이 힘들다. 따라서 거북선의 유래와 생김새, 그리고 그 작
   동원리에 대해서 아직까지 논란이 거듭되고 있다. 김호직본에 그려지고 있는 거북선
   의 모습은 『忠武公全書』의 것을 그대로 따랐다.

도 훌륭하게 전투를 치르고 큰공을 이루어낸 셈이다. 아울러 조정의 무력한 정경과 선조 임금이 선치를 다한 임금이 아니었다는 점26)까지 일깨워준다.

사정이 이렇다 보니 충무공은 공을 세우고도 왜구의 간교한 계책과 조정의 분별 없는 견제에 밀려 '삭직(削職)'을 당한 채 두 번째로 백의종군하게 된 기막힌 사연을 겪게 된다. '부지분수원균(不知分數元均)'이' 통제사에 오르는 어처구니없는 일까지 당한다. 이 일을 두고 "東西黨이 무엇인가/長太息者此也로다"27)라 읊었다. 바르지 못한 임금 밑에서 일어난 파당문제에 관련이 있는 듯한 한 발 깊은 관점을 내비치고 있는 것이다.

이렇듯 조정의 도움과 이해도 없이, 더 나아가서는 옳지 않는 처사를 저지르는 데에도 그 모든 것을 누르고 오로지 "落月은 卦山하고/山影은 到海"28)한 형국으로 떨어진 나라를 위해 큰 위업을 이루었다는 점이 공을 더욱 돋보이게 이끌었다. 진정한 충장으로서 공의 나라사랑이 참으로 큰 것이었음과 그렇게 되기까지 개인으로서 겪었을 깊은 고뇌까지 짐작하도록 했다.

李統制陳堤督이 　　表裡合力血戰하여
二百隻을又燒하고 　南海까지追擊하야
親犯矢石手自擊鼓 　海天이震動한다
敵未滅而將星殞에 　流丸胸中하단말가
帳中에扶入하야 　　左右를도라보아
戰死가方急하니 　　切勿言我死하라
言訖而明盡하고 　　敵兵이退走한다29)

<hr>

26) 남천우 같은 이는 아예 선조를 "심하게 피해 망상적인 성격"을 지니고 있어 "광폭하고 범죄적인 행동"을 한 사람이라 보고 있다.
　　남천우, 『이순신』, 역사비평사, 1994, 6면.
27) 김호직, 『한양오백년가』, 석판본, 1955, 94면.
28) 김호직, 위의 책, 98면.
29) 김호직, 위의 책, 98면.

공의 죽음에 따른 정황이 잘 그려지고 있다. '절대로 나 죽었다는 말을 하지 말라'고 하며 죽음에 이르러 보여준 장렬하고도 극적인 자세는 공의 사람됨과 나라사랑이 절정에 이른 모습으로 널리 회자되어온 것이다.[30] 김호직본은 이러한 충무공의 순국설을 그대로 따름으로써 한 발 더 나아가 충무공을 나라의 성웅으로 일컫는 데도 모자람이 없도록 했다.

앞에서 살핀 바와 같이 충무공은 능력 있는 용장이었다. 뿐만 아니라, 모자라는 전력을 추스르며 숱한 전투에서 군졸을 격려하고 이끌어 큰 공을 이룬 '재략(才略)' 뛰어난 명장이었다. 이런 점들이 적절한 인유와 대조, 그리고 상세한 전황 묘사 속에 잘 옹글었다. 게다가 모자람 없는 일대기 서사 전개가 그 점을 잘 거들어준다.

공에 대한 평가는 진린이 했다는 '보천욕일(補天浴日)'의 '공훈(功勳)'이라는 수사적 어귀 하나로 모아진다. 그럼에도 세세한 공의 행적 묘사는 읽는이들에게 공의 위업에 쉬 공감할 수 있도록 이끈다. 그 공훈은 조정의 이해와 도움은커녕 옳지 않은 처사를 당함에도 이루어낸 것이다. 진정한 충장으로서 한 치도 모자람이 없었다. 마지막 장렬한 죽음에 이르러서는 성웅으로까지 올라서도록 했다.

김호직본에서 충무공은 과대평가되었다 할 정도다. 벼슬길에 오른 개인으로서, 나라의 관리·신하로서, 또는 무장으로서 여러 국면에 걸쳐 공의 '공훈'을 일깨움으로써 이 점은 힘을 더한다. 따라서 현학적인 한문 글투임에도 김호직본은 충무공에 대한 모자라지 않는 지식과 열정적인 관심을 잘 보여준 셈이다. 한문·유교 교양 지식인이었던 김호직본 담론 주체가 공과 같은 영웅들을 다시 한 번 필요로 하는 시대 앞에서 겪는

---

30) 충무공의 죽음에 대해서는 순국설·자살설·위장설로 나뉘어 논란이 거듭되고 있다. 20세기 초반부터 큰 흐름은 충무공의 영웅적 행위를 돋보이게 할 수 있는 순국설을 따르고 있는 듯하다. 그것은 공이 죽음에 이르러 보여준 참으로 장렬하고 극적인 행위가 지닌 뜻을 더욱 높였다. 그러나 이에 대해서도 조심스런 비판이 제기되고 있다. 장학근, 「충무공 이순신의 하옥죄명·전몰상황·자살론·순국론에 관한 검토」, 『임란수군활동연구논총』, 해군군사연구실, 1993.

안타까운 심사가 잘 옹글었다 하겠다.

4. 김갑록본과 정사적 개괄

김갑록본 『반만년한국가사(半萬年韓國歌史)』는 앞선 『한양오백년가(漢陽
五百年歌)』 계열의 둘과는 그 짜임새나 내용 전개가 다르다.[31] 먼저 서술
범위에서부터 차이가 있다. 최두식은 "漢陽歌類의 하나인 李朝五百年歌
의 전후에 歷史的으로 上下向 확대된 詠史작품들"[32]이라 보았다. 그러
나 이 작품은 단순히 『한양오백년가』계가 위 아래로 늘어난 것은 아니
다. 『한양오백년가』계 작품들은 몸담고 있었던 조선왕조의 몰락과 망국
이라는 문맥에 그 창작동인이 닿아 있는 것이다. 『반만년한국가사』계 작

---

31) 이 글에서 다룰 『반만년한국가사』는 1963년 서울 일광출판사에서 낸 석판본이다. 지
　은이는 분명치 않다. 다만 판권지에 '저작겸 발행인'으로 김갑록을 들고 있다. '自序'
　가 있으나 거기에도 이름을 밝히고 있지 않다. "특히 본가사 편술중 권태익 선생을 비
　롯하야 권병석 동지의 기고에 감명을 드리옵고"라 하고 '발행에 즈음하여'란 글에서는
　"冊子著述에 勞苦하신 金致晃 씨를 비롯하야 …… 權秉碩氏의 取稿 協助에 대하여"
　라 하고 있다. '기고'나 '책자저술(冊子著述)', '취고 협조(取稿 協助)'가 뜻하는 바도
　모호하다. 권영철(『규방가사각론』, 형설, 1989, 344면)에 따르면 권병석은 1960년 가을
　에 석판으로 출판사를 통하지 않고 『대한오천년가사』라는 작품을 냈던 적이 있다. 김
　갑록본은 이 권병석본을 토대로 하여 김갑록이 다시 깁고 다듬었을 뿐 아니라, 책 뒤
　에 부록으로 상식보감(常識寶鑑)류의 글들을 덧붙여 스스로 "저작겸 발행인" 자격으
　로 낸 것으로 여겨진다. 발행인은 박기열, 인쇄처는 문림당석판사다. 김갑록과 박기열,
　그리고 문림당석판사는 그 주소를 모두 경북 영덕군 영덕면 화개동 107번지로 적고
　있다. 서울 일광출판사는 이름만 얹었을 뿐, 거의 모든 일이 영덕에서 이루어진 것으
　로 보인다. 김갑록본 『반만년한국가사』는 그 뒤 『반만년사가집』으로 이름을 바꾸고
　황주봉을 편저자로 내세워 '군사혁명'부터 사라호로 인한 피해와 복구에 이르기까지
　범위를 넓혀 태동문화사에서 활판인쇄로 내었다. 이어서 1970년 진문출판사에서 편저
　자 없이 새마을사업과 관련된 내용을 덧붙인 뒤 거듭 내고 있다.

32) 최두식, 『한국영사문학연구』, 태학사, 1987, 292~293면.

품들은 그 발상부터가 다르다.

이 작품이 나온 1960년대 무렵에 역사는 문학과 크게 다른 과학담론 가운데 하나로 경계가 굳어져 있었다. 그럼에도 이미 변두리 갈래로 잊혀지고 있었던 옛 가사 양식을 빌려 역사를 문제삼을 때는 그만한 까닭이 있었을 것이다. 이것은 담론주체가 적어도 제도권 역사학계에 들지 못한, 또는 들 수 없는 층이었음을 알게 한다. 아울러 앞선『한양오백년가』계 작품이 터잡고 있었던 조선왕조를 문제삼아야 할 당위성이나 정서적 직접성과도 거리가 있었던 이들이었음을 심삭하게 한다.

또한『한양오백년가』계 작품에 대한 반성을 전제로 삼아 정사를 알리겠다는 태도도 눈길을 끈다.33) 그러한 태도는 왕계에 따른 기술을 하지 않고 있는 데서도 엿보인다.『한양오백년가』계 작품들은 크게 보아 왕가의 족보와 같은 성격도 강하게 띤다. 따라서 왕의 등극, 친인척 관계를 먼저 밝힌 뒤 재위시의 주요한 사건과 인물들을 알리고 왕의 죽음과 능침을 밝히는 순서가 하나의 틀을 이루고 있다. 그러나『반만년한국가사』계 작품들은 통사적 흐름 위에서 주요 항목과 비중을 결정하고 그에 따라 작품을 진행시키고 있다.『한양오백년가』계에 견주어 어느 특정 임금이나 사건, 인물에 치우친 분량과 비중의 불균형을 될 수 있는 데로 낮추었다.34)

따라서『반만년한국사가』는 오래도록 왜로들에게 나라를 빼앗겼다 되찾은 뒤 새 나라를 만들어 나가는 과정에서, 단군에서부터 비롯한 긴 역사를 나름의 지식과 교양으로 간추리고 가다듬어 널리 읽히는 역사교양물을 따로 마련하고자 한 결과로 여겨진다.35)『반만년한국가사』계 작품

---

33) '발행에 즈음하여'란 글에서 "이미 漢陽五百年歌를 보신분은 李朝五百年間內容史績이 다르다고 論評하실지 몰으는바이나 그것은 興味本位로 엮은冊子이므로 正史와는 相當하온 差異點이 있으므로"라 하고 있다.

34)『반만년한국가사』에서는 임진왜란, 한산대첩, 이순신 구선, 행주대첩, 정유재란과 같은 소제목을 붙여 가사의 전개와 항목의 비중을 알게 했다.

35)『반만년한국가사』계 작품과 마찬가지로 경북지역에 유포된『조선오천년흥망사』같

이 올바른 역사기술에 이르고 있는가 어떤가 하는 점과는 무관하게, 그 간행의도에 있어 앞선 『한양오백년가』계와는 다른 층위에 있었음을 잘 보여준다.

충무공의 됨됨이를 알아보기에 앞서 먼저 당시대에 대한 인식을 살필 필요가 있겠다. 앞에서 든 두 계열과 달리 선조는 "失政을 回復하고 만기를 刷新하신" "中興의 聖帝"로 표현된다. 그러나 당쟁 탓에 나라가 어지러워졌다고 적고 있다. 『한양오백년가』계 작품에서 '선치(善治)'를 못한 무능한 인물로 선조가 그려져 있는 것과 달리 선조 곧 조정과 충무공 사이 갈등이나 거리는 처음부터 존재하지 않는다. 그리고 공에 대한 기록은 두 차례로 나뉘어 나온다. 통사로서 갖출 바 순차적 전개를 중시한 결과라 하겠다.

> 이충무공대승하니　이것이역사상에
> 이름높은한산대첩　칠월칠일적을쫓아
> 안골포에 이르러서　구십이척격침하고
> 심삼일에환군하야　이십여일쉬인후에
> 백여척을부신다음　구월이일환군하니
> 일본군함격침하미　사백여척넘었구나
> 일본해군위축되여　이순신을피해가니
> 우리해군사긔띄다　해군은 대승하나
> 육군은 참패하야　국운이 위태하니[36]

충무공이 거북선을 몰아 남해안 곳곳에서 왜구를 무찔렀던 전투 가운데서 한산대첩이 끝나는 곳에서부터 옮겨놓았다. 여기서도 "이순신의 용맹"[37]스러운 전투 수행장면이 잘 나타난다. "일본 해군 위축되여 / 이순

은 것도 광복 뒤 제도권 역사교육의 변두리에 있었던 이들을 대상으로 한 교양 역사서의 필요에 따른 책으로 여겨진다.

　권기환, 『朝鮮五千年興亡史』, 보문인쇄사, 1946.

36) 김갑록, 『반만년한국가사』, 일광출판사, 1963, 107면.

2부 문학과 전쟁　175

신을 피해가니"라 한 부분에 이르러서는 그 용맹스러움이 실로 "해군"을 "대승"으로 이끌 만큼 우뚝한 것이었음을 알게 한다. 이렇듯 용맹스러운 충무공은 정유재란 때에 다시 올려진다.

무신十一月十九日	노량진에서싸움타가
적탄에 중환하야	진중에서전사하니
아마도 이순신은	동서고금통해바도
이런명장처음이라	서해 어룡동하니
맹산 초목지로다	절명시가전하도다
아산의 충열사는	이장군을뫼신대로
한산섬 부두에는	장군동상세운후에
충무공의임난공훈	천추만대찬양한다[38]

노량진에서 싸우다 '적탄에' 맞아 "진중에서 전사"한 사실을 당당하게 읊었다. 그런 다음 공을 두고 "동서고금 통해 봐도" '처음인' '명장'이라 부르는 데 서슴지 않았다. 김갑록본에 나오는 다른 장수들은 직위로만 표시되는 것이 대종을 이루고 있는 데 비추어본다면,[39] 충무공에 대한 배려에 소홀함이 없음을 알 수 있다.

공의 행적에 있어서도 김갑록본은 김호직본처럼 많은 정보를 알려주고 있지는 않다. 원균의 청원을 받아 출동했으며, 많은 전투를 겪었다. 거북선을 활용해 훌륭히 싸웠으나 노량진에서 전사했다는 부분만 소략하고도 차분하게 적었다. 그리고 무엇보다 육지에서 계속된 패배와 달리 바다에서 충무공이 잇따라 거둔 큰 승리를 읊었다. 그로 말미암아 왜구

---

37) 김갑록, 위의 책, 106면.
38) 김갑록, 위의 책, 111면.
39) 곽망우당 같은 분도 단순히 '의장'이라 붙이고 있고, 권율장군의 경우 '지용겸비'(109면)한 이로만 적고 있다. 다만 김덕령장군의 경우 '익호장군'이라는 이름에다 '효자충신', "원통하게 국살" 당한 '만고명장'(109~110면)이라는 이름을 더하고 있어 이채로울 뿐이다.

들의 보급로가 끊김으로써, 임란을 승리로 이끄는 데 결정적인 영향을 미쳤음을 짐작할 수 있도록 했다.

그리고 충무공에 대한 평가는[40] 공을 기리는 '충열사'와 '동상'[41]이 서 있음을 증거로 내세워 그의 '공훈'이 "천추만대 찬양"할 만한 것임을 저절로 알도록 이끈 데서 잘 나타난다. 세창서관본처럼 허구적·상상적 확대를 더하거나, 김호직본처럼 세세한 묘사에 빠지지 않으면서, 역사의 흐름에 인과관계를 마련하여 애쓴 흔적을 엿보게 한다. 재미는 덜하지만 정사적 교양을 널리 알릴 수 있도록 균형 잡힌 개괄에 이르고자 한 담론 주체의 의도는 그런 대로 살아나고 있는 셈이다.

5. 마무리

충무공 이통제사순신 장군은 겨레의 영웅이며 사표로 일컬어져 오고 있다. 이 글은 1910년 이후에 창작되어 1970년까지 간행, 배포된 근·현대 역사가사 속에서 충무공이 어떠한 모습으로 옹글어 있는가를 따져보고자 한 것이다. 논의를 줄여 마무리로 삼는다.

세창서관본 『한양오백년가(漢陽五百年歌)』에서는 충무공의 됨됨이나 행적, 평가 어느 것 하나에서도 마땅한 관심을 발견할 수 없다. 거북선과

---

40) 황주봉본에서는 "아마도 이순신은 / 해신이 분명하다 // 동서양 고금두고 / 이런명장 처음 볼네"(80면)라 하여 '해신'이라 부르고 있다.

41) 한산섬에는 공의 "동상"이 세워져 있지 않다. 공의 동상은 1952년 진해를 처음으로 하여 부산(1955), 통영(1955), 서울(1968)에 세워졌다. 이러한 잘못은 "아산의 충열사는" 이라고 한 데서도 나타난다. 아산에 있는 것은 현충사이고, 충렬사는 통영에 있다. 이러한 잘못은 간략한 역사서술에 이르겠다는 의도 탓에 잘못된 선입견과 연상이 작용한 결과로 보인다. 『반만년한국가사』계 작품의 비전문성을 엿볼 수 있다.

얽힌 환유적 연상만 슬쩍 끌어들이고 있을 뿐, 충무공을 임진왜란의 많은 충신열사 가운데 한 사람으로서 가볍게 지나치고 있다. 이 점은 다수의 서민·여성 독자층으로부터 자유롭지 못했던 담론주체가 역사 지식보다 문학적 재미라는 현실적 요구를 고려한, 판본 그 자체의 성격에서 말미암은 것으로 여겨진다.

김호직본 『한양가(漢陽歌)』는 역사에 대해 남다른 지식과 이해를 바탕으로 충무공에 대해 뚜렷한 관심과 공감을 보여준다. 재략 뛰어난 용장·명장이며 나라사랑 극진한 충장임을 인유나 대조와 같은 기법을 끌어들이거나, 상세한 일대기 서사 전개와 전황 묘사를 빌어 일깨워주고 있다. 한문과 유교 교양이 뒷받침된 지식인 담론주체가 충무공과 같은 영웅을 새삼스럽게 필요로 하는 험한 시대 앞에서 겪었을 안타까운 심사를 잘 드러내고 있는 셈이다.

김갑록본 『반만년한국가사(半萬年韓國歌史)』는 단군조부터 1960년대에 이르는 오랜 겨레역사를 정사적 시각에서 다루고자 한 작품이다. 충무공에 대해서도 용맹스런 됨됨이와 빛나는 전투 행적, 그리고 장렬한 죽음과 뒷사람들의 추모에 이르기까지 담담한 개괄에 이르고 있다. 이미 과학담론 가운데 하나로 자리잡은 제도권 역사 교육의 변두리에서 일반 다중에게 손쉽게 읽히는 역사 교양물을 마련하겠다는 담론주체의 의도에서 비롯된 미덕으로 보인다.

이렇듯 근·현대 역사가사는 역사와 문학이라는 사뭇 다른 두 담론체계를 하나로 끌어안고 충무공에 대한 과소평가, 과대평가 그리고 정사적 개괄에 이르고자 하는, 서로 다른 세 갈래의 표현양상을 내보이고 있다. 그럼에도 용맹스런 됨됨이, 거북선과 이어진 틀 잡힌 환유적 연상은 공통적인 인식소로 드러난다. 때로 장렬한 죽음을 돋보이게 함으로써, 임란의 공훈을 넘어서 두고두고 받들어야 할 성웅으로까지 공을 올려 세우기도 한다.

따라서 근·현대 역사가사 속에서 충무공은 20세기 초반에 크게 일었던 영웅대망론·영웅사관과 궤를 나란히 하면서, 사회 통념에서 벗어나지 않는 외향적 덕성을 지닌 위인으로 옹글어 있음을 알 수 있다. 이 글을 빌려 20세기 초반에서 중반에 이르는 사이, 우리 사회 밑바닥을 넓게 흐르고 있었던 충무공에 대한 모자라지 않는 관심의 한 가닥을 새삼 확인할 수 있었다.

제2장
1950년대 한국 전쟁시 연구

1. 전쟁시와 애국심

1950년대 우리시는 경인년 한국전쟁을 직접 모태로 하여 이루어졌다. 전시 활동 세대거나 전후 새로 나선 세대거나 할 것 없이 1950년대 시인들은 나름대로 힘껏 전쟁과 대거리하고자 했다. 스스로 예언자가 되어 용기를 북돋우고, 교사가 되어 전쟁의 공포와 무익함을 무거운 목소리로 타일렀다. 전방에서 후방에서 격려하고 괴로워하며 비참한 전쟁의 실상을 적었다. 1950년대 우리시는 기록으로든 상상으로든 전쟁에 의해, 전쟁과 더불어 제 길을 잡아 나왔던 셈이다. 따라서 1950년대 우리시를 바르게 알기 위해서는 이 시기에 씌어졌던 전쟁문학, 또는 전쟁시[1]에 대한

---

1) 소박하게 말해 전쟁문학은 전쟁체험을 직·간접으로 다루고 있는 것이다. 그러나 연구자마다 그에 대한 생각이 한결같지 않다. 오영식·신익호는 서양 쪽 논의에 힘입어 전쟁문학을 "광의의 전쟁문학"과 "협의의 전쟁문학"으로 나누어보고 있다. 앞쪽은 고

이해가 앞선 일거리가 된다.

이제껏 경인년 한국전쟁을 다룬 전쟁시 연구는 충분하게 이루어지지
않았다.[2] 그마저도 여러 문제점을 지니고 있는 것으로 보인다. 무엇보다

대에서 현대에 이르기까지 전쟁을 쓸거리로 삼은 모든 문학작품을 두루 부르는 것이
다. 여기서는 "전쟁의 시대성, 스케일, 사실성 등 전쟁을 어떠한 이미지로 표현했든지
간에 문제가 되지 않는다." 이와 달리 뒤쪽은 "양차 대전 뒤에 나타난 본격적인 전쟁
문학 작품들"을 뜻한다. 전쟁으로 말미암은 개인 또는 집단의 고초를 휴머니즘 입장에
서 보고 인간 선을 좇아가는 모습을 묘사하는 전쟁문학을 이른다. 정봉래가 "휴머니즘
의 승리"라 한 것은 "협의의 전쟁문학"이 지닌 성격을 녹여서 한 말이다. 윤종혁은 역
사 속 사건으로서 실제 전쟁을 다루는가, 아니면 상상 속 가상전쟁을 다루고 있는가에
따라 "순수전쟁문학"과 "유사전쟁문학"으로 갈라보고 있다. 오현봉은 이와 달리 "전쟁
문학은 전장에서부터 한 인간의 내면세계까지를 공간으로 삼고 전시에서부터 종전 직
후까지를 시간대로 취하며 선전 혹은 대항선전을 작품 창작의 주동기로 삼는 문학양
식"이라 해 그 성격을 크게 좁혔다. 番匠谷英一은 전쟁문학 작품을 내용에 따라 "주
전적 작품, 반전적 작품, 전쟁을 직접 묘사하는 작품, 혁명문학 곧 정치문학・사회문학
과 긴밀한 연관을 맺고 있는 작품, 전쟁 배후의 생활과 소재를 다룸으로써 전쟁에 대
해 간접묘사하는 작품, 그리고 전후 문학으로 나누었다." 곽종원은 "작가의 시점이나
주제 설정의 각도"에 따라 "효용성을 노린 공리적 경향의 전쟁문학, 배경이 전장이기
는 하나 작가가 노리는 중심점은 인간성을 파헤치는 데 있는 전쟁문학, 전쟁 그 자체
가 주제로 설정되어 전쟁 상황이 일의적인 대우를 받게 되는 전쟁문학"으로 나누었다.
전쟁경과에 따라 전쟁긴박기, 전쟁개시기, 전쟁수행기, 전쟁종결기 문학으로 잘게 나
누거나 전전문학, 전시문학, 전후문학으로 묶어 살필수도 있겠다. 有山大五는 체험영
역으로 보아 군대체험(전장, 병영)과 종군체험(보도반원, 기자, 간호원, 군속), 그리고
후방체험으로 나누었다.
    오영식, 「한국전쟁문학론」, 경희대 석사논문, 1974, 6~7면; 신익호, 「戰爭文學 小考」,
『3사논문집』 8집, 3사관학교, 1978, 66~67면; 정봉래, 「戰爭文學論」, 『文學의 自由』,
향문사, 1967, 47면; 윤종혁, 「戰爭文學의 歷史的 背景」, 『홍대논총』 17호(인문사회과
학 편), 홍익대, 1985; 오현봉, 「한국 戰爭文學 硏究」, 『성곡논총』 9집, 성곡문화재단,
1978, 17면; 番匠谷英一, 「戰爭文學』, 巖波書店, 1934, 7면; 곽종원, 「戰爭文學이란 무
엇인가」, 『月刊文學』 12월호, 월간문학사, 1968, 218면; 有山大五, 「作家の戰爭體驗と
文學」, 『近代戰爭文學』(有山大五・安田武編), 圖書刊行會, 1981, 22면.
2) 경인년 전쟁시를 다룬 글로 들어둘 만한 것은 아래와 같다.
    이철범, 「韓國戰爭의 詩的 表現」, 『현대시학』 11월호, 현대시학사, 1971; 김재홍, 『한
국전쟁과 현대시의 응전력』, 평민사, 1978; 신익호, 위의 글, 위의 책; 오양호, 「戰後 35
년의 韓國詩・1」, 『詩文學』 통권 172호, 시문학사, 1985; 최동호, 「6・25와 韓國現代詩
의 인식」, 『現代詩의 精神史』, 열음사, 1985; 이동근, 「韓國戰爭 詩의 主題樣相考」, 『3
사논문집』 20집, 3사관학교, 1985; 한형구, 「1950년대의 한국시-전쟁시 혹은 전후시의
전개」, 『1950년대 문학연구』(문학사와 비평연구회 편), 예하, 1991; 이동순, 「분단시대의

1950년대 초 전쟁수행기에서부터 1950년대를 거치는 동안 되풀이 씌어지고 많은 분량이 쌓인 전쟁시에 대한 자료가 제대로 갖추어지고 간추려지지 못했다.[3] 거기다 그 무렵 우리 전쟁시를 반공 이데올로기에 턱없이 이바지한 값없는 목적문학으로 낮추어 보려는 생각이 널리 받아들여지고 있다. 따라서 몇몇 알려진 작품들만을 중심으로 전쟁시의 주제나 내용을 소박하게 나누어보는 수준에 연구가 머물고 있어 폭넓고 깊이 있는 성격 구명에 이르지 못하고 있다. 사정이 이렇다 보니 1950년대 전쟁시에 대한 이해가 겉핥기에 떨어지고 자못 경직된 것[4]일 수밖에 없었다.

시정신과 통일지향성」,『현대시학』 3월호, 현대시학사, 1989; 윤여탁, 「한국전쟁후 남북한 시단의 형성과 시세계」,『한국현대시사의 쟁점』(김용직 외저), 시와시학사, 1991; 이영섭, 「50년대 남한의 현실인식과 시적 형상」,『1950년대 남북한 문학』(한국문학연구회 편), 평민사, 1991; 신영덕, 「1950년대 종군작가단 조직 및 그 활동」,『문학정신』 통권 62호, 열음사, 1991.

3) 앞으로 1차 자료 정리부터 되어야겠다. 낱책으로든 잡지로든 일반 매체를 통해 발표된 전쟁시뿐 아니라, 벽시나 전단시 또는 방송시도 대상이 된다. 성격으로 보아 전쟁묘사시나 반전시는 물론, 송시나 소박한 애국시와 같이 일반적으로 직접적인 목적에 이르려는 것보다 정감을 불러일으키고자 하는 유형에서부터, 단기의 목적을 위해 씌어지는 선전시(D. Thompson)에 이르기까지 걸쳐야겠다. 옮긴 애국시(김진옥)도 마땅히 다루어야 한다. 창작 주체로 보면 전문시인들이나 현역 군인시인들뿐 아니라 학병이나 일반인들에 의한 것들도 빠뜨리지 않아야 하겠다. 소설은 시보다 사정이 나아 많이 간추려진 것으로 보인다. 앞으로는 시나 소설뿐 아니라 전시에서 오늘에 이르기까지 띄엄띄엄 나오고 있는 종군기나 수기, 편지글까지 두루 다루어져야만 우리 전쟁문학이 지니고 있는 성격과 그 특성이 제대로 살펴질 것이다. 낱책으로 된 종군기로는 조규동 · 예관수, 김규동 · 김철에 이어 최국송 · 문제안이 앞선 것으로 눈에 띈다. 수기로는 거제도 포로수용소에서 겪은 바를 엮고 있는 이한과 피난체험을 다룬 이보식, 전몰학도의용군의 시와 편지글을 묶은 김정현과 일본 학도의용군의 기록인 이활남들이 보인다. 많이 모자란 점이 있기는 하나『한국전쟁(6 · 25) 관계자료 문헌집』에서는 문학에 관련된 자료까지도 갖추고자 애썼다.

D. Thompson, *The uses of poetry*, Cambridge Univ. press, 1974, p.121; 김진옥 역,『自由의 나무』, 대한신문사 출판국, 1952; 조규동 · 예관수,『한국의 동란』, 병학연구사, 1950; 김규동 · 김철,『猛虎部隊』, 부산일보사 출판국, 1951; 정승규,『종군만리』, 국도신문사, 1953; 최철우,『꽃피는 철조망』, 경상북도선전대책위원회, 1953; 최철우,『990일』, 공우사, 1954; 최국송,『슬픈 地域』, 자유문화사, 1955; 문제안,『南北千里』, 낙산제, 1956; 이한 편,『巨濟島 日記』, 국제신보사, 1952; 정현장학회 편,『散華抄』, 유인본, 1953; 이보식,『從步千里길』, 성문관, 1960; 이활남,『血魂의 戰線』, 계문사, 1958; 한국전쟁연구소 편,『한국전쟁(6 · 25) 관계자료 문헌집』, 갑자문화사, 1985.

이 글에서는 앞선 연구가 안고 있는 문제점에 유의하면서 특히 당대
전쟁시가 담고 있는 가장 공적인 주제라고 생각되는 애국심(patriotism)에
초점을 두고, 이것이 그들 속에서 어떤 모습으로 구현되고 있는가를 살
피고자 한다. 승리에 대한 믿음과 용기를 굳히고 출정을 부추기는 애국
시나 행사시는 물론 전쟁시 곳곳에서 이것은 알게 모르게 작품 형성원
리로 작용하고 있다. 애국심이야말로 그 무렵 우리 전쟁시의 실상을 올
바로 알기 위해서 꼭 짚어두어야 할 주제인 셈이다. 이 일을 빌려 1950
년대 전쟁시가 지닌 성격의 뚜렷한 한 국면을 밝힐 뿐 아니라, 넓게는
전후 40년이 지난 오늘날까지 한결같이 씌어지고 있는 우리 전쟁시5)에
다가서기 위한 한 디딤돌을 마련할 수 있을 것이다.

애국심이란 넓게 말해 나라와 나 사이 동일시를 전제로 하여, 내 나라
를 사랑하고 나라가 잘 되기를 기원하며 거기에 이바지하려고 하는 마

---

4) 북한의 1950년대 시문학과 견주어 남한에서는 "진정한 전쟁시"라고 내세울 만한 것
  이 없었다고 말하는 한형구가 좋은 보기가 된다. 이러한 생각은 북한의 전쟁시가 "강
  렬한 전투 추동력을 기반해서 이루어진 것"인데 견주어 "전투적 행동주의 자세를 드
  러내 보인 경우"가 거의 없고 "승리를 노래한 전쟁시, 또는 통일의 염원을 노래한 상
  황시조차 6·25 시기의 남한시단에서는 거의 한 편도 찾아볼 수 없는 불모의 양상을
  노출"하고 있다는 선입견에 바탕을 둔다. 우리시 실물을 넓게 살펴보지 못한 섣부른
  생각이라 하겠다. 이영섭에서도 비슷한 잘못에 빠지고 있다.
    한형구, 「1950년대의 한국시─전쟁시 혹은 전후시의 전개」, 『1950년대 문학연구』(문
  학사와 비평연구회 편), 예하, 1991, 72면; 이영섭, 「50년대 남한의 현실인식과 시적 형
  상」, 『1950년대 남북한 문학』(한국문학연구회 편), 평민사, 1991.
5) 경인전쟁을 다룬 시는 꾸준히 씌어졌다. 한국참전시인협회에서 1973년 1집부터 1986
  년 7집까지 엮어낸 바 있는 『韓國戰爭詩選』은 작품 높낮이를 떠나서 적어둘 만하다.
  한국전쟁문학회가 1987년에 첫권을 낸 『戰爭文學』도 질긴 관심을 알게 한다. 낱책으
  로 나온 장시만을 살피더라도 김소민, 김봉룡들이 보인다. 월남전쟁을 다룬 것으로는
  박희선의 장시집, 이추림의 종군시집을 비롯 현역체험을 담은 신세훈, 배정웅이 있다.
  그밖에 현역군인들의 파월 진중시집 『나의 생애 이 포복을』도 눈에 띄인다. 앞으로 전
  쟁시라는 쪽에서 죄 다루어져야 할 것들이다.
    한국참전시인협회 편, 『韓國戰爭詩選』 1~7집, 복지문화 외 여러 출판사, 1973~1986;
  김소민, 『世紀의 風景』, 백조출판사, 1963; 김봉룡, 『靈曲』, 아성출판사, 1973; 박희선,
  『화염 속에 숨진 微笑』, 교학사, 1958; 배정웅, 『사이공 西北方 15마일』, 아성출판사,
  1969; 신세훈, 『비에뜨남 葉書』, 토픽출판사, 1965; 이추림, 『彈皮 속의 旗』, 삼일각,
  1967; 김종철 외저, 『나의 생애 이 포복을』, 반공교육문화사, 1971.

음이나 태도를 뜻한다. 그러나 이러한 매김이 애국심이 지닌 뜻을 죄다 아우르고 있는 것은 아니다. 왜냐하면 애국심이란 논리로 설명하기 어려운 섬세하고도 다양한 감정 가치를 지니고 있기 때문이다. 애국심은 본디 우리 몸 가까이 있는 사람이나 사물, 또는 어릴 때부터 살아온 향토에 기울이는 각별한 사랑에 바탕을 두고 그것이 더 추상적인 단위, 더 큰 범위인 국가로 옮겨진 것이다. 직접환경 체험에 맞닿아 있는 탓에 다양한 감정 가치가 덧붙여지게 되는 것은 당연한 일이다.

서로 다른 목표와 신념을 가진 구성원으로 이루어진 정치공동체나 국가는 그들의 질서와 동의를 얻기 위해 예로부터 여러 가지 방법으로 애국심에 기대고 애국심을 드높이기 위해 힘써왔다. 어찌 보면 애국심은 의도된 교육 작용의 결과라고 말할 수 있을 정도다. 특히 근대국가는 민족국가다.[6] 따라서 옛날과 달리 오늘날의 애국심이란 민족국가에 제한된 애정과 봉사를 말하게 되었다. 이미 감각적 접촉을 전제로 삼는 향토애의 단순한 연장이 아니다. 일반시민에게 애국심이란 자연적 의무에서 더 나아가 정치적 의무가 되는 셈이다.[7]

---

6) 전쟁수행기 당시 민족과 국가의 관계를 밝히고자 한 글로는 김기석이 있다. 그는 "民族은 한개 現實인 共同體로서 그 自身의 使命을 가진다. 個人의 使命은 모두 이 民族의 使命에서 우러나오는 것이라고 할 수 있다. 民族의 使命이란 民族이 그 주어진 歷史的 環境 속에서 자기를 세우고 높이고 또 넘어서는 崇高한 責務를 이름이다. 民族이 그 맡은 바 使命을 遂行하기 위하여 자기를 튼튼한 態勢로 묶는 것이 國家다. (…중략…) 國家에 나아가지 못하고 國家를 이루지 못하는 民族은 그만큼 어린 民族, 弱한 民族이라고 할 수 있다. 國家는 民族의 또는 民族을 중심으로 한 固한 조직체다"라 하여 근대 부르조아 국가관을 충실히 따랐다. 이와 달리 계급 관점에서 보면 국가란 계급지배기관이며 지배체제를 지키는데 필요한 억압을 공권력을 이용하여 단단하게 다져 계급 사이의 충돌을 누그러뜨리는 것이다.
김기석, 「民族觀과 國家觀」, 『戰時科學』 2호, 전시과학연구소, 1951, 6면.
7) J. Drinkwater, *Patriotism in Literature*, 硏究社, 1940, p.40.
K. Clausewitz는 전략 일반의 주요한 정신적 힘으로 "장사의 재능, 군대의 무덕, 군대의 민족정신"을 든다. 이때 군대의 무덕이란 기술 숙달과 단결된 용기를, 그리고 민족정신이란 바로 애국심을 뜻한다고 볼 수 있다. 전쟁수행기 당시 최병협은 애국심을 "이지적 애국심"과 "감정적 애국심"으로 나누고 바람직한 애국심은 이 둘이 조화를 이룬 "전일적 애국심"이라 말했다. 홍효민은 애국사상을 불러일으키도록 하는 여러 가지

그런데 이러한 애국심은 전쟁에 이르러 그 의의와 필요성이 새삼 강조된다. 그 까닭은 여러 곳에서 찾을 수 있다. 첫째, 넓게 보아 전쟁준비기나 전시에 다다르면 세계·국가·개인이라는 범주 가운데서 세계와 개인 사이에 서 있는 국가가 한 쪽으로는 개인의 자유와 권리를 누르고 다른 쪽으로는 세계의 의의를 눌러가면서 자기를 확대한다. 세계와 개인은 뚜렷이 위축되고 민족을 명분으로 국가라는 전체만이 비대해지는 것이다. 따라서 근대 민족국가는 옛날에 견주어 그들의 정체감을 지속시키기 위하여 애국심을 더욱 문제삼지 않을 수 없다.

둘째, 전쟁이란 개인적 폭력행위와 다르다. 집단 현상이며 집단의 이해에 이바지하는 것이다. 게다가 전쟁은 국가의 모든 것을 건 큰 사건이다. 어떤 수단을 다해서라도 이기지 않으면 안 된다. 그런데도 전시에는 대량살상으로 도덕과 가치관이 크게 바뀐다. 전쟁 허무사상이 넓게 자리잡기도 한다. 전쟁수행기 동안 정훈활동에 군사작전 지도뿐 아니라 사상 지도가 중요한 일로 올라서게 되는 까닭이 여기에 있다.8) 나라 안쪽의 여러 집단에 대하여 애국심은 국가가 특별히 마련한 힘 있는 통제력이다.

셋째, 전쟁의 일차 수행집단은 군대다. 군대는 무엇보다 무기 사용을 오로지 할 수 있는 집단이라는 특성을 지닌다. 군대는 무기를 써서 적을

객관 조건을 "일반적 조건"과 "특수적 조건"으로 나누어 들고 있다. 앞의 것에는 "국가의 주권, 민족적 요소, 애향심, 언어, 풍속, 역사, 정치·경제, 문화와 교육"들이 있다 하고, "특수적 조건"이란 전쟁 시기로 "애국사상과 애국문학이 가장 활발히 발전하는 때가 된다"했다. 이 글에서는 淸水幾太郎·정요섭에 힘입어 애국심 일반에 대한 이해를 가다듬었다.

K. Clausewitz, 이종익 역, 『On War(戰爭論)』, 일조각, 1982, 92면; 최병협, 『街頭에서 본 行政』, 건문사, 1952, 7면; 홍효민, 「愛國思想과 愛國文學」, 『現代文學』 2월호, 현대문학사, 1956; 淸水幾太郎, 강창구 역, 『전쟁·애국심』, 병학사, 1982; 정요섭, 『愛國心』, 숙명여대 출판부, 1985.

8) 특히 이를 선도함에는 조국에 대한 애착심과 희망을 갖도록 하는 시책을 펼 필요가 있다. 국민 생활안정, 불편불만 요인 제거, 병역의무의 공평, 국민에게 빈축을 사는 행위에 대한 엄단이 요구된다.

육군사관학교 군사학처, 『戰爭研究』, 한원, 1991, 243면.

쓰러뜨리는 일을 목표로 삼는다. 그러나 이 무기가 본래 목표를 두고 딴 곳에 쓰인다면 그 결과는 짐작하기 어려운 상황이 될 것이다. 따라서 병사들이 지니고 있는 공격력이나 일정한 증오감이 실제적이건 가상적이건 국가 권력이라는 한 곳에 모이도록 해야 할 필요가 있다. 애국심이 그 구실을 떠맡는다.

넷째, 국가는 전쟁에 다다라 병사에게 그들의 목숨을 요구한다. 목숨을 버린다는 것은 사람으로서 가장 큰 희생이며 가장 큰 봉사다. 전쟁은 애국심을 명분으로 삼아 죽임을 위임받고 죽음을 강요당하는 집단 살해 행위라 할 수 있다. 애국심은 사람에게 바로 이것을 바란다. 이를 빌려 국민에게 정부에 대한 굳은 믿음과 조국을 위해 죽을 수 있다는 생각을 심어줌으로써, 필승의 신념으로 전쟁에 나아가도록 해야 한다. 애국심은 처음부터 삶과 죽음의 문제로 이해되지 않으면 안 되는 까닭이 여기에 있다.[9]

경인년 한국전쟁은 한 겨레가 통일된 민족국가를 이루지도 못한 채 둘로 나뉘어 싸운 민족 내부전쟁이다. 민족의 주체적 자결과는 무관하게 제 나라 땅 안에서 남의 힘을 불러들여 싸운 제한전쟁이다. 인종이나, 식량, 종교문제가 아니라 이데올로기 대리전쟁이다. 따라서 예사 전쟁과 다른 복잡한 성격을 지닐 수밖에 없었다. 이 소용돌이 속에서 우리 겨레는 전선 이쪽과 저쪽으로 나뉘어 운명으로 주어진 서로 다른 체제에 대한 헌신을 강요받고 거기에 따랐다. 조국 해방이니 민족 통일을 애국의 목표로 앞세우며 서로 등을 돌려 싸웠다. 3년에 걸쳐 벌였던 살륙체험을 통해 모든 겨레붙이는 직·간접으로 전쟁에 연루되었으며, 그 피해자가 되었던 것이다. 그런 탓에 이때의 애국심이란 경인전쟁의 성격만큼이나 복잡하고 스스로 모순을 안을 수밖에 없었다. 우리 겨레만이 겪은 각별한 비극이 여기에 있다.

---

9) 淸水幾太郎, 강창구 역, 앞의 책, 193~194면.

뜻한 목표에 이르기 위해 그 대상을 먼저 1950년 6월 25일 전쟁발발일로부터 1953년 7월 27일 휴전협정 사이에 이르는 기간 동안 씌어진 전쟁수행기시[10]로 묶었다. 왜냐하면 이 시기 시야말로 전전이나 전후와 달리애국심이라는 주제가 가장 즉각적이고도 걸림 없이 드러난 것으로 여겨졌기 때문이다. 그런 다음 전쟁 참가여부에는 관계없이 직접 전쟁체험이드러나지 않는 시들은 뺐다. 따라서 전장시와 종군시, 그리고 후방시 가운데서 직접 "전투상황, 군사행동과 전쟁으로 야기된 일반시민의 고초,피난민의 생활상, 장사병들의 야전생활 양상 기타 모든 전쟁 체험"[11]을다룬 시들이 남았다. 이 가운데서 애국심을 펴 보이고 있다고 생각되는것만 최종 대상이 된 셈이다.

---

10) 전중기(戰中期)다. 오양호는 이 기간을 '전쟁·애국시대'라 부르고 "전쟁의 현장 그
  자체를 다룬 현장시, 반공 애국시, 전쟁의 어두운 현실을 다룬 작품" 셋으로 갈래 지어
  이 기간 시의 특징을 살피고 있다. 북한에서는 이 시기를 조국해방전쟁기라 부른다.
  이 글에서는 이 기간 동안 남한의 문예지나 잡지에 발표되었거나 낱책으로 묶여진 시
  들을 대상으로 삼았다. 낱책인『戰時 文學讀本』,『흑산호』를 비롯,『新天地』,『文藝』,
  『戰時文學』,『文化春秋』,『道德』,『詩와 詩論』,『新思潮』,『文化世界』,『自由世界』,
  『海軍』,『國防』과 같은 잡지, 그리고『청포도』와 같은 동인지들도 살폈다. 이 기간 동
  안 낱책으로 나온 시집을 모두 60권 확인했다. 이들 속에서 전쟁체험이 직접 드러나는
  작품들만을 골라냈다. 다만 이 기간 중에 씌어졌으나 휴전 뒤 발표되거나 출판된 것들
  은 논의로 하였다. 이런 시들은 전후 1950년대에 걸쳐 나온 시집 곳곳에서 흔히 찾아
  볼 수 있다. 이런 작품들까지 아울러 1950년대 전쟁시를 넓게 다루는 일은 뒷일로 미
  룬다.
    오양호, 「戰後 35년의 韓國詩·1」,『詩文學』통권 172호, 시문학사, 1985, 80면.
11) 윤종혁, 「戰爭文學의 歷史的 背景」,『홍대논총』17호(인문사회과학 편), 홍익대, 1985,
  11면.

2. 애국심의 수직 위상

수직 위상에서 볼 때 애국심은 나고 자란 조국에 복종하고 헌신하는 마음을 그 요건으로 삼는다. 이것은 국가를 신의 자리로까지 끌어올림으로써 그 마땅함이 굳건하게 보장된다. 초월적인 전체로서 국가와 그 아래 놓은 여러 개인의 절대 복종·희생이야말로 애국심의 진면목이다. 사실 국가는 몇 가지 점에서 신과 같은 자리에 놓일 수 있다.

먼저 국가는 개인의 힘을 뛰어넘는 힘과 개인의 생사를 뛰어넘는 생명력을 지닌다. 게다가 개인은 국가의 가호 아래서만 무엇인가를 이룰 수 있으며, 국가에 스스로를 바침으로써 자기 완성에 가까이 이를 수 있다. 또한 국가는 신과 마찬가지로 여러 가지 의식과 행사를 수반함으로써 국민들로부터 으뜸가는 충성과 봉사를 요구할 수 있다.[12] 국가는 그 힘과 생명, 그리고 완전성뿐 아니라 그 형식에 있어서도 신과 닮은 것이다.

이렇듯 신과 같은 국가를 사람들은 운명으로 받아들일 수밖에 없다. 왜냐하면 사람들은 자신의 뜻과 무관하게 특정 국가 안에서 태어나며, 미리 그것을 선택할 수 없기 때문이다. 따라서 국가의 운명은 곧 자신의 운명이 되고 만다. 조국은 자신의 몸과 마음을 바쳐야 할 신이면서 자신의 연장인 셈이다. 이미 운명으로 주어진 신성한 조국과 그러한 조국에 복종하고 헌신하고 싶은 개인의 욕망이 화해롭게 만나는 곳에서 진정한 애국심은 완성된다. 특히 전시에는 그것이 보다 공개적이고도 즉각적으로 행사될 것을 요구한다.

---

12) 清水幾太郎, 강창구 역, 『전쟁·애국심』, 병학사, 1982, 240~241면.

1) 국가의 신격화와 복종

애국심이란 신성한 국가에 대한 자연적 사랑이며 스스럼없는 복종이다. 신의 자리로까지 올라선 국가는 국민에게 이것을 요구하며 국민 또한 위로부터 내려진 명령을 양심과 판단의 잣대로 삼아 거기에 따른다.

> ① 大地를 救하러 天遣된 使徒들의 거룩한 氣象과
> 　내 祖國과 民族을 위한 싸움에 몸바친
> 　씩씩한 靑春의 躍動을 함께 느끼자!
> 　　　　　　　　　　　— 이영순, 「世期의 悲劇」 가운데서13)

> ② 旗발! 너는 힘이었다. 一切을 밀고 앞장을 섰다.
> 　오직 勝利의 믿음에 恒時 넌 높이만 날렸다.
> 　이날도 너 싸우는 자랑앞에 地球는 떨고 있다.
>
> 　온 몸에 햇볕을 받고 旗발은 부르짖고 있다.
> 　보라, 얼마나 눈부신 絶對의 表白인가.
> 　우러러 감은 눈에도 불꽃인양 뜨거워라.
> 　　　　　　　　　　　— 이호우, 「旗발」 가운데서14)

국가에 대해 즐겁게 복종할 것을 노래하고 있는 시다. ①에서는 싸움터로 나가는 병사의 얼굴에서 "大地를 救하러 天遣된 使徒들의 거룩한 기상"을 읽고 있다. 나라를 구하러 나서는 이들은 신을 경배하고 신에 영예롭게 들린 신도와 다르지 않다. "祖國과 民族을 위한 싸움에 몸바친" 자신의 행동에 대해 어떤 머뭇거림도 회의도 있을 수가 없다. 국가에 대한 복종은 오히려 은총이며 견줄 데 없는 기쁨이다. 국가를 신으로 올려 세움으로써 전쟁시는 조국에 대한 복종을 종교적인 열정으로 드높

---

13) 이영순, 『延禧高地』, 정민문화사, 1951, 21면.
14) 이호우, 「旗발」, 『戰線文學』 1집, 육군본부종군작가단, 1952, 26면.

이고 있는 셈이다.[15)

　게다가 이러한 복종심을 이끌어내기 위해 국가는 나름의 신화와 상징 또는 이상향을 마련한다. 그것을 빌려 다양하게 얽힌 목표와 신념, 그리고 이해관계를 단순하게 묶고 정치 공동체로서 존립을 다지는 것이다. 국가행사나 의식 속에 그것은 자연스럽게 녹아 있다. 특별한 국가 기념일뿐 아니라 환영식, 출정식과 같은 행사를 치루고 거기서 국가를 부르거나 조국에 대한 사랑과 복종심을 되풀이 강조하며, 조국에 대해 엄숙하고 경건한 마음을 갖도록 이끄는 것은 흔한 일이다. ②는 가장 간편한 국가의 상징인 국기를 앞세워 조국에 대한 '절대(絶對)'복종이야말로 말할 수 없이 커다란 '자랑'임을 말하고자 했다.

　전쟁상태에서는 오직 성스러운 조국의 '승리(勝利)'만이 으뜸 가치다. 따라서 사회의 여러 구속도 그 모습이 달라지며 신성한 것과 세속적인 것 사이에 변동이 일어난다. 자동적으로 둘 사이 경계선이 옮겨진다. 가장 큰 것이 살인에 대한 변화다. 평시에 있어서는 금지된 살인이 전쟁 시작과 더불어 적에 대하여 허용된다. 오히려 적극 장려되기에 이른다.[16)

---

15) 교회와 군대는 매우 조직적이고 지속적이며 인위적인 큰 집단이라는 점에서 서로 같다. 어떤 바깥의 힘이 구조가 바뀌는 것을 억누르고 있다. 이 집단을 벗어나고자 하면 흔히 박해나 심한 처벌을 받게 되고, 그에 걸맞는 아주 제한된 조건을 붙이게 된다. 그리고 군대 내부의 유대를 책임지고 있는 총사령관은 모든 군인을 똑같이 사랑하는 아버지와 맞먹는다. 그런 까닭에 모든 군인들은 서로 벗이거나 한 형제인 셈이다. 비슷한 위계가 교회 안에서도 구성되는 게 사실이나, 분배면에 있어서 똑같지가 않다. 왜냐하면 개인에 대한 좀더 많은 지식과 관심이 총사령관이라는 사람이 아닌 그리스도에게서 나오기 때문이다.
　S. Freud, 박영신 역, 『*Group Psychology and the Analysis of the Ego*(집단 심리학)』, 학문과사상사, 1980, 56면.
16) 모든 군대는 군사훈련을 받는다. 훈련을 통해 육체적으로 적응하고 전투에서 승리할 수 있다는 집단 유대감을 발전시키게 된다. 아울러 이는 무분별한 폭력행사에 대한 사람들의 평소 생각을 바꾸어 놓기도 한다. 아주 적은 수의 타고난 군인을 제외하고는 대다수의 징집 장병들이 폭력행사를 싫어하기 때문에 재사회화를 통해, 전투에서 적을 만난 상황에서 적을 실제 죽일 수 있도록 훈련시키는 것이 군대의 임무다. 따라서 전시에는 살인 개념의 변화가 필연적이다. 더불어 평시에 지니고 있는 개인의 소유권과 신체의 자유를 지켜주고 있던 금제가 풀려서 약탈이나 적의 소유물에 대한 횡령,

"祖國과 民族을 위한 싸움"에 나서 적을 죽임은 '거룩한' 일이다. 조국을 위해 모든 것을 버리고 "一切을 밀고 앞장을" 서서 싸우다 기꺼이 죽는 일 또한 '눈부신' '자랑'이다. 나라 위한 죽임과 죽음은 떳떳하고도 우러러 볼 가치다.

이러한 종교적 열정과 함께 신성스러운 국가에 대한 복종을 떠받치는 다른 논리는 가부장적 유대감이다. 국가란 어버이와 자식 사이의 가부장적 유대와 나란히 끊을 수 없는 관계로 나와 맺어져 있다. 군대조직의 장사병 관계에서 두드러지게 볼 수 있는 위계가 이것이다. 하지만 전시에는 일반 시민들조차 군대조직에서 보는 바와 같은 조국에 대한 가부장적 유대가 강조된다. 최선의 복종을 다할 것을 요구한다. 따라서 나와 국가, 내 고향과 국토는 자신과 어버이 사이 혈연적 끈과 마찬가지 유추를 마련한다.

> 머ー∟ 할아버지 때부터
> 고히 가꾸어 이룬 터
>
> 샘물 줄기 이어 뻗은 살림
> 기름진 내고향 울타리
>
> 여기 붉은 이리떼 들어와
> 마구 휩쓸고 거칠게 훑어
> 멀리 億萬年을 꾸며놓은
> 보금의 香園 부셨도다
>
> 倍達의 핏줄 이은 아들 딸
> 祖國의 일꾼으로 부름받아

그리고 유괴와 성폭력까지도 버젓이 허용된다.
A. Giddens(김미숙 외역), 『Sociology(현대사회학)』, 을유문화사, 1992, 316면; G. Bouthoul, 강창구 역, 『전쟁·애국심』, 병학사, 1982, 90면.

싸움터에 열을 지어가니
自由 生動의 억센 맥박이여
이리떼 屍體위에 祖國은 빛나고
너 흘린 핏방울에 平和가 오리

— 김순기, 「序詩」[17]

"내 고향"은 "머—ㄴ 할아버지 때부터" 대를 이어 "꾸며놓은 / 보금의 香園"이다. 생각은 곧바로 "배달의 핏줄" 한 "아들 딸"들이 지켜온 '조국(祖國)'으로 자연스럽게 넘어서고 있다. 그러므로 "붉은 이리떼"에 짓밟힌 "내 고향" 앞에서 말할이는 "핏줄 이은 아들 딸"로서 한 가지 "祖國의 일군"이 되어 나아가 싸운다 했다. 게다가 "흘린 핏방울에 平和가" 올 것이라 했다. 죽음에 대한 두려움을 잊고 죽음도 마다 않는 애국심에 빠져들 것을 부추긴다. 국가는 넓고 큰 만큼 추상적일 수밖에 없다. 그것을 어버이 자식 사이 가부장적 유대를 빌려 구체적이고 감각적인 것으로 여겨지도록 이끌고 있는 셈이다. 고향과 조국이 서로 넘나들면서 애국심을 불러일으키는 한 단위인 점을 잘 보여준다.

2) 헌신과 진혼시

국가는 신과 같은 조국에 대한 구성원들의 스스럼없는 복종과 더불어 절대 헌신을 강조한다. 강력한 헌신을 통해 국민 한 사람 한 사람은 국가와 동일시를 이룬다. 전시에 있어 국가 권력에 대한 절대 헌신은 조국에 목숨을 바치는 자발적인 희생행위다. 애국심은 으뜸 되는 희생과 봉사로 증명된다. 바로 삶과 죽음의 문제다. 따라서 전쟁은 커다란 인구변화를 불러온다.[18]

---

17) 김순기, 『二等兵』, 동서문화사, 1953, 17~18면.

砲煙彈雨가 사방을 戰慄해도
祖國은 우리와 함께 늘 살고 있다
지나 새나 한길로 흐르는 겨레의 피
여러 千年을 흘러 지금 우리 血管 속을 흐르거니

우리는 祖國을 지키는 勇士
죽어서 진흙 되어도 족하리라
　　　　　　— 윤영춘, 「우리는 祖國을 지키는 勇士」 가운데서[19]

　"우리와 함께 늘 살고" 있는 조국을 위해 "죽어서 진흙 되어도 족하리라"고 했다. 조국과 하나 되어 목숨까지 바치겠다는 절대 헌신의 마음이 잘 드러난다. 조국 위해 목숨 바치는 희생이 옳고도 떳떳한 일임을 말했다. 그러므로 전사자에 대한 숭상과 경의는 지극히 마땅한 일이다. 마치 성인이나 영웅에 대한 것과 마찬가지로 전장에서 쓰러진 전사에 대한 숭상과 경의가 나타난다. 이때 그들이 내걸고 싸운 이념은 그것을 위해 스스로 목숨을 바쳤거나 피를 흘렸다는 사실만으로도 이미 절대적인 차원으로 올라선다. 그것을 다른 가치와 나란히 견주거나 함께 논할 수는 없다. 전형적인 죽음 숭배의 사고방식이다. 전시에는 전사통계만이 이데올로기가 지닌 진리성을 재는 잣대다.[20]

　따라서 전시에는 죽은 이와 전사자에 대한 숱한 진혼시가 씌어진다. 죽은 이에 대한 신성시가 이루어지고 추도와 찬미가 아울러 이루어진다. 그런 일을 되풀이함으로써 죽음의 값어치를 지속시켜 나간다. 그렇지 않으면 거꾸로 유언 꼴을 빌려 죽음의 올바름과 마땅함을 스스로 밝혀나

---

18) 전쟁이 끼치는 인구학적 영향을 G. Bouthoul은 세 가지로 말하고 있다. 첫째, 통상적이며 일반적인 특징으로서 사망률의 증가다. 둘째, 전쟁은 의식적인 파괴를 담당하는 여러 제도 가운데 든다. 셋째, 손해의 대부분을 차지하는 것은 남자 청장년의 사망이다. G. Bouthoul, 강창구 역, 『전쟁・애국심』, 병학사, 1982, 66~68면.

19) 윤영춘, 「우리는 祖國을 지키는 勇士」, 『韓國詩集』上(이한직 편), 대양출판사, 1952, 65면.

20) G. Bouthoul, 강창구 역, 앞의 책, 94면.

가도록 한다. 일종의 희생제의다. 그 대상은 무엇보다 먼저 일차 전쟁수
행자인 아군 전사자다. 적군 전사자에 대한 진혼시도 씌어지지만 그 보
기는 썩 드물다.

① 오솔길 옆. 외로히
   名譽도
   地位도
   榮華도
   다 버리고
   젊은 時節
   삶……
   겨레에 남김없이 받치고
   말 없이 잠드러간
   無名勇士의 十字架……

                        ― 김순기, 「勇士의 무덤」 가운데서[21]

② 썩어서 허무러진 살
   그 살의 무게는
   너는 생각하는 이 時間
   우리들의 살의 무게가 되었고

   온 몸이 남김 없이
   흙속에 묻히는 그때부터
   네 뼈는
   영원한 것의 뿌리가 되어 지리니

                        ― 천상병, 「無名戰死」 가운데서[22]

③ 여기 풋풋한 香氣의 果實이 있다.

---

21) 김순기, 『勇士의 무덤』, 동서문화사, 1953, 94~95면.
22) 천상병, 「無名戰死」, 『전선문학』 5집, 육군종군작가단, 1953, 32~33면.

익지 않은그대로 몸부림 치며 未來에로 떨어진 果實이 있다.
한번은 가졌던 우리들의 모습이다.

잊어버린 잊어버린 먼 하늘로 화살같이 달아난 그 모습이다.
한번 가면 돌아 올 줄 모르는 너희들,

조국의 山河 위에 落花처럼 散花한 젊음이며,
純情이여,

—김춘수, 「純情」 가운데서23)

①과 ②는 아군 전사자 가운데서 일반 사병들을 위한 진혼시다. 개인의 "名譽도/地位도/榮華도" 다 버린 채 "겨레에 남김없이" 바친 용사의 '無名'한 삶이 끝내 무명할 수 없음을 ①은 힘주어 말하고 있다. 그것은 ②에서 "썩어서 허무러진 살"의 무게는 "우리들의 삶의 무게가 되고", 그 "뼈는/영원한 것의 뿌리가 되어"진다 한 표현으로 되풀이된다. 한갓된 개인의 삶을 조국에 바침으로써 영원히 겨레와 함께 살 수 있다는 위안과 긍지를 불러일으키고자 한 셈이다.

③은 학도병 영전에 바치는 진혼시다. 일반 장사병과 얼핏 다른 그들의 자리를 "익지 않은 그대로" "풋풋한 香氣의 果實"이라 불렀다. 그런 다음 마침내 "떨어진 果實"이 되어 버린, "돌아 올 줄 모르는" 그들의 유별나고도 값진 희생에 대한 안타까움을 들내고자 했다. '젊은이여', '순정(純情)이여'라는 마무리 외침말 속에 그러한 마음이 소롯이 담겼다.

나는 아노라
언제나 말이 없고 무뚝뚝한 얼굴 그 솔직한 눈매 안에
뉘 몰래 안은 너희만의 한량없는 젊은 욕망과 고뇌를
그리고 祖國의 이름 뒤에 숨어

---

23) 김춘수, 『旗』, 문예사, 1951, 67~70면.

너희의 죽음을 발디딤하는 무리가 있다손 치더라도
오늘 바친바 그 귀한 목숨과 고난의 뜻을
다만 억울한 것으로만 스스로 원통할까 두려워 하노니
너희가 그렇게도 그리던 고향에선
이날의 용감한 戰死는 꿈에도 알바없이
한줌 햅쌀을 보거나 하루 朝夕이 싸늘만 하여도
아득한 아들네의 소식에 늙은 어버이의 눈시울을 적시리니

사랑하는 兄弟여 전우여 부디 고이 명목하라
진실로 너희의 죽음인즉 이대로 이름 없이 엎디진 것이 아니라
끝내 자신의 悲慘 위에 서야만 하는 이 인류에의
아아 痛憤한 통분한 切齒었나니
— 유치환, 「전우에게」 가운데서[24]

여느 진혼시와 다르게 한결같이 공식적인 한 목소리로만 전사자들의
죽음을 기리고 있지 않다. 그들 죽음이 지닌 뜻을 애국심 하나로 추켜
올리거나 자랑스러운 일인 양 부풀리지도 않았다. 오히려 그들이 살아
지녔을 "젊은 욕망과 고뇌"의 속내와 죽음을 겉치레할 "祖國의 이름" 사
이의 심리 대비, 그들의 '전사(戰死)'와 그것을 "꿈에도 알바 없이" 생환
을 기다리고 있을 '고향'의 "늙은 아버지" 사이 상황 대비를 마련했다.
그리하여 어처구니없는 전쟁의 뜻을 되씹으며, 젊은이의 죽음에 대한 노
여움과 애도의 뜻을 함께 드러냈다. 이어 그들의 죽음을 두고 평화를 위
해 전쟁을 벌이지 않을 수 없는, 곧 "끝내 자신의 비참 위에 서야만 하
는" 모순된 '인류'가 개인에게 저지른 '통분'스러운 일이라 했다. 절대 희
생의 뜻을 더 큰 데서 찾고 죽은 이들이 순명하도록 달래고 있는 셈이다.
위와 같이 죽음을 한 길로 찬미·애도하거나 죽음이 지닌 뜻을 달리
되짚어보거나, 국가 위해 목숨 바친 이들에 대한 진혼시는 주요하고도

24) 유치환, 『步兵과 더불어』, 문예사, 1951, 39~40면.

혼한 전쟁시의 한 유형이다. 그만큼 그들 희생이 견줄 데 없는 값어치를
지니고 있는 탓이다. 그런데 죽은 이에게 주는 산 이들의 진혼시 못지
않게 죽음을 앞두거나 죽은 이가 산 이들에게 주는 유언 꼴로 된 것도
있다.

> ①내, 원수의 총알에 쓸어지거든
> 흐르는 鮮血이 地心깊이 스며들게 하라
> 거치른 땅떵일 아름답게 물듸리리니.
>
> 내, 원수의 칼 아래 꺼구러 지거든
> 여윈 뼉따귀 靑山에 무치게 하라
> 祖國의 華麗한 江山 죽어서고 떠나기 싫기에
>
> —조영암, 「遺言」 가운데서[25)]

> ② 進擊······
> 突擊······
> 철의 장벽 뚫고 온 이땅
> 陽德山川 激戰에 쓰러지면서
> '父母任께 잘싸웠다 자랑하라고'
> 영역히 남겨준
> 戰友의 遺言
>
> 높은 하늘
> 밝은 달
> 구비 골작길
> 기러기 떼 오지말고
> 戰友야 가지말아
>
> —김순기, 「遺言」 가운데서[26)]

---

25) 조영암, 『屍山을 넘고 血海를 건너』, 정음사, 1951, 18면.
26) 김순기, 『勇士의 무덤』, 동서문화사, 1953, 55~56면.

후방에 남아 있는, 또는 전선에서 싸우고 있을 다른 전우에게 건네는 유언 꼴을 빌려 둘 다 국가 위한 죽음이 마땅한 일이라는 생각을 깔았다. ①은 시줄 모두가 죽음을 앞둔 병사의 유언으로 이루어져 있다. 자신의 죽음이 결코 슬프거나 억울한 일이 아님을 말한다. '죽어서도' '조국(祖國)' '강산(江山)'을 떠나지 않을 것이라 해 듣는 이들에게 국가에 대한 희생이 그러해야 한다는 본을 보이고자 한 셈이다. ②에서는 '격전(激戰)'의 유언 현장과 '부모님(父母任)'께 보내는 유언을 함께 마련했다. 이어서 "기러기 떼 오지말고 / 戰友야 가지말아"라며 지금도 "구비 골작길"에 묻혀 말할이에게 속삭이고 있을 듯싶은 그 전우의 말까지 덧붙였다. 시의 울림이 클 뿐 아니라, '전우(戰友)'의 죽음에 대한 말할이의 슬픔이 깊고 오랠 것임을 일깨운다.

앞에서 살핀 바 신성한 국가를 위한 죽음과 그것을 기리고 애도하기 위한 진혼시는 애국심을 북돋우고 지켜나가도록 하기 위한 당연한 장치다. 이때 그 진혼 대상은 얼추 직접 전장에서 싸우다 숨진 현역 전사자다. 본디 군대는 전쟁의 직접 피해를 입는 위험도가 민간부문보다 훨씬 크다. 그러나 전쟁을 수행하는 구실과 그 공이 큼으로 말미암아 오히려 지위는 높아진다. 그런데 이러한 절대 희생은 군인에게만 주어지는 의무가 아니다. 후방에 남아 있는 민간인 또한 전방군인에 미치지는 못하지만 희생과 봉사가 요구된다.

> 오빠
> 빨간 피 한 그람 뽑아 바치오니
>   받아 주소서 받아 주소서
> 우리들 위해 싸우다 쓸어진
>   저 이름 없는 오빠의 혈관에
> 제 정한 피 한 그람
>   수혈 해 주소서 주소서
>
> ― 김도성, 「피 한 그람」 가운데서[27]

후방 어린 소녀의 입을 빌려 전선에서 싸우고 있는 장병들을 위해 기꺼이 헌혈하여 나라에 이바지하겠다고 말하고 있다. 그러한 뜻이 순순한 마음에서 우러나온 것임을 돋보이게 하기 위해 "제 정한 피"라 했다. 장사병의 목숨을 건 순수하고 거룩한 애국심과 나란히 후방 민간인의 정성스런 마음가짐을 말했다. 장사병들이 지녀야 할 나라 향한 절대 헌신의 마음과 마주 보이는 자리에 순수하고 정결한 소녀, 곧 천사에 가깝도록 드높여진 소녀의 이미지가 놓인다. 전쟁의 파괴·폭력 속에서 민간인이 지녀야 할 바 순수하고도 열성적인 마음가짐을 이것이 알차게 표현하고 있다. 전장의 군인과 후방의 민간인이 전쟁 승리라는 한 목표로 용감하게 희생하고 순수하고도 기꺼운 마음으로 봉사를 다하는 것이야말로 국가 쪽에서 볼 때 가장 바람직한 애국이다.

3. 동포애와 내집단에 대한 관용

신으로까지 올라선 국가에 대한 복종과 헌신은 수직 위상에서 본 애국심의 핵심 요건이다. 달리 수평 위상에서는 내집단 구성원에 대한 관용, 곧 동포애와 적대세력에 대한 비관용, 곧 적개심을 들 수 있다. 동포애란 자신 위에 높이 솟아 있는 어떤 것에 대한 숭배가 아니다. 옆자리에 더불어 서 있는 동료나 같은 겨레에 대한 사랑과 일체감을 뜻한다. 이것은 평등한 개인끼리 서로 아끼고 존경하며, 널리 공동 경험에 참가하여 그것을 함께 하고 있다는 의식, 거기에서 일어나는 문제들을 다같이 처리하여 나아가려고 하는 열정에서부터 비롯된다.

---

27) 김도성, 『갈대』, 문원사, 1952, 114면.

특히 전시에 이르면 이러한 동포애는 국가라는 집단과 다른 방향에서 애국심을 키우고 북돋위준다. 동포애를 빌려 스스로 국민의 한 사람임을 새삼스럽게 확인해 나가는 계기가 마련되는 것이다. 이것은 크게 두 쪽으로 나누어 살필 수 있다. 첫째가 전우애, 둘째가 전사상자나 전재민을 비롯하여 막연히 나 아닌 남들에 기울이는 사랑과 관심이 그것이다.

1) 전우애

전우애란 동포애가 군대 안에서 나타나고 조직된 모습이다. 군대는 하나의 격리조직이다. 관료 조직이며, 장교들은 전일제 전문 인력으로 이루어진다. 징집된 사람이건 계약 복무 군인이건 할 것 없이 의무복무 기간이 끝나기 앞서 군문에서 벗어나고자 하는 사람은 누구나 군사 재판을 받고 투옥된다. 군대는 대부분의 구성원들이 잠자는 것을 포함하여 온날을 보내는 특수조직이다.[28]

따라서 계급 문화에 따른 위계와 관료적 지휘체계에 따른 수직 유대뿐 아니라, 장사병끼리의 수평 유대가 매우 중요하게 작용한다. 삶과 죽음을 함께 나누는 공동체인 만큼 결속력과 유대는 다른 어떤 조직에 견줄 데가 없을 정도로 강조된다. 군인이 지닐 바 덕성으로서 용기와 함께 전우애가 각별히 문제되는 것은 당연한 노릇이다. 조국에 대한 사명감과 승리할 수 있다는 집단적 신념은 전우애는 빌려 더욱 드세어진다.

　① 능금같이 붉은 빰
　　어린 斥候兵
　　크게 뜬 눈동자에
　　狂熱이 끓고

---

28) A. Giddens, 김미숙 외역, 『Sociology(현대사회학)』, 을유문화사, 1992, 319면.

악물은 입술……
무거운 任務……
아담하고 적은 손
높이 흔들며
올려 멧든 칼-빙小銃 움켜쥐고
겁이 없드시
묵묵히 떠나가는
어린 斥候兵

― 김순기, 「어린 斥候兵」 가운데서[29]

② 부슬비 내리는 南쪽 바다
남의 나라 浦口의 한 자리로
너는 지금 돌아 오고 있다
뚜껑 없는 짐車 위에 덜렁 높이 실려서

뼈부서지고 살 찢어진 몸둥아리에
한 뼘 붕대도 감지 않고
점잔히 실려 돌아 오는 모습이란
진정 가슴 아프다

마른 땅 바닥을 발굽으로 파서 던지며
하늘이 미어지듯 웨치며 가는
성낸 황소의 줄 다름 처럼
두 눈알 부릅뜨고 밤 낮으로 北進하던
몸숨 있는 너이더니

모든 젊은 戰傷者 함께
저기 푸른 바다 萬里를 넘어
故國의 母廠으로 돌아 갈 날 있을지

---

29) 김순기, 「어린 斥候兵」, 『勇士의 무덤』, 동서문화사, 1953, 46~47면.

너에겐 한 방울 피 흘린 痕跡도
한 소리 밤중으로 부르는 이름도
한 脈 뛰노니는 염통의 물결도 없으련만
쓰러져 너머진 그 마지막 까지
軍令과 攝理를 지켜 몸 바친
어기찬 戰士의 榮光이 있다

— 설창수, 「戰傷者」[30]

①은 전방고지에서 적진지로 척후를 떠나는 어린 전우를 바라보며 그에 대한 굳센 믿음과 사랑을 두걸음가락에 또박또박 실었다. "오랑캐 소굴"로 "묵묵히 떠나가는 / 어린 斥候兵"에 대한 눈길이 단순히 어린 전우가 아니라, 바로 자신의 피붙이 동생을 바라보는 듯한 데서 그 믿음과 사랑이 간절함을 일깨운다. 사병끼리 갖출 전우애를 형제 사이 우애로까지 끌어들임으로써 일체감을 한껏 높였다.

②는 장사병끼리 지닐 전우애가 우방군인에 대한 애정으로 옮긴 바 있어 이채롭다. 같은 겨레는 아니지만 그들에게서 겨레붙이에 버금가는 동질성을 읽어내고 있다. 남의 나라 먼 땅에서 건너와 우리 국군과 함께 싸우다 죽고 다쳐 후송 당하고 있는 UN군 전사상자에 대한 고마움과 연민을 차분하게 엮어 내린 시다. 이념 공동체로서 같은 이익을 좇고 있는 우방군에 대한 이러한 관심과 공감이야말로 마침내 전쟁을 승이로 이끌 수 있는 바탕 힘이 된다고 믿고 있는 셈이다.

이때 눈여겨보아야 할 것은 전우든 우방군이든 그들의 덕성이 뚜렷하게 강조되고 있다는 점이다. ①에서 보이는 바 "무거운 任務"를 다하기 위해 "오랑캐 소굴로" 용기 있게 떠나가고, ②에서 보이는 바 "軍令과 攝理를 지켜" 몸 바치는 희생 행위야말로 "戰士의 榮光"이다. 전우애는 이러한 "戰士의 榮光"을 함께 하고 끝없이 그것을 지켜나갈 것임을 서

---

30) 설창수·이경순·조진대, 『三人集』, 영남문학회, 1952, 60~62면.

로 서로에게 다짐하고 다짐받는 일이기도 하다. 이 일을 빌려 장병들은 보다 직접적으로 전투 참가에 대한 명분을 분명히 할 수 있다. 애국심이 란 도덕적 신념으로나 행위로나 떳떳하고 명예로운 다른 전우나 동료에 대한 책임과 은혜갚음에 뿌리내리고 있는 일이다.

2) 전상자와 전재민 가족

전우애가 독특한 관료집단으로서 군대 안쪽 구성원끼리 느끼는 동포 애라면 후방의 민간인 안에서도 폭 넓게 동포애가 자리잡고 있다. 먼저 그것은 전방에서 돌아온 전역 전상자들에게 연민과 자랑을 보내며 희생 의 명예로운 뜻을 보상해주려는 데서 엿볼 수 있다.

> 사랑하는 이여!
> 당신은 나의 짝, 나의 거룩한 님,
> 눈을 잃고
> 다리를 빼앗겼으나
> 그 남은 생명 좇아
> 조국을 위해 마치고자 소원하는
> 아아! 나의 자랑스런 님이여라.
>
> — 모윤숙, 「당신의 신부로」 가운데서[31]

상이군인의 혼인식에서 말할이로 내세워진 그의 신부가 앞으로 남편 될 상이군인에게 자신을 바치겠다고 속말하는 꼴로 되어 있다. 전투에 나 아갔다 비록 몸은 다쳤으나 그가 한 일을 '자랑'스럽고 '거룩'하기조차 하 다는 것을 말해 전상자를 한껏 높였다. 그가 겪었고 앞으로 겪어나갈 개 인적인 고통이나 불편함에 대해서는 애써 눈길을 돌렸다. 한 목소리로 전

---

31) 모윤숙, 『풍랑』, 문성당, 1961, 71면.

상자를 우러러 받드는 이러한 배려는 바로 전사상자 가족이나 전쟁 탓에 가족의 해체와 붕괴를 겪은 모든 전재민에 대한 관심이 뒤따르도록 한다.

경인전쟁이 우리에게 끼친 영향은 실로 컸다. 그 가운데서도 인구변동 쪽에서 보면 가족 붕괴와 재편성이 지적될 수 있다. 숱한 남북이산가족을 비롯해 전쟁고아, 혼혈아, 홀로된 여자 문제가 주요한 사회·경제문제로 올라섰다. 그들은 피난민에다 전사상자 가족 또는 월남 가족 구성원 가운데 한 사람일 것이다. 돌보아야 할 가족까지 모아서 생각하면 그 수는 엄청났을 것이다.

특히 젊은 부녀자 가운데서는 생활의 어려움을 이기지 못하고 매춘 행위자로 나서 이 시기에 전국에 걸쳐 사창이 확대되기에 이르렀던 일은 잘 알려진 사실이다. 버젓이 매춘을 살길로 삼는 한편, 다방업·미장업·요리업·양재업으로 나서거나, 가족의 부양·책임자로서 자영하는 수가 부쩍 늘어났다.[32] 우리 전쟁시는 이렇듯 전선 뒤에 남아 삶의 신고를 겪고 있었던 그들 전상자나 전재민 가족에 대한 관심을 빠뜨리지 않는다.

> 해질 무렵에
> 戰爭 놀이로 지치인 아이들은
> 戰死하고 없는 아버지의 집으로
> 옛날의 노리개 마냥
> 주먹、나팔을 울리며 흩어져 가면
> 젊은 未亡人
> 서글픈 '이메이지'에
> 妖夫처럼 化粧한 都市의 밤이
> 지나간 回想의 圓舞曲인양 눈물겨웁다.
>
> (…중략…)

---

32) 방영준, 「6·25가 한국인의 가치관형성에 미친 영향」, 『6·25가 韓國人·韓國社會에 미친 影響』(성신여대 현대사상연구회 편), 성신여대 출판부, 1986, 15면.

아무런 遺産도 없이
爆死한 젊은 아버지
울며 울며 남은 未亡人의 餘白에도
함부로 斷念할 수 없는
罪없는 목숨이었기
가슴 사무치도록 고달픈 사연을랑
시설샃이 깨물며
별빛이 언덕지는 층층계를 오르는가

바람은 철마다 고두박질 시름겨워
타다 남은 한나절
陣痛하는 섶모에 머물었는데
차라리 쓸개 없는 사슴이란들
제발 의좋게 하늘 우럴어 받들며
눈물 통이 없이 살자던 마을에—

— 이민영, 「風土記」 가운데서[33]

　"아무런 遺産도 없이" 남편은 전장에 나가 '爆死'해 버리고, 아이와
덩그러니 살아남아 "차라리 쓸개 없는 사슴"처럼 보일지라도 "눈물 통이
없이" 살아가고자 했으나 사정은 그렇게 간단치 않다. 그럼에도 "함부
로 斷念할 수 없는/罪없는 목숨이었기" "妖婦처럼 化粧한" '서글픈'
"都市의 밤" 늦도록까지 생업에 떠밀릴 수밖에 없다. 전쟁 탓에 홀로 된
여자와 어쩔 수 없이 범죄로 내매몰릴지도 모를 어린이가 겪는 하루하
루 삶의 어려움을 표현하고 그들에 대한 관심을 이끌어내고자 한 작품
이다.

　戰爭未亡人은 國家를 위해서 所重한 男便을 바친 功勞者인 同時에 犧牲
者이다. 戰爭은 祖國의 勝利를 위하여 遂行되고 勝利는 平和와 解放을 가져

---

33) 이민영·장호·고원, 『時間表없는 停車場』, 협동문화사, 1952, 35면.

온다. 그러나 個人의 平和를 土臺로 하지 않는 平和는 無意味 無價値한 것이
아닐까 ? 여기에 戰爭未亡人은 國家對策 社會對策의 優先 對象者이어야 하
며 社會問題로 철저히 究明되어야 할 理由가 充分히 存在한다.[34]

국가가 전쟁 탓에 홀로 된 여자들을 위하여 발벗고 나설 의무와 책임
이 있음을 말한 그 무렵 줄글이다. 국가가 힘껏 그들에 대한 대책을 마
련함으로써 국민 한 사람 한 사람이 마음놓고 조국을 위해 목숨 바칠 수
있는 바탕이 자리잡힐 수 있다는 생각을 밑에 깔았다. 그들 속에는 월남
한 가족도 끼어 있을 것이다. 그러나 구체적이고도 명시적으로 작품 속
에다 월남한 이들의 삶이나 정황을 담아내고 있는 시는 찾기 힘들다. 전
쟁수행기를 거치면서 그들이 남한 사회에서 긍정적인 같은 동포로서 사
랑과 배려의 대상이 되었는지 어떠하였는지는 사회학적 연구 대상이 될
터이지만,[35] 밤거리를 헤매는 "젊은 未亡人" 가운데서는 그들이 흔치 않
게 섞여 있으리라는 점은 쉬 짐작할 수 있는 일이다.

이렇듯 전상자나 해체된 가족 구성원에서 더 나아가 전쟁 참화로 숨
지거나 실종된 민간인에 대한 관심을 끌어내려는 시도 있다.

34) 정충량, 「戰爭 未亡人의 問題」, 『자유세계』 1월호, 홍문사, 1953, 136면.
35) 전시 월남인 수는 학자에 따라 크게 엇갈리고 있지만, 줄잡아 65만에서 100만 안팎
으로 짐작된다. 이들의 월남 동기에 대해서는 강정구에서 잘 밝히고 있다. 이들은 주
로 부산을 중심으로 경남북지역과 제주도에 몰렸다가 휴전 뒤 다시 서울, 경기도, 강
원도 지역으로 옮겨간 것으로 알려진다. 박명선은 월남한 가족들에 대한 경제생활사
를 다루면서 가족 형태에 있어서 그들 내부 결속력 강화 현상을 두고 남한지역 출신
들의 텃세와 북한 출신에 대한 편견도 크게 작용했을 것이라고 보았다. 그들은 전후
남한사회에서 무엇보다 일자리를 놓고 다투어야 하는 경쟁상대였고, 사회적·사상적
인 면에서 혼란을 일으키는 과잉인구로 인식되었을 것이라는 점이다. 대규모 월남인
들의 이동 때문에 지방색이 해소되고 개방적이 되어 민족 일체감을 북돋우게 되었다
는 긍정적 측면과는 달리 전쟁기 월남가족 문제를 되돌아보게 해주는 지적이다.
    강정구, 「해방후 월남인의 월남동기와 계급성에 관한 연구」, 『한국전쟁과 한국사회
변동』(한국사회학회 편), 풀빛, 1992; 박명선, 「월남한 가족의 경제생활사─1950년대를
중심으로」, 『여성가족사회』(여성한국사회연구회 편) 1집, 열음사, 1991, 103~104면; 김
경동, 「戰爭社會學 試論」, 『現代史』 창간호, 서울언론문화클럽, 1980, 250~251면.

꾸렘이 보따릴
걸머진 老婆님

고대로 고갯길로
쓰러지어 !

○

아들 딸 모두—
내어 보내고
전쟁 터에 내어보내고……

고대로 고갯길에
쓰러지어 !

○

며느리 손자
모두들 피란통에 잃어버리고
千里땅 地方 길인데……

꾸렘이 보따릴
걸머 진채 老母님

고대로 고갯길에서……

　　　　　　　— 김영삼, 「祖國이여 ! 이 넋부터 거두시라」36)

　김영삼은 그 무렵 시인 가운데서는 드물게 전쟁 현실에 대한 비판적
눈길을 내놓고 보여준 전쟁시를 많이 썼다. 전쟁 그 자체에 대한 혐오에

---

36) 김영삼, 『푸른 섬』, 동문사 서점, 1953, 54~55면.

서부터 전쟁으로 깊어진 사회 병리현상까지 관심을 넓혔다. 위의 시는 제목에서 전쟁 현실이나 그러한 현실에 대처하는 정부 시책에 대한 비판적 눈길을 강하게 내보이고 있다. "아들 딸 모두— / 전쟁터에 내어보내고" 홀로 남아 고난과 고통을 겪다 피난길 어느 "地方" 고갯길에서 "꾸렘이 보따릴 / 걸머 진채" 쓰러져 돌아가신 '노파(老婆)님'의 주검이야말로 예사롭지 않은 값어치를 지니고 있음을 힘주어 말하고 있다. 전장에서 산화한 현역 전사자와 달리 전란을 피해 떠돌다 숨진 이들은 어찌되었건 그 원통함이 이를 데 없을 것이다. 경인전쟁에서는 이들을 비롯한 일반인 사상자 수가 군인 사상자보다 4.5 : 1 비율로 훨씬 많았다.[37] 따라서 이들에 대한 관심은 전쟁의 참화로 허덕이는 전방과 후방을 굳게 묶고 널리 동포에 대한 깊은 사랑을 지니도록 이끈다.

앞에서 살핀 바와 같이 우리 전쟁시는 동포에 대한 사랑과 관용을 여러 길로 일깨우고 있다. 군대 안쪽에서 나타나는 전우애나 우방군들에 대한 공감과 사랑뿐 아니라, 후방 상이용사나 그들 가족 또는 홀로 된 부녀자와 같은 전재민에 대한 관심도 잃지 않았다. 이들에 대한 공감과 지극한 관심이야말로 한 사람 한 사람이 내남없이 마침내 한 국가, 한 운명 공동체임을 새삼스럽게 깨닫는 계기를 마련해준다. 애국심이란 이러한 동포애를 빌려 보다 직접적이고 감각적인 현실로 뒷받침되는 것이다.

4. 선악 이원론과 비관용

전쟁 준비기나 전시에 이르면 개인이 누리던 늘스런 자유는 흔히 희

---

37) 조인복, 『戰爭硏究』, 성화문화사, 1959, 194면.

생당하거나 제한 받는다. 이와 거꾸로 국가 권력은 알게 모르게 팽창, 확대된다. 왜냐하면 전쟁은 사회의 갖가지 측면과 부문에서 발빠른 동원과 조직화를 필요로 하고 이에 따라 군사, 정치, 행정 할 것 없이 모든 국가 권력기관은 한층 형식화·관료화하기 때문이다. 이런 상황 아래서 국가가 바라는 공식 가치를 따르고 그에 대한 지지를 표현한다면 그는 올바른 국민 또는 애국자로 남을 수 있다. 그러나 그것이 모자라는 것으로 여겨지는 개인은 나라 사랑하는 뜻을 아무리 많이 지니고 있다 하더라도 국가의 적이라는 비난을 벗어날 수 없다.

국가 공동체와 다른 의견을 갖는 개인이나 집단은 적대세력으로 몰려 비관용이나 적개심의 대상이 된다. 이것이 두려워 스스로를 규제하게 되는 것은 말할 나위 없는 일이다. 그러므로 일단 전쟁이 일어나고 나면 늦든 빠르든 두 개 진영만이 남게 된다. 전쟁은 여러 대립을 극도로 단순한 양자택일로 만들어 버린다. 선악 이원론이 바로 그것이다. 전쟁은 군사, 정치뿐 아니라 심리 영역에까지 두루 이러한 정신작용을 강요한다. 갖가지 활동과 여러 신조는 마침내 몇 개의 이원 대립하는 주제를 중심으로 양극화되는 것이다.[38]

우리는 또다시 우리의 祖上과 같이 거룩한 自由의 創造者가 되어야 한다.

---

38) G. Bouthoul, 강창구 역, 『전쟁·애국심』, 병학사, 1982, 91~92면.
　판단력이 없는 사람처럼 정부 방침을 마냥 좇는다면 문제 될 것이 없다. 그러나 대다수 개인에게는 조국에 대한 사랑 건너 쪽에 정부가 펴고 있는 현실 정책에 대한 반대가 자리한다. 이들이 서로 엇물려 마음은 분열, 갈등 상태에 놓이게 되는 것이다. 이런 일은 개인과 전체 사이에서 흔히 볼 수 있는 문제이다. 淸水幾太郎은 이것으로부터 벗어날 수 있는 길을 셋으로 들고 있다. 첫째로 하던 일을 버리고 완전한 비협력자의 태도로 나아간다. 둘째로 비협력이라는 소극적 태도에 멈추지 않고, 나아가 결과에 관계없이 신과 양심의 판단에 걸맞은 방침을 위하여 애쓰려 한다. 이 두 경우에는 국민의 적이라고 내침을 받거나 갖가지 위해 뿐 아니라 생명까지 위협받게 된다. 셋째로 반대하면서도 협력하는 길이 있다. 그러나 이러한 가능성은 없다. 전시에는 마침내 중간노선이나 협상노선이 배제되어 버린 흑백, 선악 이원논리 속에 모든 것이 감겨들고 만다.
　淸水幾太郎, 강창구 역, 『전쟁·애국심』, 병학사, 1982, 267~268면.

굳세게 살아있어 모든 무리를 억매이는 不自由와 싸와야 한다.

　自由를 빼앗기는 우리의 삶은 우리들의 삶이란 차라리 죽음보다도 더 앞은 것이기에 ―.

― 박종화, 「오직 自由를 얻기 위하여」 가운데서[39]

善과 惡의 싸움이다.

　허위와 眞實과 씨름이다.

― 모윤숙, 「비밀전쟁」 가운데서[40]

　'자유(自由)'와 '부자유(不自由)', "善과 惡", "眞實과 虛僞"라는 이원론적 주제를 잘 보여준다. 이때 '부자유(不自由)', '악(惡)', '허위(虛僞)'는 물리쳐야 할 것이며 적대가치다. 이러한 양분법 아래서는 내집단의 애국심만이 숭고하고 빛나는 '선(善)'으로 간주된다. 다른 외집단의 애국심이란 불합리하기 그지없다. 애국심은 지극히 배타적이고도 독점적으로 작용한다. 적대세력을 향한 이러한 비관용은 두 가지 방향으로 향한다. 외부의 적대세력으로 나아갈 수도 있고, 내부의 적대세력으로 나아갈 수도 있다.

1) 외부의 적대세력

　어떤 외부집단을 적으로 삼으면서 자신이 겪고 있는 불행과 고난의 원인을 그들에게 돌리고, 거기에 대해서 적의를 나타내는 것을 대외적 비관용이라 할 수 있다. 이것을 빌려 국가 공동체는 내부 결속을 다지고 스스로를 정화시켜 나간다. 우리에게 있어 이러한 대외적 비관용의 대상, 곧 외부의 적대세력은 마땅히 북한이었다. 그런데 그 구성원은 다름 아니라 같은 핏줄이었다는 데에 민족 내부전쟁으로서 경인전쟁이 지니고

---

39) 박종화, 「오직 自由를 얻기 위하여」, 『문예』 13호, 문예사, 1952.
40) 모윤숙, 『風浪』, 문성당, 1951, 53면.

있는 심각함이 있다. 총칼을 겨누며 피를 흘리는 적이 다름 아닌 한 겨 레라는 충격으로 말미암아 민족 공동체, 인격 공동체의 원초적인 줄이 여지없이 끊기는 참극을 겪게 된 셈이다.

이처럼 민족 공동체의 내적 근거가 사라진 자리에 공적 사회통제 기 능으로 강화된 것이 다름 아닌 반공 이데올로기다. 경인전쟁으로 말미암 은 동족상잔은 광복기에서 크게 웃자랐던 민족 분열과 살상의 비극을 더욱 키우고 심화시켰다. 어느덧 남한 사람들은 자기들이 모두 남한 국 민임을 스스로 받아들임과 아울러 공산주의를 무섭고 나쁜 사상으로 내 치는 데에 동의하기에 이르렀다. 민족 내부전쟁을 거치면서 반공 이데올 로기는 바깥에서부터 강요된 현실이 아니라 깊숙하게 내면화된 현실이 된 셈이다. 그것은 직접 계급적·정치적인 이해에 바탕을 두고 적극적이 고 공격적인 내용으로 내면화되기도 했고, 전쟁의 참화를 겪었던 탓에 전쟁에 대한 공포의식과 같이 소극적이고 방어적인 내용으로 내면화되 기도 했다.[41] 경인전쟁은 한 마디로 분단의식의 내적 생산계기였다.[42]

맑스主義는 붉은 北方의 魔藥으로

---

41) 이혜원·조현연, 「한국전쟁의 국내외적 영향」, 『한국전쟁의 이해』(한국정치연구회 편), 역사비평사, 1990, 353면.

42) 반공 이데올로기의 형성배경과 진행과정, 그리고 그 영향에 대한 것은 여러 분야에 서 다양한 접근이 전제되어야 할 사항이다. 정치적으로 볼 때는 중간노선의 배척에 따 른 양분법적 사고의 결과이다. 경제적으로는 광복 뒤 남북분단에 따른 경제국조의 양 분과 그로 말미암은 산업부문의 불균형, 비유기적 발전, 그리고 전시와 전후 미국 중 심의 경제의존도가 급격히 증대됨에 따라 분균형적, 대외의존적인 경제성장을 뒷받침 하고 정당화하는 이데올로기로서 이것이 강화되었다. 이러한 반공 이데올로기는 대한 민국의 국시인 자유민주주의를 대체해 나가면서 독재를 합리화시켜 주는 수단으로 작 용하기도 하였다. 경인전쟁이 분단 이데올로기에 끼친 영향에 대해서는 아래 글에서 도움 받을 수 있다.

김진균·조희연, 「분단과 사회상황의 상관성에 대하여」, 『분단시대와 한국사회』(변형 윤 외저), 까치, 1985; 손호철, 「한국전쟁과 이데올로기지형」, 『한국전쟁과 남북한사회의 구조적 변화』(경남대 극동문제연구소 편), 경남대 출판부, 1991; 김동춘, 「한국전쟁과 지 배이데올로기의 변화」, 『한국전쟁과 한국사회변동』(한국사회학회 편), 풀빛, 1992.

人類史上의 最惡의 한 페이지를 더하려고
泰平春秋를 謳歌하던 東方에 侵入하였다
허울 좋은 文化의 뱀허물로 覆面하고
「共産」과 「平等」을 武器삼아서
함부로 傳統의 圖譜를 汚辱하고

― 이영순, 「世期의 悲劇」 가운데서[43]

공산주의에 대한 적대감을 숨김없이 드러냈다. 공산주의를 '공산(共産)'
과 '평등(平等)'을 무기 삼은 "人類史上의 最惡"의 '마약(魔藥)'이라 했으
니 그 옳고 그름은 두고라도 적의가 끝에 다다른 듯한 표현을 얻었다.
이런 극단적인 흑백 논리 아래서는 중도노선 또는 협상노선이 설자리는
없다. 자유주의와 공산주의, 대한민국과 북조선인민공화국, 정통국가와
괴뢰집단, 선과 악이라는 대립 등식이 현실화되고 그에 따른 정치적 태
도표명은 필연적이다. 그러므로 '공산독재(共産獨裁)'가 저질러지고 있는
'괴뢰' 북한은 하루바삐 그것으로부터 벗어나 '자유대한'에 '통일(統一)'되
어야 할 "不具의 祖國"이 된다.

不具의 祖國 北韓
새벽 하늘엔
統一을 象徵하는
太極旗 높이 솟고……

共産獨裁 毒牙 아래
思索……
感情의 防波堤

크레므린 검은 鐵門이
正義의 使從앞에

---

43) 이영순, 『延禧高地』, 정민문화사, 1951, 15면.

부서저 간다

— 김순기, 「進擊」 가운데서44)

惡의 꽃 무성한 붉은 廣場에

頭目 스따린 漸屍할 날아 !

— 조영암, 「屍山을 넘고 血海를 건너」 가운데서45)

경인전쟁의 승리는 바로 북한을 '공산독재(共産獨裁)'에서 벗어나게 하고 나아가 "크레므린 검은 鐵門"을 활짝 열어젖뜨릴 온전하게 승공하는 일이다. 그 일이야말로 '정의(正義)'로운 지상과제다. 북한 정권에 대한 적개심보다 공산진영의 맹주로 불리는 소련, 또는 "頭目 스따린"에 맨뒤 책임을 미룸으로써 민족 내부전쟁이 갖는 심각성을 비껴나가고 있다.46)

이제 砲聲은 멀어졌을 어느 골짜기, 스스랑 같이들 피었다 가는 어느 마을에서는

─ 모처럼의 나들이 때라야 매만져보는 반다지 속 깊숙히 묻어두었던 그 상목 진솔 단속곳 마자 共産軍한테 앗기웠는가 하면 해마다 텃논 소출인 알톨 穀良稻 한섬이나 되는 邑內 寡婦宅 도짓송아지를 그 혼해빠진 푸른 딱지 스무장에 생색과 세도를 부리며 끌어가고 말았으니 올 여름에는 그 엄매 …… 소래도 못 들을 것은커녕 열일곱살 밑며누리, 아직 成禮도 못한 것을 건넌房에서 철썩이는 소리는 참아 안 들을래야 치가 떨리었다.

— 이상로, 「殺戮의 地域에서」 가운데서47)

---

44) 김순기, 『二等兵』, 동서문화사, 1953, 57~58면.
45) 조영암, 『屍山을 넘고 血海를 건너』, 정음사, 1951, 13면.
46) 북한이 이른바 조국해방전쟁의 궁극적인 적을 미제국주의자들로 생각한 것과 같이, 전쟁 당사자로 북한보다 소련을 내세움으로써 동족 내부전쟁이 갖는 떳떳하지 못한 점을 비껴가면서 국민을 규합하거나 적개심을 불러일으키는 데 유리했을 것이다. 사실 그 무렵 우리 지도자들은 경인전쟁을 내란이라기보다 소련이 개입되거나 소련의 사주로 일어난 한·소전쟁으로 보았다.
     나종일, 「한국전쟁의 의미─한국의 입장」, 『한국전쟁을 보는 시각』, 을유문화사, 1990, 70~71면.
47) 이상로, 『歸路』, 백조사, 1953, 10~11면.

위의 시는 공산주의가 어째서 물리쳐야 할 악한 세력인가를 '공산군
(共産軍)' 아래서 몸소 겪었을 사건을 통해 말하고 있다. '공산군(共産軍)'
은 식량이며 세간살이 약탈은 물론 짐승 같은 성폭력도 스스럼없이 저
지르는 존재로 묘사된다. 약탈과 성폭력을 빌려 공산군에 대한 구체적인
적개심을 일깨우고자 했다. 그러나 공산세력은 이렇듯 약탈이나 성폭력
과 같은 개별적이고 부분적인 잘못 때문에 부정되어야 할 것은 아니다.

외부의 적대세력을 향한 적개심은 그들이 지닌 현실의 일부로 향하는
것이 아니라 그 존재 전체로 향한다. 이것은 외집단에 대한 적개심이 그
만큼 가혹하다는 뜻이다. "共産主義 信奉者가 되면 仁者가 없고 善한
사람이 있을 수 없는 것이다. 사람이 모다 惡德하여지고 狂的이며 病的
으로 되고 마는 것이 이 主義思想이다"[48]라는 말에서 이 점이 잘 드러
난다. 그런 만큼 적대세력의 존재 전체에 대한 부정은 매우 추상적이고
맹목적인 수준에서 이루어질 수밖에 없었다. 그들은 그저 "붉은 이리떼"
며 "원수"라는 한 마디로 규정되어 버린다. 극단에 이른 경우 종교적 신
념으로까지 증오가 드세어진다.

> 夕陽이 기울기 전
> 砲門 一齊히 열리라
> 惡의 勢力을 온 누리에
> 누룩처럼 펼치려 하던
> 저 「사탄」의 心臟을 향해……
>
> ― 박화목, 「砲門 열리다」 가운데서[49]

> 붉은 이리떼 썩은 屍體를 넘어
> 따발銃 메고 북으로 도망치는
> 원수의 뒤를 쫓아

---

48) 조규동・예관수, 『한국의 동란』, 병학연구사, 1950, 487면.
49) 박화목, 『戰線詩帖』 1집, 1951(이윤수 편, 1984년 학문사판 참조, 56면).

百日天下 돼지처럼 돼지처럼
흰옷입은 따와리씨의 뒤를 쫓아
숨가쁘게 숨가쁘게 휘몰아가자 !

　　　　　　　　— 조영암, 「進擊의 노래」 가운데서[50]

　적군을 악랄한 '사탄'으로 표현해 그들에 대한 증오가 끝에 다다랐음
을 알게 한다. 그들은 '정의'로운 이 세상을 뒤덮은 "惡의 勢力"으로 반
드시 물리쳐야 할 대상이다. '흰옷입은' 소련군 또한 마찬가지다. 오랑캐
에 대한 증오에다 '돼지'에 비겨 멸시를 일삼았다. 그런데 적대세력을 향
한 이러한 강력한 목소리, 전면적인 적개심도 경우에 따라 그 방향을 바
꾼다.

　①親愛할 수 있는 가엾은 푸우러(獨裁者)의 從僕이여
　　모—든 最後를 기다리는 것은 愚昧한 일이다
　　그대와 그대가 사랑하는 나라를 僞하여
　　이제 바로 우리 軍隊로 오라
　　그것은 너무도 옳은 일이며 뚜렷한 運命인 것이다.
　　　　　　　　— 김기완, 「떠나와야 할 運命을」 가운데서[51]

　②龍아 ! 죄없는 너의 동무를 이끌고
　　祖國의 품으로 돌아오너라
　　祖國은 너를 부른다
　　祖國은 너를 용서할지니
　　사랑이 넘치는 祖國 어머니 품으로
　　두 손 들고 돌아오너라
　　　　　　　　— 나운경, 「敵 아닌 敵에게 부치는 노래」 가운데서[52]

---

50) 조영암, 『屍山을 넘고 血海를 건너』, 정음사, 1951, 10면.
51) 김기완, 『戰線詩帖』 1집, 1951(이윤수 편, 1984년 학문사판 참조, 45면).
52) 나운경, 『戰線詩帖』 1집, 1951(이윤수 편, 1984년 학문사판 참조, 133~134면).

애국심은 적대세력에 대해서 독점적이고 배타적으로 작용한다. 따라서 적과 아군 사이에 경계가 뚜렷하다. 그 둘 사이 연결 가능성은 거의 없다. 그러나 위의 시와 같이 투항을 부추기는 것은 둘 사이 경계가 거꾸로 통로로 쓰일 수 있음을 보여준다. 적대세력에 대한 비관용이 선택적 관용으로 바뀌는 것이다. ①에서는 그러한 통로로 전쟁 적대세력이 "親愛할 수 있는" 같은 겨레, 한 피붙이라는 동족감이 작용하고 있다.

뒤선 작품은 서울로 유학을 떠났다 전쟁 바람에 끌려가 인민군이 되어 버린 동생에게 주는 형의 외침말로 되어 있다. 이미 저쪽에서 "敵 아닌 敵으로" 맞서 있는 동생에게 투항하라는 강한 뜻을 담았다. 적대세력이 마침내는 한 핏줄에서 비롯된 형제라는 가상적 정황을 알맞게 마련해 피아의 구분이 선택적일 수 있다는 점을 잘 보여준다.

이렇듯 외부의 적도 투항하면 바로 내집단 구성원으로 결속될 수 있다는 논리 속에서도 내집단의 체제와 이념만이 정의롭고 앞선다는 내집단 우월의 한결같은 믿음은 포기하지 않는다. 정치적으로나 군사적으로나 "우리 軍隊", '우리' '나라'가 지닌 우월성과 전쟁 승리는 확실한 것이다. 이 속에서는 어떠한 회의도 비판적 시각도 자리할 수 없이 눈면 애국심만을 요구한다. 따라서 우리 겨레는 1945년의 지역 분단에서 한 발 나아가 사상적, 정서적으로도 서로 이질감을 키우며 더욱 깊숙이 분열·분단될 수밖에 없었다.

2) 내부의 적대세력

대외적인 비관용과 적개심은 아울러 대내적인 비관용이나 정화작용을 같이한다. 바깥의 적대세력과 싸우는 애국심은 안쪽의 적대세력과 싸우는 애국심이다.53) 외부와 투쟁상태에 들어가면 내부의 통일은 자연스럽게 강화된다. 구성원들은 갈수록 같은 운명 아래 굳게 모인다. 거꾸로 안쪽의 평화가 잘 지켜지는 경우에는 바깥에 대하여 용감하고 효과적으로 싸울 수가 있다. 전시에는 바깥의 적과 마찬가지로 안쪽의 적도 깡그리 물리쳐야만 한다. 안쪽에 있는 적은 전선에서 싸우고 있는 장사병의 용기와 신념을 꺾고, 후방민의 애국심을 흐리고 일체감을 깨뜨려 전선 앞쪽의 적과 마찬가지 존재다.

흔히 전선의 전투와 마찬가지로 후방 보급·군수 생산과 같은 일을 후방전이라 이름 붙여 총체전 개념을 끌어들이거나, 후방에 대한 사상전·심리전이 중요한 전쟁 활동이 되는 까닭이 여기에 있다. "戰爭을 外敵의 격퇴라고 한다면 犯罪의 방지는 內敵의 격퇴라고 할 수 있는 것이 아닌가? 外敵의 격퇴는 內敵의 격퇴를 수반할 때 더욱 신속히 實現될 수 있지 않을까?"[54]라는 그 무렵 지식인의 짧은 말 속에 내부의 적에 대한 비관용의 논리가 생생하게 담겼다.

> 祖國에 살고
> 祖國을 모른다는
> 虛勢의 族屬
> 감투
> 陰謀
> 딸라에
> 反逆된 무리들
> 病菌 되어
> 휩쓸고 싶소이다
>
> 붉은 오랑캐 洪水 밀리고
> 뚝 터져
> 浸水된 無窮花 東山에

---

53) 淸水幾太郎, 강창구 역, 『전쟁·애국심』, 병학사, 1982, 315면.
54) 이건호, 「戰時下의 少年犯罪」, 『首都評論』 창간호, 수도문화사, 1953, 23면.

防波堤되어
뻗치고 싶소이다

— 김순기, 「所願」 가운데서[55]

 "조국에 살면서 / 조국을" 모르는 듯이 행동하는 '족속(族屬)'들이 바로 국민적 일체감을 더럽히고 깨뜨리는 안쪽의 적대세력이다. "감투 / 음모 / 딸라에 / 反逆된 무리"가 그들이다. 말할이는 외부의 적인 "붉은 / 오랑캐"에 잠겨버린 현실 속에서 마구 날뛰는 내부의 적대세력과 달리 자신을 애국자로 올려 세워 '방파제' 되어 나라를 지키고 싶다는 결의를 다지고 있다. 이러한 내부의 적은 다름 아니라 전쟁으로 말미암은 사회 병리현상을 부추기고 그것에 휩쓸려 이익을 좇는 이들이다. 물질 만능주의 사고에 젖어 옳지 않은 방법으로 치부를 꾀하며 사치낭비를 일삼는 무리와 권력을 빌려 자기 이익만을 챙기는 타락한 지도자가 가장 흔히 나타나는 유형이다.

 생각하는 갈대는 없었다. 거치른 氣象에 氷結한 갈대를 밟으며,
 途中에서 죽지 아니한 것은, 돈이 宗敎이상이었음을 實證한데 不
 過하였다.

— 김구용, 「脫出」 가운데서[56]

 청년은, 二十世紀 전쟁 희생물로 흙에 묻히었다 !
 그의 애인은 연지를 물고 문명을 종 같이 부리며 黃金을 몸에 감고 열정의 호화판 꽃을 복사한다.
 우리들의 무덤은 없다 ! —(좋다 !)

— 김영삼, 「우리들의 무덤은 없다」 가운데서[57]

---

55) 김순기, 『勇士의 무덤』, 동서문화사, 1953, 103~105면.
56) 김구용, 『文藝』 15호, 문예사, 1953, 56면.
57) 김영삼, 『푸른 섬』, 동문사서점, 1953, 50면.

예속된 전쟁 경제, 왜곡된 자본주의 현실 위에서 물질 만능주의와 향락만이 판을 친다. "돈이 宗敎 이상"인 현실, "氷結한" 세상이다. "전쟁 희생물"로 '청년'들은 일선에서 죽어 가는데 후방에서는 그들 죽음은 아랑곳없이 부도덕하게 '황금(黃金)'을 벌고 사치와 낭비를 일삼는다. 일선 병사가 외치는 "우리들의 무덤은 없다"라는 말로 후방의 적들에 대한 노여움을 숨기지 않았다. 그들의 죽음은 놓일 자리, 돌아갈 자리가 없는 헛된 개죽음일 따름이다.

> 오늘의 코리아 보다
> 내일의 코리아를 위해서는
> 애국자 R은 먼나라로 몸을 숨기기로 했다.
> 山川에 묻힌 그리운 정보다
> 은행 수표에 맘이 더 간절해
> 총재 두춰어른께 큰 설계를 암시했다.
> 경제파란, 민족붕궤,
> 이는 대한의 비극, 아세아의 손실이나
> 앞날의 대한을 살릴 애국자는
> 이 현실을 피해야 한다고
> 그는 큰 사상과 큰 애국심을 갖었기에
> 별도 없는 밤 부산항을 떠났다.
> 망명이란 큰 뜻을 말하고
> 전쟁과 주검 없는 곳을 向해
> 愛國者 R은 愛國을 하려 제 나라를 떠났다.
>
> ─ 모윤숙, 「밀항의 밤」[58]

'R'은 자기만의 안전을 위해 "전쟁과 주검이 없는 곳을 向해" '망명'을 꾀하는, 저밖에 모르는 배신자다. 그럼에도 그는 "대한을 살릴 애국자"로젠 체한다. 이 시는 그러한 위선적인 지도자들을 차갑게 꾸짖었다. 사회

---

58) 모윤숙, 『風浪』, 문성당, 1951, 69~70면.

적 무규범 속에서 먼저 나부터, 나만이라도 어떻게 해서든 살고 보아야 겠다고 허위와 사욕에 차 날뛰는 위정자야말로 국민들을 낙담하게 하고 공동체 안쪽 뼈대를 밑에서부터 흔드는 "七面鳥의 愛國者"인 셈이다.

①여기 박쥐의 무리가 있다
 － 七面鳥의 愛國者
    제몸을 保護色과 疑裝으로 가리기에 노상 名手렸다
    鄭鑑錄을 神主처럼 服膺하는 도배
    三十六計만 찾고 半熟된 戰略에 蟲或한다
 － 貨幣를 金뭉치로 바꾸어 몸에 간직코
    密船을 사 두고도 憂愁에 몸이 닳아
 － 特權에 便乘하여 倉皇히 釜山으로 달려가는 玉甫
    그러기에 그는 먹을 것 없는 祭祀에 절만 죽도록 하는걸까
 － 하루에도 몇 번 家財와 씨름하는 者 房 깊숙이 賭傳을 일삼는
    者
    混亂을 틈타서 亂倫에 얼빠진 무리 謀利輩……
                            ―김사엽, 「그날이 오면」 가운데서59)

②물결쳐 밀려드는
  毒蛇의 붉은 혀 밑에
  비로―도 치마 마카오洋服 뒤집어쓰고
  化粧한 肉體를 안고 안기워
  돌기만 하는 紳士 淑女群
  統一이 願이고
  平和 그립다고

  祖國 僞한 모임의 疲勞를
  慰安 云云하고
  해지도록 뱃노리 밤새도록 술 마시는

---

59) 김사엽, 『戰線詩帖』(이윤수 편) 2집, 1952(1984년 학문사판 참조, 89~90면).

虛榮의 族屬
그래도 서로 愛國者라고 高聲

流行 光熱病 걸려
虛榮 찬 붉은 눈 크게뜨고
距離 헤매면서
理想的
親家庭 建設을 僞해서랴?

戰線의 勇士보다
墮落한 後方 國民의 心臟을 먼저
오랑캐들은 가늠자 구멍에서
노리는것쯤 아세야지……
平和 願한다는 그대들이
노예를 象徵하는 이꼴로써
피 흘리는 勇士에 報答하고
戰爭하는 나라에 삶 하는
國民의 任務를
다 할수 있는지

　　　　　　　　　　　　　　 ― 김순기, 「表情」[60]

　①에서는 물리쳐야 할 내부의 적대세력을 "박쥐의 무리"로 불렀다. 기회주의자, 부도덕한 축재자, 사치와 낭비에 빠진 자, '난륜(亂倫)'을 일삼고 게다가 '밀선(密船)'까지 준비시켜 둔 거짓 애국자가 그들이다. 말할이는 '사악'하기 이를 데 없는 그들을 한 자리에 모아 꾸짖고 있다. 할 말이 많고 목청이 높아지다 보니 시로서 갖출 바 다듬기에 이를 짬이 없다. ②는 "平和 願한다"면서 '타락(墮落)'해 '노예'처럼 살고 있는 '후방국민(後方國民)'들을 향해 "피흘리는 勇士에 報答하고" "國民의 任務를 / 다

---

60) 김순기, 『二等兵』, 동서문화사, 1953, 97~100면.

할 수 있는지" "戰線의 勇士" 입장에서 나무라고 있다. ①과 달리 그런 대로 숨을 고르며 내부의 적들을 하나하나 짚었다.

전쟁은 공동체 안쪽에 구조적인 충격을 준다. 사회 조직이 부서지고 질서가 무너진다. 이런 상황을 틈타 편법과 철저한 물질 만능주의, 수단 가리지 않는 목표 지상주의가 판을 친다. 빠른 목표달성을 위해 정실·연고·요령과 같은 획득수단이 예사로운 일이 된다. 거기다 퇴폐와 허무주의가 사회를 무겁게 짓누른다. 이 속에서 사회적 이동과 개인의 지위 변동이 급격히 일어나고 그에 따른 갖가지 좌절과 충격, 긴장과 갈등은 전쟁기 내내 사회를 사로잡게 된다.[61]

내부의 적이란 다름 아니라 바로 이런 속에서 갖가지 옳지 않은 치부 수단으로 졸부가 된 이들, 썩은 군대와 관료조직의 "特權에 便乘하여" 상승의 기회를 잡은 무리나 '애국(愛國)'을 앞세운 위선적인 지도자다. "감투 / 陰謀 / 딸라에" 눈먼 이다. 이들이야말로 전쟁의 결과로 나라 경제 상태가 두루 악화되고, 전반적으로 사람들의 지위가 하강함에도 신분의 수직상승을 거듭하거나 혼란을 틈타 한달음에 중·상층 또는 상층으로 떠오른 사람이다.

일상 생활 속에 흔히 접할 수 있는 무리들인 만큼 외부의 적대세력에 적의를 보낼 때와 달리 어느 정도 적대 이유가 명시적으로 드러난다. 우리 전쟁시는 그들에 대한 단호한 적개심과 꾸짖음을 아끼지 않았다. 이를 빌려 전시 혼란과 사회구조 재편과정에서 일방적으로 희생을 치르고 있었던 다수 국민들의 절망과 노여움에 마음을 같이하고 그들을 다독거리고자 했다. 애국 하나로 뭉쳐진 국가 공동체의 결속과 일체감은 이에 이르러 더욱 굳건하게 다져지게 되는 것이다.

---

61) 전쟁기의 사회 혼란과 가치 변동 현상에 대한 일반 지식은 김경동, 「戰爭社會學 試論」, 『現代史』 창간호, 서울언론문화클럽, 1980과 방영준, 「6·25가 한국인의 가치관 형성에 미친 영향」, 『6·25가 韓國人·韓國社會에 미친 影響』(성신여대 현대사상연구회 편), 성신여대 출판부, 1986 등의 도움을 받을 수 있다.

5. 마무리

1950년 경인년 한국전쟁기에 발표된 전쟁시를 대상으로 그들 속에 애국심이라는 주제가 어떻게 자리잡고 있는가를 수직·수평 두 위상으로 갈라 살펴보고자 했다. 논의를 줄여 마무리로 삼는다.

수직 위상에서 볼 때 애국심은 신으로까지 올려 세워진 국가에 대한 개개인의 스스럼없는 복종과 헌신을 그 요건으로 삼는다. 먼저 우리 전쟁시는 우러러 국가에 대해 복종할 것을 손수 말하거나, 국기와 같은 상징물을 빌려 기꺼운 복종이야말로 은총이며 견줄 데 없는 기쁨임을 일깨웠다. 이러한 마음은 종교적인 열정으로까지 드세어지고 가부장적 유대로 굳건해진다. 또한 우리 전쟁시는 조국을 위해 절대 헌신할 것을 부추기고, 진혼시를 통해 아군 전사자를 위한 찬미와 애도를 충실히 다했다. 때로는 유언 꼴이나 전사자의 목소리를 빌려 국가를 위한 헌신이 영광스럽다는 점을 알리고, 민간인도 장사병 못지 않게 순수한 희생정신으로 봉사해야 함을 일깨우기도 했다.

수평 위상에 볼 때 애국심은 내집단 구성원인 동포에 대한 관용을 그 요건 가운데 하나로 삼는다. 전우애는 동포애가 군대 안에서 나타난 것이다. 이것을 드높이기 위해 전우들은 한 형제 한 핏줄이라는 동일시가 이루어지고, 비슷한 느낌이 유엔군에게로 옮겨지기도 했다. 그리고 상이용사를 비롯한 전상자나 삶에 허덕이는 전재민 가족, 또는 피난길에 애꿏게 숨겨진 민간인에 연민과 위로를 보내 국민적 일체감을 꾀하고자 했다. 동포애는 내남·전후방·군민이 모두 한 국가 한 운명공동체로 전쟁 승리라는 한 목표에 공동책무를 지고 있음을 일깨울 뿐 아니라, 애국심을 보다 현실 감각으로 떠올려주는 바 몫을 다했다.

선악 이원론적 정신작용 아래 외부나 내부의 적대세력에게 주어지는 비관용은 수평 위상에서 본 애국심의 또 다른 요건이다. 외부의 적대세력은 북한 공산정권과 그들 뒤를 맡고 있는 소련이다. 이들에 대한 적개심은 종교적 신념으로까지 드높여진 채 전면적이고 맹목적인 수준에서 이루어졌다. 다만 한 겨레붙이라는 동족감이 그러한 비관용도 선택적 관용으로 바뀔 수 있는 통로로 작용한다. 북한주민에 대한 직접적 공격을 비껴나가거나, 공산군에게 투항을 권하는 데서 이 점이 잘 드러났다. 내부의 적대세력은 물질만능에 빠져 부당한 치부와 사치를 일삼는 무리, 썩은 관료조직과 위선적인 지도자들이다. 전방군인의 용기를 꺾고 후방민의 애국심을 흐려놓는 이들 무리를 향해 우리 전쟁시는 적개심을 아끼지 않았다. 그리하여 전쟁기 내내 일방적으로 희생을 치르고 있었던 다수 국민의 절망과 노여움에 뜻을 같이 하고, 애국심 하나로 더욱 뭉쳐야 함을 일깨우고자 했다.

경인전쟁기 우리 전쟁시는 작품으로서 이룬 바 높낮이와는 별개로 애국심을 내걸어 전쟁 승리에 대한 믿음과 내집단의 일체감을 부추기고 사회통제를 현실화하는 일에 한 목소리로 힘을 더했다. 그러나 우리 전쟁시는 그러한 공식적인 목소리 아래 더 많이 삶의 값어치를 일깨우는 여러 목소리를 담고 있다. 오히려 그것이 더 나라를 사랑하는 일이라고까지 생각한지도 모른다. 세계로 나서 보편적인 인간 선에 대한 믿음을 잃지 않으려 했고, 스스로의 내면으로 들어가 체험의 진실성을 찾고자 하는 노력도 아끼지 않았다. "언제나 祖國은 平和를 원하였을 뿐, 勝利의 旗를 目的한 일은 없었다"[62]는 부르짖음 속에 1950년대 우리 전쟁시가 지닌 영광과 고통이 켜켜로 자리한다. 이 글을 빌려 그것을 널리 살피기 위한 들머리는 어느 정도 실증해본 셈이다.

---

62) 김구용, 「脫出」, 『文藝』 15호, 문예사, 1953, 56면.

제3장
경인전쟁기 간행 시집 문헌지

1. 들머리

2000년은 흔히 6·25사변이니 한국전쟁으로 일컬어지는 경인전쟁 쉰돌이 되는 해다. 나라 안팎에서 여러 행사가 이어졌다. 그 관심 영역도 군사·사회·정치뿐 아니라, 문화·문학에까지 두루 걸치고 있다. 그러나 그러한 관심을 지켜보면서 아쉬움을 갖지 않을 수 없다. 무엇보다 경인전쟁에 접근하기 위한 1차 사료의 발굴과 갈무리에 많은 모자람을 느끼는 까닭이다. 이 문제는 유독 경인전쟁기에만 걸리는 일이 아닐 터이지만, 각별히 이 시기 문헌에 대한 것은 아쉬움을 더한다.

왜냐하면 이 시기는 국가, 사회적으로 혼란기였고 지역적·계층적 이동이 컸던 까닭에 많은 자료를 내어놓을 수 없었을뿐더러, 그것을 체계적으로 모으고 간추릴 만한 제도나 여유 또한 없었던 탓이다. 게다가 경인전쟁기는 한국 근대문학사에서 지역문학의 문제를 직접적이고도 구체적으로 각인·심화시킨 시기다. 그리고 그 중심에 좁게는 부산·대구를 중심으로 한 영남문학이 놓여 있다는 점을 눈여겨볼 일이다. 모름지기 경남·부산지역의 문학연구가 한국 근대문학 연구에 이바지할 바 몫의 큰 부분이 이에 있음은 말할 나위가 없다.

그럼에도 어느 수준까지 갈무리가 된 듯 한 정치 분야의 사정과 달리, 문학문헌에 대한 모자람은 그 정도가 심하다. 현재까지 나와 있는 가장 방대한 경인전쟁 관련 문헌 목록집1)을 보더라도 상당한 자료들이 빠져 있어, 자료집의 의의에 심각한 타격을 주고 있다. 역사·정치적 관점에 서서 자료 수집에 매달렸던 해당 저서의 됨됨이로 볼 때 자연스런 결과였겠다. 거기다 경인전쟁과 관련된 생활사·문화사에 대한 관심이 크게 모자랐던 점이 거들었을 것이다.

이 글은 경인전쟁기2) 문학문헌3)에 관한 문헌지4)를 마련하기 위해 씌

---

1) 한국전쟁연구소 편, 『한국전쟁(6·25) 관계자료 문헌집』, 갑진문화사, 1985.
2) 여기서 말하는 경인전쟁기 도서란 저작권지에 씌어진 발행년도가 1950년 6월 25일에서 1953년 7월 27일 사이로 되어 있는 책에 한정한다. 곧 전중기 간행 시집인 셈이다. 저작권지에 기록된 날짜가 그 책이 찍혀 나온 날을 그대로 보여주는 것은 아니지만, 대강의 사정은 알 수 있게 한다.
3) 경인전쟁기에 간행된 총 문학문헌의 수는 현재로서는 짐작하기 쉽지 않다. 명료한 통계나 자료가 전무한 까닭이다. 그러나 이런 저런 사정을 감안하면 시집이 모두 89책 남짓, 소설이 딱지본과 번각본을 제외하면 90책 남짓, 희곡집이 5책, 수필집이 20책 남짓, 피난기·참전기·수형기와 종군기·인물기와 같은 보고·고백문학집이 15책, 옮긴책 기타가 130종 남짓으로 모두 349종 정도 확인된다. 통계청 자료에 따르면 1952년에 문학도서출판이 239종, 1953년에는 404종이 잡혀 있다. 물론 이 통계는 검열필을 통과한 것이거나, 다수의 문학관련 잡지, 납본된 동인지, 문학연구서와 평론집들을 포함하는 것이었을 확률이 높다. 게다가 1953년분에는 휴전에 뒤이어 봇물처럼 서울에서 쏟아진 책들이 포함되어 있을 터여서 그대로 믿기 어렵다. 그러나 그 무렵 문학문헌 발간량을 짐작하게 해주는 한 터무니는 된다 하겠다. 옮긴 책이 뜻밖에 많은데, 널리 알려진 문인들에 의한 중역이 많다. 종군작가단에 가입하는 것과 함께, 전쟁기 문인들이 겪은 한 생존 방식이었던 셈이다.
『통계로 본 대한민국 50년의 경제사회상 변화』, 통계청, 1998.
4) 현재까지 이 시기 문학문헌에 대해 따로 된 문헌지는 나온 게 없다. 다만 관련 갈래의 근현대시기 전체 죽보기 가운데서 이 시기의 문학문헌을 짐작할 수 있을 뿐이다. 그 가운데서도 문학전체에 걸리는 죽보기는 권영민과 뒤를 이은 보완작업이 가장 꼼꼼한 데, 갈래 혼동·누락과 같은 잘못이 많다. 시집에서는 하동호의 앞선 작업에 도

어질 글 가운데 맨 처음 내놓는 것이다. 시집을 첫 대상으로 삼는다. 번역시집은 따로 옮긴 책을 다룰 때 다루게 될 것이고, 시와 소설을 함께 실은 작품집은 공동시집에 넣었다. 경인전쟁기 간행 시집을 다시 개인시집과 공동시집·선시집으로 나누어 문헌지를 꾸민 셈이다. 이 글에서 다루는 대상은 글쓴이가 직접 눈과 손으로 원본을 확인할 수 있었던 범위로 국한한다. 복사, 영인된 시집이 더 확보되어 있으나 대상에서 뺐다. 성근 부분이 적지 않음에도 보다 실재에 가까운 문헌지를 만들어나가기 위해서는 어쩔 수 없는 일이다. 북한의 이른바 조국해방전쟁시기 간행 시집 또한 글쓴이의 힘을 넘어서는 일이라 빠졌다. 이 글에서 다룬 시집이 모두 72종 72책에 머문 까닭이다.5)

앞으로 반쪽만이라도 이름에 걸맞은 문학문헌지가 완결되고, 그것을 바탕으로 경인전쟁기 문학전집 발간과 새로운 연구 기풍이 뒤를 이을 것을 기대해 본다. 멀게는 갑오농민전쟁에서부터 가깝게는 베트남전쟁으로 이어지는 한국 근현대 전쟁문학에 대한 바람직스러운 눈길의 확대

움 받아 김재홍이 가장 많은 양을 실었다. 그러나 이 또한 잘못이 자주 발견된다. 수필집은 황순구가, 희곡집은 박정상이 마련한 적이 있다. 옮긴 책은 김병철이 오랜 노력 끝에 집대성하고 간추렸다. 그러나 이들 대부분은 글쓴이, 출판사, 출판일 정도의 기본 사항 나열에 머물고 있어 문헌지라 일컫기 어렵다. 게다가 직접 실물 확인한 것인지 의심스러운 경우가 있어 확인, 바로 잡고 기울 일이 거듭 요구된다.

권영민,『한국현대문학사연표』, 서울대, 1987; 하동호,「한국시집 발행년표총람」,『심상』9월호, 심상사, 1982; 김재홍,『한국현대시 시어사전』, 고려대 출판부, 1997; 황순구,「한국근대수필집 목록」,『수필과비평』창간호, 신아출판사, 1987; 박정상,「한국창작희곡집의 서지고」,『실상문학』2집, 모아, 1989; 김병철,『한국세계문학문헌서총목록』, 단국대 동양학연구소, 1992.

5) 전쟁기 간행 시집은 모두 89종 89책으로 짐작된다. 따라서 이 문헌지는 전체 간행시집의 80.9%를 대상으로 이루어진 셈이다. 빠진 시집 17종을 옮기면 아래와 같다.

문총경북지대 편,『전선시첩』, 1951; 오종규 외저,『닭울음』, 1951; 이동주,『혼야』, 1951; 공군본부정훈감실,『창공』, 1952; 김상길 외저,『다도해』, 1952; 김상옥,『석류꽃』, 1952; 김송월,『님의 노래』, 1952; 김해성,『해몽』, 1952; 문도채,『쌈지』, 1952; 박일송,『주마간산』, 1952; 이설주,『미륵』, 1952; 하재린,『흰버선』, 1952; 허연,『새싹』, 1952; 해군해병군목,『포도원』, 1952; 문총구국대 편,『전선시첩』, 1952; 이성환,『황혼가』, 1953; 박용묵,『신애보』, 1953.

또한 이러한 작은 걸음을 빌어 비로소 실질을 얻을 수 있을 것이다.

2. 개인시집

1) 한하운, 『한하운시초』

15×19.3(㎝), 100면. 서울 정음사에서 1950년 6월 29일에 펴낸 둘째 판이다. 첫판은 1950년 5월 30일에 같은 데서 냈다. 초판의 책 꾸밈새는 정현웅이 맡았는데, 둘째 판에서도 그대로 쓰고 있다. 다만 '한하운시초를 엮으면서'라는 엮은이 이병철의 글을 빼고, 둘째 판에서부터는 펴낸이 최영해의 '간행자의 말'과 박거영의 '하운의 인간상', 조영암의 '하운의 생애와 시'를 붙였다. 모두 25편의 작품을 실었다.

2) 김용호, 『푸른별』

12.9×18.6(㎝), 115면. 서울 남광문화사에서 1951년 3월 1일에 첫판을 냈다. 둘째 판은 12.2×18.4(㎝) 크기로 1956년 대문사에 냈고, 셋째 판은 같은데서 1958년에 냈다. 첫판은 이주홍이 표지그림을 그렸으나, 둘째 판부터는 조능식의 것으로 바뀌었다. 글쓴이의 '책 끝에'가 붙었다. 모두 5부로 나누어 「또 한송이의 모란」, 「그날의 너」, 「추억」을 비롯해 50편의 시를 싣고 있다.

3) 조영암, 『屍山을 넘고 血海를 건너』

14.4×20.6(cm), 48면. 정음사에서 1951년 3월 30일에 펴냈고, 부산 기독교신문사 인쇄국에서 찍었다. '정훈국 부산분실 검열필'이라는 글귀가 저작권지에 있다. 책머리에 '고기가 물이 없으면 살 수 없듯이 시인은 조국이 없으면 못산다'라는 청마의 경귀를 옮겨놓았다. 그 다음에 '이 시집을 실지 회복을 위하여 싸우는 전 국방군 맹호와, 그의 총사 정일권 중장에게 드린다'라는 헌사, 책 끝에 김광섭의 '발'이 있다. 모두 19편의 시를 실었다.

4) 모윤숙, 『風浪』

12.5×18.3(cm), 133면. 대구 문성당에서 1951년 4월 30일 펴냈다. "이 책을 삼가 조국을 위해 희생된 애국자와 국군장병의 영전에 삼가 바치나이다"라는 헌사가 맨 앞에 실렸고, '서록(序錄)'이라 해서 글쓴이의 서문이 있다. 뒤에는 조연현의 '발문'이 붙어 있다. 시집의 짜임새는 제1부 수난편, 제2부 전쟁편, 제3부 서정편으로 나뉘어 모두 35편의 시를 실었다. 흔히 입에 오르내리곤 하는 「국군은 죽어서 말한다」라는 작품은 제2부에 실렸다. 조연현의 '발문'에서는 "주로 해방이후로부터 6·25사변을 경유한 지금까지의 작품들 중에서 추려진 것으로 제1부의 수난편은 6·25사변중 적치 90일간의 수난 속에서 쓰여진 것이며 제2부의 전쟁편은 6·25사변을 계기로하야 발생된 씨의 애국시편들이며 제3부의 서정편은 해방이후 틈틈이 쓰여진 씨의 아름다운 서정시초"라 적었다.

5) 구상, 『具常』

18.8×25.7(㎝), 94면. 대구 청구출판사에서 1951년 5월 10일에 펴냈다. 값은 5000원으로, 닥종이에 오침선장본으로 화려하게 묶었으며, 표지 글은 오상순이, 표지그림은 이순석이 마련했다. 첫머리에 "북한의 공산당들이 이년전에 납치하였다가 이제는 그만 순교하였을 나의 오직 하나인 형 대준신부의 이름으로 이 시집을 올리나이다"라는 헌사와 글쓴이의 '자서'가 앞을 채웠다. 설창수가 쓴 '상(常)과 나', 김기완이 쓴 '시집 구상과 인간 구상과', 그리고, 글쓴이의 '꼬리표'라는 글이 시집 뒤를 채웠다. 「나그네 1」에서 「구상 무상」까지 모두 30편의 시를 매듭 없이 이어 실었다.

6) 이영순, 『延禧高地』

13×18.2(㎝), 97면. 부산 정민문화사에서 1951년 6월 1일에 펴냈다. 앞표지와 본문 사이에 구본웅이 그려준 글쓴이의 초상화가 실렸고, 표지 장정은 김영주가 맡았다. 맨 뒤에 '김해읍 피난 우거에서' 적은 것으로 기록된 김용제의 '발(跋)'이 실렸다. 거기서 김용제는 글쓴이가 "육군대령의 현역으로서 지금도 싸우고 있는 당당한 군인"으로, 이 시집이 그의 "처녀출판"임을 밝히면서, 작품 연희고지가 "제1차 서울 탈환전에서 있어 선봉일착으로 입성할 당시, 미해병제1사단과 협동작전으로 분투한 연희고지의 활경"을 그린 '서사시'임을 밝히고 있다. 시집의 짜임새는 "사랑하는 아우 기순아 / 네가 저 연희고지 공격전에서 / 장렬한 전사의 눈을 감은 뒤 / 얼었던 잔디 떼가 다시 푸르러 / 어느덧 돐이 가까워 오는구나"로 시작되는 「서시」를 맨 앞에 내세운 뒤, 「출진표」, 「세기의 비극」, 「어느 군인의 독백」을 비롯한 12편의 작품을 싣고 그 뒤에 시집의 제목으로 올린 장시 「연희고지」를 붙였다.

7) 이효상, 『바다』

12.4×18.2(㎝), 99면. 1951년 6월 1일, 대구 대건출판사에서 펴내고 대건 인쇄소에서 찍었다. 본명을 밝히지 않고 한솔시집이라 했으며, '시집「산」 이후 4283년 5월까지의 작품'이라는 기명이 앞에 붙었다. '횃불'에서부터 '또 다시 수확', '배(拜) 도산서원', '오월', '들리는 소리'까지 모두 5부로 나누어, 39편의 시를 실었다.

8) 김상기, 『滄波』

12.8×18.6(㎝), 63면. 1951년 6월 1일, 부산시 경상남도경찰국 공보실에서 펴내고, 부산시 초량동 대륙인쇄공사에서 찍었다고 저작권지에 적혀 있으나, 속표지에는 대륙출판사간이라 되어 있다. '구원(久遠)의 향기(香氣)'라는 곁제목이 있고, "연륜도 가난한 새 무덤가엔 / 구구구 비달기 내려 모이를 줍고 / 사슴이 달밤을 지키는 묘석에 / 촉루가 뱉는 평화의 피리 있나니 / 여게 이 먹물을 삼가 영전에 / 올리나이다"라는 '헌사'를 붙였다. 표지 그림은 우신출이 맡았고, 같이 일하고 있었던 신영대라는 이와 조연현이 '서문'을, 시인이 '자서'를, 그리고 손동인이 책 끝에 '저자의 푸로필'을 올렸다. 시인은 그 무렵 경상남도 경찰국통신과감리계장이라는 직함으로 일하고 있었다. 21편의 시가 실렸다.

9) 김춘수, 『旗』

12.1×18.5(㎝), 50면. 1951년 7월 25일 부산 문예사에서 '소묘집 기'라는 이름으로 펴냈다. 찍은곳은 마산 평민인쇄사, 총판은 권태식이라는 이를

대표로 두고 있었던 마산 부림동의 마산서원으로 되어 있다. 책 맨 뒤에 "이 책이 나올 수 잇도록 각별한 노력을 해주신 여러 고마운 벗들과 평민 인쇄소 여러분들께 감사 드립니다"라는 글쓴이의 짤막한 '후기'가 실렸다. 작품은 「갈대」를 앞세운 뒤, 「호수」, 「기」, 「집(1)」, 「집(2)」, 「딸기」, 「오전의 산령」, 「순정」의 8편을 싣고 있다.

10) 박거영, 『악의 노래』

12.1×18.1(cm), 127면. 1951년 8월 25일, 부산시 국제신보사 출판국에서 펴내고, 『부산일보』 인쇄부에서 찍었다. 조구마 시인이 겉표지 그림을 그렸고, 학구라는 이가 삽화를, 꾸밈새는 글쓴이가 손수 마련했다. 책머리에 '이 책을 내는데 있어 두터운 호의를 주신 국제신보사 주필 김형두 형에게 감사하여 마지 않씁니다'라는 헌사가 있고, 시인의 서문, '상례(常例)로'가 붙었다. 시인은 이 무렵 주소를 '부산시 역전 조선호텔'로 적고 있다. 모두 5장으로 나누어 쓴 장시집으로, 1964년까지 글쓴이가 손수 경영했던 인간사에서 4판을 찍었다.

11) 김세익, 『석류』[6]

12.5×19.2(cm), 107면. 1951년 9월 5일, 부산시 중앙동 대한문화사에서 펴내고, 마산시 완월동 평민인쇄소에서 1000권 한정본으로 찍었다. 총판은 마산시 창동 백영당서점. '이 시집을 / 31세의 짧은 생애를 외로움 속에서 / 살다가 사년 전 서울서 죽은 / 누님 김정의의 쓸쓸한 영전에 / 바침

---

6) 삼성출판박물관(관장 김종규) 간수본을 열람했다.

니다'라는 올림말이 있고, 겉그림은 정해근이라는 이가 그렸다. '마산여
자중학교에서 영어와 독일어를 맡아 가르치시는' 시인과의 교분을 밝히
고 있는 김춘수의 '발문'과 시인의 '후기'가 책 뒤에 있다.

　　제1부 '향수기(鄕愁記)'에 「석류」, 「북마산역」, 「합포만」과 같은 19편을
싣고, 제2부 임진강에서는 '종군통역관의 수기'라는 곁이름 아래, 「출진」
에서 「임진강」에 이르는 모두 8편의 연작시를 올렸다.

12) 유치환, 『보병과 더부러』

　　12.6×18.1(cm), 104면. 1951년 9월 11일, 부산 문예사에서 펴낸 유치환의
'제6시집'이다. 값은 3500원이며, 통영 항남동에 있었던 통영인쇄주식회
사에서 찍었다. 겉 그림은 이준이 그렸으며, 속표지에 주문진 북방에서
찍은 종군사진 한 장과 충무공의 검명이 실렸다. 이어서 시집을 펴내게
된 내력을 적은 글쓴이의 '전문(前文)'과 조지훈의 '후기', 글쓴이의 '추기
(追記)'가 시집 뒤를 채웠다. 모두 4부, 곧 '보병과 더부러', '해바라기와 같
이', '포연을 넘어', '배수의 거리에서'로 나눈 뒤, 34편을 실었다.

13) 박양, 『별과 나무 밑에서』

　　12.1×18(cm), 113면. 서울 남광문화사에서 1951년 10월 5일 펴냈다. 인
쇄는 마산에서 했는데, 그 무렵 글쓴이의 집은 '마산시 중앙동 2가 2번
지'에 있는 것으로 적혀 있다. 김용호가 '오륙도가 보이는 부산여사에서'
적은 '서문'이 있고, "1946년도에 문단과 첫 접촉한 뒤부터" 씌어진 작품
가운데서 골랐음을 밝히고 있는 글쓴이의 '후기'가 있다. 모두 41편의 작
품을 '바다', '새날의 자랑을', '별과 나무 밑에서', '그 노래 다시 한 번'

이라는 이름 아래 모두 4부로 나누어 싣고 있다.

14) 이용상, 『아름다운 生命』

12.5×17.9(㎝), 88면. 1951년 10월 15일, 서울 시문학사에서 펴내고, 대구시 교동 태평출판사인쇄공장에서 찍었다. 글쓴이의 '책머리에'가 있고, 표제시 「아름다운 생명」을 맨 앞에 올린 뒤, 「Z기」, 「후방에 와서」, 「용사의 눈물」, 「비가」, 「영령(英靈)앞에」에 이르는 모두 29편을 실었다.

15) 서창수, 『호롱』

15.5×20.3(㎝), 120면. 1951년 10월 27일, 대구 청구출판사에서 펴냈고, 태평로출판사인쇄공장에서 찍었다.

16) 심훈, 『그날이 오면』

12.2×18(㎝), 208면. 1951년 11월 20일, 한성도서주식회사에서 냈다. 심훈의 중형인 설송이 붙인 '발간사'와 시인이 1932년에 써둔 것으로 기록되어 있는 '머리말씀', '감옥에서 어머님께 올린 글월'이 있고, '심훈 시가 수필'이라 곁제목을 표지에 붙였다. 1949년 7월에 첫판을 냈고, 이 책은 두 번째 판이다. 이 책은 그 뒤 '심훈전집'의 7번째 권으로서 1954년 9월에 5판까지 내고 있다. 1966년 4월에 탐구당에서 낸 세 권짜리 '심훈전집' 첫 권에 그대로 실렸다. 시 66편을 7부에 나누어 실었다.

17) 구경서,『폭음』

12.5×18.4㎝), 87면. 1951년 12월 27일, 대전시 선화동 삼익출판사에서 냈다. 찍은곳은 대전일보사 인쇄부다. 어머니에게 바치는 헌사와 홍효민 의 '서', 책 끝에 시인의 후기 「'폭음'을 꾸미면서」가 붙었다. 시 27편을 매듭 나눔 없이 실었다.

18) 이로인,『구원』

12.7×18㎝), 107면. 1952년 1월 16일, '부산시외' 기장리의 한국산업경 제연구소에서 펴냈다. 찍은곳은 부산의 대한인쇄소며, 시집이라 하지 않 고, '시편'이라 붙인 점이 특이하다. '육해공군합동위령제에서'라는 곁제 목이 붙은 「침묵의 개선」,「출정전야」,「굶주림」과 같은 작품 48편을 1장 부터 5장까지 나누어 실었다.

19) 박용묵,『信仰時調集』

12.0×18.4㎝), 75면. 1952년 3월, 대구 문화교회 청년회에서 유인본으 로 펴냈다. 목사였던 글쓴이의 '임타령' 시조와 '박사사건 특집' 시조, 그 리고 '동요'로 나누어 실었다.

20) 김종문,『壁』

18.6×19.3㎝), 141면. 1952년 3월 10일, 서울 문헌사 부산사무소에서

펴냈다. 책 꾸밈새는 백영수가 맡았고, 모두 18편을 싣고 있다.

21) 신석정, 『촛불』

12.2× 18.5(㎝), 96면. 1952년 5월 5일, 서울 대지사에서 펴내고, 경성인쇄소에서 찍었다. 꾸밈새는 김만형이 마련했다. '은행잎', '촛불', '난초' 세 매듭으로 나누어, 모두 36편을 싣고 있다. 1956년 1월 20일, 대문사에서 거의 같은 꾸밈새로 둘째 판을 찍었고, 1958년 1월 25일에는 셋째 판을 찍었다. 1960년 11월 25일에는 첫 시집 『슬픈 목가』를 부록으로 덧붙인 네 번째판 『촛불』을 꾸밈새를 바꾸어 같은 대문사에서 내어, 꾸준하게 그의 시가 읽혔음을 볼 수 있다.

22) 이종두, 『嶺』

12.4×18.4(㎝), 105면. 1952년 7월 7일 대구 세문사에서 펴냈다. 김사엽이 쓴 '서'와 글쓴이의 '서문에 대하여', '후기'가 있고, 맨 뒤에 해적이가 실렸다. 거기에 따르면 글쓴이는 경상남도 함양군 병곡에서 나서, 함양중학교·진주사범학교를 졸업한 뒤, 대구사범대학 문학부 국어문학과에 재학하고 있으면서, 초등학교를 거쳐 영남중학교에서 교사로 일하고 있다. 문총진주시지부위원이며, 문학청년회 동인으로 활동하고 있음도 아울러 밝히고 있다. '영', '바람', '꿈', '청학동'으로 나누어, 모두 38편을 실었다.

23) 서덕출, 『봄편지』

12.2×18.4㎝, 60면. 1952년 7월 10일, 서울시 자유문화사에서 냈다. 찍은곳은 부산 자유민보사. 엮은이는 서덕출의 동생 서수인으로, 그 무렵 주소는 부산시 수정동 624번지다. 책 앞머리에 서덕출 노랫말에 윤극영이 곡을 붙인 「봄편지」 악보가 실렸다. '머리말 대신' 윤석중이 1927년에 썼던 「덕출형을 찾아서」를 붙였고, 서수인의 「봄편지를 엮으면서」가 서문으로 실렸다. 후기로 색동회에서 보낸 옛 편지글과 서수인이 엮은 「작자의 걸어온 길」이 있다. 모두 4부에 33편의 작품을 나누어 실었다.

24) 김도성, 『갈대』

12.9×17.2㎝, 155면. 1952년 7월 25일, 일본 동경 문원사에서 펴냈다. 호를 '갈잎'으로 쓰고 있었던 김도성의 '제2시집'으로 "이 작은 시집을 / 전선에서 사라진 / 무명한 병사의 영전에 드리노라—"라는 헌사가 있다. 책 앞머리에 "1951년 섣달"에 일본 "무사시노"에서 쓴 '갈대를 드리며'라는 서문이 있고, 뒤에 전영택이 쓴 '발문'이 있다. 책 속표지에 '공보처'의 '심사필'이라는 도장이 찍혀 있어, 전중기 출판 검열의 모습을 짐작할 수 있다. 시집은 전체를 '1. 풍로', '2. 창문', '3. 목장'의 3부로 나눈 뒤, 모두 35편의 시를 싣고 있다.

25) 조병화, 『패각의 침실』

15×20.7㎝, 109면. 1952년 8월 18일, 정음사에서 냈다. 시인의 제3시집으로 경향신문사에서 5백 부 한정판으로 찍었다. 어머니에게 올리는

헌사가 머리에 실렸고, 모두 32편을 '패각의 침실', '잃어버린 여권', '송도의원'의 세 매듭으로 나누어 실었다. 책 꾸밈새는 시인이 손수했다.

26) 김관식, 『落花集』

12.5×18.6㎝), 72면. 1952년 8월 15일 창조사에서 펴내고, 신한문화사에서 찍었다. 꾸밈새는 장만영이 맡았고, 'A thing of beauty is a joy of forever —John Keats'라는 월과 '이 소곡을 삼가 영랑선생의 영전에 올리나이다'라는 올림말을 앞머리에 붙였다. 시집 속표지에 '서정소곡'이라 갈래규정을 하고 있으며, '권두시'로서 영랑의 작품 "허리띄 매는 시악시 마음실가치 / 꽃가지에 은은한 그늘이 지면 / 흰날의 내가슴 아즈랑이 낀다 / 흰날의 내가슴 아즈랑이 낀다"를 올렸고, 조지훈이 '대구에서' 쓴 '서'가 있다. 따로 목차 없이 연작시 「서정소곡」 17편과 '금중유수(琴中流水)'라 따로 나누어 칠언절구, 오언율시에 걸치는 한시 41편을 싣고 있어 이채롭다.

27) 김상화, 『計算器가 놓여있는 診察臺』

16.3×20.1㎝), 105면. 1952년 9월 20일, 부산 국제신보사 출판국에서 펴내고, 같은 인쇄부에서 찍었다. 모두 700부 한정본이라 밝히고 있으며, 모두 4부로 나누어 40편을 실었다.

28) 조경호, 『한국의 절규』

12.4×18.1㎝), 46면. 1952년 9월 26일 부산시 정치신문사에서 냈고, 정

치신문사인쇄공장에서 찍었다. 조경호의 호는 호당. 그 무렵 정치신문의 발행인은 한창완, 주필은 김벽두. '민족의 태양 이대통령재선기념'으로 낸 아첨시집이다. 한창완의 '발간사'와 임영신·김홍일·김광섭의 '서'가 나란히 실렸다. 시인의 '자서'에다 'UN은 어디로', '아세아에서 들리는 소리', '죽는주의 사는주의', '부활' 네 매듭으로 나누어 16편의 시와 1편의 산문을 실었다.

29) 유근주, 『鬪魂에 산다』

15.0×20.7(cm), 63면. 1953년 4월 15일, 건국신보사에서 펴내고, 일신인쇄소에서 찍었다. "이 적은 책을 팔, 다리, 그리고 눈을 祖國에 받친 戰友에게 드린다"라는 헌사가 머리에 있다. 그 무렵 '국방부병무국장'으로 있었던 육군준장 박승훈이 유근주가 복무중인 군인으로서, 이 책이 진중시집임을 알려주는 '서'를 붙였고, 그 뒤에 조영암도 '서'를 붙였다. 시인은 뒤에 발을 붙였다. 「독백」, 「보루」, 「패잔병」, 「투혼에 산다」를 포함하여 모두 21편의 시를 가름 없이 실었다.

30) 장호강, 『銃劍賦』

12.5×17.3(cm), 106면. 서울 삼성출판사에서 1953년 4월 18일에 펴냈다. '국방부 정훈국 검열필'이라는 글귀가 저작권지에 적혔다. 그 무렵 육군소장 최희영의 '발'과 이선근의 '총검부에 대하여'라는 발문이 있다. 책머리에 '삼가 이 적은 읊음을 남북통일전쟁에 산화하신 뭇 전몰장병의 영령 앞에 굽어 드리나이다'라는 글쓴이의 헌사가 있다. '총검부', '헌화사', '싸워이겨야하겠다'라는 이름 아래 3부로 나누어, 모두 18편을 싣고 있다.

31) 조지훈, 『풀잎斷章』

14.5×20.4(cm), 89면. 창조사에서 1952년 11월 1일, 천부 1000부 한정본으로 펴냈다. 찍은곳은 '합자회사대구인쇄소'로 개인시집으로는 처음이 된다. '절정', '창', '고사', '파초우', '석문'이라는 이름 아래 모두 5부로 나눈 뒤, 36편을 나누어 실었다. 「고풍의상」, 「봉황수」, 「승무」와 같은 작품은 맨 뒤 '석문'에 실려 있다.

32) 이영순, 『地靈』

12.5×18(cm), 171면. 1952년 10월 20일, 부산 대청동 문총사에서 펴냈다. 정점식이 꾸밈새를 마련하고, 저자의 말이 있다

33) 박양균, 『두고온 지표』

14.4×20.4(cm), 86면. 1952년 11월 15일, 대구 춘추사에서 첫판 500부 한정으로 펴냈다. 시집 구성은 장만영이 했으며, 표지그림은 문귀희, 시집 뒤에 시인의 '후기'가 있다. 작품은 마디를 나누지 않고 「꽃」, 「창」, 「다리위에서 1」, 「다리위에서 2」, 「다리위에서 3」, 「거미」, 「파도」, 「화병」, 「거울」, 「조춘」, 「계절」, 「나무」, 「초상」, 「석유등」, 「밖에 서 있으리 한다」, 「장미부인」, 「풍속도」, 「벽」과 같은 18편을 순서대로 실었다. 1996년 10월 25일 김원중·채종한이 대구 도서출판 새벽에서 낸 『박양균전집』에 다시 실려 있다.

34) 김호, 『水液』

19.2×18.1(cm), 65면. 1952년 11월 10일, 서울 박문출판사에서 펴냈다.
표지그림은 이규상이 그렸고, 글쓴이의 초상을 임호가 그렸다. "이 가난
한 마음을 하라버님 영전에 드립니다"라는 헌사와 미술평론가 이일이
쓴 발문, '시집「수액」에 붙임'이 있다. 모두 3부로 나누어, 「수목에 자라
는 얼골들」에서부터 「소화(小話)」까지 19편을 실었다.

35) 김용팔, 『廢墟』

15.4×19(cm), 101면. 광지사에서 1952년 11월 30일에 300부 한정본으로
펴냈다. 화려한 표지와 본문 소묘는 백영수가 그렸고, 꾸밈새는 허윤석
이 마련했다. "이 소고를 돌아가신 형님의 영전에 바치나이다"라는 글쓴
이의 헌사와 박목월의 '서', 조연현의 '발', 그리고 글쓴이의 '여적'이 뒤
에 붙었다. 작품 21편을 '목련월', '낙동강반', '회춘', '폐허'와 같이 4부
로 나누어 실었다.

36) 조경호, 『아이크에의 선물』

12.9×18.7(cm), 27면. 1952년 12월 3일 정치신문사에서 내고, 정치신문
사 인쇄공장에서 찍었다. 책 앞머리에 '군경에 바치는' 위문품으로 보낼
수 있도록 배서 자리를 마련했고, 이어서 정치신문사 사장 한창완의 '발
간의 말씀'과 시인의 '머리말'이 서문으로 실렸다. 모두 다섯 편의 다소
긴 시들을 묶었다.

37) 김용호, 『南海讚歌』

12.6×18.1(cm), 198면. 서울 남광문화사에서 1952년 12월 25일 펴냈다. 찍은곳은 협동인쇄주식회사로 부산시 초량동에 있었다. 시집 표제를 '김용호 서사시집'이라 해, 갈래규정을 미리 하고 있다. 설의식이 '서'를, 신익희가 제자를 했으며, 꾸밈새는 이주홍이 맡았다. 글쓴이의 '후기'가 있으며, 값은 12000원으로 매겨져 있다. 1953년 2월 5일 두 번째 판을, 1963년 10월 25일에 세 번째 판을 찍었다. 세 번째 판에서는 표지그림을 바꾸고, 인간사로 펴낸곳도 옮겼다.

38) 윤형중 지음, 『四末의 노래』

10.3×14.8(cm), 64면. 1953년 1월 15일 경향잡지사에서 펴냈고, 대구시 한국출판사인쇄공장에서 찍었다. 1972년 5월 5일 현재 7판을 거듭 했다. 신부인 글쓴이는 '머리말'에서 이 작품이 "일찌기 경향잡지에 연재되었던 것을, 독자들의 요구에 응하여, 약간 수정하고 증보하여, 문예적 작품으로서가 아니라, 한 묵상서로 내놓은 것"이라 하였다. 모두 120장에 이르는 연작가사집이다. 한 장은 넉 줄로 되어 있고, 낱낱의 시줄은 모두 4·3·5 글자로 고정시키고 쉼마디를 두 곳에 두어 겉으로 3음보 꼴을 갖추었다. 그러나 실제 음송에는 5음으로 고정된 모든 시줄의 셋째 마디를 2음과 3음으로 나누어 작은쉼을 둠으로써, 끝이 빨라지는 4음보를 실현시키는 것이 자연스러워 보인다.

39) 김남조,『목숨』

15.1×20.6(㎝), 97면. 1953년 1월 25일, 서울 수문관에서 500부 한정본으로 펴냈다. 이헌구의 '서'에 조동화가 꾸밈새를 냈다. 3부로 나누어 「남은 말」, 「사랑」을 비롯해 26편의 시를 싣고 있다. 1959년 정양사에서 딱딱한 표지에 17.5×19.5(㎝)의 큰 크기로 되찍어내기도 했다.

40) 한무학,『새로운 秒의 速度』

15.4×21.4(㎝), 78면. 전국문화단체총연합회인천지부에서 500부 한정본으로 펴냈고, 펴낸날은 1953년 1일 30일이다. '서시'와 '후기'가 있고, 꾸밈새는 김학수가 맡았다. 모두 3부로 나누어 26편을 싣고 있다.

41) 김상옥,『衣裳』

14.3×20.7(㎝), 86면. 1953년 2월 20일, 현대사에서 첫판 1000부 한정본으로 펴냈다. 찍은데는 부산 '자유민보사조판부'며, 표지그림은 백영수가, 교정은 홍웅선이, 그리고 꾸밈새는 글쓴이가 손수 했다. "해방후 다섯번째"로 내는 시집이라는 글쓴이의 '부언'이 뒤에 있다. 「창 1」에서 「아득한 사연」까지 모두 31편의 작품을 매듭없이 한꺼번에 이어 실었다.

42) 김수돈,『憂愁의 皇帝』

14.8×20.3(㎝), 89면. 마산기자단이 부산 대한문화사에서 1953년 2월 28

일에 펴냈다. 찍은곳은 마산 남선협동인쇄소, 글쓴이의 '후기'가 있다. 작품 31편을 3부로 나누어 실었다.

43) 김순기, 『勇士의 무덤』

12.5×18.5(㎝), 144면. 동서문화사에서 1953년 3월 10일에 펴냈다. '국방부정훈국검열필'이라는 명문을 저작권지에 올렸고, '우리의 맹세'를 맨 뒤에 실었다. '서문'에 그 무렵 육군정보국장이며 육군소장이었던 김형일의 것이, '발문'에 발간 무렵 육군중령이었던 글쓴이의 근무 부대로 보여지는 '육군제3519부대' 부대장이며 육군대령이었던 이철희의 것이 실려 있다. '엮은 자의 말'과 "이 어린 시집을 / 성전터에서 / 무궁화꽃으로 핀 / 여러 전우의 영전에 / 삼가 드리나이다"라는 글쓴이의 헌사가 있다. 1, 2부로 나누어 모두 39편을 실었는데, 진중시는 거의 1부에 올렸다.

44) 박일송, 『木蓮花』

12.3×18.4(㎝), 130면. 1953년 3월 20일, 서울 한국문학사에서 펴냈다. 표지 글씨는 일찍이 이광수가 써준 것이다. 글쓴이의 발문이 있다. '시가집'이라 책의 성격을 밝힌 뒤, 단가에 14편, 시에 19편, 시조에 33편의 작품을 싣고 있다.

45) 노영란, 『화려한 좌표』

15.0×21.0(㎝), 91면. 1953년 3월 5일, 부산 자유장에서 펴내고, 부산 남

양인쇄소에서 찍었다. 책의 꾸밈새는 김경린이 마련했고, "여류 모더니스트의 처녀항해를 위하여" "찬란한 테이프를 던지는" 조향 시인의 '발'이 책끝에 붙었다.

「서곡」을 앞세운 뒤, 표제시 「화려한 좌표」에서 「화려한 미명」에 이르는, 모두 23편의 시를 실었다.

46) 함석헌, 『수평선 너머』

12.5×18.4(cm), 491면. 부산 삼협문화사에서 1953년 3월 18일에 펴냈다. 펴낼 무렵 글쓴이의 주소지는 '경남 김해군 대저면 대저리 5번지'로 되어 있고, 시인의 '머릿말'과 맨 뒤에 글쓴이의 '시(詩)·신(信)'이라는 후기가 붙어 있다. '맘', '수평선넘어', '기러기', '장작불'이라 이름 붙여 4부로 나눈 뒤, 모두 85편에 이르는 시를 나누어 실었다.

1961년 12월 10일, 서울 일우사에서 되찍어내면서 '두번째 내놓는 말'을 덧붙이고, 제호는 김기승에게 맡겼다.

47) 노천명, 『별을 쳐다보며』

14.4×20.5(cm), 129면. 희망출판사에서 1953년 3월 30일에 펴냈다. 찍은 곳은 대한인쇄공사며, 이 시집을 낼 무렵 글쓴이의 집은 '부산시 대청동 1가 7'에 있었다. 이희승의 '서문'과 글쓴이의 '책끝에'가 앞뒤를 채웠고, 표지 그림은 김환기의 것으로 짐작된다. 시의 배열은 '1부 별을 쳐다보며'에 "비교적 최근작"을 실었고, '2부 영어에서'에다 "6·25가 나놓은 기맥힌 얘기들"을, '3부 검정나비'에 앞서 냈던 시집에 실린 작품 가운데서 "마음에 드는 것을 몇 편 추려서" 실었다. 모두 61편이다.

48) 김영삼,『푸른 섬』

12.2×18.3㎝), 77면. 서울 동문사서점에서 1953년 4월 8일에 펴냈다. 찍은곳은 서울신문사다. 책 꾸밈새는 변영국이 수고를 했고, 박종화와 이헌구의 '서'가 나란히 실렸다. 「전쟁과 청춘」, 「의족을 짚고」, 「탈환한 억덕에서」을 비롯해 모두 31편에 이르는 작품을 9부에 나누어 실었다.

49) 이설주,『流水曲』

12.7×18.7㎝), 137면. 1953년 4월 20일, 대구시 춘추사에서 냈다. 찍은 곳 또한 대구의 합진인쇄소다. 시인의 '서곡'과 '후기'가 있고, 5부로 나누어 모두 30편의 작품을 실었다.

50) 김오남,『시조집』

12.4×18.7㎝), 93면. 서울 성동공업인쇄부에서 1953년 5월 25일 펴냈다. 글쓴이의 '머릿말'과 성동공업고등학교 인쇄부의 '발간사'가 붙었다. 55편에 이르는 단시조를 싣고 있다.

51) 이원섭,『響尾蛇』

15×20.5㎝), 105면. 서울 문예사에서 1953년 5월 5일에 첫판이 나왔다. 찍은곳은 그가 머무르고 있었던 마산 합동인쇄주식회사이다. 1958년 1월 5일 둘째 판을 같은 데서 찍었다. 책 표지그림과 속그림을 문신이 그렸

고, 시인의 '후기'가 뒤에 붙어 있다. 모두 28편의 작품을 실었다.

52) 김순기, 『二等兵』

12.1×18.3(cm), 112면. 동서문화사에서 1953년 6월 1일 펴냈다. 시인의 '서사'와 육군 제3519부대 부대장 이철희 대령의 '발문'이 있다. 모두 3부로 나누어 「방어진지」, 「기습작전」, 「포위망」을 비롯한 작품 25편을 싣고 있다.

53) 정진업, 『金海平野』

13.1×19.1(cm), 123면. 서울 남광문화사에서 1953년 6월 15일 펴냈다. 찍은곳은 남강문화사로 부산에 있었던 인쇄소인 것으로 여겨진다. "이 시집을 사랑하는 망매 혜의 영전에 바친다"라는 헌사가 앞을 채웠고, 김용호가 부산에서 쓴 '책머리에'와 시인이 붙인 '책 끝에'가 있다. 꾸밈새는 김경이 마련했다. 값은 120환. 「갈대」, 「노을」, 「김해평야」, 「소녀의 노래」, 모두 4부로 나누어 30편을 싣고 있다.

54) 이상로, 『귀로』

14.5×18.9(cm), 119면. 1953년 7월 15일 펴냄. 서울 백조사에서 나왔고, 선미인쇄소에서 찍었다. 대구에서 쓴 박두진의 해설 '이상로의 시'가 발문으로 붙었다. '귀로', '인동의 시', '실락원', '경사의 영상' 모두 네 매듭으로 나누어 25편의 시를 싣고 있다.

3. 공동시집과 선시집

1) 박병규·박종우, 『조국의 노래』

14.9×20.3(㎝), 126면. 1951년 1월 1일 대구 청구출판사에서 냈다. 이희 승의 '책머리에'와 문종두의 '머릿말'이 있고, 박종우 23편, 박병규 19편, 모두 42편을 싣고 있다.

2) 김송 편, 『戰時文學讀本』

12.5×18.4(㎝), 180면. 1951년 3월 20일, 대구 계몽사에서 펴냈다. 엮은 이의 '후기'가 책끝에 있다. '수필급단상(隨筆及斷想)', '시편', '수난급종군 기', '단편소설', '논설급평론집'으로 나누어 모두 31편의 글을 싣고 있다. 단편소설과 논설의 목차만 보이면 아래와 같다. 어머니 / 장덕조, 박군이 야기 / 최인욱, 다로가 전쟁 / 김송, 인류애와 동족애 / 이헌구, 위대한 건설 에로 / 이선근, 오랑캐의 죄악사 / 김사엽, 문학정신과 자유의 옹호 / 임긍 재, 문학과 시대정신 / 곽종원, 전쟁과 선전 / 김종문, 공산주의 운명 / 조 연현, 민족문학의 지향 / 조향.

3) 김영덕 편, 『꽃다발』

10.4×15(㎝)의 문고본으로 150면. 1951년 4월 15일, 부산시 초량동 협 동인쇄주식회사에서 찍었고, 군경위문수첩발간회원회에서 펴냈다. '일선 군위문 꽃다발 1집'이라 표제에 적었다. 표지는 김용환 화백이 그렸고,

속그림은 박고석·백영수·도상봉들이 꾸몄다. 엮은이의 '후기'와 '군인
과 경관에서 꽃다발을 보내자'라는 머리말을 실었다. 70명에 이르는 그
무렵 활동 문인들의 73편의 시, 시조, 수필, 꽁트들을 모아 엮었다. 북한
에서 이 시기에 냈던 전선낭송시집과 쌍을 이룬다.

4) 백기만 편, 『상화와 고월』

14.6×19.5(㎝), 205면. 1951년 9월 5일에 대구 청구출판사에서 첫판을
냈다. 둘째판은 1954년 8월 10일에 같은 데서 냈다. 이은상의 서문이 있
고, '새벽의 빛'이라는 제목 아래 이상화의 시 16편, '금붕어'라는 제목
아래 이장희의 시 11편을 실었다. 그 뒤에 양주동, 백기만, 오상순의 상
화와 고월에 대한 회고기가 실렸다.

5) 강세균 편, 『愛國詩三十三人集』

10.5×14.9(㎝), 149면. 1952년 3월 5일, 부산시 중앙동 대한군사원호문
화사에서 펴내고, 같은곳 인쇄부에서 찍었다. 모두 33인에 이르는 현역
시인들의 작품 33편을 실었고, 맨뒤에 그들의 간략한 해적이와 엮은이
강세균의 '후기'를 붙였다. 작품을 올린 시인들은 아래와 같다. 김광섭,
김동명, 김종문, 김광균, 김경린, 김용호, 김차영, 김윤성, 김규동, 김춘수,
공중인, 이영순, 이헌구, 설창수, 서정주, 박두진, 박인환, 박남수, 박목월,
박종화, 모윤숙, 유치환, 구상, 이봉래, 이한직, 이인석, 이상로, 장만영,
정운삼, 조영암, 조향, 조병화, 조지훈.

6) 박종화, 『월탄문학선』

12.3×18(cm), 165면. 1952년 3월 25일, 서울 수도문화사에서 펴냈다. 월 탄 박종화의 '머릿말'이 있고, 평론 6편, 시 10편, 소설 6편 발췌, 수필 3 편, 서한 2편을 실었다. 편집은 유동준, 김동리, 조연현이 맡은 것으로 월 탄은 밝히고 있다.

7) 경북대학교 사범대학 국문학회 편, 『조선현대시집』(초기)

12.4×18.2(cm), 95면. 1952년 4월 20일 유인본 비매품으로 나왔다. 책 뒤에 '작자 약력'과 '편집 후기'가 실렸다. 시조와 시로 나누어 모두 32명 의 101편의 시를 실었다. 조명희와 월북시인 박팔양, 박세영의 작품까지 실어 이채를 띤다.

8) 임해림, 『路邊의 풀잎』

12.8×17.8(cm), 120면. 1952년 7월 20일, 서울 한국문화사에서 펴냈다. 표제를 '임해림문예집'으로 하고 있으며, 표지그림은 정일이라는 이가 꾸몄다. 책머리에 '노변의 풀잎을 보내면서'라는 글쓴이의 서문이 있고, 거기에서 정소파와 박길채, 그리고 김현구에 대한 고마움을 따로 적고 있다. 주로 전중기 작품으로 시 8편과 산문 꽁트 9편, 문학소평론 5편으 로 꾸몄다.

9) 조진대 · 설창수 · 이경순 지음, 『三人集』

12.8×21(cm), 195면. 1952년 8월 30일, 진주 영남문학회에서 펴냈고, 진양당인쇄소에서 찍었다. 이경순의 시집 '생명부'에 15편과 '후기를', 설창수의 시집 '개폐교'에 15편과 희곡 '혼백', 그리고 '자발'을 붙였고, 조진대의 소설집 '별빛과 더불어'에서는 5편의 소설과 '발'이 있다. 책꾸밈새는 박생광이 맡았으며, 유치환의 '서'가 있다.

10) 효안동인회 지음, 『鐘』

12.5×18.6(cm), 98면. 1952년 8월 포항에서 효안동인회가 펴냈다. '학생시집'이라 했는데, 교사들인 양복주 · 문기석 · 윤석기의 '서'가 있고, 효안동인의 '꼬리말'이 맨 뒤에 붙었다. 모두 56편의 학생시가 실렸다. 뒷날 부산에서 시인, 출판인으로 활동한 바 있는 정화식의 작품도 보인다.

11) 정문원 · 이덕성, 『조락의 모닥불』

15.1×20.4(cm), 142면. 부산시 대청동 2가 12번지에 있었던 문총사에서 1952년 11월 1일에 펴냈다. 꾸밈새는 정림식이 마련했고, 시와 같은 '서사'를 공초 오상순이 붙였다. 홍영의의 시평, 「시집 '조락의 모닥불'의 여백」이 있고, 그 뒤에 두 시인의 '후기'가 이어졌다. 본문을 푸른 빛깔로 찍은 것이 유별나다. 두 시인이 40편의 시를 나누어 실었다.

12) 이민영·장호·고원, 『시간표없는 정거장』

18.9×16.5(cm), 119면. 부산 협동문화사에서 1952년 12월 25일에 펴냈다. 꾸밈새는 김경이 맡았고, 고원이 '3인시집을 내면서'를 끝에 올렸다. '風土記'란 이름 아래 이민영이 15편을, '낙조(落照)에'란 이름으로 장호가 15편을, '延着된 막차'란 이름으로 고원이 15편을 싣고 있다.

13) 이한직 편, 『韓國詩集』(上)

12.5×18.2(cm), 224면. 1952년 12월 30일, 대양출판사 임시사무소인 대구에서 펴냈다. 널리 알려진 시인에서부터 새로운 젊은 시인에 고루 걸치는 46명의 대표 작품이 한 사람에 2~3편씩 실렸다. 엮은이의 '후기'가 붙었고, 뒷날 나오지는 않았지만, 하권에 수록될 시인들의 죽보기를 올려두었다.

14) 박기원·최재형, 『寒火集』

14.8×20.2(cm), 81면. 서울 현대사에서 1953년 2월 25일에 펴냈다. 찍은곳은 부산의 자유민보사 출판부이며, 표지그림과 삽화는 백영수가 그렸다. 김동리의 '서문'과 조연현의 '발문'을 앞뒤로 붙였다. 따로 목차를 세우지 않고, 최재형 편에 12편, 박기원 편에 11편, 모두 23편의 시를 실었다.

15) 정현장학회 편, 『散華抄』

13.8×19.7(㎝), 147면. 1953년 1월 육군통신학교인쇄부에서 유인본으로 찍었다. 진주사범학교를 다니다가 학도병으로 나갔던 김정현이 1952년 10월 23일 백마고지 전투에서 산화하자, 본인의 글과 집안 사람들, 또는 가까웠던 이들의 글을 묶어낸 문집이다. 진주에서 교육과 문필활동을 했던 김성봉이 그의 아버지다. 글쓴이의 시와 산문뿐 아니라, 설창수·이경순 시인의 글도 보인다.

16) 서정주 편, 『作故詩人選』

12.3×18.5(㎝), 163면. 1953년 3월 13일 정음사에서 펴냈다. 1950년 3월 11에 첫판이 나온 이래 여러 판을 거듭해서 찍었는데, 이것은 둘째 판이다. 셋째 판은 1953년 10월 23일에 찍었고, 1955년 8월 13일에도 다시 판을 거듭하고 있다. 현대시 교양에 끼친 이 책의 중요도를 짐작하게 한다. 책 앞머리에 이 책을 엮게 된 경위를 밝힌 엮은이의 '머리말'이 있다. 수록 시인들은 윤동주, 이상, 이육사, 오일도, 박용철, 김소월, 이장희, 홍사용, 이상화, 한용운이다. 김소월의 열여섯 편이 가장 많이 실린 경우고, 이장희의 다섯 편이 가장 적게 실린 경우다.

17) 경북대학교 사범대학 국문학회 편, 『조선현대시집』(중기)

16×19(㎝), 122면. 1953년이라는 연도 표시는 있으나, 달과 날 표시는 없다. '초기' 시집 펴낸날로 볼 때 봄에 나온 것으로 짐작된다. 46명의 시인의 작품이 많게는 8편에서 1편씩 실렸다. 모두 135편. 정지용의 8편으

로 가장 많이 실렸다. 정지용, 권환, 양운한, 이흡, 백석, 조중흡, 임화, 오장환, 이용악, 김철수, 민병균과 같은 좌파 시인의 작품을 실은 것이 이채롭다. 본디 계획은 '초기', '중기', '후기'로 나누어 낼 예정이었는데, '후기'의 간행 사실은 확인할 수 없다.

18) 계용묵 편, 『黑珊瑚』

17.5×18.8㎝), 120면. 제주시 우생출판사에서 1953년 6월 20일 펴냈다. 찍은곳 또한 제주시의 문화인쇄사이다. '작품집'이라 성격을 밝히고 있는데, '서'에 계용묵이, 초대시격으로 유치환의 '적일적인'이 실렸다. 책의 꾸밈새는 글쓴이 가운데서 옥파일과 김창렬이 맡았다. 시와 산문으로 나누어 작품을 실었다. 시에는 박재식, 최영석, 양중해, 옥파일, 김창렬, 김창수, 김형식의 작품 29편이 산문에는 전창은, 황성희, 김한근, 이형근, 계용묵의 작품 5편이 실렸다.

4. 마무리

이상으로 경인전쟁기 문학문헌 가운데서 시집에 대한 문헌지를 간추렸다. 모두 72권을 손수 볼 수 있었다. 개인시집이 54권, 작품집을 포함한 공동시집과 선시집이 18권이었다. 아직 눈으로 확인하지 못한 시집이 17종에 이르기에 전체적인 문헌사·출판사적 성격 규명에 욕심을 내기에는 모자람이 많다. 그럼에도 전중기(戰中期) 우리 시문학 매체에 대한 몇 가지의 잠정적인 짐작과 환경 파악은 가능하리라 본다.

　펴낸곳과 찍은곳은 많은 경우 서로 지역이 같지 않다. 한 권 이상 시집을 낸 출판사나 단체는 모두 51곳이었다. 그 가운데서 주소지가 확인된 곳을 중심으로 출판지를 살펴보면 부산의 19회를 시작으로 서울이 18회, 대구가 17회, 진주 2회, 제주·포항·인천·대전·동경[7]이 각각 1회의 순서를 보였다. 게다가 1회 이상 찍은 곳은 부산 21회를 시작으로 대구 13회, 마산 5회, 서울 4회, 진주 2회, 통영·포항·제주·대전이 각각 1회의 순을 보여주고 있어, 전중기 영남지역의 압도적인 비중을 알게 한다. 거기다 피난시기 영남의 임시사무소에서도 서울 출판사 주소지를 그대로 옮기는 경우가 많아, 실제로 영남지역의 비중은 더 커질 것이다. 시인 김용호가 운영했던 남광문화사와 청구출판사, 그리고 정음사가 4회로 가장 많은 시집을 펴냈다. 전중기 이전에 나왔던 시집의 재판본은 세 종정도에 머물고, 간행 시집의 대부분이 첫판을 낸 경우다.

　연도별 통계는 큰 뜻이 없어 보인다. 책크기의 경우는 흔히 4·6배판으로 알려진바, 가로 12cm 남짓에서 세로 18cm 안팎에 머무는 것이 일반적이다. 시집『구상』의 경우 오늘날 크라운판에 가까운 호화판으로 키워 꾸몄고,『꽃다발』과 같이 진중 휴대용으로 짠 문고판형도 눈에 띈다. 책의 겉장그림이나 속장그림, 또는 꾸밈새에 도움을 준 이들은 22명이었다. 그 가운데서 이름이 밝혀져 있는 이로는 백영수가 3회로 가장 많았고, 이주홍·김경이 2회로, 이준·정현웅·김환기·김영주와 같은 이들이 1회로 그 뒤를 따랐다. 영남지역 화가로서는 문신·우신출·정점식·박생광·임호·김경이 보이고 시인 김경린·장만영·조병화와 조구마는 책을 꾸미는 일을 손수 거들었다. 전쟁기 문인들과 화가들 사이의 지역적 연대와 교분을 엿볼 수 있는 한 본보기가 됨직하다.

---

　7) 근현대시기에 일본에서 우리 책을 찍어 들여온 경우는 국권회복기의 한글성서가 있으나, 문학작품의 경우는 잘 보이지 않는다. 1940년을 전후한 시기, 한시집이 더러 눈에 띌 따름이다. 따라서 이 경우는 전쟁기 밀입국·밀수뿐 아니라, 일본과의 공개적이고도 밀접한 교섭상황을 알게 하는 한 보기가 됨직하다.

1회 이상 추천사격의 서문이나 발문, 해설을 올린 이는 모두 42명이었다. 그 가운데서 가장 많이 올린 이는 조연현으로서 3회다. 조지훈과 조영암·오상순·이철희·설창수·이헌구가 2회로 그 뒤를 이었다. 이른바 광복 이전 세대로 볼 수 있는 이은상·양주동·김동리·변영로·이희승·박종화·전영택·유치환·김용호·홍효민·박두진·김광섭과 같은 이들이 주류를 이루었다. 광복 이후 세대로 볼 수 있는 이들은 김춘수·손동인·박거영·조향·설창수와 같은 이들인데, 그들은 주로 지역적 연고나 친분에 따른 것으로 보인다. 그리고 전쟁기답게 이철희·이선근과 같이 그 무렵 현역군으로 활동하고 있었던 이들의 글이 많다.

갈래별로는 이영순과 김용호의 서사시집이 눈길을 끌고, 윤형중의 가사형태가 눈에 뜨인다. 박용묵·김오남의 종교 시조집이 예외적인 경우다. 대부분 자유시형을 취하는 시집들이 주류를 이루었으나, 박일송과 같이 자유시와 시조, 그리고 민요시들을 아우른 경우도 눈에 띤다. 그리고 참전시인들의 시집이나 종군시, 전사추념시나 애국·위문시의 간행도 당대적 환경을 잘 보여준다. 전반적으로 월남한 시인들의 발간 활동이 두드러진 것으로 보이는 점도 이채를 띤다. 한무학·구상·박거영·최재형·박기원과 같은 이가 그들이다. 개인별로 가장 많은 출간을 한 이는 이영순과 김순기·조경호로 모두 2회였다. 나머지 시인들은 모두 1회씩 시집을 낸 셈이다.

문학 연구는 실증과 상상의 두 측면이 아우르는 너른 터 위에서 이루어져야 한다. 그런 점에서 가능한 문헌 자료를 통한 구체적인 밑그림 그리기는 언제든지 필요하고도 유효한 일이다. 이상으로 미루어볼 때 경인전쟁기 시집 간행은 부산·대구를 중심으로 한 영남지역의 압도적인 비중과 공헌, 그리고 혼란과 비극의 민족 수난기에 우리의 문학인들은 그 나름의 열의를 가지고 성실하게 시창작과 발간 활동을 거듭하였음을 확인할 수 있었다. 앞으로 이름에 걸맞은 시집문헌지뿐 아니라, 경인전쟁기 문학문헌지의 완성을 위해 첫단추는 끼운 셈이다. 모자라는 점을 채워 넣어 빠른 시일 안에 보다 진전된 문헌지를 내 보일 수 있게 되기를 희망한다.

제 4 장

한국 현대시와 베트남전쟁의 경험

1. 들머리

이즈음 들어 우리 현대시 연구의 대상과 영역이 많이 넓혀지고 있다. 1960년대나 그 뒤의 시문학사에까지 부쩍 관심을 드높이는 것도 그 한 본보기다. 문학 연구의 사회적 정합성을 넓히고자 하는 적극적인 뜻을 지닌 변화로 여겨진다. 왜냐하면 1960년대나 그에 잇닿은 1970년대는 오늘날까지 직접적인 영향을 끼치며 작용하고 있는 사회 현실로 보여지기 때문이다. 앞으로 다양한 눈길과 온당한 성과를 기대하게 하는 대목이다. 그럼에도 마땅치 않은 경향이 눈에 띈다. 당대 비평에서 소박하게 마련되었던 통념이나 선입견이 오늘날 연구 수준에서 그대로 단순 재생산되고 있는 점이 그 하나다. 새로운 성과를 쉬 보기 힘든 까닭도 거기에 있다. 1960년대와 그 뒤 시기를 살필 때 지속적이고도 주요한 사회·역사 경험 가운데 하나가 이른바 4·19, 곧 경자시민의거다. 그리고 그와 이어진 박정희 소장의 군부쿠데타와 베트남 파병 또한 빠뜨릴 수 없는 일이다.

1964년 비전투원의 1차 파병[1]으로 시작된 우리의 베트남 파병은 1973년 3월 베트남 철수까지 8년 8월 남짓 이루어졌다. 1965년 2월 25일 비둘기부대의 2차 파병이 시작되었고, 전투부대인 해병대 청룡부대와 육군 맹호부대가 10월 9일과 10월 22일 베트남 캄란만에 이르게 됨으로써 3차 파병이 이어졌다. 그리하여 참전 기간에 육군 2개 사단과 해병 1개 여단을 비롯하여 사령부, 군수지원부대와 공병부대 그리고 의무지원부대까지 5만 명에 이르는 병력이 바뀌어가면서 베트남에 머물렀다. 연인원이 312,853명에 이르렀다. 그 가운데서 전사 4,960명, 전상 10,922명이라는 희생을 치렀다. 그리고 오늘날 아직도 많은 참전 병사들이 외상성 정신 질환을 앓고 있다. 13,000명을 넘는 참전병들은 고엽제로 말미암은 피해 보상을 행정부에 요구하고 있다. 게다가 1만 명에 이르는 한인 2세 문제와 북베트남 포로 문제를 남기고 있을 뿐 아니라, 한국군에 의한 베트남 양민학살 문제까지 불거지고 있다. 베트남 파병으로 말미암아 우리가 이룰 수 있었던 외형적인 근대화와 함께, 파병용사 개인과 그 가족들이 오늘날까지 겪고 있는 참전 경험은 여전히 현재적이다.

우리의 베트남 파병 동기와 그 결과에 대해서는 아직까지 여러 생각이 뒤섞여 있어 합의된 결론을 이끌어내기는 쉽지 않다. 파병 무렵의 명분과 실질, 그리고 파병에 건 계층별 기대와 그에 대한 이해가 사뭇 또렷하지 않은 까닭이다. 전중기는 전중기대로, 전후기는 전후기대로 베트남 파병 경험을 공론화할 수 있는 집단적 의견 제시와 토의·비판 과정이 생략될 수밖에 없었던 한국 사회 커뮤니케이션의 구조적 문제점이 그 점을 거들었다.[2] 오랜 시기 알게 모르게 사회검열과 개인검열이 컸던 역사 경험

---

1) 7월 국회 통과를 거쳐 9월 부산을 떠난 140명은 이동외과병원 소속 의무병 130명과 10명의 태권도 교관이었다.

2) 그런 사정은 남베트남이 싸움에서 지고 그 난민들이 우리 사회에서 문제가 된 1978년 무렵을 거쳐, 1980년대 군부쿠데타로 집권한 전두환과 노태우 행정부 때까지도 마찬가지였다. 그들의 윗자리에는 이미 초급장교로서 직접 베트남 참전을 겪은 이들이

가운데 하나가 베트남 참전이었던 셈이다. 베트남 파병은 1960년대에서 그 뒤 시기로 넘어가는 한국 현대사 전개 속에서 군부쿠데타의 성공에 따라 진전된 군벌정치와 산업화를 더욱 다져주는 핵심적인 디딤돌이었다. 숱한 젊은이들의 희생을 불러왔음에도, 베트남 특수가 외화 획득의 주요 원천으로서 한국 자본주의 진전에 큰 이바지를 다했다는 점 또한 부인하기 힘든 사실이다.3) 그 무렵 널리 보급되기 시작했던 텔레비전이나 영화의 보도 뉴스는 베트남 현장을 우리 가까이로 끌어당겨, 전쟁을 보다 극화시켜 주기도 했다. 공공커뮤니케이션을 넘는 정보 획득의 기회가 막혀 있었음에도 베트남전쟁이 우리 사회의 중요한 경험 원천으로 자리잡게 된 것은 결코 우연이 아닌 셈이다. 베트남 파병이 이루어졌던 1960년대 중반에서부터 1970년대 초반기를 거쳐 오늘에 이르기까지 그것은 시나 소설,4) 수기 · 보고문학5)은 물론 유행노래6)와 영화 · 만화 · 드라

많았다. 따라서 알게 모르게 베트남전쟁의 실상과 그 체험의 솔직한 개진은 제약 받을 수밖에 없었다.

3) 베트남 파병의 동기와 그 결과나 영향에 대한 여러 가지 견해는 여기서 다룰 성질의 것이 아니다. 파병 동기에 대해서는 최근에 와서 미국의 요청설보다는 우리의 자체적 파병 요구설이 설득력을 얻어 가는 쪽이다. 최동주 · 홍규덕이 그것을 설득력 있게 펴고 있다. 베트남 참전이 우리사회에 끼친 영향에 대해서는 홍규덕이 자세하다. 그는 정치, 사회, 외교, 군사의 여러 영역에 걸쳐 긍정적인 영향과 부정적인 영향으로 나누어 살폈다. 그에 따르면 경제발전, 군사력 강화, 대한민국의 정치력 강화, 정체된 한국사회의 활성화가 긍정적인 쪽이라면 박정희 행정부의 권위주의화, 베트남 특수에 따른 산업화와 그에 따른 억압적 노동 현실, 대미의존의 심화와 대외이미지 실추, 북한의 도발위험 증가가 부정적인 쪽이다.

　최동주, 「한국의 베트남 전쟁 참전 동기에 관한 재고찰」, 『한국정치학회보』 30집 2호, 한국정치학회, 1996; 홍규덕, 「베트남 참전 결정과정과 그 영향」, 『1960년대 대외관계와 남북문제』(한국정신문화연구원 편), 백산서당, 1999.

4) 박영한, 『머나먼 쏭바강』, 민음사, 1978; 박영한, 『인간의 새벽』, 까치, 1980; 이상문, 『황색인』, 한국문화사, 1987; 이원규, 『훈장과 굴레』, 현대문학, 1987; 최우식, 『전장 그리고 여인들』, 명지출판사, 1988; 안정효, 『하얀 전쟁』, 고려원, 1989; 조한주, 『잃어버린 신화』, 남도, 1989; 이재인, 『악어새』, 엘멘, 1993.

5) 소설 쪽의 작업이 전문문인들에 의한 것이었다면, 크게 관심을 끌지 못하고 있는 것에 참전병사나 종군문인 · 언론인에 의한 수기 · 보고문학이 있다. 『별』이니 『월간 중앙』, 『세대』, 『신동아』와 같은 그 무렵 시사 잡지나 『문학춘추』를 비롯한 문학 잡지에서도 그것을 즐겨 다루었다. 낱책으로 나온 것만 하더라도 아래와 같은 것이 있다.

마와 같은 영상언어에 이르기까지 여러 영역에 걸쳐 나타났다. 그리고
그 가운데서도 시는 주도적인 자리를 차지할 만큼 비중이 높다. 그럼에
도 우리의 현대시 연구는 베트남전쟁의 경험에 대해 눈길을 돌린 적이
없었다.7)

1964년 베트남 파병에서부터 오늘에 이르기까지 우리 현대시 속에서
도 중요한 경험 양상을 보여주고 있는 베트남 전쟁시의 실상과 그 됨됨
이를 밝히는 일은 여전히 손길을 기다리고 있는 생각거리인 셈이다. 이

이규태, 『피묻은 연꽃-월남전쟁기행』, 영창도서, 1965; 유근주, 『월남상륙기』, 미경
출판사, 1966; 박안송, 『평화의 길은 아직도 멀다』, 감일출판사, 1969; 손주환·심상중,
『불타는 월남』, 대영사, 1969; 김진석, 『베트남에 오른 횃불-월남전 종군 700일』, 신아
각, 1970.

참전 병사들의 수기나 회고기 또한 전중기 박정환의 것을 처음으로 해서 여러 차례
나왔다. 맹호부대원으로 참전했던 임신행의 경우는 동화 갈래를 선택해 베트남에 대
한 관심의 한 자락을 도맡았다.

박정환, 『죽음의 정글을 뚫고』, 이학사, 1971; 허충호, 『소대장수기』, 병학사, 1978;
이연교, 『네가 기자냐』, 홍성사, 1980; 정채호, 『해병의 신화』, 평범서당, 1987; 이동선,
『전쟁과 폭력-사이공 1972년』, 동산출판사, 1988; 김광길, 『정글전장추라이』, 미음사,
1991; 서경석, 『전투감각』, 샘터, 1991; 권동일, 『남십자성』, 마당, 1993; 채명신, 『사선
을 넘고 넘어』, 매일경제신문사, 1994; 임신행, 『베트남의 아이들』, 교학사, 1966; 임신
행, 『베트남에서 가져온 이야기』, 교학사, 1968; 임신행, 『하노이에서 온 아이』, 교문사,
1972.

6) 파병기 동안에 널리 사랑 받았던 유행노래로는 「맹호들은 간다」, 「월남에서 온 편지」,
「월남의 달밤」, 「월남에서 돌아온 김상사」들이 있다. 미국의 반전노래와 달리 파병을
미화하거나 국책 홍보에 가까운 낙천적인 공론성을 보여준 것이 특징이다.

7) 제대로 된 연구는 이루어지지 않았다. 그나마 소설에 치우친 그들 또한 개별 작품론
에 머물고 있어 베트남 전쟁소설에 대한 전반적인 이해를 가다듬는 데에는 모자람이
있다. 최원식이 짧게 흐름을 짚어 유다를 뿐이다. 작품평이나 서평에서 언뜻언뜻 지나
쳐간 바는 있지만, 베트남 전쟁시만을 따로 떼어놓고 다룬 글은 시에서도 이루어지지
않았다. 작품의 지형도조차 그려지지 않은 쪽이다.

박덕규, 「베트남전쟁 체험 소설의 문학적 의의, 또는 제국주의 비판의 한국적 과제」,
『문학정신』 54호, 열음사, 1991; 정호웅, 「베트남 민족해방투쟁의 안과 밖-무기의 그
늘론」, 『외국문학』 22호, 열음사, 1990; 송승철, 「베트남전쟁 소설론-용병의 교훈, 『창
작과비평』 80호, 창작과비평사, 1993; 신승희, 「베트남전쟁과 한국문학-하얀전쟁의
문제점」, 『어문연구』 77·78집, 한국어문교육연구회, 1993; 최원식, 「한국소설에 나타
난 베트남전쟁」, 『생산적 대화를 위하여』, 창작과비평사, 1997; 김종윤, 「전쟁 문학에
나타나는 전장 체험 연구」, 『육사논문집』 54집, 육군사관학교, 1998.

글은 그 일을 위한 첫 글로 씌어진다. 뜻한 바에 이르기 위해서는 우리 군이 파병을 시작한 1964년부터 남베트남의 패망과 함께 완전히 철수가 이루어진 1973년을 거쳐, 오늘날까지 끊이지 않고 씌어지고 있는 베트남 전쟁시를 모두 문제삼아야 할 터이다. 그러나 다루어야 할 작품 수나 영역이 한 자리에서 마무리될 만한 정도를 넘어선다. 따라서 이 글에서는 베트남전쟁 참전기 동안에 씌어진 우리 현대시, 곧 베트남 전중기 시로 논의를 묶었다. 베트남 전중기 시를 대상으로 그 실상을 확인하고, 인식 틀을 살펴보는 일을 이 글은 목표로 삼는다.

보통 일반 사병이 일년 남짓 파병되어 있었던 까닭에 파병 여덟 해 동안 우리 병사들은 여러 차례 베트남을 다녀왔다. 나라 안에 남아 있었던 가족들은 그들을 보내고 또 맞아들였다. 따라서 이 글이 대상으로 삼고 있는 베트남 전중기시라 하더라도 그 대상은 다시 창작 주체의 성격에 따라 세 가지 유형을 보여준다. 첫째, 몸소 파병되어 참전한 장사병들이 남긴 진중시다. 가장 많은 경우다. 둘째, 종군시 유형이다. 민간인 신분의 시인들이 전장에 종군하여 그 경험을 시로 남긴 경우다. 셋째로 후방시가 있다. 베트남전쟁 참전 기간 동안 나라 안에서 베트남 파병이나 전쟁과 관련된 문제를 다룬, 민간인에 의한 비종군 후방시가 그것이다. 베트남전쟁의 경과를 나라 안에서 죽 지켜보아 왔던 기성시인들뿐 아니라, 어린 나이로 파병 현실을 겪거나, 풍문으로 알 수밖에 없었을 새로운 젊은 세대 시인들의 작품이 포함된다.[8]

1960년대에서 1970년대에 이르는 시기 우리시는 순수 / 참여의 대립구도로 한결같았다는 통념과는 달리, 다양한 사회·역사적 경험에 대한 당대적 대응에 나름대로 멈칫거리지 않았다. 이 글이 그 점을 확인하는 한 터무니가 되기를 바란다. 나아가 우리 근현대 전쟁시 연구 영역을 넓히는 데에도 이 글이 이바지하기 바란다. 멀리 19세기 후반의 의병 전쟁에

---

8) 이밖에 베트남 파병과 관련된 한시 작품이 있다. 그러나 이 글에서는 논외로 삼는다. 이순희 편, 『慰派越將兵詩集』, 서라벌시사, 1968.

서 광복전쟁, 경인전쟁으로 이어지던 한국 근현대 전쟁시의 전통은 바야
흐로 베트남 전쟁시로 나아감으로써 새로운 경험 국면을 마련하게 된
것이다. 게다가 시 연구의 학제적 관련성을 넓히는 데에도 작은 이바지
를 기대한다. 베트남전쟁 경험이야말로 그 담론을 사회학이나 정치학에
만 맡겨두기 힘든 영역의 복잡성과 역사적 구체성을 지니고 있는 까닭
이다.

2. 진중시의 다양성과 대립 논리

베트남 진중시는 파병 시기 여덟 해 남짓 동안 참전 병사들이 쓴 전쟁
시를 뜻한다. 이것은 창작 주체에 따라서 다시 둘로 나누어 살필 수 있다.
기성 시인으로 파병되어 현지나 국내에서 발표한 진중시가 그 하나다. 다
른 하나는 일반 장병이 쓴 진중시다. 일반 장병 신분으로 베트남전쟁을
겪고 돌아와 문단에 나선 뒤, 전쟁 경험시를 남긴 경우도 이에 든다. 김명
인·김태수·신찬식·김준태의 작품이 그것이다. 참전 장병을 대상으로
삼은 현장 공모시 또한 마찬가지다.

1) 전문 시인의 진중시

전문 시인들에 의한 진중시는 여러 사람에 의해 쓰어졌다. 사병으로 참
전했던 민윤기·송덕수·홍중기·김준태[9]와 장교로 참전했던 신세훈·

---

9) 김준태의 경우는 1970년 12월 9일에서부터 1971년 12월 9일에 걸쳐 다녀왔다. 베트
   남 파병 경험을 작품으로 보여주고 있지 않은 이들로는 나태주·황화수가 있다.

배정웅·김호길·박경석이 그들이다. 이들은 참전 초기인 1964년 무렵부터 철수가 완전히 이루어졌던 1973년 사이에 서로 시기를 달리한 채 1년 남짓 복무하고 돌아왔다. 그들은 그 사이 자신의 참전 경험을 베트남 진중에서, 또는 고국의 발표 매체를 빌어 열심히 알렸다. 베트남 현지에서 발표된 것에는 민윤기·송덕수[10]·배정웅·신세훈[11]이 있다.

> 어둠 속에서 彈창을 문지르며 그속, 銃알의 在庫를 가슴으로 確認하며 哨兵과 뜬 눈으로 밤 새우는 내 머리맡을, 最大射距離로 空中에 쏘아올린 수만燭光의 照明彈 불꽃이 熱帶의 비 에 젖어 明滅하고……. 손구락만한 얼룩도마뱀이 귀또리같이 비엩남兵卒같이 「좌아옹! 짜 응!」 濕氣찬 참호속에서 間斷없이 울어댔다. 한갓 시월의 낮과 밤을 띄엄띄엄 故國에서 날 아오는 便紙 內容은 한결같이 가을의 到來와 成熟을 전갈하여 왔지만 가을이 있을리도 없는 사이공 西北方十五마일, 激戰의 戰場에는 죽음과 鄕愁와 砲彈 껍데기만 落葉으로 하염없이 깔리었다. 손구락만한 얼룩도마뱀 울음소리만 命令처럼 쌓이어갔다.
>
> ─ 배정웅, 「사이공 西北方十五마일」[12]

전투병이 겪는 실전 '경험을 그렸다. 시월의 베트남 전장은 풍요로웠던 조국의 '가을'과는 딴판이다. 한창 '귀또리' 울며 '낙엽' '하염없이' 깔릴 철, "激戰의 戰場" 베트남에서는 "손구락만한 얼룩도마뱀"만 귀뚜라미같이 "참호 속에서" 울어대고, "죽음과 鄕愁와 砲彈 껍데기만 낙엽으로" 쌓여갈 뿐이다. '초병(哨兵)'으로서 "뜬 눈으로 밤새우는" 병사의 자리는 "가을이 있을 리" 없는 삶과 죽음의 경계다. 시월의 한 하늘 아래, 여기 베트남 싸움터와 그곳 고국이라는 공간 대립을 뿌리로 삼아 말할이는

---

10) 민윤기, 『野戰幕舍의 겨울』, 국방부, 1969; 민윤기·송덕수, 『雨期의 시』, 국방부, 1970.

11) 배정웅·신세훈, 『티우위의 현장』, 국방부, 1965.
　　신세훈의 작품은 전중기 우리나라에서 다시 개인시집으로 묶어내면서 문단의 눈길을 끌었다. 신세훈, 『비에트·남 葉書』, 토픽출판사, 1965.

12) 배정웅, 『사이공 西北方十五마일』, 아성출판사, 1968, 38~39면.

'얼룩도마뱀 울음소리'와 '귀또리' 울음소리, '탄피'와 '낙엽'으로 이어진
시·청각 연상을 멈추지 않는다. 그리고 그 자리에서 새삼 깨닫는 것은
'명령'과 복종만이 살아 있을 뿐인 막막한 전장 현실이다.

> 기름냄새 나는 MADE IN U. S. A의 새가
> 아시아의 계절풍을
> 사이공 서북방 고도 1000미터 위를 날고 있다
> 멀리서 울리는 그 새울음은
> 항해등처럼 감박거린다
>
> 가슴이 쓰리고 배가 아플 것이다 그 새는
> 날개죽지가 아플 것이다 그 새는
> 커피 대신 검은 중유찌꺼기를 마셨기 때문에
> 설사를 빗줄기로 쏟으며 낙하할 것이다 넓은 초원에
>
> (…중략…)
>
> 의학적으로 그 새는 여성이었다
> 수만 마리의 바람자락을 휘젓던 그 새가
> 조용하던 동남아에 떠올라서
> 깊은 꿈 꾸고 있던 월남에 떠올라서
> 밤만 되면 먼 포소리로 울며울며
> 수천 개의 밝은 알을 낳아 공중에 떨어뜨린다.
>
> ──신세훈, 「날면서 알을 낳은 새」 가운데서[13]

---

13) 신세훈, 『꼭두각시의 춤』, 청산, 1993, 25면.
  신세훈의 경우, 그의 전중기 작품은 『베에트남 엽서』에 간추려져 있다. 그러나 시인
  의 말에 따르면 베트남에 머무는 동안 고국에서 만들어진 까닭에 본디 시와 달리 오
  식이 많아, 위의 책을 정본으로 삼는다고 한다. 시인의 뜻에 따라 뒷날에 고쳐진 시를
  옮겼다.

직접적인 전장 경험을 다루었다. 무차별 폭격으로 말미암은 파괴 앞에서 시인이 겪는 안타까움을 반어적 문맥에 담고 있다. 인공의, 그것도 파괴의 주범인 폭격기를 살아 있는 자연의 암새로 바꿔친 데서 그 점이 드러난다. 그러한 근본비교 위에서 비행기 소리와 '새울음', 비행기 날개와 새의 죽지, 포탄과 알이라는 결합이 이어졌다. 인공과 자연, 파괴와 생명이라는 대립적 인식 위에서 "기름냄새 나는 MADE IN U. S. A의 새"로 대표되는 전쟁도구들의 비정함을 일깨운다. 싸움터에서 저질러지는 파괴와 죽음은 전장이 끌어안고 있는 모든 자연과 생명체에 걸치는 만큼 그 참혹함은 넓고 깊은 데까지 이른다. 적과 아군으로 나뉜 채 병사들이 겪는 전상과 전사의 고통은 그 가운데서도 지극히 구체적인 경우다.

> 잠결에도 어머니를 찾는
> 전상병의 눈물에는
>
> 그 어머니의 애타는 마음
> 한데 얼룩져 내리고
>
> 감으면
> 안기는 고향
> 설운 山川이 고이느니
> ──김호길, 「戰傷兵의 눈물」 가운데서[14]

> 내 한반도에서 달고 온 발가락의 행방을 아느냐
> 어느 전선에서 비를 맞고 누웠는지
> 열 개의 손가락들만
> 긴 손톱을 달고 모래밭위에서 허우적거린다
> 속이 텅텅 빈 뼈마디들은
> 뜬 실탄소릴 내며 비에 썻긴다

---

14) 김호길, 『하늘 幻想曲』, 금강출판사, 1975, 69면.

숲에 버려진 발톱이나 탄피들도
떠나보낸 과거를 노래하며 썩는다.

—신세훈, 「전쟁과 손톱」 가운데서[15)

　전투로 말미암은 '전상(戰傷)' 경험을 다룬 작품 둘이다. "잠결에도 어
머니를" 찾으며, '고향' '산천'에 안기고 싶을 '전상병'을 지켜보며 김호
길은 그의 향수를 이음매로 베트남 전장의 비참을 새삼 깨닫는다. 애타
고 '설운' 베트남 현장과 떠나온 고국 고향이라는 대립적 정황에다, 전상
병의 아픔에 공감하는 말할이의 심사가 차분하게 겹쳤다. 이와 달리 신
세훈은 손수 겪는 전상의 경험을 보여준다. 싸움에 싸움이 거듭됨에 따
라 병사들의 몸은 성한 곳 없이 다치고, 그로 말미암은 아픔은 예사로운
일이 되었다. '발가락' · '손가락' 절단은 물론 몸 속 '뼈마디'조차 내 것
이 아닐 정도로 온몸 상처는 깊다. 성한 몸의 기억은 고국과 마찬가지로
이미 "떠나버린 과거"일 뿐이다. 시인은 "뜬 실탄소리"를 내며 '비에' 씻
기는 '뼈마디들'이라는 뛰어난 비유를 빌려 성한 몸과 다친 몸이라는 대
립적 경험이 품어 안은 비극의 강도를 드높인다. 그러나 직접적이든 간
접적이든 싸움터에서 겪는 전상의 아픔은 흔한 일이다. 게다가 전사자에
견주면 전상 경험은 그래도 행복한 경우다.

　　나는 죽어가는 병사의 성기를 보았다
　　한때 클레오파트라보다 더 요염한 여인과 함께
　　궁전의 홍포도주가 익는 밀실에서
　　이 우주의 오르가즘에 취하던 새벽은 가고
　　지금은 죽은 나무뿌리
　　흙속에서도 그 뿌리는 썩어가며 뻗는다

　　불을 켠 군용 프래쉬로

---

15) 신세훈, 『꼭두각시의 춤』, 청산, 1993, 83면.

전장 여인의 어두운 습지를 파고들어 빛을 발산하던
그 호화로운 옛날의 광채는 허공으로 살아졌다

못다 배출한 정액을 저장하고
화장터로 끌려간 눈 먼 병사는 먼지로 변해
개솔린 냄새나는 극동의 하늘을 날았다
어머니의 품속으로 안겨간 그 순수
나는 불꽃속에서 어둠을 보았다
— 신세훈, 「죽은 병사의 성기」[16)

어둠 속에서 이루어졌던 긴 전투가 끝났다. 남은 것이라고는 "죽어가는 병사"뿐이다. 밤새 "군용 프래쉬"를 비추며 싸웠던 병사는 간 데 없다. '화장터로' 끌려가 "먼지로 변해" 버릴 낯익은 주검들만 이곳 저곳에 널브러져 있다. "못다 배출한 정액을 저장하고" 죽은 "병사의 성기"는 썩은 나무뿌리와 다를 바 없다. 병사들의 주검이 타서 하늘로 흩뿌려지는 일을 두고, "모성의 아이"가 마침내 "어머니의 품속으로 안겨간" 일이라 생각을 이어본들, 그들에 대한 위로가 되지 못함을 말할이는 잘 안다. 전사자들과 나 사이에 가로놓인 거리는 너무나 멀다. 그것은 싸움터의 밝음과 어둠, 땅과 하늘 사이의 대립에 그치는 것이 아니다. 바로 이승과 저승 사이 절대적인 거리로 말미암은 까닭이다.

고향 지어미의 빨랫줄 같은 사내들이
바지랑대 같은 이상을 깃빨처럼 능선에 꽂아두고
장가 한 번 못들어 보고 죽어 나자빠지는 걸
시퍼런 두눈으로 보면
내가 왜 이곳에 섰는가를
묻지 않을 수 없다.
— 민윤기, 「新兵」 가운데서[17)

---

16) 신세훈, 위의 책, 25면.

전쟁은 젊은이들의 팔 다리를 짤라먹고
뻔히 뜬 눈알을 빼먹고,
젊은 이상을 빨아먹고, 비대한 몸뚱아리로
쟝글속에 누워, 천년을 누워 고요이 평야
어느 한자락을 덮고
죽은 듯 살아 있다.

　　　　　　　—송덕수, 「전쟁 이야기(1)」 가운데서[18]

월남에 가지마래이 죽는다
죽어서 충성하면 뭣하니?
머리올끝에서 발톱끝까지
성기를 싸고 있는 즈로즈까지
남의 나라 물자로 무장하고
남의 나라 싸움을 싸우다가
남의 나라 땅에서 쓰러질 이유가 어딨니?

죽을려면 얼마든지 죽을 수 있었어.
그러나 가지 말고 죽지도 말아라.
내 갔다 와보니 다시 못 갈 곳이더라

　　　　　　　—신세훈, 「越南戰爭論」 가운데서[19]

　　거듭 커다란 '능선'처럼 쌓여 가는 주검 앞에서 "내가 왜 이곳에 섰는
가를" 되묻고 있는 민윤기의 작품은 산 이와 죽은 이가 언제든지 자리가
바뀔 수 있는 곳이 전장임을 말해준다. 발밑이 온통 저승인 싸움터에서
"시퍼런 두 눈"을 뜨고 살아 있다는 사실은 언제나 믿어지지 않는 요행
인 셈이다. 송덕수는 아예 베트남 깊고 너른 땅이 모두 "비대한 몸뚱아
리"를 누이고, 은밀히 "죽은 듯 살아" 가고 있는 죽음 자체임을 섬뜩하게

---

17) 민윤기, 『流民』, 동서문화사, 1974, 65면.
18) 민윤기·송덕수, 『雨期의 시』, 국방부, 1970, 64면.
19) 신춘시 동인회, 『신춘시』 13집, 대유출판사, 1968, 42면.

일깨우고 있다. 살아 있는 것이라고는 죽음이 잠시 허락한 '정글'이거나 '평야'뿐이다.

그러한 파괴와 죽음의 밑자리를 보고 고국에 되돌아온 신세훈은 이제 아예 "월남에 가지" 말라는 외침을 숨기지 않는다. "남의 나라 싸움에" "남의 나라 물자로 무장하고 / 남의 나라 싸움을 싸우다가 / 남의 나라 땅에서 쓰러질 이유가" 어디 있느냐는 시인의 반문은 그 무렵의 자기검열을 감안하더라도 매우 격앙된 비참전론을 이루었다. 베트남은 죽을 곳이고, 고국은 살 곳이다. 전쟁은 언제나 개인의 생존과 국가에 대한 충성이라는 사뭇 어긋난 입장을 병사들에게 요구한다. 그러나 "죽어서 충성"은 아무 소용없는 일이다. 시인은 죽을 곳 베트남과 살 곳 고국이라는 공간 대립을 빌려 베트남의 전쟁 드라마가 더욱 참혹하고, 값없는 것임을 일깨웠다.

베트남 전장은 그 많은 참전 병사들의 전상과 전사를 요구할 뿐 아니라, 그들에게 돌아갈 영광이나 자부심마저 빼앗아가 버리는 곳이기도 했다. 몸에 더하여 정신까지 병사를 욕보이는 현장이 전장이다. 설 자리가 없다는 사실 앞에서 병사들의 허망함은 극에 이른다.

> 그러나 전쟁은 이미 참전하는 자의 것이 아니라
> 가담하는 자의 것이다
> 전사자의 것이 아니라
> 포로들의 것이다.
> 흥분하는 종군 기자들의 것이다.
> 내가 가담한 작전에서 노획한 적의
> 공용화기나 戰果들의 것이다.
> 이제 나는 내가 가담하지 않은 전쟁을
> 이야기하고, 전쟁을 비유하는 자의 冒瀆
> 앞에 머리 수그린다.
> ── 민윤기, 「戰爭은 이미 加擔하는 자의 것이다」[20]

전공은 훈장으로만 주어지는 것이 아니다. 시인은 목숨이 오가는 숱한 위험을 헤치고 나온 병사들의 고초와 노력에는 아랑곳없이, 싸움이 끝나고 나면 승리를 말하고 공을 다투는 이는 싸움터에 자리하지 않았던 사람들임에 말하고 있다. 시인은 "참전하는 자"와 "가담하는 자"라는 대립적 관계 위에서, "전쟁을 비유"할 뿐인 "가담하는 자"들이 정작 전쟁의 실체가 되어 버리는 어처구니없는 일을 하나하나 짚었다. 헛되이 죽은 아군 '전사자'와 살아남은 적 '포로', 손수 싸웠던 '병사'와 건너다 볼 뿐이었을 '종군작가', 실질적인 전과와 관계없이 화려한 '노획'물 사이의 대비가 그것이다. 전쟁의 실재에서 벗어난 뒤쪽이 더 관심의 대상이 되고, 상찬의 대상이 되는 일은 어쩌면 모든 전쟁이 지니고 있는 모순일지도 모른다. 숱한 어려움과 아픔을 이기고 싸움터에서 돌아온 병사들을 여지없이 '모독'하는 것이 전쟁의 한 본질인 셈이다. 전쟁에 뒤늦게 '가담'한 그들에게 영예를 빼앗긴 채 그 앞에서 "머리 숙이는" 병사의 굴욕과 그로 말미암은 노여움은 높이 솟구친다. 참전 경험이 마침내 허망한 노릇일 수도 있음을 시인은 증언하고 있다. 시인들의 진중시는 참전에 따른 다양한 자의식과 고뇌를 드러내는 일에 머뭇거리지 않았던 셈이다.

2) 일반 사병의 진중시

일반 사병들에 의한 진중시 또한 적지 않다. 이들은 국방부의 문예행사21)나 『전우』, 『맹호의 소리』와 같은 진중신문을 빌려 발표되었다. 나

---

20) 민윤기, 『流民』, 동서문화사, 1974, 58~59면.
21) 김명인 외저, 『나의 생애 이 포복을』, 반공교육문화사, 1971.
　　이 선시집은 '파월 6주년 기념' '진중시집' '파월용사 100인시선'이라는 이름을 내걸고 있다. '파월 6주년 기념 문예작품 현상모집' 시부문 입상작을 묶은 책이다. 이 현상모집에서 당시 백마부대 1856부대 의무중대에서 복무하고 있었던 김종철 시인이 당선, 맹호사단 본부중대에서 복무하고 있었던 김명인 시인이 가작으로 뽑혀, 습작기의 모

라 안 여러 일간 신문들에 마련된 '월남통신'과 같은 자리가 이용되기도
했다. 『한월계』와 같은 전문잡지도 예외가 아니었다.

어머니
영광이 있기까진
싸우렵니다.
이국의 전선에 산화되어 버려도
한 줌의 슬픔 없이
싸우렵니다.
영광이 있기까지
조국의 아들은 싸우렵니다.

— 김창현, 「어머니」 가운데서[22]

그날
젊은이들은 모두 떠났다
조국으로부터 어머니로부터 운명으로부터
모두 떠났다
젊은이들의 믿음과 낯선 죽음과
부산 삼부두를 실은 업셔호의 전함
수천의 빗방울이 바다를 가라앉히고
어머니는 나를 찾아 헤매었다
갑판에 몰린 전우들 속의 막내를 찾아 하나씩하나씩
다시 또 다시 셈하며 울고 있었다.

— 김종철, 「죽음의 遁走曲」 가운데서[23]

습을 보여준다. 오랜 뒤인 1993년 '베트남고엽제피해자전후회'에서 이 책을 되찍기도
하였다. 현재까지 베트남 전쟁시에 대한 기초 문헌으로 활용될 만한 책이 되고 있다.
이밖에도 일반 사병들의 진중시를 모은 경우는 소략하나마 한 곳이 더 있을 뿐이다.
파월용사 100인, 『사는 것과 죽는 것 사이에서』, 우삼, 1993; 편집실, 『머나먼 정글』 1,
일봉, 1992.
22) 김명인 외저, 위의 책, 26면.
23) 김종철, 『서울의 遺書』, 한림출판사, 1975, 13~14면.

일반 장병의 진중시는 전문 시인의 작품과 달리 파병 현실에 대한 사회적 공론을 그대로 옮기는 데 바쳐지고 있어, 행사시의 됨됨이를 벗어나지 못했다. 삶과 죽음의 대위적 발상을 깔아두고, "조국의 아들"로서 '영광'을 위해 "이국의 전선에 산화되어" 버려도 "슬픔 없이 싸우"겠다는 소박한 각오로 한결같은 김창현의 작품이 그 점을 잘 보여준다. 전쟁 표어로나 어울릴 생각이다.

뒤에 올린 김종철의 진중시는 자신의 고향인 "부산 삼부두를" 떠나 베트남으로 향하는 이별의 순간을 세련되게 그리고 있다. '막내' 아들을 보내며 그 얼굴을 한 번이라도 더 보고 싶어 헤매는 '어머니'의 애끓는 심사를 구체화시킴으로써, 섣부른 애국시의 경지를 넘어섰다. "낯선 죽음"이 가득할 베트남으로 떠나는 병사들의 '믿음'직스러운 출항과 남은 '어머니'의 슬픔을 대립시키고, 그 둘을 아울러 바라보는 또 한 사람의 참전병인 자신의 눈길을 보여줌으로써, 떠나는 병사들의 마음이 마냥 복잡미묘한 것이었음을 효과적으로 드러낸다. 그러나 이런 정도의 입체적인 표현은 일반 병사의 작품에서는 드물다. 무엇보다 참전 병사들의 애국시나 영웅시라 함직한 공식적이고, 모범적인 발언은 한결같다. 그 무렵 국방부나 공공 커뮤니케이션에서 되풀이되고 있었던 전쟁담론을 크게 벗어나지 않았던 셈이다.

3. 종군시의 세 길

베트남 참전기 동안 문인이나 언론인 또는 사진작가들의 종군활동은 파병 초기부터 일찌감치 이루어졌다.[24] 그러나 아직까지 그것에 대한 조사는 정확하게 이루어지지 않았다. 어떤 이는 종군 사실 자체를 숨기려는 의도를 보이기도 한다. 종군문인들의 대부분은 군과 관계가 밀접한 이들이었다.[25] 장교시인이었던 유근주는 물론, 장군으로 예편했던 김종문이나 장호강과 같은 이들이 대표적인 사람이다. 그들의 이념적 소속으로 볼 때 파병 무렵 정부 차원에서 이루어졌던 정치적 공론이나 도덕적 합의를 벗어나는 글쓰기는 어려웠을 것이다. 자유민주주의의 수호라는 참전 명분과 반공 이데올로기를 의심할 수 있는 자리에 그들은 있지 않았던 셈이다.

　　太古를 그대로
　　잉겨 붙은 불

　　毒버섯의
　　繁殖이 찬란하다

　　照明彈이 누비고 가는
　　판가름은
　　湖水의 아픔을
　　容恕치 않는다.

　　끓는 그리움을
　　통으로 마셔버린
　　防彈조끼에

---

24) 전투부대로서는 첫 파병이었던 해병 맹호부대가 베트남에 들어간 1965년 10월 9일부터 11월 29일까지 시인 유근주가 벌였던 종군활동이 대표적인 경우가 되겠다. 그는 자신의 경험을 몇 차례 종군기로 남기고 있다.
　　유근주, 『월남상륙기』, 미경출판사, 1966; 유근주, 「종군일기」, 『문학춘추』 2월호, 문학춘추사, 1966; 유근주, 「내가 본 월남」, 『문학춘추』 7월호, 문학춘추사, 1966.
25) 종군시집을 낸 이추림의 경우도 경자시민의거 직전에 「우남생애」라는 헌시를 남기고 있는 우익인사였다.
　　김영광·이추림, 『자유세계지도자가 논하는 우남·만송』, 정치철학연구회, 1960.

太古를 느린
거미줄이
질기다.

— 박정희, 「惡장글」[26]

1969년부터 1970년까지 한 해 동안 맹호부대 방송국에서 아나운서로 종군한 특이한 이력을 지닌 시인이 박정희다. 그녀의 두 번째 시집 『주둔지(駐屯地)』는 베트남 종군시로 한 권을 이루었다. 참전 과정에서 만난 여러 사람이나 경관, 또는 손수 겪은 전투 상황들을 간결한 목소리에 담았다. 따라서 전체적으로 전장에 대한 구체적 정황을 일깨우는 데에는 모자람이 있다. 전투 과정에서 조명탄이 터지면서 밀림을 불태우는 정황을 일찌감치 거리를 두고 살피고 있는 위의 시가 좋은 본보기다. 불이 붙은 정글을 "독버섯의 繁殖"으로 표현한 데에 묘미가 있다. "끓는 그리움"이라는 막연한 느낌에서 드러나는 바와 같이 이 시는 베트남 전장의 현장 묘사와는 거리가 분명하다. 절박함이 담기지 않은 엷은 경험의 밀도가 이 시의 거리를 마련하고 있는 셈이다. 말하자면, 실제 전쟁 현실과 시로 담길 미학적 의장 사이의 대립된 긴장 앞에서 시인은 미학적 의장 쪽에 더욱 기댐으로써, 직접적인 전장 현실에서 벗어나 있는 내면을 보여준다.

너는
너의 키만한 나무 밑에
너의 웅크린 몸 만한 호를 파고 들어앉아
매복병
대지의 태아가 되어 다시 태어난다.
너희 키보다 높은 나무꼭대기
빈 새집 와 닿는 남십자성의 방울소리

---

26) 박정희, 『駐屯地』, 공화출판사, 1972, 36~37면.

너는 웃는 것을 먼저 배운다.
사방은 숲의 바다
거센 바람이 일어올 것 같은데
너는 파란 파도에 둘러싸이는 외로운 섬
끝없는 어둠의 공간을 숨쉬며
너의 속 깊이
맺는 망울
피는 너를
본다.

—— 김종문, 「埋伏兵」[27]

　전투의 보고적 정황 묘사와는 거리가 있다. 숨도 제대로 쉴 수 없을
정도로 긴장된 참호 속 병사의 모습에 대한 독특한 이미지 조형에 더 마
음을 쓴 시다. "몸 만한 호를 파고 들어앉아" 어둠 속에서 웅크리고 척후
를 살피고 있는 매복병이 숨죽인 모습을 "다시 태어"나는 듯, 자신의 "속
깊이" 맺은 "망울"이 있어, 그것이 활짝 피고 있는 것으로 표현했다. 고
요하고도 어두울 척후병의 몸 바깥과 긴장 속에 갇힌 채 환하게 피어오
르고 있을 척후병의 마음 사이의 대비를 마련해서 매복병이 놓여 있는
미묘한 정황을 뛰어나게 담아냈다. 그러면서 '너'로 불리어지고 있는 현
장의 '매복병'과 말할이 '나' 사이에 가로놓인 거리가 뚜렷하다. 전쟁 실
상과 미학적 완결이라는 둘 사이의 긴장 앞에서 시인은 뒤쪽에 기댐으
로써, 종군 현장으로부터 심리적 거리를 띄울 수 있었다. 참전 시인들의
진중시가 보여주곤 했던 복합적인 정서의 울림을 읽기는 힘들다.
　앞에서 본 박정희나 김종문의 종군시는 구체적인 전장의 모습을 그리
려 하되, 전장으로 말미암은 감각에 대한 표현의 완성도에 더 마음을 둠
으로써, 전황의 구체적 보고나 실상에 대한 요구에서 벗어날 수 있었던
경우다. 베트남전쟁에 대한 이념적, 정치적 함의나 성격에 대한 이해의

---

27) 김종문·홍윤숙·신동엽, 『長詩·詩劇·敍事詩』, 을유문화사, 1967, 28면.

심도 또한 그들에게 요구되는 바가 아니었다. 그러나 이추림의 종군시는
이들과 다른 길을 보여준다.

屍體 속의
정글파리와 눈 많은 거머리떼와
그걸 다시 쪼아먹는
弔辭 마치는 燕尾服의 까마귀들

프랑스 外人部隊 정글용 모자같은
時計 속 물 차는 濕地는 말라서
婚夜에 부끄러운 어린 新婦의 좁은 침실이 되라
촛불 끄는 입술 둘레만 報障 속에 남게 하라.

솔 속의 물감처럼 쏟아지는 햇살안의 벨커니서
꽃들 핥는 고양이 혓바닥은
酸素 빠진
氣球
　　　　　　　　　　—이추림,「屍體 속의 濕地」가운데서[28]

빵카에서 한 발쯤 떨어진
싸보텐 그늘 속
앙상히 쓰러져 있는
少女의 한쪽 유방

꼭 같기가
내일쯤 登校할 아기가 운동장에서 갖고 놀
공의 높이만 하다
방아쇠를 푼
손에서 머지 않은 거리에

---

28) 이추림,『彈皮 속의 旗』, 삼일각, 1967, 28면.

버림받은

샘·死血 씻어내는

多人用 屍體 뻭 위의 아이스 박스 안에는 고향소식 같은 屍體處理兵의 땀
이 흘러

입 크기의 感情은 모냥으로만 있고

손은 눈의 명령을 기다리는 단순한 단추

— 이추림, 「兵站大隊 六種 II」 가운데서[29]

두 편 모두 전사한 이의 주검을 글감으로 끌어온 시다. 이미 첫시집[30]
에서 한껏 보여주었던 퇴폐의 정서와 다듬지 않은 언어감각을 그대로
드러냈다. "屍體 속의 / 정글파리", "거머리떼", "그걸 다시 쪼아먹는" "燕
尾服의 까마귀들"의 제시, 그리고 시신의 손목에서 보는 "時計"와 그 속
에 아직도 고여 있을 법한 물기로 눈길을 미세하게 옮긴다. 그리고 그러
한 주검이 놓여 있는 광장 한 옆, "물감처럼 쏟아지는 햇살" 아래서 꽃을
핥는 핏빛 "고양이 혓바닥"의 연상으로 나아간다. 자연스런 관찰이나 보
고와는 거리가 있는 그로테스크한 현란함이다. 종군자인 '나'와 장사병
들의 주검이 뒹구는 현장 사이에 가학적이고 비틀린 말씨를 채워 넣어
오히려 전장 현실을 과장하고 왜곡하고 있는 셈이다. 단정한 미학적 조
절력을 보여주었던 앞선 종군시들과는 달리 해사적 언어를 마음껏 구사
함으로써, 전장에 대한 직접성을 비껴가면서 전장으로 말미암아 겪는 바
불편한 상태만을 암시할 뿐이다.

뒤에 옮긴 작품 속의 두 주검은 전투에서 희생되어 "싸보텐 그늘 속"
에 "쓰러져 있는" 민간인 "少女"와 거기서 머지 않은 자리의 "多人用 屍
體 뻭 위의 아이스 박스 안에" 담겨 있는 미군 병사의 것이다. 시인은
그 두 죽음의 덧없음에 대한 적극적인 반어를 드러낸다. 죄 없이 죽어간
소녀의 한쪽 젖가슴을 "아기가 운동장에서 갖고 놀 / 공의 높이만 하다"

---

29) 이추림, 위의 책, 57면.

30) 이추림, 『역사에의 적의』, 인간사, 1962.

고 짐짓 시침떼는 목소리와 죽은 동료를 염하는 "屍體處理兵"의 지극히
기계적인 손길에서 그것을 엿볼 수 있다. 시인도 어느덧 그 "屍體處理
兵"과 마찬가지로 굴러다니는 전장의 주검 앞에 무덤덤해지고 있는 자
신을 발견하고 놀란다. 전쟁은 안타깝게도 덧없는 죽음을 버릇처럼 그렇
게 저지르고도 멈출 줄 모르는 것이다. 시인이 겪는 안타까움과 회의 속
에 기상에 가깝도록 과장된 시인의 표현이 지닌 적극성이 깃들어 있는
셈이다.

> 잃어버린 죽엄으로부터 도망치는 발의 숫자같은
> 壁 앞에 軍歌의 內容이 虛勢이듯
> 죽엄은 소속이 확실하다
> 戰爭商人이 市場에서 고함치는 戰中美談의 과거
> ― 이추림, 「싸우는 民族은 불행하다」 가운데서[31]

전쟁이란 모든 전쟁은 잘못이다. 비록 적과 아군으로 맞서 싸우더라도
전쟁 당사자들은 그 처음부터 죽음에 이르는 마지막까지 한 가지다. 게
다가 시인이 단호하게 뱉는 바와 같이 "軍歌의 內容이 虛勢이듯" 모든
"죽엄은 소속이 확실하다." 죽음은 그것으로 모든 것의 끝인 까닭이다.
그리고 그 전쟁의 궁극적인 수혜는 죽어 널브러지는 전쟁 당사자들과
달리 "戰中美談"을 즐길 뿐인 "戰爭商人"들의 것이다. 전쟁에 대한 일
반론적인 회의가 물씬 담겼다. 따라서 울림은 크지 않은 쪽이다. 그러나
그것이 참전병 개개인이 겪는 가족주의적 경험 안으로 스며들 때는 사
정이 달라진다.

> 곧
> 돌아갈 거라고 치열한 作戰 중에 또 편질 냈지

---

31) 이추림, 『역사에의 적의』, 인간사, 1962, 57면.

銃傷이 가볍게 아물고 있다고 入院 중에 천연색 엽설 친절한 간호장교에게
다시 부탁했지
　귀국준비로 商街를 누비며 너만 생각했지
　무거운 膳物 속에 섞여 즐길
　네게 다시
　또 편질 썼지

　南支那海 어떤 軍港에
　交替部隊가 닿았을 때
　아무나 붙들고 네 안부를 물으며
　다가올 소식을
　또 띄웠지

　어떤 曜日 몇시쯤 釜山埠頭에 닿을 거라고
　마중나오라고 두터운 편질 거듭 냈지

　더운 歸國船 마스트 위서 네가 푸를 선물포장지를 바라보면
　지루한 더위 속의 뱃길도
　전쟁 속의 온갖 恐怖와 緊張도 平和感으로
　저속하지 않게 견딜 수 있었지

　…… 숱한 죽엄을 딛고 돌아온
　그런데 나는 울었지

　속으로만 속으로만
　잃어 버린 것을 울었지
　　　　　　　　　　— 이추림, 「어떤 歸國者 〈Ⅵ〉」[32]

존중받지 못하는 "숱한 죽엄을" 용캐 "딛고 돌아온" "어떤 歸國者"가

---

[32] 이추림, 위의 책, 63~64면.

겪을 법한 상실감을 오래 그리워했던 이와의 이별이라는 개별적 정황으로 옮겨와, 부드럽게 드러내고 있는 시다. "전쟁 속의 온갖 恐怖와 緊張", 그 숱한 죽음까지 다 지나쳐 온 그에게 남은 것은 이제 "속으로만 속으로만" 우는 울음뿐이다. 그의 상실감이 어찌 한 여인에 대한 것일까 보냐. 비록 암시적이나마 자신의 과장되고 그로테스크한 언어 표현 아래 도사린 전쟁 자체에 대한 솔직한 혐오감을 내보인다.

　　　나는 어디서 날아온지 모르는
　　　〈메시지〉 한 장을 풀랴고
　　　무진 애만 쓰다 돌아왔다.

　　　〈꾸몽〉고개 야자수 그늘에서
　　　〈봉다위〉 바닷가에서
　　　아니 〈사이공〉의 〈아오자이〉娘子와
　　　마주 앉아서도
　　　오직 그것만을 풀랴고
　　　애를 태우다 왔다.

　　　아마 그것은 〈베트콩〉이 뿌린
　　　傳單인지 모른다.

　　　아마 그것은 〈나트랑〉孤兒院에서 만난
　　　越南소년의 장난인지 모른다.

　　　아마 그것은 어느 特務機關이
　　　나의 思想을 시험하기 위한
　　　造作인지 모른다.

　　　아마 그것은 〈로마〉敎皇의
　　　평화를 호소하는

〈포스타〉인지 모른다.

아니 그것은 우리의 어느 勇士가
남겨 놓고간 遺書인지도 모른다.

마치 그것은
흐르는 눈물모양을 하고 있었다.

마치 그것은
砲彈으로 뻥 뚫린
구멍모양을 하고 있었다.

마치 그것은
四肢를 잃은
해골모양을 하고 있었다.

아니 그것은
눈감지 못한
冤魂의 모습을 하고 있었다.

그런데 그것은
월남이야기인 것도 같고
그런데 그것은
나 개인의 문제인 것도 같고

아니 그것은
우리 민족에 관련한 것도 같고
아니 그것은 보다 더
인류와 세계에 향한
강렬한 暗示같기도 하였다.

— 구상, 「越南紀行」 가운데서[33]

앞서 든 이추림의 시가 연인과 병사의 이별이라는 가족적인 개별성을
빌려와 전쟁에 대한 혐오감을 어렴풋하게나마 드러내고 있다면, 위에 옮
겨 놓은 구상의 작품은 그것이 보다 깊고 넓은 성찰로 나아간 경우다.
종군 시인인 자신에게 날아오는 전단의 "어떤 메시지"가 뜻하는 바가 무
엇인가에 대한 물음과 그에 대해 짐짓 시인이 답해 보는 수수께끼적인
틀 안에다 보다 통합적인 입장에서 전쟁의 무익함과 회의를 성찰적인
눈길에 담았다. 전쟁은 '눈물'과 "砲彈으로 뻥 뚫린" '해골(骸骨)'과 '원혼
(冤魂)'만을 거듭거듭 만들어낼 뿐이다. 아무리 '특무기관(特務機關)'의 사
상조작이 가능한 시대라 하더라도, 베트남전쟁의 종군이 시인에게 주고
있는 깨달음과 자의식은 분명하다. 모든 전쟁은 그로 말미암아 장차 얻
게 될 '평화'를 위한 명분으로 지속되는 것이긴 하지만, '유서' 한 장 남
기지도 못하고 산화하는 병사들의 헛된 죽음은 우리 땅 안에서건, 멀리
남의 나라 베트남에서건 마찬가지로 일어나서는 안 된다는 "강렬한 암
시"를 아끼지 않았다. 종군시인들의 주류적 성향에 견주어 보다 솔직하
고 거시적인 성찰의 결과다. 이추림이나 구상의 시에 이르러 종군시들도
그 나름의 참된 현실 읽기에 고심하였음을 엿볼 수 있는 셈이다.

4. 후방시의 울림과 간섭현상

파병을 앞뒤로 한 시기 우리 사회에서는 동남아시아의 정세와 베트남
에 대한 새로운 관심이 드높아지고 있었다.[34] 시로서 베트남 문제를 다

---

33) 구상, 『구상문학선』, 성바오로, 1975, 238~240면.
34) 파병을 앞뒤로 베트남에 대한 우리사회 여러 영역의 관심은 출판 쪽만으로 보더라
   도 매우 드높아졌다. 베트남사에서부터 우리와 역사적 연원을 다룬 최상수, 강무학은

룬 첫 작품은 1964년 6월 파병에 바로 앞서 펴낸 박희진의 장시35)로 보
인다. 불교도인 시인은 여러 차례 이어진 남베트남 스님들의 분신을 보
면서, 한국과 남베트남이 안고 있었던 공통된 인식, 곧 분단과 민중 수
탈, 그에 맞설 종교적 박애에 대한 믿음을 암시적인 말로 노래했다. 우리
사회와 긴밀한 관계를 갖기 앞서 이루어졌던 종교적인 이해의 지평을
잘 보여주는 작품이다. 그리고 뒤이어, 여러 후방시들이 우리 사회 안쪽
에서 발표되기 시작했다.

> 비에뜨남
> 비 오른 수렁
> 憎惡의 새 떼들
>
> (…중략…)
>
> 굳어버린 兵士의
> 性器를 위하여
> 나의 가을과 詩는
> 脆弱하다.
>
> ——권일송, 「따이한 노래」 가운데서36)

> 도시 그런 것으로

물론 베트남 현지 사정을 알려주는 홍보물과 회고기, 연구서, 관련 잡지나 실용서에
걸쳐 두루 나왔다. 그 가운데서 주요한 것들을 들면 아래와 같다.
　국제문제연구소, 『베트남』, 대한민국 국제문제연구소, 1965; 강무학, 『역사소설 황숙
이용상』, 금문화사, 1966; 중앙대 출판국 편, 『월남사－베트남 이천년사』, 중앙대 출판
국, 1966; 최상수, 『한국과 월남과의 관계』, 한월협회, 1966; 공보부, 『오늘의 월남』, 대
한민국 공보부, 1966; 편집부 편, 『월남어회화』, 국민계몽선전사, 1966; 『한월계』 7월
창간호, 한월계사, 1966; 『파월국군장병가구 안내편람』, 파월장병지원위원회, 1967; 이
승헌, 『남페트남민족해방전선연구』, 고려대 출판부, 1968; 최덕신, 『제2의 판문점은 어
디로』, 청운문화사, 1968.
35) 박희선, 『火焰 속에 숨진 微笑』, 교학사, 1964, 6~7면.
36) 권일송, 『도시의 화전민』, 한빛사, 1969, 22면.

죽이고 죽일 수 없는 콜로세움
새맑은 동공 썬글라스로 가리고
사느라히 방아쇠를 당길 때

난쟁이 선인장 떼지어 사는 高原에
목마름을 적셔주는 어머니
젖내 같은 스콜은 포성돼 쏟아지는가.

『그것은 뻬에트·콩』
『그것은 따이한』
도, 아닌 태고로부터 맥박쳐온 흙의 울부짖음,

지금은 로마의 용병대장
그런 북위 17도
야자수 푸른 잎에 전쟁이 물들면
기구한 사랑이 못내 그리워지는가
슬픔에 멍든
〈뻬에트·남〉 마담의 앞가슴을 헤치고
방금 정겹게 날아드는 따이한의 비둘기.

그것은 어머니
그것은 죽음일지라도
마음에 겨운 무장은 풀어던지고
노래를 불러라.

남과 북
말끔히 미움을 씻는
우리의 노래
실로 노래는
한 가닥 진실을 잇는 마지막 다리.

　　　　　　　— 박지수, 「뻬에트·남 答書」 가운데서[37]

2부 문학과 전쟁   285

　　권일송이나 박지수의 작품은 둘 다 파병되어 베트남에 머물고 있었던 신세훈 시인의 편지에 대한 고국의 답신 꼴로 된 화답시다. 그 무렵 대중매체를 빌려 얻을 수 있었던 베트남에 대한 이해나 정보 수준에 머물러 막연한 분위기를 드러낸다. 앞선 시는 신세훈 시인이 "증오의 새 떼"처럼 뒤엉켜 목숨을 건 싸움을 거듭하고 있을 '비에뜨남'과 달리 고국에서 '취약(脆弱)'한 자신을 대조적으로 드러낸다. "굳어버린 병사의 성기"라는 수사를 끌어와 전장에서 벌어지고 있을 참담한 상황을 불러일으키고자 했으나, 재치를 벗어나지 못했다. 이와 달리 박지수의 작품은 베트남전쟁이나 전황에 대해 일반인들이 지녔을 법한 여러 관심사나 자신의 생각을 요모조모 짚었다. 먼저 베트남의 '태고'적 원시성과 베트남 파병이 지닌 '용병'이라는 성격, '따이한'의 이바지는 명예로운 평화의 사절이라는 생각에다, 신세훈 시인에게 창작 의지를 북돋우도록 하라는 당부까지 곁들였다. 참전의 역사적 의미에서부터 참전병사의 안위에 대한 염려까지도 선배 시인으로서 두루 다룬 셈이다. 베트남 파병과 관련된 그 무렵 우리 사회의 공공적 담론을 따르면서도 참전 용사들 앞에서 지녔을 시인의 자괴감까지 넌지시 드러내는 솔직함을 잊지 않았다.

　　베트남 파병시인에 대한 고국민의 관심을 보여주는 이러한 화답시들을 포함해 전중기 시인의 후방시는 크게 세 가지 됨됨이를 보여준다. 첫째, 젊은이들을 이국에 보내고 난 가족이나 어버이다운 염려를 소박하게 보여주는 시편이다. 둘째, 힘껏 그들의 명예를 부추기고 격려를 아끼지 않는 시편이다. 셋째, 우리의 지나간 경인전쟁과 분단의 현실을 되새기며 베트남과 우리 사이의 동질성 앞에서 겪는 괴로움이나 비판적 심사를 숨기지 않는 시편이다.

　　자루 빠진 우산을
　　엉거 주춤 짚고 서서

---

37) 박지수, 『祖語斷章』, 청자각, 1975, 44~46면.

　　마주치는 별빛 따라
　　바라 보는 월남땅

　　단숨에 후루룩 날아
　　덥석 안아 보고 싶다.

　　　　　　　　　　—조종현, 「바라보는 월남 땅」 가운데서38)

　　조종현은 어른으로서 몸소 경인전쟁과 피난살이의 고초를 겪었던 세
대다. 그러니 만큼 베트남으로 나가 싸우고 있을 지인이나, 장병들을 생
각하는 마음이 예사롭지 않다. "자루 빠진 우산"을 '짚고' 섰다고 했으니,
그들에게 어떻게 해 줄 수 있는 자리에 있지 못한 자신에 대한 안타까움
이 크다. '별빛'을 올려다보면 같은 한 하늘 아래일 것 같아 가까운데,
'단숨에' 다가가 "덥석 안아" 볼 수 없는 그들과 가로놓인 거리가 마냥
야속한 셈이다. 한 하늘임에도 불구하고 그 곳과 이 곳으로 나뉘어 살아
가고 있을 장병들에 대한 걱정이 깊다. 자식을, 남편을 멀리 떠나 보내놓
고 시시각각 목숨의 안위를 걱정해야 하는 가족의 마음고생을 낮은 목
소리로 들려준다.

　　살과 골수에 맺힌 彈痕,
　　우리는 긴 잠에서 깨어났다.
　　아름다운 이 山河의 눈 먼 분계선엔
　　열 다섯 개의 여름이 단풍을 가져왔다.
　　허나 우리의 變身은 무엇인가.
　　빛나는 自由의 移植을 위해
　　雨季가 긴 베트남의 정글 속에서
　　운명을 주검과 맞서게 한 韓國의 靑春은
　　왜 오늘 우리의 가슴을 흥분케 하는가.
　　世界는 습지에 빠져 方向을 잃고

---

38) 조종현, 『자정의 지구』, 현대문학사, 1969, 200~201면.

동남아의 보루는 銃聲에 흔들리고 있다.
兵士여, 兵士여.
— 김종해, 「兵士여, 銃身을 들어라」 가운데서[39]

위 시의 발상은 분명하다. "빛나는 自由의 移植을" 위해 "베트남의 정글 속"으로 떠나 싸우고 있는 "韓國의 靑春"에게 긍지를 가질 것을 힘주어 말했다. 경인전쟁이 일어난 지 열다섯 해가 지난 지금 그때 지켜내고자 했던 자유민주주의의 이상을 남베트남에도 심어야 할 것이라는 믿음이 뚜렷하다. 공식담론에서 되풀이되었던, 반공 이데올로기로 잘 다듬어진 베트남 참전 축시 또는 행사시의 됨됨이를 보여준다. "월남의 정국은 한국의 휴전선과 연결된 반공의 공동전선으로 발전"[40]되어 있다는, 그 무렵 참전론이 보여주는 베트남전쟁과 경인전쟁의 대위가 뚜렷하다. 베트남 참전의 긍지를 부추기는 이러한 작품에 견주어 오히려 또 다른 입장에서 우리의 분단 역사를 되새기며, 베트남과 우리의 동질성 앞에서 여러 길로 괴롭고도 복잡한 마음자리를 보여주는 후방시도 보인다.

> 155밀리 박격포탄은 막사를 뒤집었고
> 진중은 일시에 빨간 딸기빛으로 변하고 있었다.
> 얼마만에 베트콩이 물러갔을까.
> 멍멍 중위는 자기 옆에서
> 가슴에
> 빨간 빨간 딸기꽃을 피우며
> 쓰러져 있는 소녀를 보았다.
> 멍멍 중위가 그녀의 손을 잡았을 때
> 소녀의 손은 너무나 차가왔다.
> 그녀의 아버지 시대 전쟁과
> 그녀와 소녀의 두 오빠 때의 전쟁을

---

39) 김종해, 『人間의 樂器』, 서구출판사, 1966, 55~56면.
40) 국제문제연구소, 『베트남—그 역사적 배경과 현실』, 1965, 서문.

그녀는 그것을 어떻게 생각했을까.
(…중략…)
소녀를 삼켜 간 메콩강은
비만 오면 정글을 헤치며 흙탕물을 흘리고
베트남의 기복없는 날씨를 닮아
언제나 맑은 얼굴이던 소녀는
하나의 이념을 위해 싸우는
아니 인류의 최대 죄악이 저질러지는
조국 베트남에서
무슨 철학을 남겼을까.
소녀의 죽음은 많은 교훈을 남긴 채
우리들의 가슴에 못 박혀 있다.
임진강에 하얗게 피어있는 많은 갈꽃처럼
그렇게 서글픈 상징을 안고 있다.

　　　　　　　　　　　— 임수생, 「베트남 전쟁」 가운데서[41]

두 개의 國籍을 자랑하며
두 개의 憲法을 지키며
어느날
넌지시 내게 신탄진을 권한 녀석.

어느 술집에서 만난
그 놈은 내 친구요, 적.
그와 내가 나눈 술잔 위에서
우리들의 싸움은 시작된다.

白馬高地 싸움에서나
월남의 쟝글에서나
韓國의 首都,

---

41) 임수생, 『절실함이란 무엇인가』, 빛남, 23~24면.

서울의 종로 네거리에서나
무수한 敵들은 들끓는다.

서로의 敵을 찾아
血眼이 된
敵과 敵들……
목욕탕에서
거울 속에서
탐지하고 계획하고
쫓고 쫓기우고……
(…중략…)
어느 놈은 총알 대신
부드러운 미소로,
어느 놈은 거짓말 따라를 가지고
능청을 피우는 아름다운 敵들

— 문병란, 「敵」 가운데서[42]

시단에 나설 무렵부터 자신의 주요한 청년기 체험이었던 경인전쟁을 임진강과 핏빛 붉은 딸기라는 연상의 사슬을 빌려 꾸준하게 시상으로 불러내곤 했던 임수생이 베트남 파병의 현실 앞에서도 다시 한 번 그 일을 거듭한다. "빨간 딸기꽃을 피우며" 베트콩에 의해 '쓰러져' 누운 '소녀'의 주검을 두고, 프랑스로부터 일본을 거쳐 미국으로 대상을 바꾸며 대를 이어 어처구니없이 전쟁이 이어지고 있는 베트남이야말로 "인류 최대 죄악이 저질러지는" 현장임을 읽고 있다. 반전적인 전언을 담아내고 있지는 않지만, 베트남전쟁이 우리 현실과 구체적으로 이어져 있음을 자조적인 목소리에 실었다. 개짓는 소리인 '멍멍'으로서 미국을 대신해 파병된 한국군 장교의 이름을 붙인 데서 그 점이 여실히 드러난다.

---

42) 문병란, 『정당성』, 세운문화사, 1973, 30~32면.

이어진 문병란의 「적(敵)」은 보다 적극적으로 베트남 파병에 대한 반대와 그 참전 명분에 대한 고발을 뚜렷히 한다. "白馬高地 싸움에서나 / 월남의 쟝글에서 만나 / 韓國의 首都, / 서울의 종로 네거리" 어디에서나 "거짓말과 따라를 가지고" 들끓는 "무수한 적"의 정체는 분명하다. 그들은 가까이서 우리의 분단을 끌어가고 있는 세력이다. 그것으로 이득을 챙기는 무리다. 미국의 행정부일 수도 있고, 광복 이래 우리 사회의 근대화 과정에서 거듭거듭 이익을 키워왔던 모리배·정상배일 수도 있다. 그들은 1950년대 전쟁의 참화를 겪고 있었던 나라 사정과는 관계없이 대마도로, 일본 하관으로 밀항을 떠나기도 했고 미국행 비행기를 오르내리며 조국의 발전과 자유 수호를 힘주어 부르짖기도 했다.

그리고 그들은 지금까지도 분단 사회 안에서 이득을 한껏 챙기는 일을 멈추지 않는다. 그런 점에서 시인 또한 예외가 아니다. "목욕탕에서 / 거울 속에서" 밤낮 없이 비치는 시인의 모습이야말로 영락없이 그러한 적들에 빌붙어 이익을 나누기 위해 꾀를 부리고 있는 진짜 '적'일 수도 있는 것이다. 자신이 자신의 최대의 '적'이 되어 버린 어처구니없는 현실과 자기 풍자의 쓰라린 웃음이 가슴을 미어지게 한다. 베트남 파병은 시인의 가슴에 또 다시 거꾸러뜨릴 수 없는 적의 실체를 분명하게 일깨워주는 계기가 된 셈이다. 전쟁을 부추기는 힘과 그것에 저항하는 힘 사이의 대립을 마련해두고, 분단 현실 비판을 간결한 말씨에 얹음으로써, 베트남 파병 현실의 허구성을 직시하도록 독자를 이끌어 들였다.

그러나 시인의 드높여진 고발의 목소리에도 역사라는 이름의 큰 물결은 어김없이 그것을 지워버린다. 파병 현실은 1965년 을사년 대일 굴욕 외교와 그 뒤처리로 어수선한 분위기 속에서 알게 모르게 시대의 환부로, 구체적인 개인의 실존 문제로 깊어지고 있었다. 이른바 '귀신잡는 해병'과 육군들이 거듭거듭 부산 3부두에서 울음과 웃음을 서로 바꾸어가며 미군수송선에 실려갔다 또 실려오곤 했다. 가까운 이의 죽음과 출국, 그리고 귀향으로 이어지는 슬픔과 기쁨의 드라마는 우리 사회 한 쪽에서 지속적이고 깊숙한 삶의 내력을 만들면서 이어졌다. 시인들은 때로 그 당사자일 수 있었고, 가슴 아픈 방관자일 수도 있었다. 물 건너 나라에서 일어나고 있는, 같은 동족이 딴 나라 사람들을 죽이고 그들에 의해 죽임을 당하는 참혹한 드라마를 멀리서 건너다보며 우리 사회는 1960년대에서 1970년대, 유신이라는 파시즘 기제로 무장한 압축적 근대화의 한 길로 더욱 바삐 내달았던 셈이다.

　　그것은 차라리 파라독스!
　　그런데 이 왁짜하고 소란스러운
　　LST 부두에 상실처럼 서서
　　초련의 정열보다 더 붉은
　　빨간 행커치프를 흔들며
　　오늘 너는 무엇이냐,
　　어쩌겠다는 거냐.

　　눈물이 솟는 건
　　감상이래서만이
　　얼마간의 이별이 서러워서만이 아닌데
　　지난 날 회억의 피안에 내팽개쳐 놓은
　　ANT 기억의 잔재를 주워 올리며
　　자꾸만 울음하고 있구나,
　　당신은.

　　기름내음과
　　전쟁의 냄새가 나는 LST 부두에 서서
　　손수건을 흔들며.
　　　　　　　　　　　　—이종환, 「손수건을 흔들며」 가운데서[43]

---

43) 잉여촌동인회, 『잉여촌』 9집, 연문인쇄소, 1971, 26면.

北으로 향한 山岳들은
세월의 그늘에서 상처마다
잡초들이 무성하고
歷史를 더럽힌 動亂 그래도
무너진 都市와 村落들은
새로운 모습을 가꾸었는데
그을린 異域의 證言과
눈부신 깃발의 물결은
기억들을 일깨우면서
가장 피곤한 表象으로
三埠頭에 雲集하였다.
파도는 忘却의 설레임이 아니던가
흰 널빤지에 아무렇게나 씌어진
이름 석자, 그 主人—
無名의 戰士들이 까맣게 실린
山 같은 運送船을 마주하고
차가운 바다 바람을 맞는다.
얼굴과 얼굴을 보고 싶을 뿐
절실하다 못하여
돌아온 용사도
맞이하는 어버이도
지금은 자꾸 굳어버리는 對話들.

바람에 날릴 듯, 어머니 같은
하얀 할머니의 모습에
처참한 祖國의 기억은
한나절 움직이지 못한다.
옛날에 자유의 이름으로
사랑을 깡그리 바쳐 버려
이제는 허울로만 믿어지는데

어쩌다 잘못으로 人情은 한 가닥
浦口에 아직 남았음인가
눈시울을 비비며 파닥이며
水平線에 표정을 감추는
슬픈 共和國이여.

— 한찬식, 「三埠頭⁴⁴⁾에서」⁴⁵⁾

　이종환은 부산 3부두를 떠나는 젊은 병사들을 바라보며 전쟁에 대한 아련한 두려움과 분노를 함께 게워내고 있다. 이 곳, 남은 이들의 자리인 고국의 '부두'와 그 곳, 가는 이가 가닿을 베트남이라는 공간 대립을 마련해 두고 병사들을 보내는 이별의 아픔을 '초련의' 부부를 빌려 한껏 보여준다. 그러나 청춘의 가장 밝은 날들을 남겨두고, 떠나가는 젊은 남편이나 "초련의 정열"이 아직도 뜨거울 젊은 아내의 슬픔과 아쉬움의 자리가 어디 부산 3부두뿐이었겠는가? 그들 곁에는 1950년대 황량한 전장을 거쳐 북의 고향을 등지고 걸어 걸어서 남으로 내려온 실향의 시인도 있다.

　한찬식은 "잡초들이 무성"해 이미 아문 듯한 실향의 상처를 베트남 귀환의 자리에서 다시 한 번 뼈아프게 떠올린다. "돌아온 용사도 / 맞이하는 어버이도" 할 말을 잊고 있는 '3부두'에서 "처참한 조국의 기억은" 다시 한 번 또렷하다. "자유의 이름으로" 그 숱한 죽음과 피란의 그늘을 절뚝이며 살아왔을 시인의 눈에는 눈물보다 더한 심회가 서린다. 용사들이 가슴 가슴에 간직하고 있을 "이역의 증언과" '기억'이란 한 겨레가 서로 총부리를 들이댔던 우리의 '동란' 경험에 견주면 하찮은 것인지도 모른다. "눈시울을 비비며" 전쟁과 전쟁으로 이어지는 "슬픈 공화국"의 내력에 가슴 아플 뿐이다. 파병 장병들이 귀환하는 자리에서 시인이 새삼스럽게 떠올리는 것은 베트남 전장이 아니다. 거듭되는 전쟁에 몸을 맡긴

---

44) 三埠頭 : 越南將兵들이 歸還할 때마다 迎接받으며 下船하던 釜山의 埠頭임.
45) 한찬식, 『낙엽일기』, 연문사, 1974.

겨레와 개인의 삶에 대한 안타까운 심회가 노골적인 반전시보다 뚜렷하게 읽는이의 마음을 사로잡는다. '3부두'와 베트남, 자신이 머물고 있는 남녘과 '북'의 고향이라는 공간 대립에다 돌아온 병사들의 고초와 피난민으로서 겪었던 자신의 기억 사이에 나타나는 시간 대립까지 덧붙여, 귀환의 부두가 반가움의 자리가 아니라 더 내력 깊은 슬픔의 한 마당이라는 울림 큰 시를 마련했다.

　이미 경인전쟁을 뼈저리게 겪은 지난 세대에게도 베트남 참전 경험은 주요한 회한과 감회의 동기가 됨을 잘 보여준 시가 한찬식의 것이다. 그러나 베트남전쟁은 이와 함께 새로운 세대들에게도 주요한 발상의 동인이 되었다. 1960년 경자시민의거의 승리와 군부쿠데타에 의한 좌절, 그리고 이어진 한일굴욕협상과 베트남 파병으로 이어진 강력한 전체주의적 분위기와 반공 이데올로기의 체험적인 중압 아래서 젊은 새 세대 시인들에게 베트남 파병은 새로운 세계인식의 물꼬를 터주는 것이기도 했다. 비록 남의 나라에서 벌어지고 있었던 전쟁이긴 했으나, 베트남전쟁은 새로운 기회이자 낯익은 불안과 두려움을 불러일으키는 역설적인 자리였다.

> 병영의 나팔소리여
> 전쟁은 지금 어디까지 왔는가
> 깨이지 않은 병사의 잠꼬대처럼
> 어둠이 지켜주는 조국이 밤이여
> 위대한 포성이 들리는가
>
> 　　　　　　　　　　　―박이도, 「戰死」 가운데서[46]

> 고향소식을 몰고 온 異國의 山河,
> 兵士들은 푸르게 일렁이는 바람의
> 크고 슬픈 憂愁에 젖어

---

46) 신춘시동인회, 『新春詩』 19집, 시인사, 1969, 39면.

타오르는 高熱속에 파묻혀 있다.
暗號文字모양 일어서는
肉身의 아픈 상처를
바람의 피부는 알고 있는 것일까.
(…중략…)
검붉은 自由와 貢獻의 손을 흔들며
피젖은 密林의 바닷속으로 뻗어나간
거대한 軍靴의 물결.
流彈에 쓰러진 어떤 道程위
말없는 生命의 終焉처럼
찢어진 깃발은 나부끼고 있었다.
외로이 피가 삭는 兵士들의 가슴은
世界의 역사에 어떤 異議를 던지며
한마디 대답도 없이
疑問의 處刑을 당하는 걸까.

— 박정만, 「兵士들」 가운데서[47]

두 편 다 남베트남에 파병된 병사들을 위한 진혼가나 위문시가 아니다. 어린 시절에 몸소 건너왔던 경인전쟁에다 베트남 파병이 겹쳐지는 현실 앞에서 겪는 갑갑하고 불안한 마음에 대한 한 알레고리로서 전장의 죽음이라는 맥락이 들어앉았다. 1960년대의 젊은이들에게 현실이란 어쩌면 죽음이라는 확연한 어둠으로 깨끗이 가두거나 지워버리고 싶은 막막함 그 자체일지도 모른다. 그들이 막연히 외치고 있는 "검붉은 自由와 貢獻의 손"은 "크고 슬픈 우수"와 '고열'에도 사라지지 않을 '젊음'의 "아픈 상처"에 지나지 않는 것이다. "거대한 군화의 물결"로 파도처럼 뒤덮고 있는 시대의 억눌림 아래서 그들의 마음은 이미 "의문의 처형"을 당한지 오래다. 베트남 파병으로 말미암아 다시 한 번 전쟁과 죽음은 주

---

47) 신춘시동인회, 『新春詩』 13집, 대유출판사, 1968, 15~17면.

요한 시적 인식의 이음매로 등장하면서 독특한 내면공간을 이루어주었던 셈이다.

5. 마무리

1960년대 중반, 베트남 파병에 대한 우리 사회의 반응은 그런 대로 긍정적이었다. 공화당 행정부의 전제적 권력 아래서 공공 언론기관의 지배적인 정보 제공의 태도가 그랬다. 자유주의 수호를 위해 나선 것이라는 미국의 공식 입장은 그대로 우리에게도 받아들여졌다. 1968년 베트남 구정 공세에 뒤이어 비판 여론이 크게 늘기 시작했던 미국 쪽 사정과 달리, 우리 사회에서는 참전 기간 내내 합법적인 논쟁은 물론 참전의 문제점을 공론화하는 일이 드물었다. 파병에 대한 사회적·국가적 합의는 의심할 바 없는 것으로 여겨졌다. 용맹을 앞세운 우리 군의 각오와 활동에 초점을 맞춘 대중매체나 기록영상물 또한 그것을 부추겼다.

전중기 시에 나타나고 있는 베트남 참전 경험 또한 그러한 사회적 분위기와 국민들의 긍정적 기대에서 멀리 벗어나지 않는다. 게다가 객관적인 보고의 경험이나 전장 재현에 대한 눈길이 엷었다. 오히려 전쟁으로 말미암은 겪게 된, 여러 문제에 대한 성찰적 경험이 주류를 이루었다. 공공 담론에서는 잘 드러나지 않았던 전장의 참상이나 그것이 개인·가족에 끼치는 비극적인 영향과 구체적인 아픔을 조심스럽게 드러냄으로써, 우리시가 사회적 담론으로서 모자람이 없음을 보여준 셈이다. 작고 여윈 몸집에다 두려움에 찬 베트콩과 건강하게 그을린 한국군의 이미지가 베트남인에 대한 그 무렵 우리 사회의 주도적·공공적 이미지였던 점에 비추어보면 전쟁시의 다양한 경험은 이채로운 바 있다.

이 글은 베트남 전중기 우리시가 보여주고 있는 전쟁의 경험을 살펴보고자 하는 목표 아래 씌어졌다. 그 일을 위하여 전중기 시를 창작 주체에 따라 진중시·종군시·후방시로 나누어 살폈다. 먼저 참전에 대한 사회적 공론과 틀에 박힌 애국심을 되풀이하기 일쑤였던 일반 사병의 진중시에 견주어 전문 시인들의 진중시는 참전 현장에서 몸소 겪었던 전투·전사·전상으로 말미암은 경험까지 두루 눈길을 두었다. 그러면서 그것은 고국 / 베트남, 과거 고향 / 현재 전장이라는 시공간 대립, 그리고 삶 / 죽음, 성한 몸 / 다친 몸, 자연 / 파괴와 같은 생물학적 대립을 인식틀로 마련해 앞의 긍정적 현실로부터 떠나와 뒤의 부정적 현실에 갇혀 있는 참전 병사의 아픔과 비극적 맥락을 강조한다.

종군시는 전장의 현실성과 시적 표현의 완성도라는 대응되는 두 요구 사이의 긴장을 해결하는 길에 따라 세 가지로 갈라졌다. 처음이 베트남 전장의 구체적인 현장과는 따로 떨어져 작품의 완성도에 초점을 둠으로써, 전쟁 현실로 말미암은 긴장을 해소하고 있는 경우다. 전쟁 현장을 그로테스크하고 해사적인 언어와 비유를 빌려 과장하고 왜곡시켜, 전장 현실과 거리를 두는 경우가 그 다음이다. 마지막으로 앞서 든 둘과 달리 베트남전쟁이 지니고 있는 다양한 의의와 문제들을 나름대로 넓게 성찰하며 전쟁의 무익함에 공감을 보이고자 하는 경우다. 그러나 어느 경우든 우리의 종군시는 장병들의 일방적인 무용담에 눈길을 주지도 않았지만, 전장 현실에 대한 사실적인 관찰이나 구체적인 비판 또한 적극 보여주지도 않았다.

참전기의 후방시 또한 세 가지의 양상을 드러낸다. 장병들에 대한 소박한 염려를 보여주는 시, 참전 명분이었던 반공 이데올로기에 동의를 거듭하는 시, 그리고 경인전쟁과 베트남전쟁 사이의 이원적 연속성 위에서 두 전쟁의 간섭현상을 보여주는 시가 그것이다. 이 가운데서 보다 활발하고도 울림 큰 전쟁 경험을 보여준 것은 마지막 경우다. 경인전쟁과 베트남전쟁의 간섭에 힘입어 자유 수호와 공산주의 만행에 맞섰던 고상하고도 명예로운 참전이라는 사회적 합의·남성적 자긍심에서 더 나아가, 두 민족이 겪었던 실향과 전쟁의 부조리에 대한 강도 높은 자의식에다 체제에 대한 성찰도 가능했다. 1960년대 새 세대 시인들에게 장차 전쟁 비판시, 사회 비판시로 나갈 자리를 파병 경험이 일찌감치 닦아주었던 셈이다.

따라서 우리의 베트남 전중기 전쟁시는 베트남/고국의 시공간적 대립 관계, 전장 현실/시적 완성이라는 대응 관계, 지나간 경인전쟁/오늘날 베트남전쟁 경험의 대위적 간섭현상을 빌려 작지 않은 울림을 마련했음을 알겠다. 그러한 이원적 인식틀은 모든 전쟁이 그 밑뿌리에서부터 틀잡고 있는 바 적과 아군이라는 이원적 관계 인식이 변형, 개별화된 것으로 여겨지지만 정치적 공론의 수사적 장치나 그 영향 아래서도 나름대로 머뭇거리지 않았던 우리시의 현실 대응력을 엿볼 수 있는 본보기가 됨직하다. 이때 지나간 경인전쟁과 파병·귀향의 핵심 장소였던 고국 부산항, 그리고 오늘날 베트남 전장이 서로 다른 계열을 이루면서 베트남 참전 경험의 다양한 결합을 이끌었다.

베트남 파병은 다른 민족에 대한 경험이었다. 그런 만큼 베트남 사회나 베트남인들에 대한 우리의 인식 향방이 어떠했던가도 짚어볼 거리가 된다. 그러나 그런 점에 대한 관심을 우리의 전중기 시는 눈길을 거의 주지 않은 쪽이다. 공산 베트콩의 잔학상을 드러내기 위하여, 베트남 소녀나 아이들의 죽음을 끌어대기는 했지만, 그런 경우에도 이데올로기 투쟁이나 선/악의 심각한 대립 양상을 띠지는 않았다. 무엇보다도 베트남 전중기 시는 참전 병사나 동료들이 싸움터에서 겪는 전사·전상의 고통, 그리고 파병으로 말미암아 고국의 가족들이 겪는 아픔과 그리움이라는 개별적 현실과 맞물린 것이었다. 그런 까닭에 베트남 사회나 베트남인에 대해 대타적 우월감이나 적의를 드러내지는 않았지만, 크게 자민족주의·가족주의적 발상에 기울어졌다고 말할 수 있겠다.

현대시의 베트남 파병 경험이 합의된 공론을 뛰어나와 보다 깊이 논쟁적인 자리로 나서게 되고 구체적인 경험으로 증폭되기 시작한 것은 남베트남이 무너져 그 난민이 태평양을 떠돌았을 뿐 아니라, 그 일부가 파병·귀환의 상징적 장소였던 부산항으로 들어서면서부터였다. 우리시의 베트남전쟁 경험은 보다 깊은 성찰과 비판의 영역으로 넘어서게 된 것이다. 북베트남의 민족해방전쟁이라는 베트남전쟁에 대한 성격 규정 또한 공론의 한 자리를 잡기 시작했다. 그리고 참전의 명예와 조국에 대한 긍지, 그들을 향한 어머니의 여린 슬픔, 체제 담론에 대한 복종으로 특징지워지는 바 주류적인 흐름이었던 남성적 경험과는 다른 것들이 조심스럽게 드러나기 시작했다. 우리 군의 철수 뒤 오늘날까지 씌어지고 있는 베트남 전후기 전쟁시 연구가 맡을 일거리 가운데 하나가 그 점이다.

우리의 베트남 전쟁문학과 담론에 대한 연구는 아직까지 걸음마 단계다. 사회주의권의 제도적 몰락과 그 뒤로 빠른 해결을 기다리고 있는 많은 현안들이 자유 수호와 충성이라는 참전의 명예로운 명분이나 남성적 자긍심을 꾸준히 훼손시켜왔다.[48] 드높아 가는 세계화의 물결 속에서 우리 사회의 세계화 학습과 역량 검증은 이러한 현안에 대한 해결 방법과 그 전망에 대한 국가적·사회적 합의의 방향에서 말미암을지도 모른다. 우리 현대사에서 집단적인 첫 해외파병이었던 베트남전쟁 담론의 해명이 여러 영역에서 이어져야 하며, 같은 전쟁당사자였던 미국·베트남과 비교연구 또한 바삐 이루어져야 하는 까닭이다.

---

48) 이미 아버지에서 자식 세대로 이어진 고엽제 피해자 보상, 북베트남에 붙잡혀 있었던 국군 포로 송환, 베트남 한국인 2세, 우리군의 양민학살과 같은 여러 문제가 그들이다. 게다가 종전 30년을 거치는 동안, 살육의 현장에 있었던 우리들이 다시 제국주의자처럼 친교를 말하며 베트남에 들어섰고, 미국 또한 베트남과 공식적인 외교관계를 맺었다. 베트남을 비롯한 동남아 제3세계 노동자들의 한국행 또한 많은 사회 문제를 안은 채 이어지고 있다.

문학의 방법

제 1 장

이동순 시와 패러디의 논리

1. 들머리

이동순은 반듯한 시인이다. 세상을 보는 눈길이 얄팍하거나 속좁지 않다. 게다가 그는 뛰어난 시인이다. 지닌 바 생각과 느낌을 시라는 틀을 빌려 고스란히 읽는이에게 되돌려주는 힘과 미덕을 든든하게 갖추었다. 1973년 시단에 얼굴을 내민 뒤, 줄기차게 내놓았던 일곱 권 시집 속에 이 점은 옹골차게 살아 있다. 그 속에서 이동순은 시가 한갓 지껄여대는 말장난이 아니라 널리 함께 누리는 집단의 노래며, 힘있는 문화 형식이어야 한다는 믿음을 올곧게 지켜 왔다.[1]

---

1) 이동순은 『개밥풀』을 처음으로 삼아 『물의 노래』, 『지금 그리운 사람은』, 『철조망 조국』, 『그 바보들은 더욱 바보가 되어간다』, 『봄의 설법』에 이어 『꿈에 오신 그대』에 이르기까지 열다섯 해 동안 일곱 권의 개인시집을 내었다. 남달리 활발한 작품활동을 한 것을 알 수 있다. 그러나 그의 시를 다룬 글은 시집 끝에 예의를 갖추어 실린 발문에다 짧은 서평이 몇 있을 뿐이다. 그가 이루어놓은 일과 뜻으로 보아 제대로 대접했

이 일을 위해 그는 남달리 많은 방법을 닦아 왔다. 탈과 이야기는 그 가운데서 돋보이는 것이다. 이동순 시는 많은 경우 탈시(mask-lyric)다. 탈을 빌려 현실 구석구석, 갖은 층위의 삶을 그대로 생생하게 되살려내고 있다. 그의 시가 담고 있는 현실은 복수현실[2]인 셈이다. 이것은 스스로를 한껏 낮추어 집단 속으로 열어놓은 겸손한 마음 없이는 이루어지기 힘든 일이다. 그리고 그 현실의 부름켜를 한껏 끌어 잡고 있는 요소가 이야기다.

떠들썩하게 티를 내고 있지 않지만, 패러디도 앞선 둘에 못지 않게 주요한 방법으로 여겨진다. 그의 시에 나타나는 패러디는 빈도에서나 양, 질에서 다른 시인에게서는 그 보기를 찾기 힘들 정도로 비중이 높다. 패러디 또는 패러디 정신은 그의 시에서 핵심 요소로 여겨질 정도다. 한결 같고도 깊이 있게 마련된 패러디는 섣부른 말장난이나 장식 요소로 그것을 끌어들이고 있는 여느 시와 그 자리가 크게 다르다.

탈과 이야기, 그리고 패러디와 같은 방법들이 무르녹아 빚어내는 이동순 시의 아름다움은 우리 현대시사에서 이미 우뚝한 자리를 마련했다. 이 글에서는 패러디를 잣대로 삼아 이동순 시를 살피고 그 뜻을 따져보고자 한다. 이 일을 빌려 그의 시에 대한 새로운 이해뿐 아니라, 바람직한 패러디의 본보기를 찾을 수도 있을 것이다. 목표에 이르기 위해 패러디[3] 양식을 원천 텍스트의 꼴에 따라 크게 셋으로 나누었다.

다고 볼 수 없다.

이동순, 『개밥풀』, 창작과비평사, 1980; 『물의 노래』, 실천문학사, 1983; 『지금 그리운 사람은』, 창작과비평사, 1986; 『철조망 조국』, 창작과비평사, 1991; 『그 바보들은 더욱 바보가 되어간다』, 문학과지성사, 1992; 『봄의 설법』, 창작과비평사, 1995; 『꿈에 오신 그대』, 문학동네, 1995.

2) 슈츠는 "제한된 의미의 영역 안에서의 현실을 구성하는 것은 대상의 존재가 아니라 우리의 경험의 의미"라 하여 복수현실론을 편다. 하루하루 우리가 살아가고 있는 생활 세계는 하나의 제한된 의미 영역이 아니라, 인식태도가 달라짐에 따라 여러 개의 현실로 나뉜다는 것이다. 이동순 시야말로 이에 걸맞은 다양하고도 중층적인 현실을 잘 담아냈다.

김홍우, 「현상학과 사회과학」, 『사회과학 방법론 비판』, 청람, 1985, 209면.

현대 문자시와 전통 노래시, 그리고 변두리 말글 양식 패러디가 그것
이다.

---

3) 패러디는 옛부터 중요한 문화 전승, 학습 방법으로 있어왔던 것이다. 전고나 인용,
인유, 모방과 같이 시간적으로든 공간적으로든 다른 것과 영향을 주고받는 일은 넓은
뜻의 패러디로 묶어볼 수 있다. 곧 새로운 재료를 도입하는 게 아니라 전통적인 재료
를 끌어다 창조하는 것(Ong)이 패러디다. 예술이 1차 환경인 자연을 버리고 2차 환경
인 문화를 주대상으로 삼아버린 후기자본주의 대량복제시대, 발빠른 이미지 조작과
변형이 예사로운 일이 되어 버린 전자영상시대인 오늘에 이르러 패러디는 새로운 문
화 양식·기법으로서 떠받들여지기도 한다. 이른 시기 바흐쩐의 '대화'에서 비롯하여,
크리스테바의 '상호텍스트성' 문제로, 블룸의 '영향' 문제로 활발하게 논의되어온 사
정이 그 점을 잘 보여준다. 패러디를 급진적으로 보는 쪽이든 보수적으로 보는 쪽이든
"차이를 둔 반복"(Hutcheon)이라는 보다 중립적인 뜻넓이를 받아들여 놓고 본다면, 패
러디는 마침내 전텍스트(pre-text), 곧 원천 텍스트(source text)와 패러디 텍스트, 곧 목표
텍스트(target text) 그 둘 사이에 놓인 형식·구조·어조의 긴장이라 할 수 있다. 다만
'차이'에 초점을 둘 것인가 '반복'에 초점을 둘 것인가 하는 태도의 정도가 패러디를
이해하는 관점을 결정할 것으로 여겨진다. 그리고 이 위에서 패러디의 양과 질, 분포,
빈도, 간섭 또는 패러디 표지들을 두루 고려하며 따져들어야 할 것이다. 따라서 패러
디가 그 형태와 내용에 있어서 다양하고 넓은 범주에 걸칠 것은 당연한 일이다. 양에
따라 부분 패러디와 전체 패러디, 질에 따라 표층 패러디와 심층 패러디, 그리고 심
층·표층에 다 걸린 패러디뿐 아니라 되풀이·줄임·덧붙임과 같은 변형의 질에 따른
분류, 그 방향에 따라 담론 내적 패러디와 담론 외적 패러디, 그리고 분포되는 자리에
따른 분류, 또한 그 내용으로 보아 갈래 패러디나 작가 패러디들, 가벼운 보기만 해도
패러디를 따지는 문제가 손쉽지 않다는 점을 알 수 있다. 의도 쪽에서 볼 때 오늘날의
패러디는 과거 원전 또는 원천 텍스트에 대한 향수, 지속성을 보존하고 경의를 보내는
태도라기보다는, 풍자나 아이러니에서 나타나는 거리와 차이를 즐기고 비꼬는 태도가
크게 눈길을 끌고 있다. 이런 탓에 굳이 모던 패러디니 포스트모던 패러디니 하는 양
상을 밑뿌리부터 나누어 보려는 시도도 있다(Hutcheon). 이런 사정에 힘입어 한 쪽으로
는 묵인된 표절주의, 자본주의 문화산업의 손쉬운 생산 기술로 떨어짐으로써 패러디
는 이미 부정적 기능을 너무 많이 드러내고 있다. 앞으로 우리문학에서 필요한 것은
패러디의 이론을 공허하게 되풀이하는 것이 아니다. 문화 전승과 창조의 핵심 방식으
로서 패러디 분석틀을 마련하고 실제 비평을 이끄는 일이다. 이런 점에서 패러디나 이
와 비슷한 유형들을 상호텍스트성이라는 보다 높은 수준에서 묶어 실제 분석틀을 꼼
꼼하게 마련하고 있는 Plett가 일깨워주는 바는 크다.
　　Water J. Ong, 이기우·임명진 역, 『*Orality and Literacy*(구술문화와 문자문화)』, 문예출판
사, 1995, 96면; Linda Hutcheon, 김상구·윤여복 역, 『*A Theory of Parody*(패러디 이론)』, 문
예출판사, 1992, 36·93~94면; H. F. Plett, "Intertextualities", *Intertextuality*, Walter de Gruyter,
1991.

2. 현대시 패러디와 미학적 합일

현대 문자시(printed poem)부터 시작하여 이동순 시에 나타난 패러디 양
상을 찬찬히 살펴보자. 이때 쉬 눈에 드는 원천 텍스트는 둘이다. 정지용
과 백석의 시가 그것이다.

막힌 골짜구니 찬 솔바람 속
크고 작은 흙돌기가 애장터인가 보이
온종일 햇살도 들지 않고
삭은 여우똥만 폴폴 날리는 곳에
서리까마귀 낮게 날고
쌓인 눈 녹을 생각도 안하고 있네
대낮인데도 마을사람들 멀리 돌아가고
아이들의 혼령은 아조 외로운가 보이
봄이면 수년을 길길이 자란 다복쑥 덤불 속에
다소곳이 눈을 뜨는 애기똥풀 마디풀
새보얀 일년초의 꽃들이 피어
땅 속의 아이들 차츰 외롭지 않으이
해 지고 어두운 찬 솔바람 속
누웠던 아이들 모두 일어나 앉아
먼 마을의 깜빡이는 등불을 보네
등불 속에서 눈물짓는 어머니
어린 것을 내다버린 언 땅이 가슴 아파
밤이 이슥하도록 베갯잇을 적시네
창 밖을 달리는 밤바람소리
이런 밤엔 애장터의 아이도 잠들지 않으이
언제나 빈 골짝에 달 뜬 밤이면
찾아와 놀아주는 혼백들 있네
경인년 사변통에 이쪽 저쪽 군인들이

마을장정 끌고 와서 총을 쏘던 이 골짝
그때 죽은 혼백들 함께 와 노네
아저씨 아저씨 어서 오셔요
피투성이 아저씨가 그래도 좋으냐
해 지고 비 뿌리는 찬 솔바람 속
아무도 돌보지 않는 혼백끼리 만나서
아이들도 어른도 차츰 외롭지 않으이.

— 「애장터」[4]

「장수산(長壽山)」 1과 2는 널리 알려진 대로 정지용 시가 올라선 막바지 그림을 잘 보여준다. 오랜 '산수시' 전통에 담긴 "은일의 정신"[5]은 매우 의젓한 바 있다. 감각과 지성에 짓눌린 채 명징함만을 좇던 그의 시 속에 '장수산(長壽山)' 공간은 고전 품격을 보태줌으로써, 비로소 그의 시가 겨레시로 올라설 만한 목소리를 얻게 했다.[6] 위에 따놓은 「애장터」는 그러한 정지용의 「장수산 1」을 쉬 떠올리게 한다. 각별히 '하이', '않으이'로 맺고 있는 예스럽고도 의젓한 말씨가 그렇고, 세상과 따로 떨어진 채 적막하기만 한 겨울밤 깊은 골짝 정황을 그리고 있는 점도 그렇다. 그러나 「장수산 1」과 「애장터」 사이에 가로놓인 거리는 멀다.

「장수산 1」에서 정지용은 탈속에 이르고자 하는 긴장된 마음자리를 보여주기 위해 예스럽고 의젓한 말씨를 끌어들였다. 겨울 적막한 밤 정황 속에서 정지용이 내는 고전 품격의 목소리는 시정 현실과 거리를 띄우며 바람직한 산수시 전통에 이르기 위한 관습적 말투였다. 그러나 「애장터」는 이와 사뭇 다르다. 어처구니없이 일찍 목숨을 접어 버려 거센

---

4) 이동순, 『개밥풀』, 창작과비평사, 1980, 22~23면.
5) 최동호, 「山水詩의 世界와 隱逸의 精神」, 『불확정 시대의 문학』, 문학과지성사, 1987.
6) 최동호는 정지용 후기시의 특징은 산수시에 있다 하고, 「長壽山」을 크게 다루었다. 그에 따르면 「長壽山」은 「白鹿潭」과 더불어 정지용의 "정신주의가 도달한 최상의 수준"에 있는 작품이다. 최동호, 「長壽山과 白鹿潭의 세계」, 『현대시의 정신사』, 열음사, 1985.

'밤바람' 속에서 두려움과 추위에 떨고 있을 아이들의 혼백이 경인년 전쟁으로 죽어간 젊은 '혼백'들과 "혼백끼리 만나서" "아이들도 어른들도 차츰 외롭지" 않을 밤을 보냈으면 하는, 슬픔과 절망어린 정황조차도 따뜻하게 감싸안고자 하는 시인의 마음씨가 오롯이 담겼다.

죽음도 사람살이와 다르지 않는 세상사 가운데 하나라고 조용히 다독거리며 위로하는 시인의 인정어린 마음과 깊은 심지가 이채롭다. 이때 '않으이', '하이'와 같은 예스런 말씨는 「장수산 1」에서와 같이 관습 장치로 들어앉은 것이 아니다. 애장터 어린 혼백과 전장터 젊은 혼백들이 서로 어울려 드넓은 삶의 질서를 깨우쳐주며 주검끼리 나누는 따뜻한 아름다움이 그 속에 녹아 있다. 이동순은 「장수산 1」이 지닌 탈속하려는 엘리트주의 몸짓을 멀리 밀쳐내면서, 정지용의 말씨를 넉넉한 자신의 인정주의로 녹이고 있는 셈이다.

1

하늘을 만나러 갔다가 하늘을 만나기는 하였다

2

험하기도 험한 강원도 영월땅 거운리를 지나서 한번 들어가 다시는 나오기 싫은 산기슭 벼랑을 딛고 두어 채 오두막집의 화전민 일가는 해묵은 신문지로 흙벽을 바르고 살아도 담배밭 비탈농사는 그럭저럭 풀칠할 만큼은 된다고 했다

3

한두릅 비 스쳐간 뒤 똘물 구르는 조약돌 뒤집어 실도마뱀 건지다 바라보는 아이들의 눈빛으로 파아란 하늘도 쉴새없이 흘러가곤 하였다 사람들 거치른 발길 와 닿지 않은 산중에는 크낙한 산더미가 제풀에 흘러내려 사태를 이루었고 풀숲 헤쳐가는 발끝에 한 꾸러미의 알록풀무치들만 풀썩 흩어졌다

4

갯감나무 칡버들 타박솔로 자욱한 둔덕 숲새를 지나 문득 눈앞에 화안한 흰

모랫결 등성이에는 바람난 밤바람들이 한바탕 부둥켜 어질다간 자리만이 낭자
하였다 조그만 거룻배를 저어 건너가 조선철쭉이 듬성듬성 박혀 있는 섬 바윗
등에 기어올랐을 때 마음이 때묻은 사람 올곳 아니라는 누군가의 목소리가 풍
편에 넌즛이 실려 왔다

5

마을이 가까와지면서 사람들의 악쓰는 소리가 들렸다

6

산판하러 가는 자동차 소리가 기염기염 산모롱이를 돌아가자 온마을은 이윽
하니 고요 속으로 잠겨갔다 이따금 놀란 매미떼들 찌르륵거리는 산골 분교의
운동장 뒷담을 넘는 무성한 촉규화의 하늘위로 산보다도 더 큰 구름뭉텅이가
느닷없이 솟구치곤 하였다

7

한쪽 손목이 없는 중년의 사내가 아침부터 소주에 붉은 얼굴로 아직 못 받은
품값을 고래고래 외치고 있었다 아무도 들어주는 사람 없고 여윈 개 한 마리가
흘깃흘깃 그의 눈치를 살피며 지나갔다 어쩌다 한 번씩 다녀가는 읍내차가 뽀
얀 먼지와 함께 들어오자 도회지에서 시무룩해 돌아온 청년과 한무더기의 플
라스틱 상품들을 와르르 쏟아놓고 휑하니 달아나 버렸다 모두들 뿔뿔이 흩어
져간 농협창고 앞 빈 마당귀엔 눈부신 여름햇살이 저혼자 비틀비틀 쓰러지곤
하였다

—「魚羅淵의 날빛, 혹은 巨雲里」[7]

정지용이 쓴 「백록담(白鹿潭)」을 원천 텍스트로 삼았다. 1에서 9까지
이어진 「백록담」과 마찬가지로 7까지 번호를 단 연작시에다, 줄글 꼴을
갖추어 시 도막들을 끌어가고 있다. 짜임에서도 세상과 떨어져 높고도
한적한 도달장소에 이르기 위해 말할이가 옮겨가는 동안 이르게 된 몇

---

7) 이동순, 『물의 노래』, 창작과비평사, 1983, 49~51면.

몇 자리를 그려 보이고 있어 「백록담」과 다르지 않다. 따라서 이 시는 겉으로 볼 때 「백록담」을 알게 모르게 따라선 시로 보아 틀림없다. 그러나 여기서도 앞선 「애장터」 경우와 마찬가지로 원천 텍스트와는 사뭇 다른 길로 접어들고 있다.

「백록담」은 말할이가 한라산 아래에서 백록담까지 올라서는 과정을 짜임새로 삼아 그 사이사이 지나치는 장소에서 겪은 일과 느낌을 보여주고 있다. 그러나 「어라연(魚羅淵)의 날빛, 혹은 거운리(巨雲里)」는 "험하기도 험한 강원도 영월땅 거운리"라는 드넓은 장소를 영역으로 삼아 사람 드문 '거운리' 변두리에서, "사람들 악쓰는 소리"가 들리고, "어쩌다 한 번씩 다녀가는 읍내차가 뿌얀 먼지와 함께" 들어와 "플라스틱 상품들을 와르르 쏟아놓고 휑하니 달아나" 버리며 고적한 '농협창고'가 있는, '마을' 가운데로 이르는 과정을 보여주고 있다. 따라서 낮은 데서 높은 데로 올라서는 말할이의 과정장소를 그려 보여주는 「백록담」과 동심원을 그리면서 바깥에서 안으로 들어서는 과정장소를 그려 보여주는 「어라연의 날빛, 혹은 거운리」는 짜임새에서 다르다.

그리고 이 시에서는 "하늘을 만나러 갔다가" '하늘'처럼 높은 자리에서 삶을 엮어가고 있는 "화전민 일가"와 더 높이 "산판하러 가는 자동차 소리가" 가끔 흔들어주는 고적한 마을, 그 마을의 사연 많을 듯싶은 사람들, 그들 속에서 더부살이하는 집짐승이 엮어내는 삶의 자리를 두루 따뜻하게 감싸 안으려는 따뜻한 눈길이 잘 드러나고 있다. 정지용이 「백록담」에서 '기진'한 오르기를 빌려 "백록담 푸른 물에" '한나절' 얼굴을 '포긴' 채 "깨다졸다 기도조차" 잊으며 마침내 누리고자 했던 탈아와 탈속을 위한 단련 과정과 달리, 이동순은 비록 애잔할 망정 인정을 나누며 더불어 사는 삶의 이치를 모자람 없이 보여준다. 이 점이 첫머리 "하늘을 만나러 갔다가 하늘을 만나기는 하였다"라는 시줄에서 '는'이라는 토씨 쓰임이 내비추고자 하는 바다.

시인은 처음부터 정지용이 백록담 물낯을 빌려 보여준 바와 같이 하

늘과 내가 하나가 되는 드높은 '하늘'에 이르고자 한 것이 아니었다. 이
동순이 보는 '하늘'은 "거룻배를 저어 건너"갔다 건너올 수 있는 '산마
을'의 건너 쪽일 뿐이다. '하늘'이란 또 다른 현실이며 시인은 처음부터
'하늘'을 삶터로 마련하고 있었던 셈이다. 따라서 물도 「백록담」에서 보
는 바와 같이 "하늘이 고인" 채 빙빙 도는 것이 아니라 흐르는 물이며,
그것도 사람과 사람 사이, 사람과 자연 사이를 예사로이 이어주며 오가
는 삶의 통로다. 정지용의 눈길과 달리 이동순은 처음부터 현실의 넓이
와 부피를 넉넉하게 바라보고 있었던 셈이다.

이동순은 그 시꼴을 따름으로써 뛰어난 작품 「백록담」에 대한 경의를
보여주면서도, 그 모자란 점을 뛰어넘고자 한 뜻을 분명히 했다. 「애장터」
에서와 마찬가지로 시대가 주는 긴장으로부터 발을 빼어 개인의 정신 단
련으로 시의 영역을 좁혔던 정지용의 사물시, 산수시적 묘사와 달리 삶자
리로 내려서 두루 시대 현실의 그늘을 찾아 속속들이 그려주는 이동순의
현실주의와 그 힘이 이에서 비롯된다. 그렇다면 정지용의 대표시로 알려
지고 있는 두 시의 부분 패러디는 어떤 뜻이 있는 것인가?

이 점은 이동순이 한때 김기림·정지용을 비롯한 30년대 모더니즘 시
를 공부거리로 삼았던 인연과 묶어 생각해볼 필요가 있다.[8] 김기림 시를
따지는 짧은 글[9]에서 이동순은 김기림 시가 지닌 값을 "모더니즘의 진

---

8) 이동순은 석사학위 논문에서 김기림을 다루었고, 그의 초기시 「魔王의 잠」은 모더
　니즘 시 수련 흔적을 내보인다.

9) "사실상 그의 초기작품들은 기교만능주의, 재치일변도에 치우쳐진 경박성으로 흐른
　느낌이 없지 않다. 하지만 김기림은 자신의 시적 방법에 대한 부단한 고뇌와 반성으로
　드디어 기교주의를 극복하고, 모더니즘의 진정한 참신성에 도달하였으며, 그 노력을
　끝까지 견지하였다. 이러한 기림시의 변증법적 변화과정은 종래 그에 대한 부정적 통
　념에만 젖어온 우리에게 새로운 위상으로 떠오르는 것이며, 또한 그것이 시사하는 바
　도 자못 큰 것이다. 우리가 그의 시를 읽으며 얻는 다른 하나의 깨달음은 한 시인이
　자신의 현재를 철저히 점검하고, 거기에 나타난 문제점을 극복해 가고자 하는 줄기찬
　노력과 열정에 관한 것이다."
　이동순, 「문화의 민주주의와 문체의 대중화—김기림의 시세계」, 『문학사상』 183호,
　문학사상사, 1988, 119~120면.

정한 참신성"을 얻어냈다는 점과 "자신의 현재를 철저히 점검하고" 그 "문제점을 극복"하고자 한 "줄기찬 노력과 열정"을 지녔던 데서 찾고 있다. 이 점은 이동순이 스스로를 다잡기 위해 되풀이 되뇌고 싶었던 말이었을지도 모른다. 이동순이야말로 스스로의 문학 첫머리에 가로놓여 있었던 모더니즘의 한계를 일찌감치 깨닫고 자신의 시세계를 "줄기찬 노력과 열정"을 가지고 열어 나왔던 시인인 까닭이다.

따라서 정지용 후기 대표시 두 편에 대한 이동순의 소박한 패러디는 바로 모더니즘의 그림자를 뒤로 떨치고 힘찬 삶자리로 나아가면서 남긴 한 작은 묘비일 수도 있겠다. 왜냐하면 이동순이 활발하고 다양한 시쓰기 속에서 한결같이 그다운 품격을 잃지 않을 수 있었던 것은, 그나마 "모더니즘의 참신성"을 얻었다고 보여지는 몇몇 모더니스트들의 명징한 묘사력과 엄격한 말씨 훈련을 나름대로 거친 데에 큰 몫이 있는 것으로 여겨지기 때문이다.

정지용에서 한 발 더 나아간 자리에 백석이 있다. 이동순 시에 있어서 백석 시의 패러디는 정지용이나 그를 뒤이은 모더니스트들에 대한 것과는 견줄 수 없을 만큼 직접적, 전면적일 뿐 아니라 뚜렷한 의도 아래 이루어지고 있다. 그 질과 양, 그리고 분포에 있어서 예사롭지 않은 뜻을 지닌다.

저녁나절 현양원 가는 길로 어미도 아비도 없는 아이처럼 터벅터벅 걸어가면 오백 년도 더 묵었다는 느능나무 뒤에서 의붓자식같이 썰렁히 나타나는 삼밭집

세간도 서까래도 부지깽이도 온통 낡아 거무스름한 것들 속에 열린 방안에서 나조 햇살 받으며 해종일 쓸쓸하게 앉아 있는 백내장으로 앞을 못 본다는 순분네 할아버지

사방이 삼밭에 둘러싸여 아예 삼밭집이 되어버린 이 숩내 나는 서향집에 해 떨어지고 빠알간 蓼꽃이 어둠에 잠기도록 들일 간 순분네 모녀는 돌아오지 않

3부 문학의 방법 313

는데 세간도 서까래도 부지깽이도 아조 깜깜한 어둠에 묻히었다

　　　　　　　　　　　　　　　　　　　── 「삼밭집」[10]

옮겨 놓은 시는 한 눈에 백석 시 「모닥불」이나 「외가집」 무리[11]의 발
상법과 시꼴에 힘입고 있다는 것을 알 수 있다. 「모닥불」과는 이런 저런
곡절을 지닌 사람과 사물들을 늘어놓는 방법에, 「외가집」 계열과는 집을
말할이의 위치장소로 삼은 발상법과 맞닿아 있다. 그리고 그 점이 시 속
에 두루 분포되어 있으며, 시인 스스로 읽는이가 그것을 쉬 짐작할 수 있
도록 이끌었다. 백석 시에서 많이 드러나는 시꼴 또한 한 몫을 더한다.[12]
　다만 「모닥불」이 지니고 있는 바 '슳븐력사'를 현실 안에서 화해롭게
하나로 묶어내는 밝은 분위기나 「외가집」 계열의 작품이 보여주고 있는
바 짜릿한 즐거움의 세계와는 그 분위기가 다르다. 분위기로 보자면 「삼
밭집」은 오히려 말할이가 집을 떠나 마을로 더 넓은 바깥 단위로 옮겨다
니며 그 속에 사는 이들의 고달픈 삶을 잔잔히 건너다보면서 연민과 공
감을 보여주는 시들[13]을 닮았다. 말하자면 이 시는 이동순이 백석 시에

---

10) 이동순, 『지금 그리운 사람은』, 창작과비평사, 1986, 62면.
11) 백석 시에 있어서 「외가집」 무리 작품이란 집을 시의 장소로 마련하여 그 집이 있는
　　위치나 그 집에 닿이기까지 정황을 먼저 밝힌 뒤, 그 집의 내력이나 그 집에 깃들어
　　살았던 사람들에 대한 여러 기억, 집 곳곳에서 벌였던 친밀 경험을 요모조모 엮어 내
　　고 있는 것들을 말한다. 「외가집」을 비롯하여 「가즈랑집」, 「고방」, 「여우난곬族」, 「넘
　　언집 범같은 노큰마니」가 그들이다.
12) 따라서 독특한 인쇄공간 처리는 이 시에서 백석 시 패러디의 암시 표지가 된다. 패
　　러디 또는 상호텍스트 안에서 그 관계를 알려주는 표지에는 명시 표지(explicit markers)
　　와 암시 표지(implicit markers)가 있다. 앞서 든 것은 패러디 원천을 텍스트 안쪽에 바로
　　밝히거나 명백하게 드러내는 표지를 말하고, 뒤의 것은 글자 꼴을 달리한다든가 따옴
　　표를 붙인다든가 아니면 보다 흐릿한 꼴로 원천 텍스트를 짐작하도록 이끄는 것을 말
　　한다.
　　H. F. Plett, "Intertextualities", *Intertextuality*, Walter de Gruyter, 1991, pp.11~12.
13) 글쓴이는 한 글(1991)에서 백석 시를 서정주체의 정위 장소에 따라 집에서 마을로,
　　더 넓은 고향으로, 타향 공간으로 넓혀져 나가는 과정을 빌려 그의 시 공간현상을 풀
　　어본 적이 있다. 더 나아간 생각은 그 글에 미룬다.
　　박태일, 「한국 근대시의 공간현상학적 연구」, 부산대 박사논문, 1991.

대해 지닌 사랑과 그에게서 받은 감동이 어느 자리라 할 것 없이 녹아 있어, 백석의 작품 세계 자체를 패러디하고 있는 작품이라 해서 지나치지 않을 듯싶다.

겉으로 드러난 사실만 보더라도 이동순 시인이 백석 시에 대해 갖는 관심은 자못 각별하다. 꼼꼼하게 공을 들인 『백석시전집』에서부터 일찍부터 백석 시에 관한 주요한 글들을 여럿 남긴 일은 널리 알려진 사실이다.14)「삼밭집」에서 보는 바와 같이 백석 시가 지니고 있는 큰 특장으로 보이는 공동체적 과거의 가치화, 다양한 현실 사물에 대한 묘사나 이야기, 박물지적 방식은 옛부터 오늘에 이르기까지 오래고도 넓게 자리해온 어두운 삶의 역사와 현실을 힘껏 감당하겠다고 생각한 이동순의 현실주의 시각에서 볼 때 좋은 본보기일 수 있었다. 세 번째 시집 『지금 그리운 사람은』에서 시인이 즐거이 백석 시의 분위기나 기법을 세상에 들내고 있는 까닭이 여기에 있다.

백석 시의 발견으로 이동순은 우리 현대시 전통 속에서 큰 힘을 얻을 수 있었던 셈이다. 이 일은 백석 시에 대해 시인으로서 할 수 있는 으뜸가는 찬사일 수 있다. 아울러 백석 시와 같은 우뚝한 시의 흐름이 제 길과 값을 마땅하게 얻고 있지 못하고 있는 우리 현대시의 역사 속에서 백석 시와 그 세계는 끊임없이 단련되고 깊어져야 함을 몸소 보여주고자 한 뜻으로 여겨진다. 따라서 이동순은 이에서 한 발 더 나아가 백석 시와 그 세계가 더욱 기워져야 할 데를 찾는 노력도 아끼지 않았다. 1부를 차지하고 있는 「농구(農具)노래」 스물여섯 편이 그것을 잘 보여준다.

---

14) 이동순이 백석과 그의 시에 기울인 관심은 일찍이 꼼꼼하게 공을 들여 낸 『백석시전집』과 그 뒤를 이어 내놓은 많은 글, 백석과 관련 있는 분들의 회고기 소개와 같은 데서 잘 나타난다. 게다가 그 스스로 세 번째 시집 『지금 그리운 사람은』 1, 2부의 많은 작품들을 백석 시와 연관을 두루 생각하게 해주는 작품들로 채웠다. 따라서 백석 시와 그의 문학에 대한 헌사와 같은 성격을 느끼게 해주는 시집이 되게 했다. 나아가 그의 일곱 번째 시집 『꿈에 오신 그대』에 실린 아름다운 사랑시들은 바로 백석과 사랑을 나누었던 이로 알려져 있는 자야여사의 탈과 목소리를 빈 것이 많다. 백석 시인과 그 시에 대해 갖고 있는 한결같은 관심의 깊이와 정도를 알 수 있게 한다.

백석 시 특장 가운데 하나는 이른바 사물숭배라고까지 불리어질 만한 기물 상상력으로 말미암아 얻는 바가 크다. 「동뇨부(童尿賦)」나 「목구(木具)」 그리고 「고방」과 같은 작품에서 그것을 쉬 엿볼 수 있다. 과거를 간직하고 있는 사물이나 잔잔한 기물과 같은 가시 기호를 빌려 자신이 몸담고 있는 장소와 과거에 대한 친밀감・정체감을 한꺼번에 보여주는 태도가 그것이다. 사물에 대한 애착과 과거에 대한 숭배가 한꺼번에 나타나는 것이다. 이러한 기물 상상력, 곧 나라잃은시기 왜로 제국주의 만행으로 말미암아 더럽혀지고 망가져 버렸으나, 그들의 힘과 폭력이 손닿을 수 없는 과거 사물을 빌려 백석 시는 제국주의 공간 지배에 대한 지킴의 미학을 보여주었다.[15] 그러나 백석은 지킴의 대상이 되고 있는 겨레 공동체 삶의 범위를 좁히고, 층위를 낮춤으로써 그 신념과 강도에도 불구하고 단수 현실에 머물고 만 아쉬움을 갖게 한다. 흠 잡자고 드는 쪽에서 보면 백석 시는 특정한 민속 현실에 집요하게 머문 토속주의 취향이라는 의심을 받을 수 있는 것이다.

『지금 그리운 사람은』의 2부와 달리 1부에서 이동순도 뚜렷한 기물 상상력을 펴보인다. 쓸모를 잃은 채, 허물어져 가는 시골 한 구석에서 지난 시기 골동으로 떨어져버린 농구들을 하나 하나 찾아내고, 쓸모를 새로 살피고 있다. 이 일을 빌려 근대화・산업화 과정에서 팽개쳐진 농민과 농촌 현실을 그들의 목소리로 꼼꼼하게 되살려내고 있다. 이러한 노력은 얼핏 토속주의로 몰릴 수도 있을 백석 시와는 다른 현실주의 방향이다. 「農具노래」는 백석 시의 미학적 전통을 어떻게 이어받고 한 발 더 나아가야 하는가에 대한 본을 널리 보이고 있는 셈이다. 농촌의 참담한 현실 그 바탕에서부터 수물과 이주로 이어지는 삶의 내력, 또는 신분・빈부 차별에 의해 저질러지는 겨레 공동체 삶의 어려운 사정과 그 극복 의지를 걸림 없이 낭랑한 목소리로 읊고 있어 백석 시의 나직한 울림과

---

15) 박태일, 「한국 근대시의 공간현상학적 연구」, 부산대 박사논문, 1991, 158면.

는 사뭇 다른 경계를 연다.

> 한쪽 목발 부러지고
> 등태마저 달아난 저 지게를 어머니
> 제가 왜 그토록 보듬는지 아십니까
> 그해 몸서리치던 포성 속을
> 어머니는 저의 지게에 얹혀 피란길 떠나셨지요
> 무명수건에 얼굴을 묻고
> 눈보라 속에서 끝내 흐느끼시던 어머니
> 이화령 고갯마루가 먼 발치로 보이는
> 연풍마을 어느 빈집에 드러누워
> 어머니께선 차마 감지 못할 눈으로 가셨더이다
> 저는 터벅터벅 어머니 혼백만 지고 내려와
> 그뒤 남녘 들 떠도는 새우젓장수 되었읍니다
> 악착한 세상 굽이굽이 헤매일 때
> 등에 진 젓국 동이가 자주 어머니로 보이더이다
> 그럴수록 소자는 어금니 악물고
> 지겟작대기로 땅을 박차고 일어섰지요
> 세장목 풀리면 탕개줄 조이고
> 어깨 느슨해오면 밀삐를 당겨가며
> 그럭저럭 살아온 게 하마 육순이로군요
> 오늘 제사 끝에 할머니 모습을 물은 아이들에게
> 그 망가진 지게를 가져와 보여주었더이다
> 이분이 바로 느이 할머니라고
> 내 어머니의 몸이라고
>
> ── 「지게」16)

백석 시의 흔적은 썩 흐려졌다. 애잔하고 고달픈 삶에 대한 관심이 얼핏 백석의 그림자를 느끼게 할 뿐이다. 역사 속에 떠밀려 내려온 삶에

---

16) 이동순, 『지금 그리운 사람은』, 창작과비평사, 1986, 48~49면.

대한 깊은 공감을 "남녘 들 떠도는 새우젓장수"의 입을 빌려 뭉클하게 그려주고 있다. 복고적 혐의나 토속 취미와는 자리를 크게 달리 한다. 백석 시와 갈라지는 이동순 시의 든든한 현실주의가 이미 제 물길을 힘차게 잡았다.

이제껏 이동순 시에 나타나는 현대시의 패러디 양상을 찾아보았다. 정지용과 백석을 젖혀두고 보면 다른 원천 텍스트는 보이지 않는다. 다만 광복항쟁에 힘껏 나섰던 선대의 집안내림으로 볼 때 이육사에 대한 관심17)이 시인으로서 그가 지닌 예사롭지 않은 심지를 짐작하게 할 뿐이다. 그렇다면 이동순 시인이 좁게든 넓게든 패러디를 빌려 정지용이나 백석의 시와 이어져 있는 뜻은 무엇일까?

현대시는 문자시가 중심을 이룬다. 개인이 글로 써서 여럿으로 인쇄되어 널리 읽히는 시다. 우리 시사 속에서 이러한 문자시 전통이 주요한 소통방식이 된 것은 1900년대 초반 무렵에 이르러서였다. 이 시기에 들어서부터 근대 인쇄·유통 기술에 힘입은 인쇄시각문화는 엄청난 변동을 일으키며 우리 문학에 두루 큰 영향을 주었다. 시쓰기가 하나의 제도로 굳어져, 개인의 문학글 쓰기가 업으로 올라서면서 새로운 유통의 장을 마련하기 시작했다. 따라서 문자시는 예전에 없었던 개인주의와 지식인 취향의 그늘 아래서 제도적 정당성을 얻어나가기 위해 미학적 프로그램을 새로이 개발하지 않으면 안 되었다.

고정된 공공성에 뿌리를 내리고 있는 구술문화 전통의 노래와 달리, 정확한 관찰을 빌려 적확한 표현과 잇대는 일, 곧 주의 깊게 관찰된 복합적인 사물이나 과정을 적확한 말로 기술하는 일이 필요하게 되어 버린 것18)이다. 그러면서 사회성·객관성을 얻기 위한 노력은 이어졌다. 문자시가

---

17) '육사 추모의 밤에'라는 곁제목이 붙은 헌시 「사랑노래」(1980; 32~33면)가 있고, 「청포도」의 한 귀절을 설핏 느끼게 하는 시 「除夜」(1986; 92~93면)가 있다.

18) Water J. Ong, 이기우·임명진 역, 『*Orality and Literacy*(구술문화와 문자문화)』, 문예출판사, 1995, 193면.

본디부터 지닐 수밖에 없는 개인의 개성과 실체 없이 흐릿하고도 어름한 내면 윤리의 세계에만 시가 머물지 않도록 하기 위한 노력이 그것이다. 생활과 계급이라는 깨달음을 끌어들여 시의 사회적 바탕을 열어놓거나, 개별적인 구체 감각과 공공적 이미지를 하나로 형상화하고자 하는 모더니스트들의 노력은 나름대로 객관성을 얻고자 하는 노력이었다.19)

정지용 후기시는 현대시 전통 속에서 특별히 사물시적 구체 감각에다 오랜 문자시 전통인 한시에서 이미 마련된 이미지와 정서 조절 훈련을 거침으로써, 시를 개인의 구질구질한 감정놀이로 떨어뜨리는 시들과 달리 객관성에 이르고자 했던 노력이 빚어낸 한 성과다. 이동순은 정지용 시에서 특히 이 점을 샀다. 그 위에 백석 시를 빌려 확인한 이야기 전통과 현실에 뿌리내린 드넓은 구체 묘사라는 장점은 그의 시를 중층적인 겨레 공동체 삶의 드넓은 자리로 의심 없이 밀고 갈 수 있는 줏대를 더욱 단단하게 잡아주었다.

따라서 그는 일찍이 기웃거렸던 「魔王의 잠」의 음울한 무의식 세계로부터 힘차게 뛰어 올라 우리 겨레 공동체 삶과 정서에 맞닿은 건강한 목소리를 끊임없이 퍼올릴 수 있었다. 정지용과 백석 시는 부분으로든 전면으로든 이동순 시를 우리 현대 서정시의 건강한 한 미학적 밑둥 또는 문학 제도 안에 행복하게 자리할 수 있게 일정한 힘을 보태준 셈이다. 그런 점에서 그들에 대한 이동순의 패러디는 그들 시가 우리 시사 속에서 갖는 뜻과 아름다움에 대한 경의를 품고 있다.

---

19) 이 점은 서양 쪽 사정을 중심으로 마무리에서 다시 한 번 짚을 것이다.

3. 노래시 패러디와 전통 합일

이동순 시에 나타나는 주요한 원천 텍스트 갈래 가운데 하나는 우리 전통 속에서 오래도록 이어져 내려온 노래시[20]가 있다. 일노래·굿노래·잡가에 이르는 여러 갈래의 민요에서부터 가사·판소리 사설뿐 아니라 광복군 노래에 미치기도 하고, 이른바 근대 유행가에까지 걸치고 있어 범위의 다양함과 질에서 여느 시인들과 크게 다르다. 이러한 전통 노래시는 좁게는 짧은 시줄 마디에 머물기도 하고 시의 짜임을 두루 끌어 잡기도 하면서 여러 길로 목표 텍스트 안에 들앉아 있다.

가는 대오리 고운 갈대
금옥관자 펜 주렴만 발이더냐
거친 싸리 겨릅대를 촘촘히 뉘어놓고
사이사이를 칡넌출로 엮어내린

---

20) 여기서 '노래시'란 바르게 묶여진 말이 아니다. '시'와 '노래'라는 나눔이 옳다. 옛부터 글로 씌어져 읽히거나 읊조리는 것이 시였고, 씌어진 것보다 말에 곡조를 얹어 부르는 것이 노래였다. 따라서 시라고 할 때 그것은 한시를 뜻하는 것이다. 실상 우리문학에서 문자시 전통은 한시와 맞닿아 있는 셈이다. 시조와 가사 또는 민요, 잡가와 같은 것은 모두 노래였다. 그런데 국권회복기에 이르러 노래는 창가와 같은 음악과 자유시로 갈라졌고, 그 음악은 오늘날 유행가와 가곡으로 이어지면서 문학에서 크게 벗어나버렸다. 따라서 오늘날 자유시 전통은 같은 문자시인 한시와 글로 남긴 노랫말, 곧 시와 가의 서로 다른 두 갈래 전통에 아울러 뿌리를 대고 있는 셈이다. '시가'라는 말이나 '노래시'라는 말은 이런 까닭에 잘못 씌어지고 있는 말이다. 이종건이 이에 대해 처음으로 따지고 들었기에 큰 생각은 그 글에 미룬다. 다만 이 글에서는 문자시가 가진 약점과 한계를 뛰어넘기 위해 오늘날 문자시 속에 패러디 원천 텍스트로 끌어들여진 옛 노래의 노랫말, 또는 그러한 상태로 나아가고자 하는 문자시를 일컫는 말로 '노래시'라는 말을 끌어쓴다. 그리고 문자시라 하더라도 한시와 자유시는 엄밀하게 따져 다르다. 왜냐하면 한시는 필사문화 전통에 가깝고 현대 자유시는 인쇄시각문화 전통에 드는 것이기 때문이다. 그러나 이 글에서는 이 둘을 따로 나누지 않고 구술시(oral poetry)와 맞서는 넓은 뜻으로 문자시(literal poetry)라는 이름을 끌어다 쓰면서, 때로는 인쇄시(printed poem)로 뜻을 좁혀 쓰기도 했다.
이종건, 「韓國文學 用語 '詩歌' 批判論」, 『국제어문』 16집, 국제어문학연구회, 1995.

강원도 통밭이 참밭이지
양지바른 흙담 밑에 투망 던지듯 훠얼썩 던져
통메주 콩꼬투리 누룩덩어리
푸진 햇살 먹도록 널어놓으면
동구밖 신작로 행길 가생이로
오불꼬불 지나가는 왜나팔소리
아이고 양나팔 왜나팔 소리도 마음 걸리지만
우리 농부님네 속썩이는 저놈의 뱁새 따오기들만
제발제발 논귀엘랑 앉지 말았으면
까막까치야 참새떼야
너희들만 서숙밭에 앉지 말았으면
아이놈 지켜세워 새 쫓으랬더니
새는 안 쫓고 하루 종일
올콩 돌콩 콩 콩
메나리밭에 부룩콩
수수밭에 잔디콩
오뉴월에 푸렁콩
딱지딱지 코딱지
얼음에 빠진 쇠눈깔
뒤룽뒤룽 말불알
다 파먹은 김칫독

—「밭—農具노래 11」[21]

　　「농구(農具)노래」 스물일곱 편 가운데서 골라냈다. 「농구노래」는 이동순
시인이 스러지고 망가져 가는 우리 농촌을 두고 부른 진혼곡이라고 할 만
하다. 농사에 없어서는 안 될 '농구'들이 쓸모 없이 버려진 현실을 빌려
도시 건너 쪽에서 잊혀지고 있는 농촌 삶을 맞세워 마침내 우리 삶자리가
깡그리 망가지고 있음을 역설적으로 일깨우고자 했다. 우리에게 농촌이

---

21) 이동순, 『지금 그리운 사람은』, 창작과비평사, 1986, 26~27면.

란 단순히 오늘과 앞뒤관계를 이루는 있는 옛 삶자리가 아니다. 오늘날 근대 지향의 삶 변두리에서 눈 부릅뜨고 널브러져 있는 생생한 현실 그 자체다. 시인에게 있어 농구 하나 하나는 농민 한 사람 한 사람일 뿐 아니라, 말로 다 할 수 없는 농촌 삶의 속내를 보여주는 환유인 셈이다.

따놓은 시에서는 '발'을 이음매로 삼아 바쁠 때는 하냥 없이 바쁘게 돌아가는 농촌 풍경을 새쫓기라는 일을 빌려 보여준다. 어머니는 마당귀 흙담 곁에서 콩으로 메주를 쑤어 발 위에 널기도 하고 한창 바쁜 참이다. 멀리 난들 논으로 새 쫓으려 보낸 '아이놈'은 "새는 안 쫓고 하루종일" 노는 데에만 정신이 빠진 듯싶다. 그것을 저으기 걱정스러워 하면서 집안일에 바쁜 시골 어머니의 마음이 잘 그려졌다. "올콩 돌콩 콩콩"으로 이어지고 있는 아이들 놀이노래는 콩마냥 헬 수 없이 부딪치는 농촌 살림살이의 갖가지 어려움들을 잔잔한 웃음으로 바라보도록 이끌어주는 구실을 다한다. 삶의 밑자리는 비록 망가져 가고 있을 망정, 몸담은 농민들의 "오뉴월 푸렁콩" 같은 마음씨는 망가질 수 없으리라는 시인의 믿음이 놀이노래 패러디 속에 배어 있는 셈이다. 그러나 그 웃음도 더 큰 비극 아래서는 참으로 하잘 것 없이 팽개쳐진다.

① 아가야 울지 마라 보상 타서 옷 사주께
　　네가 울면 이 어미의 가슴속도 찢기는 듯
　　봄이면 고추모종 아욱 갈아먹던 작은 터밭
　　관솔불에 그슬린 아궁이 위의 검은 흙벽
　　모두다 보상 받아도 얼맛돈이나 될꺼나
　　그 돈 갖고 객지 나가서 어이 부대껴 살꺼나
　　전답도 한 뼘 없이 남의 땅이나 부쳐먹던
　　우리 발걸음 어디로 가나 집도 절도 마련없이
　　아가야 울지 마라 보상 타서 밥 사주께
　　대저 남의 손해를 메꾸어 갚아준다는
　　보상이란 무엇이며 누가 무엇을 보상함이냐

죽은듯이 참고 지내던 우리 농민 쫓아내고
턱도 안되는 값을 뿌려 보상말이 웬말이냐
못 떠난다 못 떠나 이 눈에 흙들기 전 못 떠난다
땅 버리고 보상타서 어딜 가면 살아나 낼까
여보소 신사양반 귀 있거든 말 좀 듣소
댁도 죽어서 고향산에 묻히고 싶나요
자고 눈뜨면 수런거리는 사람들 소리
황초굴에 피는 연기 비록 똥집소굴일망정
고향 버리고 내 못간다 어디 한번 끌어내 봐라
아가야 울지 마라 보상 타서 집 사주께
이럭저럭 갈던 밭도 묵밭되어 더부룩하고
관청사람 나와서 이향위자료 돌린다
세상 오래 살다보니 별난 돈도 받아본다
고향이 날 버렸나 내가 소박맞은 계집인가
위자료를 줄라거든 기천만금을 주려든지
아가야 울지 마라 이 돈 타서 달 사주께

—「물의 노래」 가운데서[22]

② 뒤돌아보면 흘러간 시절 정분도 많았고
조선팔도 황아장수로 안 가본 곳이 어디메냐
끈목 담배쌈지랑 잡살뱅이 후려없고
돌아가자 옛 골목으로 빙글빙글 상모춤 추며
횡설수설 횡성장 에누리 많아 못보고
안창곱창 평창장 술국 좋아 못보고
울퉁불퉁 울진장 울화가 나서 못보고
코 풀었다 흥해장 미끄러워서 못보고
천리타향에 나돌아간다 바람 불려 구름에 말려

—「물의 노래」 가운데서[23]

---

22) 이동순, 『물의 노래』, 창작과비평사, 1983, 109~110면.
23) 이동순, 위의 책, 121면.

「물의 노래」는 망가져 가는 농촌 삶자리의 여러 정황 가운데서 수몰 농민들이 겪는 아픔과 고통을 그려 보이고자 한 긴 시다. 작품으로서도 빼어날 뿐 아니라, 수몰민에 대한 경험은 시인에게 매우 중요한 계기가 된 것으로 여겨진다. 왜냐하면 첫시집에 두루 보였던 애잔한 삶과 여느 사람들에 대한 관심은 수몰이라는 어처구니없는 현실에 맞닥뜨리면서 보다 구체적인 장소를 가질 수 있게 되었기 때문이다. 고향을 물 속에 묻고 하릴없이 타관으로 떠날 수밖에 없는 농민, 기약 없을 뒷날 되돌아와 본들 푸른 물굽이를 내려다보며 머리 속으로만 그릴 수밖에 없을 농민들이야말로 무엇보다 명확한 현실의 알레고리였던 까닭이다. 「물의 노래」에서 시인의 현실주의는 더 깊어져 나아갈 수 있는 자리가 마련된 셈이다.

옮겨 놓은 작품은 「물의 노래」 가운데서 세 번째로 올려진 것이다. "아가야 울지 마라 보상 타서 옷 사주께"라는 네마디가락의 아이어르는 노래 귀절을 시줄로 거듭 끌어들이면서 수몰민의 쓰라린 처지와 곡절을 읊었다. "집도 절도 미련없이" 얼마 되지 않는 '보상금'을 손에 들고, 버젓이 내 나라 안에서도 제 '고향'에 살지 못하고 나라 없는 백성인 양 마냥 '객지'로 쫓겨가야 하는 기막힌 수몰 농민의 모습은, 뿌리 째 파헤쳐진 농촌 현실을 분명하게 일깨워주는 데 모자람이 없다.

이때 아이를 어르는 어머니의 넋두리는 하소연할 데 없이 대를 물리며 앞으로도 되풀이될 수밖에 없을, 수몰민의 어처구니없는 현실과 이주민으로 겪어야 할 비극적인 앞날을 짐작하게 하는 데 무엇보다 알맞은 장치가 되고 있다. 수몰 이주민들로서는 이제 옛날로 되돌아가거나 새 업을 얻어보려 해도 될 성부르지 않다. 그래서 젊어 한때 '황아장수' 장똘뱅이로 떠돌아 다녔을 사람이 옮겨 앉는 이 기회에 다시 떠돌면 되지 않겠느냐고 너스레를 떨며 부르는 ②의 한 자락 장타령[24]은 읽는이의

---

24) 패러디되고 있는 부분은 장타령 가운데서도 장터의 이름을 들어가며 그것이 지니고 있는 말놀이 성격을 강조하고 있는 이름풀이 부분이다. 이러한 오락 요소는 재미와 흥을 드높이면서 한 쪽으로는 떠돌이 각설이패가 알아두어야 될 돌림장터에 대한 지식

마음을 더욱 아프게 할 뿐이다.

  ① 원폭 맞아 일그러지고
    지진 끝에 죽창 맞은 조선영산
    전쟁에 끌려나가
    지금껏 돌아오지 않는 행불영산
    개잡듯이 닥달하는
    고문 끝에 축 늘어진 원통영산
    납 수은 구리 카드뮴
    아연 이황화탄소 중독증에
    죽어서도 부들부들 온몸 떠는 산재영산
    교통 사고라 길바닥영산
    해고당해 연탄불 피운 서름영산
    강물 위에 둥둥 뜬 물고기라 민물영산
    이 영산 저 영산
    온갖 영산
    사방팔방으로 다 놀러 드옵소서
                              ―「영산타령」 가운데서[25]

  ② 심심도 하고 반갑기도 하고
    최루탄을 먹었는지 눈물도 찔끔 나고
    에라 모르겠다 풍년초 끄고 속타는 소리나 한마디 하자
    하는데 똑 이렇게 하는갑더라
    둥둥둥 내 사랑아 어허둥둥 내 사랑아
    하늘에서 툭 떨어졌나 땅에서 불끈 솟구쳤나
    내 너 죽은 줄 알았더니 너 산 것이 천만이로다
    상투 꼭대기 봉기 꽂고 청홍 깃발 춤을 추고
    큰북은 두리둥둥 광쇠는 콰광쾅쾅 대징은 딩디딩딩

  을 갈무리해 주기도 한다.
  25) 이동순, 『그 바보들은 더욱 바보가 되어간다』, 문학과지성사, 1992, 59~60면.

목탁은 또두락 똑딱 바라소리 처절철철 장구는 정저궁자그 정저궁자그
風高風下 사시절에 우리나라 이 통일절만큼은
낮이면 물이 맑고 밤이면 불이 밝아서
말씀소리 향내 나고 웃음소리 꽃이 되어
처절철철 콰광쾅쾅 두리둥둥둥둥둥
                                              —「風燈辭設」 가운데서26)

③ 물福은 흘러들고
　구렁 福은 기어들고
　족제비 福은 뛰어들고
　사람 福은 걸어들 제

　험한 놈의 살림살이 사주팔자
　온갖 궂은 일 슬픈 일 화재 관재구설 삼재팔난일랑
　천리만리로 퇴송을 하고
　어여쁘고 얌전하고
　향내 나고 맵시있고 아름다운 것들일랑
　맑고 깨끗한 우리 겨레의 가정으로 바리바리 실어 들여라
　급급 여율령
                                              —「맹인 덕담경」27)

　제목이 명시 표지로 드러내고 있는 바와 같이 ①은 참혹하게 죽은 혼
백을 위로하는 영산마당 굿노래를 빌려 우리 사회를 뒤덮고 있는 갖가
지 원혼들을 일깨우고자 했다. 지난 날 왜로들에게 끌려가 갖은 고초를
겪고, "원폭 맞아 일그러지"거나 관동조선인학살만행으로 죽어간 원혼들
에서부터 생태 파괴로 말미암아 죽어 가는 사람, 짐승의 원혼에 이르기
까지, 우리 근현대사의 "험한 세월 속에서 억울하게 죽어 겹치고 쌓여온

---

26) 이동순, 『지금 그리운 사람은』, 창작과비평사, 1986, 107~108면.
27) 이동순, 『그 바보들은 더욱 바보가 되어간다』, 문학과지성사, 1992, 57면.

"이 영산 저 영산 / 온갖 영산"들을 위한 '한바탕' 굿노래를 아끼지 않았다. 영산굿 노랫말을 알맞게 녹이고 바꾸어 시에 골고루 스며들도록 해 구조 패러디가 되고 있다.

②는 판소리 놀이마당의 사설치레 형식을 따서 바람 앞에 등불 같이 "가슴 철렁 가슴 철렁"거리는 오늘날 우리 겨레의 모습을 경계하는 내용을 담고자 했다. "돈바람 술바람 지루박바람"에서부터 "왜바람 양바람 망국노바람"에 이르기까지 겨레를 더럽히고 시달리게 하는 "몹쓸 바람" 앞에 어처구니없게도 꼼짝달싹할 수 없이 버릇 든 민심과 풍속을 숨가쁘게 꾸짖고 따져드는 데에는 판소리 사설치레가 썩 어울린다. "속타는 소리나 한 마디 하자"해 명시 표지가 드러난다. 끌어들이고 있는 민요들이 여러 가지로 넓혀지면서 시인의 관심도 크게 넓혀졌다. 도시와 맞서 망가져 가는 농촌이라는 틀을 빌려 우리 삶의 밑자리에 대한 안타까움과 위로의 마음을 아끼지 않던 시인은 마침내 농촌, 도시 할 것 없이 우리네 삶이 온통 '바람', 갖가지 고초와 참화로 말미암아 망가졌음을 말하고 있다.

「맹인 덕담경」이라는 명시 표지를 달고 있는 ③은 그러한 현실과 역사를 거치면서도 "우리 겨레" 모두가 "온갖 궂은 일 슬픈 일"을 벗어나 사람답게 사는 "福"된 '살림살이'가 되기를 무경(巫經) 형식을 빌려 빌고 있다. 이승과 저승, 있는 것과 없는 것 사이에 가로놓인 어찌할 수 없는 거리조차 하나로 붙이고 얽어 길을 내는 굿노래는 우리 겨레의 비통한 원을 풀고 바로잡도록 이끄는 시인의 기원을 담기에 무엇보다 알맞은 전통 형식이었던 셈이다.

이동순 시의 전통 노래 패러디는 근현대사 속에서 여러 길로 얽힌 원혼들의 원을 찾아내고 풀어주고자 하는 그의 눈길에 따라 아이노래나 일노래에서 굿노래·잡가·판소리에 이르기까지 여러 범위와 형태에 걸치고 있다. 그리하여 여러 형식의 노래는 그것이 삶의 일부분으로 생생하게 살아 있던 현실의 곳곳, 삶자리를 찾아 나서는 그의 긴장된 현실주

의 미덕을 든든하게 뒷받침하고 있음을 보았다. 전통 민중노래를 부르며
살아온 삶, 그것은 겨레 현실 그 자체였다. 이렇듯 원천 텍스트로서 노래
시의 여러 형식과 더불어 또 하나 중요한 것은 가사에 잘 드러나고 있는
4음보격, 곧 전통 네마디가락의 패러디다.

담아담아 온갖 담아 거기 서서 무얼 막노
바닷물을 막았으니 해변가엔 방파제요
여름 홍수 막으려고 시냇가엔 방죽이라
김장밭에 들어가는 개닭 막는 개바자요
나뭇가지 엮어 만든 저 울타린 굽바자라
달풀로 얽었으니 얼기설기 달바자요
수수깡 갈대풀로 촘촘하니 울바자라
대로 엮은 대울타리 돌로 쌓은 돌담이요
흙돌 반죽 돌죽담에 꽃수놓은 예쁜 꽃담
깨진 기와 담에 박은 디새죽담 보기 좋네
돌멩이를 배 맞추어 마주 쌓은 맞담이요
석비레로 쌓았으니 이름조차 석비레담
담벽 아랜 수북하게 돌무더기 밑뿌리요
작은 돌을 포갰으니 보말담이 그것이라
자갈돌을 쓸어모아 차곡차곡 사스락담
일년 농사 물 대주는 보를 막아 봇둑일세
탱자 두릅 심었으니 산뜻하다 산 울타리
뽕나무가 울이 되자 울뽕나무 멋스럽네
빈터를 에워싸서 쓸쓸하다 빈담이요
사방겹겹 빙 둘러쳐 답답하다 엔담이라
함석으로 높이 세운 붉게 녹슨 저 양철담
한번 가면 다시 못 볼 교도소라 벽돌담아
내 땅 속의 남의 땅 된 미군부대 꼬부랑담
담 중에도 가장 흉한 가시쇠줄 철조망담
남북간 영호남에 서로 막는 쌀쌀한 담

> 이 담 이 담 다 허물고 웃음소리 만나보세
>
> — 「담타령」[28]

　이동순은 한 글[29]에서 우리 현대시는 겨레가 오랫동안 가꾸고 지녀온 특유한 시정신과 시양식에서 멀리 떨어져 "비주체적 편향"을 깊숙이 드러내고 있다[30]고 말머리를 세운 뒤, 잃어버린 주체적 힘을 가락에서 찾고, 그 가운데서도 네마디가락과 그 변형에 터잡고 있는 가사를 눈여겨 보고 있다. 본디 네마디가락은 조선시대 시조나 가사, 그리고 민요에 두루 드러나는 대표적인 전통 가락 가운데 하나다. 안정된 품격을 잃지 않으면서 다양한 내용을 쓸어 담을 수 있는 특장은 쓸모 있는 전통 가락으로 지닌 바 몫을 다해 왔다.

　그는 세마디가락과 달리 네마디가락을 우리 "정신사의 주체적 위치"에 놓을 만한 것으로, "주체적 복원성의 함축과 그것의 잠재적 가능성"을 여기서 찾고 있다. 왜냐하면 네마디가락은 다음과 같은 특징을 지니기 때문이다. 첫째, 다른 "전승문화양식"과 마찬가지로 "공동체적 힘이 집약된 민중의 리듬"이다. 둘째, 가사에서 잘 드러나듯이 네마디가락은 두 마디나 세 마디와 달리 "광역의 산문적 표현공간을 유지한다." 셋째, "시적 대상의 긴장감을 가장 적절하게 실어내면서 동시에 고난과 부조리의 중심을 해체하는 능동성을 내포"한다. 따라서 "완결된 삶의 예술적 창조를 이루려는 노력과, 올바른 인간의 지반에서 이탈되지 않으려는 도덕적 긴장의 정신이 서로 분리되지 않으면서, 조화와 긴장을 튼튼하게 통합시켜 가는 자생력과 복원력을" 지닌 것이 네마디가락이다.

---

28) 이동순, 『철조망 조국』, 창작과비평사, 1991, 74~75면.
29) 이동순, 「한국시의 비주체적 편향과 자아복원의 양상—복원력으로서의 4음보격에 대하여」, 『김판영박사화갑기념논문집』, 간행위원회, 1983.
30) 과거 전통을 업신여기는 문학인의 태도, "외래적 가치"에 너나없이 쏠려드는 태도, 현실 삶과 동떨어진 "문학 지식인들의 고답적 사고", "분단 상황에서 조성되는 부정적인 분단의식"을 알게 모르게 "문학의 비주체화를 가속시킨 자극원"으로 들고 있다.

그에게 있어 네마디가락은 "민족적 민중적 자아복원력"을 갖는 주체
적 가락이다. 그가 곡진하게 담고자 했던 근현대사의 어려웠던 현실, 또
는 역사의 줄거리를 싸잡아 안으면서 왜로에게 찢기고 잘못된 근대화
바람에 멍들어 버린 우리 겨레 공동체의 끊이지 않는 정서적 바탕을 살
려내어 "우리시에서 자행되고 있는 비주체적 정체성, 병적 위약성, 도취
적 몽상성, 반역사성, 반민족성 등의 부정적 경향을 과감하게 해체"시킬
수 있는 "튼튼한 양식"이다.

　옮겨 놓은 시 「담타령」은 네마디가락으로 된 정형시다. 긴 사설에다
갖가지 '담'으로 막힌 우리 현실을 통탄하는 '타령'을 늘어놓았다. 그
'담'은 '교도소' '벽돌담' 같이 세상과 감옥을 갈라놓은 경계일 수도 있
다. "내 땅 속의 남의 땅"이 되어 버린 외세에 앗긴 겨레 현실일 수도 있
다. "남북간 영호남"을 "서로 막는" 지역 경계일 수도 있다. 시인은 여러
가지 단절로 요약되는 우리 겨레의 모순 현실을 네마디가락에 고스란히
담았다. 다양한 모순 현실을 한꺼번에 싸안고 담아내는 데에는 내리닫이
죽 이어진 네마디가락이 무엇보다 효과 있게 쓰이고 있는 셈이다.

> 백두산 흥안령 높은 고개는
> 사나이 한 뜻을 드높이고
> 요하 흑룡강 거친 물살은
> 여린 마음을 다부지게 이끌고
> 흥개호 호륜호 깊고 큰 못은
> 장부의 가슴속을 더 깊고 크게
> 하얼삔 요동땅 넓은 들판은
> 의젓한 너그러움 일깨워주고
> 아득하여라 옛 발해땅 슬픈 역사는
> 지금의 치욕을 되씹게 하고
> 몰아치는 시베리아 모진 삭풍은
> 어떤 괴로움도 이기게 하고

> 만주땅 험한 밀림 저 맹수들
> 내 속의 비겁과 주저를 쫓아내고
> 고주몽 대조영 아골타 애친각라
> 그분들 딛고 가신 발자취 따라
> 온갖 가시 온갖 덤불 걷어 젖히고
> 오늘도 성큼성큼 뻗어가는 바람 길
>
> —「바람의 길」[31]

다양한 형태와 다양한 가락의 전통 노래를 원천 텍스트로 끌어들인 시인의 관심은 마침내 광복군노래에까지 나아가고 있다. 고른 네마디가락에다 세마디가락을 섞어 가며 광복군노래의 목소리와 느낌을 패러디하고 있다. 알맞은 가락 변용을 빌려 광복군들이 지닌 넘치는 기개와 나라 잃은 치욕을 벗어나 나라를 되찾겠다는 힘찬 신념이 시 속에 고루 녹아들게 했다.

> 기차는 가고
> 기차는 오는데
> 오마던 님은 아니 오고
> 붐비던 역 광장에
> 바람만 불어라
> 먼지를 안고 괜시리 이곳 저곳을
> 서성이며 머뭇거리며
> 아, 바람만 불어라
>
> —「조치원역에서」[32]

이 시는 그가 원천 텍스트로 이른바 유행가를 이끌어들이는 데까지 이르렀음을 보여준다. 유행가는 그의 시 속에서 제목으로 끌어들인 경우가

---

31) 이동순, 『그 바보들은 더욱 바보가 되어간다』, 문학과지성사, 1992, 79면.
32) 이동순, 『꿈에 오신 그대』, 문학동네, 1995, 21면.

있으나 이 경우에 이르면 이미 시와 유행노래가 하나로 얽혀들어 개별 원천 텍스트와 목표 텍스트라는 구분은 뜻을 잃고, 창작 주체인 시인의 이름도 큰 뜻이 없이 녹아들어 새로운 텍스트를 만들고 있다. 겉과 속이 한꺼번에 녹아들어 개인이 쓴 하찮은 문자시 한 편이 내남없이 누구나 흥얼거릴 수 있는 오늘날 새로운 시정의 노래로 올라서게 된 것이다.

이제까지 이동순 시에 나타나고 있는 노래시 패러디를 살펴보았다. 여러 갈래의 전통 민중노래에서부터 가사와 광복군노래를 거쳐 오늘날의 유행가에 이르기까지 그의 노래시에 대한 관심은 한결같고도 지극했다. 그 비중도 높아 작품 전체를 끌어 잡는 구조 요소에서부터 시줄 속 부분으로 또는 제목에 올려진 보기에 이르기까지 여러 모습으로 널려 있었다. 그렇다면 이러한 노래시의 패러디를 빌려 그가 얻어내는 효과는 어떤 것인가?

첫째, 전통 노래시는 우리 삶의 드넓고 든든한 밑바닥 현실을 그의 시속에 담아내는 데 유효한 장치로 작용하고 있다. 그가 원천 텍스트로 끌어들이고 있는 노래 양식은 무엇보다 오랜 시간의 경과에도 불구하고 우리 겨레의 삶의 현실을 가장 잘 담아 왔던 것들이다. 무엇보다 현실주의자로서 이동순이 지닌 바 사람다운 삶에 대한 관심에서부터 역사적 질곡 아래 놓인 민중의 삶에 이르기까지 겨레 공동체 삶의 과거와 현재를 꿰뚫는 깊은 관심은 이러한 노래시들을 빌려 그 부피를 더한다.

둘째, 우리 전통 노래가 지니고 있는 주체적 정서와 바람직한 지속 감각을 노래시 가락을 빌려 고스란히 담아내고자 했다. 다시 말해 "비주체적 편향"에 빠져든 근대화나 제국주의 식민화에 시달려온 겨레의 일그러지고 삐뚤어진 삶의 모습과 정서로부터 우뚝 일어서서 높낮이, 내남없는 평등한 삶, 옛과 오늘의 삶이 묵은 원과 갈등을 풀고 하나로 합일하는 생생한 감각을 이러한 노래시 패러디가 마련해주고 있다. 특히 네 마디가락의 쓰임이 돋보인다. 그의 시에 드넓게 자리하고 있는 서사공간의 힘있는 울림을 이러한 노래시 갈래의 패러디에서 말미암은 바 크다.

본디 높낮이가 없으면 물도 그 소리가 없듯이 세상에 널린 삶이 평등하고 평화롭다면 드높은 목소리도, 시인의 외침도 없는 법이다. 한 사람 한 사람이 뱉는 아프고 고통스런 낱낱의 소리를 더 큰 하나로 길어 올려 더불어 함께 할 수 있도록 올려 세우는 힘이 노래시 속에 있다. 다양하고도 깊이 있는 노래시 패러디를 빌려 이동순 시는 겨레시로서 갖추어야 할 바 바른 숨결과 뒷심을 든든하게 마련한 성싶다.

4. 변두리 양식과 공공의 장소

이동순 시에 나타나는 패러디 가운데 또 하나 특징은 우리 겨레가 오래도록 말글살이 가운데서 예사롭고도 쓸모 크게 지녀왔던 양식들을 두루 끌어들이고 있다는 점이다. 유언이며 수수께끼·속담·격언과 같은 옛말 양식이 그렇고, 편지글·선언문과 같은 글 양식이 그것이다. 크게 달라지고 새로워진 요즈음 말글 환경에서는 그 쓸모가 많이 줄어 변두리로 밀려났음에도 이것들은 우리의 나날살이 속에서 한결같은 소통 방식으로 남아 있다. 여느 시인과 달리 이동순 시인은 이러한 여러 변두리 말글 양식을 패러디하여 독특하고도 뜻 있는 효과를 이끌어낸다.

> 보고 싶어요 챠리
> 넓디 넓은 당신나라 어느 땅밑으로 숨었나요
> 모두 입을 모아 챠리 그 개자식 하지만
> 돌아와 주셔요 나는 아직
> 당신을 미워하지 않고 있으니까요
> 어떤 배반도 미워하지 않을 터이니까요
> 내 추억의 얼룩까지 당신이 가져가 주신다면

차라리 이 목숨 기쁘게 드리지요
우리가 만났던 주점 나이아가라의 밤
당신은 나에게 슬픔의 폭포를 주었지요
깊고 파아란 눈 속으로 영문도 모르고 빠지게 한
야속한 챠리, 당신을 사랑해요
언제나 안기던 품에서 내동댕쳐진 그날부터
당신이 마구 찔러댄 칼자국으로 성한 곳 하나 없는
나는 약소한 몸뚱아리, 버림받은 생애되어
저편 구석에서 홀로 꺼져가는 빛이어요
극빈자용 옐로우카드로 기우는 하루
상처마다 생긴 누공에선 별이 흐릅니다
아, 숨이 가빠와요, 어서
낯익은 손으로 이 고통의 마스크를 벗기셔요
당신의 사랑이 거짓부렁 아니었다고
한마디만 한마디만 말해주셔요
챠리, 나보다 불쌍한 챠리
　　　　　　　　　　—「YELLOW CARD—어느 洋公主의 임종」[33]

　"극빈자용 옐로우카드"로 하루하루 목숨을 이어오다 마침내 임종에
이른 어느 '양공주(洋公主)'가 마지막 뱉는 유언 형식으로 짜여진 시다.
제목이 그것을 밝히는 암시 표지가 되고 있다. 유언은 손수 들을이를 곁
에 두고 바로 말하거나, 특정한 대상을 겨냥해 써두는 글 양식이다. 개인
이 죽음에 이르러 가까운 이들에게 주는 말이라 개인을 뛰어넘어 건네
는 최선의 말이며 자신의 끊이지 않을 미래, 또 다른 '나'에게 하는 말이
기도 하다. 이러한 상황이 유언이라는 양식이 지니고 있는 진실성과 공
공성을 보증한다.
　이 시는 특정한 사람의 개별 유언을 패러디했다기보다 유언이 지니고
있는 규칙을 문맥 속으로 녹였다. 말할이 '나'와 '챠리'로 불리는 들을이

<hr>

33) 이동순, 『물의 노래』, 창작과비평사, 1983, 80~81면.

사이에 가로 놓여 있는 참담한 정황을 그 속에 담았다. "모두 입을 모아 챠리 그 개자식 하지만", 끝내 "야속한 챠리, 당신을 사랑해요", "챠리, 나보다 불쌍한 챠리"라 시침떼는 '나'의 목소리는 이미 '나'를 잊은 지 오랠 '챠리'의 '배반'과 '부재'로 말미암아 '내'가 겪어온 삶의 고통과 절망의 깊이를 한꺼번에 살려내는 듯한 역설로 읽는이를 사로잡는다.

게다가 위 시는 시인이 '양공주'라는 탈을 쓰고 있다. 서정시가 개인의 독백적 자기 토로라 굳게 믿고 있는 사람 쪽에서 볼 때는 이런 시는 마땅히 '이동순 시인'의 '개성' 있는 정서가 드러나지 않았다고 따져들 빌미를 준다. 그러나 이 시에서 한결같고도 엄격한 "어느 洋公主"의 탈은 시인이 아픈 삶의 곳곳까지 내려서, 그들의 삶이 결코 나와 따로 떨어져 있는 게 아니라 내 삶의 또 다른 모습이라는 든든한 깨달음을 드러내는 데 이바지하고 있다. 나와 '양공주' 사이 경계는 이미 없다. 마주한 들을이를 향한 직접발화라는 유언 형식에다 알맞는 탈은 서로 어울리며 시가 지녀야 할 사회적 공감을 이끌어내는 힘있는 장치로 녹아 있다.

> ① 뽕밭엔 봄거름
> 보리밭엔 웃거름
> 일이 이리도 재미나면 얼마나 좋으랴만
> 밤 깊어 책력 덮고 곰곰 생각하니
> 농사는 지어서 무얼하나
> 더위먹은 소 달 보고도 땀 흘리듯
> 지난해 볏가을 떠올리면
> 쓴 소주에 눈물만 난다
>
> ―「책력―農具노래 19」 가운데서[34]

> ② 풀꽃에만 씨앗 있는 줄 알았더니
> 사람도 미리 정한 씨가 있다 하더라

---

34) 이동순, 『지금 그리운 사람은』, 창작과비평사, 1986, 42~43면.

나랏님 용씨 대감님 옥씨 세도양반 금싸락씨
이방님들 술씨 아전님네 돈씨 평지풍파 평민씨
대관절 우리네 검정버선은 무슨 씨앗고
　　　　　　—「검정버선—진주 형평사 吉小介노인의 말」 가운데서35)

③ 북두칠성
　일곱 별성님께
　저의 민망한 마음 하소연하오니
　갈라져 살아온 수십 년 세월
　그토록 그리던 님을 꿈에 만나
　쌓이고 쌓인 회포
　정엣말씀을 실타래처럼 풀어갈 때에
　저 샛별이 새벽닭을
　깨우지 못하도록
　부디 멀리멀리로 쫓아주소서

　　　　　　　　　　　　　　　—「하소연」36)

　　속담은 수수께끼와 더불어 짤막하고 단순한 옛말 형태 가운데 하나다. 나날살이 속에서 오래 겪은 일과 지혜에서 우러나온 것인 까닭에 속담의 내용은 그것을 누리는 사람들의 사회·역사적 조건에서 벗어날 수 없다. 속담이 공동체의 배움이나 깨달음을 갈무리하거나 널리 펴는 중요한 공공 지식의 장이 되는 까닭이 이에 있다. ①에서는 '더위 먹은 소 달 보고도 땀 흘린다'는 월속담을 시줄에 끌어들임으로써, 농촌살이에서 겪는 고초가 이만저만한 것이 아님을 떠올려주고자 했다. '눈물만' 나는 농촌생활의 고초가 "달보고도 땀" 흘리는 놀란 '소'의 처지와 다를 바 없음을 짧은 속담이 잘 일러준다. 속담 한 줄이 나머지 시줄 부분과 간섭 없이 녹아들어 농민들의 보편 정서를 떠올림은 물론 현실감을 도드라지게 하

---

35) 이동순, 『개밥풀』, 창작과비평사, 1980, 106면.
36) 이동순, 『꿈에 오신 그대』, 문학동네, 1995, 39면.

는 데 잘 이바지하고 있는 셈이다.

②도 이와 마찬가지로 공공의 현실감을 도드라지게 하고 있다. 이른바 백정들의 민권활동을 글감으로 삼은 이 시는 무엇보다 '사람도 미리 정한 씨가 있다'고 여겨진 조선사회 신분 질서의 단단함과 견디기 힘들었을 사람 차별을 한 마디로 떠올려준다. '사람도 미리 정한 씨가 있다'는 생각을 지닌 채 살아가고 있는 쪽 사람 아래서 그 생각을 물리치고 사람 대접받으며 살고 싶어하는 쪽 사람이 겪어왔을 대립 갈등과 삶의 아픔을 짧은 속담이 잘 건사했다.

이들과 달리 ③은 흔히 사람들이 '하소연'하며 올리는 비손말을 패러디하고 있다. 제목과 셋째 줄이 명시 표지로서 이 점을 밝혔다. 비손은 하느님과 같이 신령스러운 대상에게 청원하거나 비손하는 이의 사정과 속내를 풀어내고자 하는 틀을 지닌다. 이 시는 겉으로 볼 때에는 "샛별이 새벽닭을 / 깨우지 못하도록 / 부디 멀리멀리로 쫓아" 주기를 "일곱 별 성님께" 청원하는 짜임새를 갖추었다. 그러나 그 속에는 '님과' 서로 남북으로 "갈라져 살아온 수십년 세월"과, 그 세월을 거치면서 "그리던 그 님"을 '꿈에'라도 만나 "쌓인 회포 / 정엣말씀을" 나눌 수밖에 없었을 '저'의 예사롭지 않은 세상살이 사정들이 켜를 이루고 있다. 가족사와 겨레사를 짧은 시 몇 줄에 '실타래처럼' 얽어놓는 비범함이 돋보인다. 이러한 비범함이 재치로 떨어지지 않는 것은 언제 어느 자리에서나 오래도록 우리 겨레 구성원들이 되풀이해 왔고 앞으로도 이어나갈 비손말이라는 전통 양식이 밑바닥을 받쳐주고 있는 데 힘입은 바 크다.

앞에서 살핀 바 유언이나, 속담, 또는 비손말과 같은 형태는 오늘날 발빠른 도시화 속에서는 이미 변두리 양식으로 밀려났다. 그것들이 중심말로 힘을 쓸 수 있는 사회·경제·문화 토대는 이미 무너졌다. 개인이 더욱 작은 개인으로 나뉘거나 감당할 수 없이 큰 개인에 낑겨들고, 비유로든 직설로든 널리 마땅하다고 믿는 앎과 지혜의 바닥은 비틀려 버린 것이다. 이러한 시대에 변두리 양식은 바로 공동체 삶의 한 환유로 올라선다. 이동순 시 곳곳에 도사리고 있는 변두리 양식이 갖는 적극적 뜻이 여기에 있다. 그리고 그 안에는 글양식도 빠지지 않는다. 특히 편지글 양식이 이동순 시에서 갖는 뜻은 남다르다.

① 그해 피난가서 내가 너를 낳았고나
　먹을 것도 없어 날감자나 깎아 먹고
　산후구완을 못해 부황이 들었단다
　산지기집 봉당에 멍석 깔고
　너는 내 옆에 누워 죽어라고 울었다
　그해 여름 삼복의 산골
　너의 형들은 난리의 뜻도 모르고
　밤나무 그늘에 모여 공깃돌을 만지다가
　공중을 날아가는 포성에 놀라
　움막으로 쫓겨와서 나를 부를 때
　우리 줄이 어린 너의 두귀를 부여안고
　숨죽이며 울던 일이 생각이 난다
　어느 날 네 아비는 빈 마을로 내려가서
　인민군이 쏘아죽인 누렁이를 메고 왔다
　언제나 사립문에서 꼬릴 내젓던
　이제는 피에 젖어 늘어진 누렁이
　우리 식구는 눈물로 그것을 끓여 먹고
　끝까지 살아서 좋은 세상 보고 가자며
　말끝을 흐리던 늙은 네 아비
　일본 구주로 돈벌러 가서
　남의 땅 부두에서 등짐지고 모은 품삯
　돌아와 한밭보에 논마지기 장만하고
　하루종일 축대쌓기를 낙으로 삼던 네 아비
　아직도 근력좋게 잘 계시느냐
　우리가 살던 지동댁 그 빈 집터에
　앵두꽃은 피어서 흐드러지고

네가 태어난 산골에 봄이 왔구나
아이구 피난 피난 말도 말아라
대포소리 기관포소리 말도 말아라
우리 모자가 함께 흘린 그해의 땀방울들이
지금 이 나라의 산수유꽃으로 피어나서
그 향내 바람에 실려와 잠든 나를 깨우니
춘아 춘아 내 늬가 보고접어 못 견디겠다
행여나 자란 너를 만난다 한들
네가 이 어미를 몰라보면 어떻게 할꼬
무덤 속에서 어미 쓰노라

― 「瑞興金氏 內簡―아들에게」[37]

② 일본이 패전하던 해지 아마
　이곳 南樺太에 소련군이 들어오고
　그리고는 고향소식이 끊어졌지
　흘러간 세월속에 만리장서를 띄웠으나
　고국강산 얼마나 변했는지 일자회답 없더구나
　옛 살던 집과 조부모님은? 친척들은?
　해방전에 고향가서 우리 일가 데려올 때
　유독 어린 너만 큰집에 두고 온 것은
　사할린이 추워도 너무 춥기 때문이었는데
　그 길로 우리 부자 영영 이별 되었고나
　너를 만나지 못하는 애비의 아픈 마음
　칼로 살점 도려낸들 어이 당하랴만
　지금 어디 있느냐 어디든 살아 있거들랑
　바람결에라도 몸 성하다는 기별 보내다고
　여기온 네 형들은 모두 장가들었고
　또 네가 못본 동생들도 둘이나 있단다
　눈에 익은 고향까마귀라도 만난듯이

---

37) 이동순, 『개밥풀』, 창작과비평사, 1980, 16~18면.

네 엄마는 철새만 날아와도 글썽이더라
내 가여운 것 내 피붙이야
　　　―「흩어진 사람들·3―사할린 동포 朴吉夫씨의 편지韻」[38]

　편지글은 필사시대를 거쳐 인쇄시각시대에 이르기까지 그 몫이 줄어들지 않은 소통방식이며, 주요한 문화 관습 가운데 하나다.[39] 그러면서 편지글은 무엇보다 겉으로 분명하게 드러나는 받는 이, 곧 읽을이를 마련하고 씌어지는 글인 까닭에 글로 이루어지는 전형적인 대화 형식이다. 받는 이의 자리나 처지에 따라 보내는 이의 말씨와 목소리가 달라지게 된다. 따라서 편지글에서 요구되는 주요한 미덕 가운데 하나가 받는 이를 위한 마음씀에 모자람이 없어야 한다는 점이다. 타자 지향이 가장 뚜렷한 비서술적 언술 형태가 편지글인 셈이다.

　오랫동안 우리 전통 사회에서도 편지글은 중요한 자리를 차지해 왔다. 오늘날 전신 전화를 거쳐 전자통신에 이르는 짧은 변화 속에서 그 중요도와 몫이 차츰 줄어들고 있음에도, 사람과 사람 사이 정서 유대를 푸지게 마련하면서 직접 말 건네는 형식에서 오는 단단한 사회성이라는 속성은 변함 없이 이어지고 있다. 따라서 편지글투를 끌어온 편지시의 경우도 무엇보다 드러난 들을이와 나누는 대화라는 직접적이고도 타자 지향적인 힘을 고스란히 이어받을 수 있다. 이런 점에서 유언시나 연애시와도 그 짜임이 비슷하다.

　시인이 몸소 겪었음직한 옛일이 바탕이 되고 있는 것으로 여겨지는

---

38) 이동순, 『물의 노래』, 창작과비평사, 1983, 99면.
39) Girolamo는 문학 텍스트와 비문학 텍스트 사이에 가로놓인 경계의 끊임없는 변화와 잣대의 복합성을 받아들여야 한다는 점을 말하면서, 편지글 갈래를 보기로 내세웠다. 서양에서 편지글은 자율적이고 세련될 뿐 아니라, 체계를 잘 갖춘 담론 갈래로 옛부터 이어져 내려왔다. 비문학적 편지와 문학적 편지, 율문편지나 허구적 편지, 또는 편지소설들이 그것을 잘 말해준다. 그에 따르면 편지야말로 오늘날 새롭게 다루어져야 할 담론 갈래인 셈이다.
　C. Di Girolamo, *A Critical Theory of Literature*, The Univ. of Wisconsin Press, 1991, pp.75~77.

①은 이동순 초기시 가운데서도 으뜸자리에 올려놓아 모자람이 없을 작품이다. 명시 지표로 제목이 밝혀주고 있는 바와 같이 돌아가신 지 오랜 저승의 어머니가 이승의 아들에게 하는 편지글이라는 짜임새를 마련함으로써 빼어난 비가를 만들었다. 이때 편지글투는 "출아 출아" "우리 출이"로 불리어지고 있는 받을 이로 향하는 어머니의 간절한 정과 어머니 삶의 내력을 일깨워주는 데 알맞은 장치가 되고 있다. 이루어질 수 없을 죽은 어머니와 아들 사이 간절하고도 곡진한 그리움의 한 자리가 편지글이라는 양식 패러디를 빌려 생생하게 되살아나고 있는 셈이다. 돌아가신 어머니의 입을 빌려 유년기의 상실, 분리 경험이라는 감상 현실에 섣불리 떨어지지 않으면서 겨레 역사의 한 단면을 고스란히 떠올려주는 미덕을 잘 갖춘 작품이다.

②는 「흩어진 사람들」 연작 가운데서 골랐다. 「흩어진 사람들」 여섯 편은 우리 근현대사가 겪은 질곡 탓에 갈라서고 망가져 버린 가족들과 그 삶의 오늘이 그들 스스로의 입을 빌려 노래되고 있는 작품이다. 왜로들에게 끌려갔거나 스스로 망가진 제 나라에서 살지 못하고, 남의 나라에서 고초를 겪다 나라를 되찾았는 데도 되돌아오지 못하고 발이 묶여 버린 실향민, 한 겨레붙이끼리 난리를 치르는 통에 남과 북으로 갈라진 가족이 그 하나 하나를 이룬다.

그러한 가족 비극의 한가운데 놓여 있는 이들이 멀리 떨어진 가족 구성원들에게 보내는 절절한 편지글 형식은 그 비극의 강도와 아울러 만남에 대한 희원을 일깨워주는 데 모자람이 없다. 겨레사와 가족사가 하나로 엮어내는 울림 큰 공간이 편지 보내는 이와 받을 이 사이에 마련된다. '고국강산'과 "영영 이별" 되어 버린 '樺太' 동포의 "흘러간 세월" "칼로 살점 도려내"는 듯한 "아픈 마음"이 읽는이를 울려주는 힘은 받을 이에게 바로 말 건네는 편지글투40)에서 말미암은 바 크다.

---

40) 제목에 밝힌 대로 "사할린 동포 朴吉夫씨의 편지韻"이라는 명시 표지에 따르면 이 시는 얼핏 앞선 개별 원천 텍스트가 있는 것으로 여겨진다. 따라서 편지글 양식 일반

여지껏 이동순 시에 나타나는 변두리 양식[41] 패러디를 살펴보았다. 이것은 오늘날에 이르러 그 쓰임새가 크게 줄어들고 있음에도, 발빠르게 달라지고 있는 현실 삶 속에서 한결같은 공공적 삶의 감각을 일깨워주는 효과 있는 장치가 된다. 게다가 그가 관심을 둔 원천 텍스트는 유언이나 편지와 같이 객체와 결속하는 힘이 견줄 데 없을 만큼 큰 형식이다. 개인이 개인에 머물지 않고 더불어 사회 안쪽에 널리 하나가 되는 계기를 변두리 양식들은 마련해준다. 이동순은 든든한 현실주의로서 지닌 바 미덕에다, 변두리 양식의 패러디를 빌려 겨레 구성원 공동의 지식과 지혜라는 쉬 주저앉지 않을 뱃심을 마련했다. 겨레 공동체의 본디 삶에 합일하려는 심지를 더욱 다진 셈이다.

따라서 이동순이 변두리 양식을 빌려 노리고자 하는 바는 분명하다. 신기한 글감이나 좇고, 괴팍한 느낌을 부풀리면서 '강렬한 내면'이니 '참신한 개성'이니 뭐니 본 데 없고 뿌리 없이 허둥거리는 오늘날 우리시의 풍경에 대한 은근하나 본때 있는 비판이 그것이다. 나아가 겨레 공동체의 본디 삶을 비틀고 올라서서 그러한 풍경을 시의 주류에 놓이도록 이끄는 힘에 대한 대거리를 분명히 했다. 변두리 양식이야말로 우리 삶의 든든한 밑자리를 차지하면서 너와 내가, 겨레 모두가 사람답게 살아가는 데 서로 동의하는 최소한의 상식과 지혜, 그러면서 가장 구체적인 공공의 장소인 셈이다. 이동순의 남달리 성실한 시인됨은 한 편 한 편 시에서 꼼꼼하게 그것들을 끌어들이고 녹여나감으로써 이 점을 분명하게 일깨워준다.

을 패러디한 「瑞興金氏 內簡―아들에게」와는 서로 다르다. 그러나 앞선 개별 텍스트의 패러디인가, 양식 패러디인가 하는 문제는 여기서 큰 일은 아니다. 왜냐하면 "朴吉夫씨의 편지韻"이라는 명시 표지는 이 시의 구체성을 드높이기 위해 시인이 마련한 한 꾀일 수도 있기 때문이다.

41) 토정비결이나 당사주, 선언문과 같이 여러 종류에 걸친 글 양식 패러디도 눈에 뜨인다. 이것들은 제목이나 시 곳곳에 자리하면서 드물지 않은 빈도를 보이고 있다. 그러나 그 질에서 편지글에 크게 미치지 못한다. 다만 이동순 시인이 우리 겨레의 기층 문화에 드넓게 걸쳐 지니고 있는 배움과 앎의 깊이를 짐작하는 데는 모자람이 없다.

5. 마무리

흔히 서정시는 그 특성으로 자아의 독백적 표현, 개성 있는 주관 정서
의 표현, 고독한 자연 몰입, 주체와 객체의 융화와 음악 상태를 지향하는
언어와 같은 것이 들먹거려진다. 그러다 보니 개인의 주관적인 내면놀이
를 서정시의 본령으로 보려는 생각이 널리 받아들여지고 있다. 그러나
앞의 것들이 서정시의 보편적이고도 일반적인 특성은 아니다. 그러한 생
각은 가까운 시기 낭만주의 문학과 인쇄시각문화에서 비롯된 폐쇄적인
자율성 논의로 말미암은 역사 개념에 지나지 않는다.[42)]

서정시는 혼자 부르는가 무리지어 부르는가에 관계없이 함께 즐기는
공동체의 노래로서 지닌 바 현존감·사회성·집단성이 한결같고도 중요

---

42) 서정시를 주관 갈래로 보는 생각은 매체변이라는 쪽에서 보면 "순수시에 이르고자
한 낭만주의적 탐구와 쓰기에 의해 생겨난 자율 담론이라는 감각, 그리고 인쇄에 의해
생겨난 폐쇄라는 감각에서 파생된 것"(Ong)이다. 사회역사적으로는 "형식주의와 부르
조아 개념에 묶인 예술의 무용성 논의"(Girolamo)에 뿌리가 있다. 아스무트는 서정을
주관 갈래로 보는 대표적인 사람으로 쉬타이거를 꼽고 근대 독일시를 보기로 하여 그
의 생각을 되받아쳤다(최국현). 그에 따르면 쉬타이거의 생각은 "18세기 이후 독일의
낭만적 자연시를 과대평가한 데서 비롯되었다." 오늘날 서정시 개념은 그 역사 가운데
서 아주 짧은 200년 남짓한 시기에 틀잡힌 역사개념·부분개념에 지나지 않는다. 이러
한 전제 비판에 뒤 이어 그는 서정이 주관 갈래가 아니라는 반증을 공시와 통시 두 쪽
으로 나누어 찾고 있다. 먼저 공시 쪽에서는 18세기 이후 오늘날까지 절대시, 구체시
와 같이 객관성을 지향하는 시들이 많다는 사실을 든다. 통시로는 옛부터 오늘에 이르
기까지 이어져온 사회시, 당파시 또는 연애시와 같이 파트너가 분명한 서정시들을 보
기로 든다. 그런 다음 그는 서정 갈래의 연속성을 노래에서 찾고 있다. 주관 갈래로 좁
혀든 문자 서정시는 구술문화 전통에 드는 노래시의 집단성, 사회성을 마련함으로써
서정의 바탕을 되찾을 수 있다고 보았다. 이러한 아스무트의 생각은 오늘날 숨 가쁘게
바뀌고 있는 전자영상문화, 곧 2차 구술성 시대에 서정시가 나아갈 방향에 대한 커다
란 암시를 준다.

　Water J. Ong, 이기우·임명진 역, 『Orality and Literacy(구술문화와 문자문화)』, 문예출
판사, 1995, 240면; C. Di Girolamo, A Critical Theory of Literature, The Univ. of Wisconsin
Press, 1991, pp.56~57; 최국현, 「독일문학에서의 서정시 개념의 변천에 대한 연구」, 『청
주대학교 논문집』 17집, 청주대학교, 1984.

한 본질이다.[43] 물론 문자시가 서정시의 중심으로 올라선 뒤에도, 객관
상관물에 이르고자 하는 이미지 추구나 가락요소를 애써 좇는 경향, 또
는 당파시나 사상시와 같이 객관화에 이르기 위한 노력은 끊이지 않았
다. 따라서 개인주의 문자시를 새롭게 하는 적극적인 방법은 부르는 이
와 듣는 이를 지금 이 자리에서 하나로 묶어주는 노래시의 사회화하는
힘[44]을 되찾는 길이다. 이동순 시의 패러디도 이런 틀 위에서 살필 때
그 뜻이 제대로 살아난다.

  이동순 시에 나타나는 패러디 양상은 크게 현대 문자시와 전통 노래
시 그리고 변두리 양식, 크게 셋으로 나누어 볼 수 있다. 현대시에서는
정지용과 백석이 원천 텍스트로 드러난다. 정지용의 경우는 겉의 부분
패러디에 머물고 있으나, 백석 경우는 속겉에 걸치면서 간섭 없이 녹아
들어 차이가 컸다. 그럼에도 이들은 모두 우리 현대시 흐름 속에서도 구
체 감각과 현실 묘사를 빌려 객관화 노력을 기울였던 시인이다. 이동순
은 특히 백석 시를 그 세계와 정신까지 기꺼이 받아들임으로써, 그가 터
잡았던 현실주의를 겨레 삶의 드넓은 자리로 나서도록 줏대를 더욱 다
잡을 수 있었다.

  오랫동안 우리 겨레 삶의 감각과 느낌을 함께 닦아온 전통 노래시 패
러디는 아이노래·일노래·무당굿노래·장타령·잡가와 같은 여러 민요
에서부터 가사와 판소리 사설·광복군노래·현대 유행가들에 이르기까
지 그 질과 빈도에서 가장 비중 높은 원천 텍스트로 녹아 있었다. 패러
디된 부분의 변형도 다양했다. 이동순은 전통 노래시 패러디를 빌려 본

---

43) 흔히 Lyric이라는 말뿌리를 들먹이며 서정시가 악기에 얹어 부르던 노래였다는 점을
든다. 그러나 그것이 지니고 있는 뜻을 운율이나 가락읽기를 위한 요소 수준에서 소극
적으로 이해하는 데 머무르고 말았다. 음악성이야말로 서정 갈래의 실존적 현존감과
집단성을 이끌어내는 가장 큰 자질이라 할 만하다.
44) 이런 쪽에서 볼 때 이동순의 일곱 번째 시집이 사랑시로 이루어져 있음을 눈여겨 볼
필요가 있다. 사랑시야말로 살고 죽음, 있고 없음에 매이지 않고 사랑하는 대상에게
직접적이고도 힘 있는 생각과 느낌을 보내는 객체 지향의 시이다.

데 없이 비틀린 '반민족적', '반주체적' 당대시들과 맞서 스스로의 시를 결바른 겨레 정서와 감각에 나란히 놓았다. 겨레시로서 갖추어야 할 바른 숨결과 뒷심을 힘차게 마련한 셈이다.

유언이나 속담·비손말·편지글과 같은 변두리 말글 양식 패러디도 이채롭다. 이들은 우리 사회의 여러 조건 변화에 따라 어느덧 중심 소통 방식에서 밀려나 버린 것이다. 그러나 우리 겨레가 더불어 사람답게 살아가는 데 동의하는 최소한의 지식과 지혜로 뒷받침될 뿐 아니라 결속감을 갖춘 흔들림 없는 공공 장소가 바로 변두리 양식이다. 이동순은 시의 뼈대로 이것을 끌어다 녹임으로써, 그의 현실주의 미덕이 겨레 공동체 삶의 밑자리에 든든하게 자리하도록 뱃심을 더했다.

따라서 이동순 시에 나타나는 패러디는 바탕에서부터 과거 원천 텍스트나 형식들이 지닌 값과 뜻에 대해 믿음과 경의를 아끼지 않는다. 원천 텍스트와 목표 텍스트 사이 급격한 차이도 좇지 않는다. 이런 까닭에 명시 표지가 흔한 데도 불구하고 그의 패러디는 텍스트 안쪽에서는 큰 간섭 없이 읽힌다. 그러나 텍스트 바깥으로는 과거를 빌려 현재를 재문맥화하거나 현재에 대한 비판에 이르고자 하는 적극적인 전망을 숨기지 않는다. 분리·대립하는 현실의 힘과 상황의 경계를 녹여 바람직한 가치로 합일하고자 오로지 하는 정신45)이 그것이다.

이동순은 문자시 패러디를 빌려 현대시사의 바람직한 흐름에 터잡음

---

45) '합일'이라는 말은 이동순이 일찍이 백석 시의 특성을 따지는 글에서 끌어온 말이다. 그에 따르면 본디 이 말은 원시 종교의례에 쓰이는 말로 어느 집단이 그 토템과의 공생감을 더하기 위하여 하는 의례, 또는 신과의 융합을 목적으로 하는 주요한 의식이라 한다. 그가 보기로 백석 시는 "합일의례적 성격"을 나타내는데, "균등과 원형보존의 정신을 대전제로 한 생존과 죽음의 구별이 없는 합일, 계층간의 구별이 없는 합일, 주체와 객체가 따로 없는 합일, 식물성이 위주이면서 동물성까지 도 식물성에 흡수하는 합일, 사소한 사물에 대한 깊은 애착의 태도에서 보여주는 합일"이 그것이다. "이러한 합일의 정신은 곧 공동체의식이라는 말의 정신과 같다."
이동순 시의 마음자리를 밝히는 데에도 그대로 끌어 쓸 수 있는 요령 있는 말이다. 이동순, 「무너진 시대의 모국어와 공동체의식―백석시의 합일지향적 성격」, 『백민전재호박사화갑기념 국어학논총』, 형설, 1985, 773면.

으로써 제도적·미학적 합일에 이르고, 노래시 패러디를 빌려 겨레 고유의 정서와 감각에 뿌리내림으로써 전통과 통시적 합일에 이를 뿐 아니라, 변두리 말글 양식을 빌려 겨레 삶의 밑자리와 흔들림 없는 공시적 합일을 이루어냈다. 합일 지향성을 힘으로 삼아 그는 개인주의 내면 서정시의 인습뿐 아니라, 얼치기 근대에 휘둘리는 비인간적·반민족적 현실을 물리치고자 하는 뜻을 분명히 한 셈이다.

다시 말해 그의 패러디시는 개인의 가족 단절에서부터 농촌과 도시 사이 지역 단절, 남과 북 사이 민족 단절, 노예와 주인 사이로 붙박인 여러 단위의 힘뿐 아니라 우리 근현대사를 옥죄어 왔던 숱한 단절과 대립, 모순 상황46)을 하나로 녹이고 바로잡고자 한다. 이동순 시가 드넓은 복수현실을 감당하면서 켜켜로 깊은 까닭이 여기에 있다. 패러디된 부분도 변형이 다양하다. 대립, 단절을 뛰어 넘어 겨레 공동체의 행복스런 삶을 으뜸으로 삼는 합일지향의 패러디 정신은 어느덧 그의 시에서 핵심 요소로 자리잡았다.

이동순은 패러디를 빌려 서정시가 지녀야 할 바 현존감·사회성·집단성을 얻어내는 뛰어난 본을 보여주었다. 내면 서정으로 좁혀든 개인 문자시를 더불어 나누는 공동체의 노래라는 이상으로 힘껏 나아가도록 했다. 시인 개인은 흔적 없이 사라지고, 스스로의 시가 마침내 겨레노래·유행노래로 예사롭게 읽히고 불리어지는 경지를 이동순은 노리고 있는지도 모른다. 하찮은 시가 힘찬 문화가 되고, 개인이 역사 속으로 내려서는 길이 이에서 비롯된다. 그리고 이동순은 이미 많은 일을 훌쩍 이루어 놓았다.

---

46) 이 글에서 다루지 않았지만 담론 외적 패러디로서 인물이나 역사 패러디도 이동순 시에서 중요한 몫을 한다. 특히 「밀정열전」 연작이나 「홍범도」, 「나운규」와 같은 인물 패러디시는 앞으로 그의 시의 또다른 특장으로 여겨지는 이야기시 문제와 관련지어 깊이 있게 다루어져야 할 것이다.

제 2 장

현대시와 생태학적 상상력

1. 들머리

오늘날 인류가 맞닥뜨리고 있는 위기는 옛날의 것과는 그 정도와 강도에서 됨됨이를 크게 달리한다. 인류는 지구 안에서 50억이라는 인구를 갖고 절대적인 우점종으로 번영을 거듭하면서, 발빠르게 개발되는 기술문명을 빌려 자연 환경의 파괴를 계속해 왔다. 오늘날 지구에 터잡아 살고 있는 인류에 대한 근본비유로 '불도저'를 끌어대는 표현[1]이 오히려 소박하다. 개발과 근대화, 효율성과 생산이라는 환상에 사로잡혀 저지른 산업사회 폭력의 역사는 지구 곳곳에서 무자비하고 참혹한 모습을 드러내고 있다.

그러나 자연 자원과 생산력에도 한계가 있다. 사람이 지닌 생명 자체

---

1) S. Gablik, *The Reenchantment of Art*, Thames and Hudson, 1991, p.77.

의 적응력에도 마찬가지 한계가 있게 마련이다. 인류의 미래에 대한 불안은 더욱 커지고 있다. 게다가 사람의 손을 벗어나 자율화된 현대 기술 권력은 이미 자연뿐 아니라 사람에게도 절대 권력을 행사한다. 사람은 기술 권력에 대한 통제력을 잃어버림으로써 자신에 대한 통제력마저 잃어버렸다. 지구를 뒤덮고 있는 생태학적 위기는 되돌릴 수 없는 단계에까지 이른 것으로 여겨질 정도다.[2]

　이러한 생태 위기의 시대에 사람들은 이제 대전환을 이루어내야만 한다. 인간 중심 사고에서 생태 중심 사고로 나아가는 큰 전환이 그것이다. 자연과 공생관계를 회복하기 위해 노력해야 하며, 생존을 위협하는 산업 사회의 폭력 요소들과 맞서 싸워야 할 일이 우리 시대 가장 주요한 쟁점이 되고 있다. 자연은 자연의 법칙과 능력에 따라 발전하는 것이 가장 바람직한 길이다. 사람 또한 자연에서 나서 자연에서 배우고 사는 존재임을 겸손하게 받아들이고, 생태계의 지배자로서 우뚝 서고자 하는 짓을 그만 두어야 한다. 개발과 파괴에 의해 자연을 뜻대로 하거나, 기능과 효율의 관점에서 자연을 낭비할 때 사람도 함께 멸망한다는 사실을 잊어서는 안 된다.

　문학예술도 여기서 예외가 될 수 없다. 생태 위기의 시대에 자연과 건

---

2) 흔히 고칠 수 없는 말기 암환자나 죽음에 이른 노파라는 비유가 이런 사정을 잘 표현한다. 1986년에 첫 공연을 벌였던 「가이아의 수레바퀴와 고독(Loner on Wheels in Gaia)」이라는 행위예술에서 로젠탈(R. Rosenthal)은 '죽음의 노파(Death Crone)'와 '괴물'이 되어 버린 뒷날의 그녀를 지구의 탈로서 선보였다. 그녀는 자신의 몸에 묶여 있는 쓰레기 부대와 자신이 양성 한 몸임을 보여주기 위해 머리를 밀어버린 채, 쓰레기 부대의 쓰레기와 자신을 끄집어내는 행위를 되풀이한다. 막은 핵폭발 소리와 더불어 실내의 불이 꺼지고, 로젠탈이 방사능측정기의 뚝딱거리는 소리, 비행기 소리와 함께 그 부스러기 더미에서 이윽고 몸을 일으키는 것으로 끝난다. 그리고 마지막 지구가 내뱉는 고통과 분노에 찬 목소리가 울려 퍼지기 시작한다. "나는 창자를 다쳤어. / 토하고 싶어 나는. / 내장이 터졌어! / 위가 갈라졌어! / 이제 그만! 제발 그만해!" 죽음에 이른 노파라는 비유적 정황을 마련하여 지구가 놓여 있는 오늘날 생태 위기와 그 참상을 널리 펴고자 하는 한 본보기다.
　S. Gablik, *The Reenchantment of Art*, Thames and Hudson, 1991, pp.94~95.

강한 관계를 마련하고, 이 위기를 벗어나기 위한 새로운 틀과 미학을 마련하는 일에 앞장서야 한다. 문학예술에 두루 드높아가고 있는 이러한 관심을 생태학적 상상력, 또는 생태학적 감수성이라 이름 붙일 수 있겠다. 그리고 그것을 가장 큰 일로 삼은 문학을 생태문학이라 부를 수 있다. 오늘날 우리 문학이 마주치고 있는 화급한 일거리 가운데 하나가 바로 바람직한 생태문학의 수립과 실천이다.3) 그리고 이 일을 위해 우리시도 그 나름으로 할 바를 하나 하나 쌓아나가기 시작했다.4)

---

3) 박이문은 생태학과 예술 사이에는 기본 연관이 있어, 예술의 밑바닥에는 생태학적이라고 부를 수 있는 태도와 인식론, 형이상학이 본디부터 깔려 있다고 본다. 첫째, 언제나 개별적이고 구체적으로만 존재하는 자연현상과 마찬가지로 예술도 과학과 달리 존재하는 것을 언제나 구체적이고 개별적으로 파악하려 한다는 점이다. 둘째, 생물학적 존재들은 지배와 복종, 우월과 열등과 같은 절대적인 관계를 가지고 않고, 특수한 곳에서 특수한 때에 특수한 역할을 함으로써 생태학적 하나라는 전체적 조화를 위한 기능을 맡을 뿐이다. 이와 마찬가지로 예술작품도 독자적이면서 자율적인 하나의 전체, 하나의 유기적 체계가 되고자 하며 또한 그렇게 존재함을 자처한다. 셋째, 예술은 그 지향하는 목적에 있어서 사람과 자연 사이, 의식과 그 대상이 서로 나뉘어질 수 없는 화해적 하나를 확인하고자 함에 있다. 그런 점에서 실현 불가능한 모든 존재에 대한 생태학적 비전을 반영한다. 넷째, 모든 예술은 허구적이라는 점에 있다. 생태학적으로 볼 때 세계나 모든 현상은 언어에 의해 개념화된 것과는 달리 아무것도 서로 완전히, 그리고 투명하게 분리할 수 없다. 마찬가지로 예술도 그 뜻하고자 하는 바는 그렇게 표상됨으로써 개념화되기 이전의 구체적이고 아무것도 서로 구분할 수 없는 세계와 현상을 인식하고 표상하고자 한다. 따라서 생태학적 자연관을 전제로 한다. 마침내 생태학적 세계관은 예술 속에 담겨 있는 세계관이며, 자연에 대한 생태학적 태도는 곧 예술을 낳게 하는 태도에 지나지 않는다는 것이 그의 생각이다. 예술적 세계관은 생태학적 문제의 열쇠인 셈이다. 예술적 기능과 그 중요성이 새삼스럽게 우뚝해진다.
　박이문, 「생태학과 예술적 상상력」, 『현대예술비평』 3호, 청하, 1991, 24~31면.
4) 서구 사회에서는 1960년대부터 생태문학 또는 환경문학에 대한 관심과 업적이 나타나기 시작했다. 그러나 학문적 성과는 크게 두드러지지 못한 쪽이었다. 문학과 생태 환경 문제를 다루는 계간지 『Interdisciplinary Studies in Literature Environment』도 1993년에 이르러서야 나오기 시작했다. 우리 쪽에서 생태문학에 대한 논의는 1990년부터 독일시의 사정을 소개하는 글들을 중심으로 부쩍 늘어나기 시작하여, 몇 년 동안에 여러 글들이 씌어지고 문학잡지의 주요 실을 거리가 되어 왔다. 눈여겨볼 만한 논의들로 이동승·김성곤·박이문·김용민·김종철·이영석·정현기가 있다. 작품으로도 적지 않는 양에 이르고 있는데, 시로만 좁혀보면 핵 문제를 힘껏 다룬 고형렬과 창원지역의 환경문제를 꼼꼼하게 다루고 있는 오하룡을 짚어둘 만하다. 이정균과 같은 문단 바깥 시인들의 작업도 두드러지게 늘어났다. 한 사람 한 사람 시인들의 작품 속에 생태학적 상상력

이 글에서 글쓴이는 우리 당대시가 갖추고 나아가야 할 생태학적 상상력의 방향을 크게 찾아보고자 하였다. 이 목표에 이르기 위해 일을 생태문제 발생의 핵심 요소에 따라 크게 셋으로 나누었다. 생태 파괴의 결과와 그것의 가장 큰 원인인 사회 제도, 그리고 사람의 의식이 그것이다. 생태문제란 이 셋 가운데 어느 것 하나에만 걸리거나 무게가 두어질 것은 아니다. 이 셋이 서로 얽히며 마련하는 상승, 통합된 자리에 오늘날 우리가 겪고 있는 참혹한 생태 위기가 있다.[5] 바람직스런 생태시의 방향도 이 위에서 찾을 수 있을 것이다.

은 이미 드넓고 커다란 주제로 올라서 있어 자잘한 보기는 굳이 들 필요가 없을 정도다. 그리고 뜻을 세워 생태시에 매달리고 있는 몇몇 알려진 시인도 있다. 그들의 시적 역정으로 볼 때 필연성 없이 문단의 명성에 눈을 두고 있다는 의심을 사고 있음에도 그 한 일의 의의를 낮출 수는 없다. 왜냐하면 이미 생태학적 상상력은 우리 문학이 타고 넘어서야 할 유행이라기보다는 생존을 위한 심각한 본질 조건인 까닭이다.

  이동승, 「독일의 생태시」, 『외국문학』 25호, 열음사, 1990; 김성곤, 「문학의 생태학을 위하여」, 『외국문학』 25호, 열음사, 1990; 박이문, 위의 글, 위의 책; 김용민, 「생태학-환경운동-환경·생태시」, 『현대예술비평』 3호, 청하, 1991; 김종철, 「시의 마음과 생명공동체」, 『녹색평론선집 1』(김종철 편), 녹색평론사, 1993; 이영석, 「'생태' 패러다임의 문학적 수용」, 『현대의 새로운 패러다임과 인문학』(경상대 인문학연구소 편), 백의, 1994; 정현기, 「한국 현대 문학이 다룬 환경 문제」, 『한국 문학의 해석과 평가』, 문학과지성사, 1994; 고형렬, 『리틀보이』, 넥서스, 1995; 오하룡, 『창원별곡』, 빛남, 1983; 이정균, 『아름다운 별 지구를 위해』, 전국농업기술자협회, 1987.

5) 최병두는 공간 환경과 사회 문제에 관련된 힘 있는 생각과 논의를 앞서 펴며 실천하고 있는 지식인 가운데 한 사람이다. 그는 한 글에서 우리는 '환경의 위기'와 함께 '환경론의 위기'에 다달았다고 말하고 있다. 이렇게 된 까닭을 그는 여러 길로 이루어졌던 환경론이 "환경문제의 특정 측면에만 관심을 둠으로써, 환경문제 발생의 총체적 배경을 올바로 설명하지 못하고, 더욱 악화되고 있는 문제의 실질적 해결에 거의 이바지하지 못하고 있"는 데서 찾고 있다. 그에 따르면 바람직한 환경 논의는 "환경 문제에 내포된 여러 측면들, 곧 자연 환경의 파괴, 환경에 대한 인간의식의 왜곡 또는 환경과 관련된 사회체계의 문제성들을 각각 분리시켜 논의하도록 하는 학문 자세에서 벗어나야 한다." 이 위에서 비로소 현대 환경론은 생태 중심적 사고와 기술 중심적 사고, 그리고 정치경제적 사고 어느 한 쪽에 치우친 입장을 뛰어넘어 사람과 자연 그리고 사회체계를 하나로 묶은 통합적 환경론에 이를 수 있다.

  최병두, 「인간-환경 관계와 사회체계」, 『현대예술비평』 3호, 청하, 1991.

2. 생태 위기 현장과 그 실상

오늘날 우리시는 눈앞에 닥친 참혹한 생태계 파괴와 환경 오염의 실상을 찾아 널리 알리고, 따지는 것을 긴요한 일거리로 삼아야 한다. 훼손된 자연으로 말미암아 망가진 삶에 대한 노여움과 절망, 그리고 비탄어린 표정까지도 맡아야 할 몫이다. 생태시가 그 출발에서부터 목적문학, 정치문학, 여론문학이라는 특성을 지니는 것은 지극히 마땅한 셈이다. 그런데 생태문제란 특정 지역 범위에 머물기도 하지만 국가와 국가, 또는 온 지구에 걸리기도 한다. 생태문제에 대한 시적 관심을 거시관점과 미시관점으로 나누어 살펴야 할 필요가 여기에 있다.

20세기 후반 오늘날 세계사는 커다란 변화와 전환을 겪고 있다. 지구촌 대격변기라는 말이 그러한 사정을 잘 표현해 준다. 이러한 현상은 지역, 국가의 모든 문제가 전지구 규모로 서로 얽히게 된 데 말미암는다. 이제 한 지역, 한 나라 문제는 단위 주권의 벽을 넘어서 온 지구 문제가되어 국제 동향을 떠나서는 그 파악과 해결이 어렵게 되어 버렸다. 초국가 환경 또는 무국경 시대라 일컫는 말이 지나치지 않다. 이 점은 생태문제라 해서 달라질 수 없다. 생태계 파괴와 환경 오염의 확산은 이미 지난날 동서 이념대립을 멀찌감치 밀쳐내면서 재빠른 속도로 온 세계 관심의 중심에 올라섰다.

강이 흐르고
길이 있고
벼랑이 있고 그 위에 산이 있고

가노라면
짧아도 몇 백년은 살아왔을
소박한 마을이 있고

가노라면
담장 너머에
과일이 익어 있고
동양화도 되고 서양화도 되고

강이 흐르고
벼랑이 있고
길이 있고
사방이 들도 되고 산도 되고

처음 가는 길인데도
언젠가 지났던 길처럼 정답다.

할아버지가 지났던 길인지도 모른다.

내가 사는 금수강산
지구 별

— 이정균, 「금수강산」6)

생태문제를 바라보는 거시관점, 곧 전지구적 연관과 작용력이라는 점을 소박하나마 또렷하게 보여주고 있다. '강'과 '길'을 품고 있는 '산', 그리고 곳곳에 있을 '마을', "과일이 익어" 있을 법한 그 마을의 '담장'은 내 '할아버지'적부터 "몇 백년 살아왔을" 우리 '금수강산'의 풍경일 뿐 아니라, 먼 서양나라에서도 흔히 있을 법한 풍경이다. 시인은 어느 곳이나, 어느 시대나 사람살이의 밑자리는 한결같은 것이라는 생각을 펴고자 했다. "동양화도 되고 서양화도" 되고, "처음 가는 길인데도 / 언젠가 지났던 길처럼" 정겹게 느껴진다는 시공간 일체감이 보여주고 있는 바가 바로 이것이다. 그러한 일체감은 "내가 사는 금수강산"이 바로 "지구 별"

6) 이정균, 『아름다운 별 지구를 위해』, 전국농업기술자협회, 1987, 16~17면.

이라 한 마지막 도막에서 짧게 옹글었다. 거시관점에서 생태문제를 바라
보는 눈길이 꾸밈없이 드러나고 있는 셈이다.

오늘날 전지구 범위의 생태 위기를 알려주는 지표는 여럿이 있다. 흔
히 20세기 후반 산업사회의 특징으로 일컫는 3P, 곧 인구 폭발(population
explosion), 기아와 빈곤(poverty), 그리고 공해(pollution)야말로 가장 뚜렷한 지표
다. 인구 폭발은 동전 앞뒤처럼 농경지 증가, 산림 파괴를 가져오게 하
고, 도시화를 부추겨 생태계 파괴는 물론 자연계의 자정능력을 크게 떨
어뜨린다. 게다가 되풀이되는 경제 위기와 외채를 갚기 위해 개발도상국
에서 널리 저질러지고 있는 자연의 상품화와 그에 따른 토양유실, 사막
화, 가뭄으로 말미암은 기아와 빈곤은 악순환을 거듭하고 있다.[7]

아이들이 운다 소말리아 소리로
물기 하나 없이 핏기 하나도 없이 소말리아
소리로
소말리아 아이들 힘없이 운다

---

7) 오늘날 전지구 단위의 경제관계와 그에 따른 환경 파괴에도 해당 사회에서는 효율
  적인 환경정책을 마련하는 것이 쉽지 않다. 레드크리프트는 그 까닭을 '환경적 가치에
  대한 신비화'에서 찾고 있다. 그 내용은 크게 넷으로 간추려진다. 첫째, 첨단기술 발달
  과 노동의 국제적 분업으로 말미암아 자원고갈의 원인과 결과 사이의 연관관계가 무
  시되기 쉽다. 둘째, 어떤 상품 또는 용역의 시장가격에 들어 있지 않은 환경 비용에 대
  한 무관심이나 무시다. 셋째, 자원의 오용이나 고갈이 지니고 있는 세대간 형평 문제
  를 다루지 않는 정책 논의다. 그리고 넷째, 낱낱의 사회가 경제성장이라는 자신들의
  이데올로기에 갇혀 있어 자원이용의 환경적 결과들에 효과 있게 맞설 수 있는 힘이
  크게 손상되어 버린 점이 그것이다. 그리고 이진우는 개인에 초점을 맞추어 현대인들
  이 환경 위기의 심각성을 깨닫고 있으면서도 그러한 깨달음을 환경 보호라는 구체적
  행위로 바꾸지 못하는 까닭을 이기주의 속성과 함께 눈에 들나는 효과만을 좇아가며,
  공동체에 대한 책임을 근본적으로 회피하는 데서 찾고 있다.
  구자건 외저, 『생태계의 위기와 한국의 환경문제』, 따님, 1992, 14면; M. Reddift, 강현
  수 외역, 『Development and The Environmental Crisis(발전과 환경위기)』, 한울, 1993, 43~45면;
  이진우, 「기술 시대의 환경 윤리」, 『인간과 자연』(계명대 철학연구소 편), 서광사, 1995,
  250면.

內戰을 하며, 쉬지 않고 내전을 벌이며
어른들 하나씩 둘씩 지구 밖으로
사라져 가고
길 위에서도 눕고 사막 위에서도 누워
소말리아 아이들 운다 겨울 모기처럼
겨울 모기처럼 운다

배고픈 겨울 눈 오는 겨울
현기증처럼 빈혈처럼 사람들이 먼 우주 밖에서
별처럼 빛나 보이고
해골만은 남아서 그리고 눈물만은 남아서
소말리아 모기들이 운다 소말리아 소리로
소말리아 소리로 아이처럼 운다

― 강경주, 「겨울 모기」[8]

옮긴 시는 아프리카 특정 지역 소말리아가 겪고 있는 참혹한 가난을 바라보는 우리 시인의 아픈 마음자리를 잘 보여준다. 서구 제국주의의 식민지 수탈과 그것의 대물림, 그리고 그에 따라 고칠 길이 없을 만큼 얽혀버린 황폐한 민족·부족 안쪽의 갈등과 내란 속에서 "현기증처럼 빈혈처럼" 값없이 팽개쳐진 목숨에 대한 공감과 연민 그리고 노여움을 억누를 길 없이 드러내고 있다. 그러면서 이 시는 "소말리아의 아이들"이 겪고 있는 그러한 현실이 지구 곳곳에 흔히 널린 문제 가운데 하나라는 뼈저린 깨달음을 읽는이에게 준다.

첫도막에서 "물기 하나 없이 핏기 하나도 없이" 우는 먼 곳 "소말리아 아이들"이 배고픔으로 죽어가고 있는 정황을 그렸다. 둘째 도막에서 "눈 오는 겨울" 그것의 빌미가 되고 있다고 여겨지는 '내전'의 뜻을 헤아리고 있는 시인의 현재 위상을 보여 준다. 그런 다음 마지막 도막에서 "사

---

8) 강경주, 『나는 꽃핀다』, 고려원, 1995, 20면.

람들이 먼 우주 밖에서 / 별처럼 빛나" 보인다며 눈길을 지구 바깥 우주
까지 넓혀나가며 소말리아 사람들이 겪고 있는 문제가 지구 곳곳에 걸
려 있는 상황임을 말했다.

곧 시인이 자신의 눈길을 소말리아 어느 한 곳에서부터 지구의 한 곳
인 우리나라 어느 위치로, 다시 먼 우주 밖으로 옮겨 놓음으로써 그러한
움직임을 빌려 '소말리아'의 고통스런 현장과는 더욱 멀어지고 있음에도
이 문제가 전지구적인 것일 뿐 아니라, 범지구적 관심이 필요하다는 사
실을 효과 있게 드러내고 있는 것이다. 그러한 마음자리를 '아이들' 울음
에서부터 "겨울 모기"의 울음소리로, 다시 "소말리아 소리로 아이처럼"
우는 "소말리아 모기들"의 울음소리로 더해 가는 울음소리의 되풀이가
끌어 잡고 있다. 현장에서부터 더욱 떨어져 나오는 눈길과 더욱 크게 들
리는 울음소리의 모순된 정황이 소말리아가 겪고 있는 참상의 정도와
그에 공감하는 시인의 마음의 깊이를 하나로 빼어나게 묶어주고 있는
셈이다.

온 지구에 걸친 생태계 위기는 이러한 가난뿐 아니라 지구 온난화와
오존층 파괴, 멀고 가까운 바닷물 오염, 방사성 쓰레기를 비롯한 유해폐
기물의 월경이동과 같은 심각하고도 숱한 문제들을 안고 있다. 나아가
그것이 우주 영역에까지 걸치고 있어 놀라움을 더하게 한다.

> 쓰레기는
> 우리가 지난 여름 다녀온
> 그 계곡 으슥한 곳에만 있는 것이 아니다.
>
> 쓰레기는
> 밤낮 지옥연기 피워 올리는
> 한강변 난지도, 그 流刑의 땅에만 있는 것이 아니다.
>
> 뜻밖에 쓰레기는

우주 안에도
있다.

지상 수만 킬로미터
천연순수한 그 神의 놀이터에
인간은 쓰레기를 갖다 버린다, 버릴 뿐
수거하는 일이라곤 없다.

그래서 오늘도 우주공간에는
눈에 파아란 毒氣의 불을 켠
3백만 개 이상의 인공물체들이
충돌하는 순간의 완전 파멸을 꿈꾸면서
초고속 비행으로 질주하고 있다.

　　　　　　　　　　　　　　— 이수익, 「우주 쓰레기」[9]

　시인은 '천연순수'하게 "신의 놀이터"라고 믿었던 "지상 수만 킬로미
터" '우주공간'마저도 '뜻밖에' 쓰레기로 더럽혀지고 있음을 일깨운다.
이미 '쓰레기'는 내 가까운 데에서부터 우주 먼 바깥까지 가득 차기 시
작했다. 시인은 온통 '쓰레기' 세상을 만들고 있는 인류의 놀라운 범죄에
대해 차가운 목소리로 꾸짖고 있다. 생태 위기, 환경 오염 문제는 우주
차원에서 다루어져야 하며, 그러한 자리에 설 때 우리가 맞닥뜨리고 있
는 소름끼치는 위기의 실상이 보다 또렷하게 드러나는 것이다. 오늘날
우리 문학은 벌써 우주적 단위의 환경지리학을 요구하고 있다.
　생태 파괴와 환경 오염 현장을 묘사·고발·비판하는 생태시는 위에
서 본 바와 같이 거시관점을 갖춤으로써 문제인식과 해결에 균형 잡힌
시각을 지닐 수 있게 될 것이다. 그러나 이에 못지 않게 생태시가 맡아
내야 할 몫은 다른 쪽에도 있다. 곧 생활세계 범위의 구체적인 지역단위

---

9) 이수익, 『푸른 추억의 빵』, 고려원, 1995, 102~103면.

와 장소를 중심으로 생태와 환경을 문제삼는 미시관점이 그것이다. 이러한 관점은 적어도 세 가지 점에서 그 의의가 돋보인다.

첫째, 무장소성의 극복이다. 오늘날 거대 자본주의 체제에 의한 발빠른 산업화·공업화는 집단 가치나 기술을 비판 없이 섣부르게 받아들여 다양하고 뜻 있는 장소나 지역의 개성을 망가뜨리거나 빼앗는다. 그것을 익명의 공간, 교환 가능하고 획일화된 몰개성적 공간으로 바꾸었다. 이러한 현상을 흔히 무장소성(placelessness)이라는 말로 설명한다. 후기자본주의 공간지배의 큰 속성 가운데 하나가 이것이다. 뿐만 아니라 이러한 공간 지배는 그것이 빚어낸 문제를 해결하는 방식조차도 어처구니없게 획일화시키고 있다.

> 어떤 친구, 창원시가지 둘러보고
> 티브이에서 본 평양시가지 같다 한다
> 나도 공감이다
>
> 어떤 친구, 우리 나라에
> 캔버라 분점을 차릴 이유 없다 한다
> 나도 공감이다
>
> 어떤 친구, 시청 옆 인구탑 보고
> 이렇게 인구 증가 느려서는
> 百年河淸인데 한다
> 나도 공감이다
>
> ― 오하룡, 「공감」[10]

옮긴 시는 오늘날 우리가 겪고 있는 무장소성의 문제를 분명하게 보여준다. 지역과 체제가 서로 다른 '평양'과 '창원' 두 곳이 서로 닮아 있

---

10) 오하룡, 『창원별곡』, 빛남, 1983, 69면.

을 뿐 아니라, 멀리 물 건너 딴 나라 도시인 '캔버라'와도 다르지 않다. 세 도시가 보여주고 있는 거대 도시화라는 동일현상을 '캔버라'에 살다 오랫만에 고향 '창원'에 들렀던 "어떤 친구"의 입을 빌려 비꼬고 있다. 그러나 이렇듯 획일화된 자본주의 공간 지배가 빚어내는 생태 파괴와 환경 오염은 특정 지역의 개성과 이해 관계, 그리고 정책 방향에 따라 한결같지는 않다. 그 문제 인식과 해결에 지역적 개별성을 고려하지 않을 수 없는 것이다.

둘째, 지역환경 활동과 맞물려 활동의 효율성을 드높일 수 있다. 지역환경 활동은 국가나 더 큰 단위로 이루어지는 생태 파괴 정책과 산업화, 그것을 밑받침하는 눈가림식 환경 정책에 환경문제를 맡겨버릴 수는 없다는 생각을 뿌리로 삼는다. 말하자면 지역환경 활동은 지역사회와 무관하게 바깥에서 주어지는 자원환경의 무분별한 개발에 대한 반대, 그리고 이로 말미암은 지역사회 환경의 파괴와 생존기반 상실에 대한 저항에 근거가 있다.11) 사회 전반에 걸쳐 지배력을 확대시키고 있는 자본의 식민화로부터 특정 지역·영역을 지키기 위한 자구적, 방어적인 성격 위에서 지역환경 활동은 출발하는 것이다.12)

그러나 총량 경제성장을 좇아가는 기업이나 국가는 지역환경 활동을 지역이기주의로 몰아붙인다. 지역민들의 생존권 요구를 모른 체 하거나, 나아가 공권력을 끌어들여 이를 누르고자 한다. 이러한 이데올로기적, 물리적 통제 앞에서 지배권력이나 거대자본에 맞설 수 없는 지역민들은 더는 지역환경을 지키기 위한 노력을 효율적으로 이어나가기 어렵다. 생

---

11) 최병두, 「한국 환경문제의 재인식」, 『도시·지역·환경』, 한울, 1993, 153면.
12) 최병두는 지역환경 활동은 소극적인 방어 전략이 아니라 보다 적극적인 자율성 회복을 위한 전략이 되어야 한다고 본다. 그에 따르면 지역환경 활동은 장소특정적인 생산조건들을 극복하고, 이를 보편화시키고자 하는 자본의 전략에 반대하기 때문에 개별활동 영역은 국지적인 양상으로 나아가야 하며, 이를 바탕으로 하여 보다 드넓은 연대활동으로 이어져야 한다.
　　최병두, 「자본주의 사회와 환경문제」, 『한국공간환경의 재인식』(한국공간환경연구회 편), 한울, 1992, 321면.

태시는 바로 이러한 지역환경 활동의 구체적인 하부활동 차원에서 그것을 떠받치고 효율을 드높이는 데 이바지할 수 있다.

셋째, 미시관점이 마련하는 구체성과 지속성을 들 수 있다. 사람들은 무엇보다 나날살이가 이루어지고 있는 향토 또는 지역, 그 지역의 특정 장소에 구체적인 삶의 바탕을 마련한다. 사람이 지니는 실제적인 삶의 느낌과 값어치는 이러한 지역성과 장소성을 벗어나서는 얻어내기가 힘들다. 따라서 생태위기에 대한 직접적이고 지속적인 대응은 무엇보다 이러한 특정 지역과 장소에 뿌리를 내린 바탕 위에서 이루어져야만 그 대응의 강도와 열기를 한결같고도 오롯이 할 수 있다.

> ① 날씨가 더워지자
> 읍을 지나가는 금호강은 더 이상
> 강이 아니고, 시궁창이 되어
> 옆구리를 앓으며 부글부글 끓었고
> 밤이면 속을 뒤집는 냄새가 건너편 언덕 위의 동네까지
> 진군하듯 밀려 올라오곤 했다
> 주민들은 날씨 탓을 했다
>
> 이른봄 목 잘린 플라타너스들이
> 부지런히 새 잎들을 내밀었지만
> 이제 겨우 고만고만한 머리통들을 새로 달고는
> 길가에 일렬로 선 채 두통을 앓고 있다
> ― 엄원태, 「칠월 어떤 날」 가운데서[13]

> ② 태화강은 세수하지 않는다.
> 석달 열흘 검은 땟국이 얼룩진 상판을 깊이 묻고
> 대낮이 되어도 누워 있다
> 밤이면 통통거리며 불빛이 건너 가고

---

13) 엄원태, 『소읍에 대한 보고』, 문학과지성사, 1995, 25면.

은하수가 살포시 내려 앉아도
강은 절대로 일어나지 않는다.
대관절 죽은 것일까.
햇살이 어둠을 걸어 가도
태화강은 꾸르럭거리며
제혼자 흐물흐물 가라 앉는다.

— 박종해, 「태화강」[14]

③ 밥이 무덤이 되리라 초록이 망각을 낳으니 폐타이어가 집을 지으리라
온 산이 온산(溫山)으로 지워진다
바람이 방독면을 쓰고 달려간다
빠져나간 많은 것을 생각하는 사이
옮겨 앉은 산이 술렁거린다

몸 바뀐 바다가 낙태를 하리라 아픈 줄도 모르는 병이 밥이 되리라

— 문영, 「悲歌」[15]

④ 맨 먼저 보상비 타 인근 동면
좋은 논밭 사 창원 살 때보다
더 잘됐다 소문나던 신씨
요즘 자주 창원에 모습 보이는구나
신수도 별로 좋지 않고 행색도
소문만큼 좋아보이지 않는 모습으로
옛날 이웃 살던 고추방앗간
김씨도 만나보고 복덩방하는 친구
손씨한테도 들러 한참씩 시간보내다
어떤 날은 대낮부터 술에 취해
비틀거리기까지 하는구나 방귀 잦으면

---

14) 박종해 외저, 『한때 내가 잡은 고래』, 전망, 1995, 48면.
15) 박종해 외저, 위의 책, 31면.

　　똥싼다는 속담같이 어쩐지 출입잦다 싶더니
　　신씨 농사 정리하고
　　창원으로 다시 나온다는 소문 들리는구나
　　그 소문 어제같은데 어떤 아파트단지
　　시장 어귀에서 채소 장사하는
　　모습 보이는구나

　　　　　　　　　　　　　　　— 오하룡, 「원주민 신씨」16)

　　옮긴 시 네 마리는 특정 지역이 겪고 있는 심각한 환경문제를 낱낱으로 보여준다. ①과 ②는 대구지역과 울산지역의 자연 중심 가운데 하나인 '금호강', '태화강'이 겪고 있는 수질 오염 문제를 다루어 그들 지역과 삶이 겪고 있는 심각한 처지를 드러낸다. "더 이상 강이 아니고, 시궁창이 되어" 버린 '금호강'과 "석달 열흘 검은 땟국이 얼룩진 상판"의 그림자조차 보이지 않을 정도로 검게 썩어 버린 채 '흐물흐물' 가라앉고 있는 '태화강'은 우리 사회가 떠 안고 있는 수질 오염의 흔한 본보기로 읽는이의 마음을 짓누른다.

　　물이 모든 목숨의 바탕이며 조건임은 너무도 잘 알려진 사실이다. 물이 더렵혀져 있다 함은 목숨 가진 모든 존재의 삶이 위협받고 있음을 뜻한다. 수질 오염은 생물종의 다양성을 떨어뜨리고, 잇달아 토질오염을 더하게 한다. 게다가 수질오염은 지표수뿐 아니라 지하수에까지 두루 걸치면서 심각한 사정을 더한다. 특히 농·어업 지역이었던 울산이 중화학 중심지로, 내륙도시 대구가 기계섬유산업기지로 바뀌어감으로서 수질 오염이 걷잡을 수 없을 지경에 이른 사정은 이미 잘 알려져 있다.

　　울산은 대규모 집중 개발에 따른 파괴의 강도와 오염의 정도에서, 다른 지역에 견주어 심각한 공해를 겪고 있다.17) ③은 울산의 온산지역 공

───────────

16) 오하룡, 『창원별곡』, 빛남, 1983, 69면.
17) 우리 사회가 안고 있는 공해문제의 실상에 대한 보고와 연구는 그것에 대한 경험 빈도가 늘어남에 따라 많이 이루어져 왔다. 우리 사회의 근대화·산업화와 그에 따른 공

해가 이미 하늘과 땅 그리고 물뿐 아니라 그 속에 겨우 목숨을 이어가는 온갖 것들을 죄 망가뜨리고 있음을 보여준다. "밥이 무덤이" 되고 "병이 밥이" 될 것이라는 충격적이고도 참혹한 표현에 담긴 바가 그것이다.

④는 울산과 더불어 우리나라 근대화·산업화의 한 상징으로까지 불리어지는 창원지역 환경 파괴 문제를 물신주의의 팽배와 그에 따른 지위이동, 그리고 친밀장소를 잃어버린 이주민의 사회심리 문제까지 넓혀 다루고 있다. 토착민이 이주민이 되고, 한때 떳떳했던 땅 임자가 이제는 그 땅을 거두어들인 거대자본에 빌붙어 변두리 삶으로 떨어져버렸다. 산업화와 개발 논리에 따른 환경 파괴는 한 사람 한 사람의 삶에 직접적이고도 깊숙하게 맞물린 실존적 문제임을 이 시는 똑똑하게 보여준다.

생태 파괴와 환경 오염은 단순히 특정 기업이나 산업체, 또는 행정제도나 사람 그 어느 것 하나에 의해서 저질러지는 것이 아니다. 환경문제의 원인과 실상, 그리고 그 해결을 바라보는 다면적 인식뿐 아니라, 지역 환경 활동이 바람직하게 나아가기 위해서 갖추어야 할 효율적 전략까지도 깊이 생각할 필요가 있다.

다학문적·다영역별 관심과 활동 없는 지역환경 활동은 바람직한 성과를 거두기 힘들지 모른다. 그 바탕 위에서 특정 지역에 뿌리를 내린 지역환경 활동이 더욱 자라나고 지역끼리의 수평 유대가 확대되는 길이야말로 바람직한 성과를 보장해 줄 수 있으리라 여겨진다. 특정 지역을 바탕으로 한 생태시와 장소시의 몫이 더욱 커진다고 볼 수 있다.[18)]

해문제의 실상을 총체적으로 보고하고 짚어보고자 하는 책은 일찍이 한국공해문제연구소에서 마련했다. 앞선 일이라 오늘날의 실상과 벗어난 부분도 있으나 울산·마산을 비롯한 주요 공해지역에 대한 이해를 드높이는 데 큰 도움이 된다
　　한국공해문제연구소, 『한국의 공해지도』, 일월서각, 1984.
18) 글쓴이는 지역문학 연구에 문학지리학 방법의 적용가능성을 따져 본 글에서 이미 장소시라는 개념을 이끌어들인 바 있다. 사람은 특정 장소에 대한 장소감과 장소사랑을 삶의 중요한 바탕으로 삼는다는 전제 아래 오늘날 지역구심주의가 새롭게 떠오르고 있는 상황 아래서 장소시의 중요성을 말하면서 생태시와 관련성도 짚었다.
　　박태일, 「김영수 시와 문학지리학」, 『한국문학논총』 15집, 한국문학회, 1994.

3. 제도 비판과 생태학적 급진주의

생태 파괴와 환경 오염의 결과를 샅샅이 찾아 알리고 따지는 일로 생
태시가 그 몫을 다하는 것은 아니다. 생태학적 관심은 나아가 제도 비판
과 개혁으로까지 나아갈 수 있어야 한다. 왜냐하면 우리가 맞닥뜨리고
있는 여러 영역의 생태 위기 국면은 바로 근대 자본주의 국가 제도가 바
탕으로 삼고 있는 생산과 소비 체계에 따른 당연한 귀결이기 때문이다.
일의 원인에 대한 해결 없이는 바른 해결은 불가능하다. 생태시는 마침
내 생태문제의 근본 조건인 자본주의 제도 비판·체제 비판과 더 나아가
그 안쪽에서 독특하게 자기 정당성을 확보해오고 있는 문학제도 그 자
체의 쇄신으로까지 나아갈 수 있어야 하는 것이다. 생태시가 체제 비판
의 정치시, 또는 전위시와 직접 관련을 맺는 까닭이 여기에 있다.

소박하게 말해 자본주의는 들어간 돈에 견주어 더 많은 돈을 얻을 것
을 전제로 하여 움직여간다. 그리고 이 과정에서 소비자의 직접적 욕구
보다는 더 많은 가치와 더 많은 이윤을 극대화하기 위하여 상품을 만들
게 된다. 이렇듯 이윤 극대화를 위해 자원의 착취와 노동력 착취에서 벗
어날 수 없다. 생산과 가치증식을 속성으로 하는 자본주의 사회에서 환
경문제의 발생은 필연적이다.[19]

그런데 자본의 자기증식과정은 노동집약적 산업에서 자본·기술집약
적 산업으로 바뀌어감에 따라 더욱 빨라졌다. 특히 이차세계대전을 뒤

---

19) 자본주의 사회에서 환경문제의 발생은 이와 같은 가치증식과정, 이에 따라 나타나는
사용가치와 교환가치 두 생산과정 사이의 대립관계에 기원을 둔다. 이 점에 대한 포괄
적인 이해를 얻기 위해서는 최병두가 도움이 된다. 그런데 자연의 착취와 환경 파괴라
는 시각에서 보면 공산주의도 자본주의와 다르지 않다. 왜냐하면 공산주의도 자본주
의와 함께 모두 사람의 물질적 욕구를 절대화하고, 자연을 사람의 물질적 욕구를 효율
적으로 충족시키고자 하는 산업주의로 묶어놓기 때문이다.
　최병두, 「자본주의 사회와 환경문제」, 『한국공간환경의 재인식』(한국공간환경연구회
편), 한울, 1992.

이어 1970년대 초에 절정을 이루면서 대량생산·대량소비 경제를 일반
화시키기에 이르렀다. 이 과정에서 에너지, 원자재, 기타 보조재료들의
소모는 걷잡을 수 없이 늘어났으며 해로운 폐기물이 엄청나게 쏟아져
나오게 되었다. 생산의 기계화, 고도화 과정은 그 과정에서 저질러지는
자원의 낭비적 소모와 대량의 오염물질 방출로 말미암아 사회경제적 위
기뿐 아니라 광범위한 생태 위기를 불러오게 된 것이다.

따라서 생태 파괴와 환경 오염에서 벗어나기 위한 방법을 자본주의
제도 안쪽에서 마련하고자 하는 노력은 그 한계가 분명하다. 왜냐하면
그 원인인 자본의 축적 체제는 그대로 둔 채 그 결과만을 다스리고자 하
는 꼴이기 때문이다.[20] 자본주의 사회는 환경문제를 스스로 해결할 수
없는 체제다. 자연 토대를 망가뜨리지 않는 새로운 세계로 옮겨가는 일
은 어쩌면 될성부르지 않는 일인지도 모른다. 그렇지만 변화에 대한 노
력은 더욱 강도를 높여야 한다. 무엇보다 끝모를 성장에 관한 관념을 그
쳐야 하며, 성장을 위한 성장은 철저히 부정되어야 한다. 그렇다고 자본
과 국가로부터 완전히 벗어나 반이성적·준종교적인 비전에 기대거나
과거 역사의 한 시기에 대한 반동적 향수, 눈먼 이상에 빠져들어서는 더
욱 안 될 것이다.

시는 이데올로기 국가장치의 다양한 지배와 생활세계의 식민화에 맞
서 새로운 변화에 중심 길라잡이가 되기 위해 노력해야 한다. 자본주의
제도뿐 아니라 그것이 끌어안고 있는 다양한 하위모순 체계에 대해서도

---

20) 최병두는 환경문제에 대한 자본주의적 대응을 크게 셋으로 나누어 보고 있다. 첫째,
환경문제에 직접 다가들어 문제를 없애고자 하는 여러가지 전략을 끌어들이는 방식이
다. 둘째, 이른바 환경산업과 같이 고갈된 자원, 파괴·오염된 환경을 벗어나거나 바로
잡기 위한 시설과 기술, 그리고 관련산업들을 개발하고자 하는 방안이다. 셋째, 자본주
의의 생산·유통·소비에 이르는 다양한 사회공간적 경쟁과 갈등을 막기 위해 여러가
지 이데올로기적 전략을 구사하는 일이다. 그런데 이러한 방법들은 상황의 개선을 이
끌어내기보다는 나라 사람들의 엄청난 비용부담을 높이게 된다. 뿐만 아니라, 환경문
제의 실질적 해결과는 무관한 무마나 은폐를 거듭한다는 문제를 지니게 된다.
최병두, 위의 글, 위의 책, 307~315면.

효과 있는 대거리와 그 방법을 고민하지 않을 수 없다.

① 그의 머릿속에는
　철조망이 가득 들어 있다
　어떻게 하면
　사람과 사람 사이를
　이 마을과 저 마을을
　동쪽과 서쪽 남녘과 북녘을
　자본가와 가난뱅이를
　남성과 여성을
　더욱 철저히 갈라놓을 수 있을까를
　궁리한다

　그의 입에서는
　말 대신에 철조망이 밀려나온다
　입만 벙긋하면
　농촌과 도시를
　중앙과 지방을
　티케이와 그밖의 것을
　학벌과 족벌을
　더욱 엄격히 갈라놓아버리는
　을씨년스런 철조망이
　삽시에 둘러쳐진다.

　　　　　　　　　　　　　　　—이동순, 「철조망 인간」[21]

② 이슬에 젖은
　거울을 숨기고
　두 개의 몸짓을 본다
　이처럼 다른

---

21) 이동순, 『철조망 조국』, 창작과비평사, 1991, 60~61면.

두 얼굴이 나타내는 것
어둠의 끝이다
운명의 끝이다
우리 서로 쳐다본 채로 죽는
죽음의 빛이다
상승과 낙하가 하나가 되는
종말의 빛이다
폐허에 막이 내리면
뿔이 달린 현실은
캄캄한 심장을 흔들어 놓는데.

— 김규동, 「분단」[22]

①은 오늘날 우리 사회 안쪽의 여러 모순을 '철조망'에다 빗대어 노래하고 있다. 시인이 또박또박 짚어두고 있듯이 민족 분단과 계급·도농·성별·지역 갈등에서부터 사회심리적인 상징 갈등에 이르기까지 여러 단절이 그것이다. 우리 사회를 차지하고 있는 자본과 권력은 바로 이러한 단절과 갈등 기제를 교묘하게 끌어들여 그들의 힘과 자리를 더욱 넓히고, 단단하게 다지고 있는 것이다. 시인은 우리 사회 안쪽을 옥죄고 있는 모순 기제에 대한 노여움을 애써 숨기려 하지 않았다.

②는 민족 분단을 뼈저리게 노래하고 있는 시다. 분단 상황을 "어둠의 끝", "운명의 끝", "죽음의 빛", "종말의 빛"이라 해 그것이 우리 사회가 안고 있는 가장 큰 문제임을 잘라서 말했다. 이미 '폐허'와 다를 바 없는 현실 삶 자리 위에 서서 시인은 "뿔이 달린" 채 맞달려드는 듯한 분단으로 말미암아 "캄캄한 심장"마저도 앞뒤로 마구 찔러 피투성이가 되고 말았다. 분단을 온몸으로 겪고 있는 월남 시인의 비통스러운 심회가 간명한 말씨 속에 담겼다.

생태 위기와 환경 오염을 바로잡는 데 이바지하기 위한 문학적 관심

---

22) 김규동, 『하나의 세상』, 자유문학사, 1987, 37면.

과 노력은 이렇듯 제도 비판, 사회 비판으로 나아가지 않으면 안 된다. 이 일을 빌려 환경문제를 바라보는 바람직한 눈매를 가다듬어 생태시는 사회 변혁 활동으로서 그 쓰임새를 더욱 키워나갈 수 있을 것이다. 이런 쪽에서 본다면 우리 문학이 오랫동안 쌓아온 부문별 정치문학, 이데올로기 대항문학은 바람직한 전통이 될 것이다. 그러한 전통을 생태 위기 극복이라는 더 높은 가치로 이끌어들일 수 있어야 한다. 그러면서 생태시는 문학담론 바깥뿐 아니라, 제도 안쪽에 대한 쇄신에도 눈길을 돌릴 필요가 있다.

정치·경제·행정·교육제도와 마찬가지로 문학도 여러 제도 가운데 하나다. 다만 다른 제도와 달리 그 짜임이 어름할 뿐 아니라, 문학을 제도로 보고자 하는 입장 자체의 역사가 오래지 않아 문학 논의에서 이 점을 소극적으로 다루어 왔을 뿐이다. 문학을 이렇게 제도로 볼 때 사회경제적 국면과 사회적 성격은 마땅하게 이해될 수 있다. 자본주의 상징 권력이거나 상품 가운데 하나로서 작품의 속성이 뚜렷해진다. 시도 잘 팔리는 상품으로서 돈과 권력 또는 명성을 좇아가려고 하는 한 그것은 생태 파괴와 환경 오염을 심화시키는 자본주의 경제의 하위부문의 하나일 뿐이라는 점이 여기서 분명해진다.

근대문학이 중심 소통형식으로 삼고 있는 인쇄시각문화는 종이의 대량소비를 기본 조건으로 하여 이루어져 왔다. 지구 곳곳에서 무자비하게 저질러지는 숲의 남벌, 자연세계에 대한 비윤리적 소모를 전제로 제도적 기반을 다져온 셈이다. 따라서 생태시는 근대 주류미학의 공식적, 지배적 문학제도의 틀과 유통 단계에 대한 근본적인 쇄신과 재가치화를 이루어내야 할 과제를 떠안게 되었다. 생태계 위기 시대에 새로운 문화적 약호의 개발과 그에 따른 미적 전통의 수립이라는 문제를 깊이 헤아리고 그에 따르지 않으면 안 된다.[23]

---

23) Gablik는 자연의 생태 시공간을 활용한 얼음·바람 조각 기법과 같이 여러 예술에 두루 나타나는 생태미학적 태도 전환과 그 보기를 알려주고 있다.

세계를 더럽히지 않고 소모시키지 않는 시가 어떻게 가능하며 그것은 어떤 꼴이어야 할 것인가 하는 질문이 눈앞에 닥친 것이다. 당연한 이 물음에 대하여 먼저 크게 두 방안을 생각해 볼 수 있다. 첫째, 문학상품이 생산·중계·소비되는 제도 안쪽의 모든 소모적, 오염적 요소를 없애는 방법이다. 이 일은 가깝게는 출판을 위해 재생지를 쓸 것인가 말 것인가, 어떤 질의 종이를 쓸 것인가 하는 선택의 문제에서부터 비롯될 수도 있다. 낭송을 통해 구비청각문화 전통에 기댄다든가, 종이 소비를 가장 적게 할 수 있는 유통망의 수립, 다른 예술 갈래와의 연대뿐 아니라 장식적 요소를 지나치게 쓰는 출판자본에 대한 항의와 같은 시민활동도 바람직한 방향이라고 여겨진다. 그러나 이 일이 단순히 매체 변화나 종이 소비량을 줄이는 데서 그쳐서는 안 된다. 그것은 문학성이나 작품 평가의 잣대 변화와 긴밀하게 이어져야 할 것이다.

둘째, 주류 문학에서 벗어난 시인이나 양식 발굴을 빌려 생태학적 상상력을 부추기는 방법이다. 국가 권력이나 출판 자본에 빌붙어 문학적 정당성을 마련하고 그 힘을 누려왔던 주류 문학은 잘 팔리거나 유명한 문학상품으로 남기 위해 익명의 소비자를 겨냥한 자본주의 이윤법칙에서 벗어날 수가 없다. 그러므로 지역적 기반 위에서 문학의 정당성을 마련하는 지역 시인들, 또는 정서적 결속에 따라 묶여 있는 하위집단 시인들이 내뱉는 절박한 현장 경험이나 세련되지 못한 듯한 목소리야말로 문학제도의 쇄신에 더욱 효과적일 수도 있다. 변두리 문학 권력의 활발한 활동과 수평 연대야말로 직접적이고 지속적으로 생태학적 인식을 널리 퍼뜨리고 새로운 형식 수용이나 문학제도의 변화를 이끄는 데 훨씬 기능적인 셈이다.

따라서 생태시·생태미학의 부상은 그 바탕에서부터 기존 문학권력의 변화, 양식 변동뿐 아니라 주류 문학관의 혁신까지 노리게 된다. 이러한

S. Gablik, *The Reenchantment of Art*, Thames and Hudson, 1991, pp.88~94.

노력이 대량생산·대량소비 체계에서 더 나아가 전파영상매체라는 새로운 고도 기술집약적 문화 형태 속에서 또 다른 유행상품으로 떨어지지 않으면서 대항문화로서 제 몫을 뚜렷이 할 수 있다면, 그 성과와 의의는 예사롭지 않으리라 여겨진다. 이런 점에서 생태학적 상상력은 마침내 과격한 전위, 급진주의로 나아갈 수 있는 길이 활짝 열린 셈이다.

4. 미적 감수성의 심화와 생태윤리

오늘날 인류가 겪고 있는 생태계 파괴의 가까운 원인은 분명 경제개발과 산업화, 도시화에 있다. 그러나 그 바탕에는 자연을 지배하고 정복할 수 있는 대상으로만 보는 자연정복관과 사람을 생태계의 꼭대기로 삼는 인간 중심적 세계관이라는 문제가 도사리고 있다. 이러한 관점에 서면 자연은 다만 개발과 소비를 위한 원자재의 보급창고에 지나지 않는다.[24] 자연은 경제 목적이나 기술 계획의 대상 또는 순수히 물질적 효용의 관점으로 이해될 뿐이다. 자연이 지닌 값어치를 더럽히고, 자연을 왜곡시키며 자연을 사람과 대립시킨다. 따라서 자연을 바라보는 관점이 바뀌지 않는다면 생태계 파괴에 대한 바른 해결점을 찾아내기란 쉽지 않다. 생태 위기를 벗어나기 위한 노력이 마침내 가치관 변혁활동과 맞물려야만 하는 까닭이 여기에 있다.

자연은 우리 삶이 비롯된 처음이자 마지막 장소일 뿐 아니라 심리적 욕구가 충족되는 자리다. 사람은 자연과 한 생태 사슬로 얽혀 더불어 삶을 이루는 연대공동체, 운명공동체다. 생태학적 상상력은 이러한 자연과

---

24) S. Gablik, *The Reenchantment of Art*, Thames and Hudson, 1991, p.77.

의 공생관계를 되살리기 위한 관점 변화와 윤리 수립에 이바지하지 않으면 안 된다. 그 일은 크게 두 방향으로 나누어 살필 수 있겠다. 자연이 지니고 있는 신성, 경외감을 되찾는 길과 물신세계의 굴레로부터 벗어나는 길이 그것이다.

사람은 목숨 지닌 존재로서 저답게 살 권리가 있다. 그것을 우리는 인권이라 부른다. 짐승과 풀도 목숨 지닌 존재로서 사람과 마찬가지로 살 권리를 지니고 있다. 인권에 견주어 이것을 동물권·식물권이라 할 수 있다. 사람에 따라서는 이러한 삶의 권리, 곧 생권(生權)을 우주 전체로까지 넓혀서 보기도 한다. 그렇다고 모든 목숨 지닌 것들이 사람과 똑같은 값어치와 권리를 지닌다고는 말할 수 없다. 목숨의 값어치와 그 범위에 대하여 여러 입장이 있을 수 있지만, 모든 생물이 똑같이 값어치가 있다고 주장하는 것은 현실성 없는 생각이다.

사람은 이제껏 지구 위에서 생명 보존에 대한 책임을 오롯이 지고 있었다. 그러면서도 생명 파괴, 생태 파괴를 한결같고도 광범위하게 저질러 왔다. 사람들이 자연에 저지른 범죄의 폭악성이 여기에 숨어 있다. 그럼에도 사람은 아직까지 생명 보존에 대한 절대적인 책임을 옛날과 다름없이 지고 있다. 해야 할 몫이 너무나 크다. 진교훈[25]은 그 일을 요령 있게 셋으로 묶고 있다. 첫째, 목숨 지닌 존재에 대해 저들의 그다운 고유한 값어치를 인정한다. 둘째, 그 바탕 위에서 사람의 윤리적 책임의 범위를 넓혀서 자연을 생명의 터전으로 끌어들일 것이다. 셋째, 더 나아가 목숨의 아름다움을 느끼고 이를 예찬할 줄 아는 일이 그것이다. 사람을 포함한 모두 생명체가 자연 속에서 한 운명이라는 상호교감 감각을 되살리고, 그것을 노래할 수 있어야 한다는 말일 것이다.

풀잎의 영혼은
풀잎의 머리 위에

---

25) 진교훈, 『철학적 인간학연구』(II), 경문사, 1994, 272~273면.

돋아난다

풀잎의 영혼은
풀잎의 머리 위에
그러나 그리 높지 않게
돋아난다

풀잎이 바람에 흔들리면
풀잎의 영혼도
흔들리고

풀잎이 비를 맞으면
풀잎의 영혼도
비를 맞는다

풀잎이 푸르를 때
풀잎의 영혼은
더욱 푸르지만

풀잎이 시들어질 때
풀잎의 영혼이
먼저 시들고

풀잎이 뽑히면
풀잎의 영혼도
뽑혀진다

— 조윤호, 「풀잎의 영혼」[26]

어떤 생물이 살아가기 위해서는 다른 생물이 희생되지 않으면 안 된

---

26) 조윤호, 『첫번째나무』, 중앙일보사, 1989, 45~46면.

다. 사람이 다른 생명체를 희생시키면서 살 수밖에 없다면 사람 또한 다른 생명체를 위한 자신의 불이익과 희생을 받아들여야 한다. 이런 마음 바탕 위에서 자연을 살리고 생명을 살리는 법을 배울 수 있다. 위의 시에서 보는 바와 같이 하찮은 '풀'도 사람과 마찬가지로 '영혼'을 가진 목숨이라는 소박한 동일시와 외경심에 뿌리내리고 있는 바가 그것이다. 이러한 감각을 빌려 사람들은 절제할 줄 아는 힘과 청빈을 배우며, 목숨 지닌 것들이 더불어 살고 살리는 아름다운 유대를 깨닫게 된다.

> 빛이 쏟아진다
> 밝고 가벼워라
> 우주에 가득하다.
> 온 산에 단풍인데
> 밀려오는 가을빛 누가 막으랴.
> 부신 눈을 감으면
> 빛이 터진다
> 말씀이 쏟아진다
> 땅 위에 골고루 퍼져 간다.
> 가을빛 받고
> 이 땅에 뿌리 내린
> 참나무 보아라
> 머언 들 농부 보아라
> 지붕 아래 잠 깬 아기 보아라.
> 아무 것도 놓치지 말고
> 있는 그대로 마음 가득히 보아라.
> 모두가 살아 있으며
> 잘못 태어난 것은 어디에도 없다.
> 삶에는 이유가 없어
> 바람 찬 잎새들에 무진장 쏟아지는
> 우리나라 가을빛이여.
>
> —엄국현, 「11월」[27]

사람은 자연의 아름다움을 누리며 아름다움을 완성할 수 있는 유일한 생물이다. 자연의 신비를 느끼며 그 안에 함께 안식하는 생명의 존귀함을 아울러 배운다. 목숨의 값어치를 깨닫고 사랑하는 마음은 더 나아가 자연과 생명에 대한 경외감을 길러준다. 사람은 자연에 대한 오만한 자세를 버리고, 과학적·합리적 이성이라는 무기가 떼어놓은 자연과의 사이를 이어야 한다. 인위적 환경 너머에 있는 신성을 느끼는 힘, 잃어버린 황홀 경험(ecstatic experience)을 되찾는 일에 문학이 앞장서야 한다.

옮긴 시는 그러한 감각을 꾸밈없이 드러내고 있다. 우주에 가득한 '빛'이야말로 생명 가진 존재들의 고유한 삶을 존중하라는 신의 '말씀'임에 틀림없다. 우주에 널리 함께 하는 신성의 '빛'과 '말씀'을 겸손하게 받드는 "그대로의 마음"을 되찾을 때 "잘못 태어난 것은 어디에도 없다"는 생명 가치가 하나의 생활윤리로 자리잡는다. 생명 보존의 지름길은 이렇듯 사람된 한계를 깊이 깨달아 자연 앞에 자신을 낮추고 찬탄할 수 있는 마음가짐에서부터 비롯된다. 시인의 눈길 속에 성장과 사멸을 거듭하는 신성한 자연질서, 순환하는 목숨의 가락은 생생하게 깃들어 있다. '무진장' 쏟아지는 가을빛 아래서 시인이 말하고자 하는 바는 바로 이것이다.

자연에 환멸을 느끼게 만든 사회, 진보와 생산이라는 이름 아래 모든 것을 낭비하는 사회는 쉼 없이 의미 상실, 권태, 공허, 황폐를 넓혀나가지 않을 수 없다. 아울러 이러한 집단 혼란 아래서 신성에 대한 향수, 새로운 신성에 대한 추구 또한 끊임없이 솟아날 것이다.[28] 자연과 조화된 문화는 생태학적 감수성을 강화한다. 사람과 자연, 정신과 육체를 맞세

---

27) 엄국현, 『그대 사는 마을까지』, 책읽는사람, 1993, 70~71면.

28) 고디베르는 '생태학적 감수성'을 새로운 신성 회복의 중요한 형태로 보고 있다. 오늘날 경제와 생산, 그리고 노동 제일주의 시대의 종말을 바라보며, 생태학적 감수성과 이성은 커다란 새 전망의 전달자인 셈이다. 이것이야말로 '허무주의적이고 테러리스트적인 매혹에 홀로 대립할 수 있는 유일한 것'임을 힘주어 말한다.

　P. Gaudibert, 장진영 역, 『Du culturel au sacré(문화적인 것에서 신성한 것으로)』, 솔, 1993, 87면.

우는 이원론과 흔들리지 않는 과학적·합리적 이성이라는 환상은 새로운 신성의 발견 앞에서 남김 없이 깨지게 될 것이다. 신성이란 그 울타리를 허물 수 있는 가장 중요한 덕목이다. 신성은 모름지기 신생으로 이어지는 것일 터이다.[29]

자연이 지닌 신성의 회복 못지 않게 중요한 일은 사물세계에 의해 삐뚤어진 사람들의 의식을 바로잡는 일이다. 짐승은 자연을 일차적으로, 또는 유일한 환경으로 삼아 살아간다. 그러나 사람은 스스로에 의해서 이차적으로 좁혀지고, 엄밀하게 규정되는 문화를 환경으로 지닌다. 짐승과 달리 낱낱의 집단이나 개인은 그때 그때마다 그들에게 알맞는 또 다른 환경을 이미 가지고 있는 것이다. 사람은 그것을 망가뜨릴 수도 있고 바꿀 수도 있으며, 넓힐 수도 있다.[30] 짐승은 한결같이 주변 환경에 갇혀 있지만, 사람은 이 환경을 자신에게 종속시켜 버렸다. 이와 더불어 환경 미화나 환경 파괴와 같이 사람이 부딪치는 윤리와 책임 문제도 아울러 떠맡는다.

사람이 지닌 환경의 핵심은 사물에 있다. 사물이란 사람이 환경 속에서 쓸 수 있는 인공적인 것 모두를 가리킨다.[31] 사물들의 고리를 빌려 우리는 사람이 지닌 환경의 이차성을 분명하게 느낄 수 있다. 사람은 무리를 이루어 살아가면서 사물이라는 매개물을 통해 사회 관계를 맺을 수밖에 없다. 사람은 이미 그대로의 자연을 누릴 수 없게 된 것이다. 나

---

29) 이진우는 '심미적 자원'이라는 개념을 끌어들여, 자연이 경제적·정치적으로도 진지하게 받아들여져야 한다고 보고 있다. 말하자면 자연은 기술 시대에 노동자들의 생산력을 회복할 수 있는 자유로운 감상 공간이 된다. 노동자들의 생산성을 보존하는 경제학적인 기능을 자연에서 읽어내고 있다.
　　이진우, 「기술 시대의 환경 윤리」, 『인간과 자연』(계명대 철학연구소 편), 서광사, 1995, 247~248면.
30) M. Landmann, 진교훈 역, 『Philosophische Anthropologie(철학적 인간학)』, 경문사, 1979, 203면.
31) 물건은 자연이라는 선험적인 연속성과는 떨어져 있는 하나의 일반개념이다. 사람들은 그것을 개념에 따라 분류하고 계량할 수 있다. 그 물건이 사람에 의해 실제로 분류되고 수량화될 때 그것을 사물이라고 부른다.
　　A. Mole, 엄광현 역, 『Psychologie du Kitsch(키치란 무엇인가)』, 시각과언어, 1995, 37면.

날살이 가운데서 하나하나 행위를 할 때도 서로 얽힌 다양한 행위를 하지 않을 수 없다. 그 결과 무수한 사물에 둘러싸여 삶을 이어가지 않으면 안 된다. 사람은 사물을 생산하고 소비하는 존재다. 생산과 소비라는 가치가 삶을 가로채고 있다. 특히 현대사회에서 소비는 거의 삶의 본질적인 현상으로 자리잡았다.

사물의 소비와 소유는 나아가 거꾸로 사물에 의한 소외를 넓힌다. 사람은 사물의 노예가 되어 평생을 자신의 둘레에 커다란 사물세계, 곧 인공 환경을 일으키며 거기에 갇혀 살아갈 수밖에 없게 되었다. 그러한 사물세계는 그것의 본디 쓰임새나 맵시와는 관계없이 그 소유자의 사회경제적 지위와 계층을 드러내는 상징이 된다. 사물이 사람을 규정하지 사람이 사물을 규정하지 않는다.[32] 사물 자체가 신성을 지니게 된 것이다. 이제 과잉생산은 판매를 위한 소비충동을 자극하고, 소비는 거듭 생산으로 이어진다. 이러한 생산—소비의 순환은 분배를 만들어내며 속도를 더욱 붙여나가게 된다. 그리고 바로 이 과정이 소비행동의 비합리성을 조작한다. 소유와 소비에 대한 욕망과 그것의 충족이야말로 행복한 삶의 기본 동력이자 잣대가 되고 있다.

> 商品은 物神이며 아편
> 백화점은 유토피아로 가는 배
> 상품은 반짝이고 생글거리며 달콤하고 아늑하다
> 여기는 충족과 열락뿐
> 신경은 안정되고 정신은 아득하다
>
> (허전한가, 상품을 안아라

---

32) 몰르는 현대사회 문화의 핵심으로 키치를 설정하고, 키치를 구성하고 있는 본질적인 특성으로 사물들로부터 소외를 들고 있다. 사물과 사람 사이 관련에 대해서는 이 책을 빌어 넓은 이해에 이를 수 있다.

A. Mole, 엄광현 역, 『*Psychologie du Kitsch*(키치란 무엇인가)』, 시각과언어, 1995.

불안한가, 상품을 섬기라고독한가, 오 상점들의 위안)

— 정현종, 「商品은 物神이며 아편」 가운데서[33]

누구나 물건을 살 수 있는 '백화점'은 물건사기의 축제 분위기를 연출한다. 현대인의 삶터는 바로 '백화점'과 '상점들'로 요약된다. "상품은 반짝이고 생글거리고 달콤하고 아늑하게" 삶의 '불안'과 '고독'을 벗겨준다. '물신'과 함께 하는 커다란 집단 오르가즘이 우리 사회를 뒤덮고 있다. 진정한 인간성 회복은 이러한 사물세계에서 오는 쾌락과 사물을 빈 존재 확인을 버리는 데서부터 시작될 것이다. 사물의 축적과 소비가 주는 "충족과 열락"으로부터 벗어나는 일이 그것이다.

> 이 세상 가볍게 떠돌기란
> 양말 몇 켤레면 족한 것을.
> 해어지면
> 기워 신고
> 귀찮아지면
> 해어지고
>
> (소금쟁이처럼 가볍게 길 위에 떠서.)
>
> 아 안 보이던 것이 보인다.
> 콘크리트 터진 틈새로
> 노란 꽃대를 단 푸른 싹이
> 간질간질 비집고 나온다.
> 공중에선
> 조그만 동작을 하면서
> 기쁨에 떠는 새들.
> 호랑나비 바람이 달려와

---

33) 정현종, 『사랑할 시간이 많지 않다』, 세계사, 1989, 30면.

마음의 바탕에
호랑무늬를 찍는다.
찍어라, 삶의 무늬를,

어느 날 누워 깊이 잠 들 때
머릿속을 꽉 채울 숨결 무늬를,
그 무늬 밖에서 숨죽인 가을비 내릴 때.

— 황동규, 「풍장 12」[34]

황동규 시인은 「풍장」 연작을 빌려 사물의 백화점으로 변모한 도시적 삶과 욕망을 거듭 반성하고 그 대안을 끈질긴 뚝심으로 찾아다닌다. 「풍장 12」에서 시인이 능청스럽게 말하고 있는 "세상 가볍게 떠돌기"란 다름 아니라 거짓 욕망과 소비로 되풀이되는 소외된 삶에 대한 거리 띄우기며, 그것을 뛰어넘고자 하는 심리 과정이다. 그러나 제가 지닌 대로 "진정한 삶의 무늬", "숨결 무늬"를 되찾아 내가 내 삶의 주인이 되는 '기쁨'의 경지란 '마음'으로만 지닐 수밖에 없는 것인지도 모른다. 그에 이르지 못하는 안타까움 또한 그만큼 격렬하다.

내 세상 뜨면 풍장시켜다오
섭섭하지 않게
옷은 입은 채로 전자시계는 가는 채로
손목에 달아놓고
아주 춥지는 않게
가죽가방에 넣어 전세 택시에 싣고
군산에 가서
검색이 심하면
곰소쯤에 가서
통통배에 옮겨 실어다오

---

34) 황동규, 『풍장』, 문학과지성사, 1995, 27~28면.

가방 속에서 다리 오그리고
그러나 편안히 누워 있다가
선유도 지나 통통 소리 지나
배가 육지에 허리 대는 기적에
잠시 정신을 잃고
가방 벗기우고 옷 벗기우고
무인도의 늦가을 차거운 햇빛 속에
구두와 양말도 벗기우고
손목시계 부서질 때
남몰래 시간을 떨어뜨리고
바람 속에 익은 붉은 열매에서 툭툭 튀기는 씨들을
무연히 안 보이듯 바라보며
살을 말리게 해다오
어금니에 박혀 녹스는 백금 조각도
바람 속에 빛나게 해다오

바람을 이불처럼 덮고
화장(化粧)도 해탈(解脫)도 없이
이불 여미듯 바람을 여미고
마지막으로 몸의 피가 다 마를 때까지
바람과 놀게 해다오
　　　　　　　　　　　　　　　— 황동규, 「풍장 1」[35]

　‘풍장’은 생산과 소비의 커다란 순환과정, 그 시간성 속에 낑겨 사람들이 겪고 있는 억압적 욕망과 속된 현실을 벗어나 그것과 단호하게 대거리하고자 하는 이의 소망을 보여주는 유사의례이다. 거짓 욕망으로 칠해진 사물세계의 시간과 나란히 맞세워 둔, 깨끗한 죽음에 이르는 바람의 시간성은 현실 속에서 사람이 겪는 한계와 목숨에 대한 경외감을 깨

---

35) 황동규, 위의 책, 11~12면.

닫게 해주는 심리적 적응과정을 보여준다. 사물세계의 굴레 안에서 사람
이 지닌 한계의 깨달음이야말로 생태학적 상상력의 커다란 힘이다. 삶
속에서 죽음을 겪을 수 있는 유일한 짐승임에 틀림없는 사람, 사람은 그
러한 상징적 죽음을 거듭함으로써 새로워질 수 있다. 시인은 그 스스로
의 자연적 죽음을 문제삼아 '바람 놀이'라는 희생제의 속으로 끌어들임
으로써, 사회적 낭비와 덧없는 욕망의 죽음까지 부추기고, 나아가 거기
에 맞서 거듭날 수 있는 맑은 꿈과 힘을 불러일으키고자 한다.

따라서 죽음이란 의미의 무화가 아니다. 어떤 존재상태에서 다른 존재
상태로의 옮겨감, 파괴와 되살림이고 다른 차원의 삶으로 되삶이다. 상
징적인 죽음을 거듭하며, 새로운 탄생을 되겪음으로서 나날살이 삶의 거짓
된 모습을 뚜렷이 하고 그에 대한 거부를 단단하게 표시하고 있다. 시인
의 '풍장'은 삭아 내리는 시간 속에서 사회적 정화를 거듭하게 하는 것
이다. '바람'이야말로 그러한 사회적 시간성, 집단적 정화를 뜻한다. 시인
은 시간 속에서, 시간을 타고 앉아 거듭 살과 피도 다 말린 채 깨끗한
'죽음', 신생을 우리 모두에게 권하고 있다.

거듭된 시인의 '풍장'이란 바로 우리 모두를 위한 희생제의다. 시인은
'바람 놀이'를 빌려 공공적 신생을 꿈꾸는 한 영혼의 내적 단련 과정을
우리에게 아낌없이 보여주고 있는 셈이다. 우리 시대 생태학적 상상력은
바로 이 시인과 같이 고단한 사물세계의 식민화, 쓰레기 축제로부터 벗
어나 새롭고도 진정한 삶을 꿈꾸며, 거짓 욕망으로부터 자유로울 수 있
는 지혜를 여러 길로 마련하고 그것을 실천할 수 있어야만 하는 것이다.

5. 마무리

생태 파괴와 환경 오염은 우리 시대가 맞닥뜨리고 있는 가장 중요하고도 풀기 어려운 문제라 해도 지나친 말이 아니다. 이 문제는 온갖 동식물들이 참으로 오랫동안 조화롭게 목숨의 사슬을 엮어온 지구 자체의 생존 여부와 바로 맞닿아 있다. 오늘날을 생태학의 시대라 부르는 까닭이 여기에 있다. 글쓴이는 이러한 위기 상황 아래서 우리 당대시가 나아가야 할 방향을 찾아보고자 하였다. 논의를 줄여 마무리로 삼는다.

첫째, 생태시는 무엇보다 먼저 참혹한 생태 위기의 현장과 그 실상을 샅샅이 찾아 알리고 따질 뿐 아니라 그로 말미암아 망가진 삶에 대한 노여움과 비탄어린 마음을 드러내는 데 머뭇거리지 말아야 한다. 이 일을 위하여 생태 위기의 문제를 전지구적 연관이나 우주적 환경지리라는 거시관점에서 바라볼 뿐 아니라, 생활세계 안쪽의 특정 지역이나 구체적인 장소에 눈을 돌리는 미시관점을 알맞게 넘나들 필요가 있다. 위기 인식의 총체성과 해결 전략의 구체적 성과는 이 둘이 빚어내는 긴장과 조화에 얻을 바가 많을 것이다.

둘째, 생태시는 생태 위기의 결과뿐 아니라 그 원인을 찾아 바로잡는 데까지 나아가야 한다. 따라서 생태시는 모름지기 생태문제에 근본 원인으로 작용하고 있는 거대 자본주의 생산·소비 체계와 그에 일정하게 이바지하는 여러 하위모순에 대한 비판을 주요한 일거리로 삼는다. 이러한 제도 비판은 나아가 종이의 대량소비를 기본 조건으로 삼아 이루어져온 문학제도 안쪽까지 혁신하는 데에 이르러야 한다. 생태학적 상상력은 반체제 감각과 함께 근대 주류 미학의 조직과 이념을 힘껏 벗어나 생태학적 급진주의를 노리게 된다.

셋째, 생태시는 자연정복관과 인간 중심주의에 의해 더럽혀지고 비틀린 사람들의 미적 감수성을 바로잡고, 생명 가치가 존중되는 새로운 생태윤리를 펴기 위해 온 힘을 기울어야 한다. 이 일은 자연공동체의 가장 소모적 구성원인 사람들이 무엇보다 목숨 가진 것들이 지닌 값어치를 존중하고 자연에 대한 신성을 되찾도록 이끄는 일에서부터 비롯된다. 이 바탕 위에서 끝 모를 소유와 소비로 말미암아 사물세계에 의한 삶의 식민화, 쓰레기 축제를 거듭하고 있는 사회 구성원들에게 물질적 한계를 뛰어넘는 존재양식과 지혜를 발견하고 실천하도록 이끄는 데까지 이르러야 한다.

오늘날 우리시는 눈앞에 닥친 생태 위기의 결과와 그것의 원인뿐 아니라 마침내 모든 생태계에 궁극 책임을 지고 있는 사람의 감수성을 바로 잡는 일로 힘껏 나아감으로써 바람직한 정치문학·여론문학·진보문학으로서 제 몫을 다할 수 있을 것이다. 다만 드높아가는 생태학적 관심이 생태 위기를 이끌어들인 원인 제공자나 확산자에게 도덕적 면죄부를 주거나, 새로운 인기 상품, 문단 권력을 나누어 붙이는 새 유행으로 떨어지지 않도록 노력해야 할 일이다. 이미 많은 쪽에서 우리시는 참혹한 생태학의 시대에 걸맞은 새로운 문화 약호와 미적 전통을 이루기 위해 발빠른 움직임을 시작했다.

제 3 장

대학의 국문학 교육과 영상문화

1. 들머리

이즈음 들어 대학사회가 겪고 있는 환경 변화는 놀랍다. 지나간 시기에도 대학의 변화에 대한 요구나 시도가 없었던 것은 아니지만, 대학 안팎의 강박에 이처럼 심각하게 맞닥뜨린 적은 없었다. 교육과 연구의 주체로서 교과학습을 맡고 있는 교수자뿐 아니라 학습자, 대학 제도를 원거리에서 관리하고 있는 중앙정부나 언론, 사회 어느 데 없이 변화를 기정사실로 삼은 분위기다.

문제는 이러한 안팎의 요구나 노력이 부분적이거나 단기적인 것이 아니라, 장차 대학 기능의 제도적 정당성을 흔들 정도의 고강도로 발빠르게 확산되고 있다는 데 있다. 변화에 대한 호오(好惡)를 떠나 그것은 이미 멀찌감치 앞서버린 형국이다. 앞선 시기와 다른 환경의 전개, 곧 디지털 영상문화에 힘입은 문화변동, 그와 맞물린 근대적 학문제도에 대한 혁명적 변화 요구와 깊숙이 맞닿아 있다는 사실을 인정하지 않을 수 없다.

이 소론에서 글쓴이는 이러한 환경 변화에 맞닥뜨린 채, 지역대학에서 한국 현대문학 교과 영역 가운데 한 자리를 맡고 있는 사람으로서 지니게 된 한 생각의 자락을 소박하게나마 드러내보고자 한다. 우리 근대 대학교육 현장에서 한국문학 전공 교과가 흘러온 과정을 짧게 짚어본 뒤, 새로운 영상문화 아래서 단기적으로 가능할 현대문학 교과 재편에 대한 글쓴이 나름의 생각을 간추려 담는 순서를 따랐다.

2. 근대 대학과 국문학 교육

우리 근대 대학의 학제 안에서 한국문학이 연구와 학습 영역으로 자리잡기 시작한 때는 1920년대다. 벌써 여든 해를 헤아린다.[1] 그 사이 많은 분화와 개발을 거치면서, 한국문학은 대학의 인문학문이나 어문학의 주요 영역으로 자리잡았다. 1950년대는 대학 교육의 교과로 얼개를 완연히 마련했던 시기다. 그 뒤 부분적으로 대학 안팎의 사정, 하급학교 현장의 요구, 그리고 가까운 외국의 동향에 따라 그 내용을 바꿔가며 한국문학의 학제적 정당성은 다져졌다.

---

1) 이른바 경성제국대학 시기, 예과 개설에 이어 1926년 4월 법문학부에 법률, 정치, 철학, 사학, 그리고 문학의 5개 전공을 두는 '경성제국대학 통칙'을 발표하면서부터다. 문학전공 안에 조선문학 강좌를 두어 생색을 내었는데, 첫 조선문학 전공자가 조윤제였다. 일본인 교수 小倉進平(오꾸라), 高橋亨(다까하시)이 '조선문학 강의실'을 맡았다. 1938년 현재, 법문학부에 개설된 문학 전공 강좌는 일본의 문학과 어학을 뜻하는 이른바 '국어학'과 '국문학' 두 강좌를 중심으로, '외국어학'과 '외국문학' 두 강좌, '지나문학'과 '지나어학' 두 강좌, '조선어학'과 '조선문학' 두 강좌, 모두 8개였다.
이충우, 『경성제국대학』, 다락원, 1980, 110면; 『경성제국대학 일람』, 경성제국대학, 1938, 38~39면.

한국인에 의한 민립대학 설립을 서둘러 막기 위해 세운, 이른바 경성
제국대학에서 독점적으로 다루어졌던 '조선문학' 교육은 주로 어학과 한
문학을 중심으로 이루어졌다. 왜로들의 이른바 중앙 '국문학' 또는 '내지
문학'에 대한 변두리 '외지문학'으로서, '조선문학'은 자리잡았던 셈이다.
국어는 일본어요, 국문학은 일본문학이었다. 우리말은 '방언'이었고, 조
선문학은 저들의 가나문학이나 한문학의 변두리 '지방문학'이었다.

따라서 제국주의 식민 지배 아래서 조선문학이 놓였던 자리는 두 가
지 뜻을 지닌다. 첫째, 식민체제의 존폐나 거기에 직접적인 위해를 끼칠
가능성이 엷은 조선문화에 대한 관심과 배려를 보여주는 양함으로써 피
식민자 조선인에게 꾀한 심리적 유인책이다. 둘째, 조선사회에 대한 항
구적인 노예화를 이루기 위해 필요하고도 당면했던 조선의 밑바탕과 뿌
리를 캐는 한쪽으로, 저들 유리한 길로 그것을 재구성하기 위한 책략이
다. 한국 대학의 근대 문학 교육은 그 출발에서부터 제국주의 이데올로
기에 의한 식민성을 얼개로 지닐 수밖에 없었던 셈이다.

그들의 음험한 기획과 책략 아래 자리가 잡혔던 '조선문학'은 마침내
저들 '내지' '국문학'의 상대적인 비교우위를 확인시켜 주기 위한 본보기
거나, 열등하고 전혀 닦이지 못한 채로 버려져 있었던 '외지' '민속'문학
이었다. 그들 밑에서 배워 광복 뒤 한국문학의 연구와 교육을 도맡았던
우리 1세대 연구자들 또한 그러한 눈길에서 멀리 벗어나지 못했다. 그런
까닭에 자신들의 의도와는 무관하게 오늘날 한국문학의 학문적 통념 가
운데 많은 자리에 식민성 파악과 그 극복이라는 문제를 널따랗게 새겨
두게 된 것이다.[2]

한국문학이 독립된 교과과정으로 다루어지게 된 시기는 광복기였다.
1945년 9월 이른바 미군정청 문교부는 나라잃은시기의 경성제국대학을

---

2) 담론 구성이라는 쪽에서 보면, 관립 대학 / 민립 전문학교, 중앙 경성제국대학 / 지방
하급학교 사이의 교과편성과 학습내용 사이의 위계화, 구조화 양상을 살피는 것부터
한 일거리가 된다.

경성대학으로 바꾸었다. 그런 뒤 10월 예과생 300명을 뽑았다. 이어서 1946년 8월에 경성대학을 폐지하고, 국립서울대학교를 설치하였다. 그와 함께 1945년까지 전문학교로 남아 있었던 연희전문, 보성전문, 혜화전문, 명륜전문, 이화여전은 다같이 1946년에 대학으로 올라서,3) 1회 입학생을 받는다. 지역에는 경북대학, 부산대학, 전북대학이 국립대학으로 마련되었다.

경인전쟁을 앞뒤로 한 시기 동안 사립대학도 여럿이 새로 들어서 오늘날 우리 대학의 밑자락은 단단하게 닦였다. 이른바 경성제국대학이 경성대학으로 이름을 고쳤을 때, 법문학부의 '인문어문 계열' 학과는 국어국문학과 · 영어영문학과 · 사학과 · 철학과였다. 국립서울대로 발족하였을 때, 이 넷은 '문리과대학 문학부'의 대들보였다. 그러므로 이어서 대학으로 올라섰던 여러 사립대학도 그것을 그대로 따라 이 넷 또는 세 학과를 개설했다.

대학의 문학교육뿐 아니라, 각급 하급학교에서도 우리문학은 이 시기에 공적인 제도교육에 편입되었다. 군정청에서 주어진 교수요목에 따라 편제가 이루어졌던 까닭에 '교수요목기'라 일컫게 된 이 시기에 우리 현대문학 작품이 상 · 하급학교의 국문학 교재나 독본에 오르고, 창작과 감상을 할 수 있는 자리를 넓혀 갔다. 게다가 현대문학 작품은 우리말과 글을 배우는 주요한 본보기로 널리 활용되었다. 국어교본이나 문학독본류의 출판이 두드러졌던 점은 이와 맞물린 움직임이었던 셈이다. 대학에서는 영문학의 영시론과 맞물리는 우리 현대시론, 현대시 강독과 같은 강좌가 마련되기 시작했다. 그러나 큰 흐름은 여전히 '국문학강독'의 끝자리에 현대시나 현대소설이 다루어지는 형국이었다.

1950년대 국문학 2세대를 거치면서, 편제로 볼 때 많은 확대와 개설이 대학에서 이루어졌다. 현대문학의 경우도 독립된 개별 학문 영역으로 자

---

3) 연희대학, 고려대학, 동국대학, 성균관대학, 이화여자대학이 그들이다.

리를 굳힐 수 있었던 시기다. 그러나 그것이 하급학교 국어교육에서 독립된 교과로 성격을 분명히 하게 되기까지는 또 한참을 기다려야 했다.[4] 대학 공동체에서 이루어진 한국문학 교과과정의 틀과 그 흐름을 이화여자대학을 경우로 삼아 살피겠다. 이화여자대학은 1946년 이화여자전문학교에서 이름이 바뀐 뒤, 여러 번의 교과 변모를 거쳤다. 초창기부터 오늘에 이르는 과정[5]을 개편의 진폭이 컸던 시기를 중심으로 옮겨보면 아래와 같다. 국어학이니 고전문학, 또는 현대문학이니 하는 영역은 흐름을 파악하기 위해 글쓴이가 편의를 좇아 나누었다.

① 1953년 문리대학 국어국문학과
국어학 영역 : 국어작문, 고등국어, 고등국어문법, 국어학개론, 국어학사, 국어학특강(6)
고전문학 영역 : 한문1, 한문2, 고등한문, 국어국문학강독, 국문학개설, 국문학사, 국문학특강(7)
현대문학 영역 : 현대문학특강(1)
과외 영역 : 신문학(新聞學), 문물제도사, 한국사상사, 한국사상사특강, 중국문학사(5)

---

4) '현대문학'이라는 독립 과목이 설정된 제4차 교육과정기(1981~1987)부터다. 아래 글들이 하급학교에서 이루어졌던 국어과 교과의 변천 양상, 문학교육의 흐름, 그 연구사에 대한 문제들을 짚었다.
　　교육과정 교과서 연구회 편, 『한국 교과교육과정의 변천-국민학교』, 대한교과서주식회사, 1990; 교육과정 교과서 연구회 편, 『한국 교과교육과정의 변천-중학교』, 대한교과서주식회사, 1990; 우한용, 「문학교육의 회고와 전망」, 『광복후의 국어교육』, 한샘, 1992; 윤여탁, 「문학교육 연구사의 비판적 검토와 전망」, 『문학교육학』 창간호, 태학사, 1997.
　　필요한 일은 대학의 문학교육론이나 그 연구사겠으나, 앞의 것은 1985년에 한 번 마련된 뒤, 더 이어지지 못했다. 김인환이 대학 국문학 교육의 현황과 진로에 대해 현장 앙케이트를 중심으로 살폈고, 김건곤이 한문학 교육을, 이상섭이 대학 외국문학 교육을 따로 다루었다. 한국의 영문학 교육사는 김용권에서 몇 부분이 다루어졌다.
　　한국정신문화연구원 편, 『대학문학교육론』(I), (II), 고려원, 1985; 김용권 외저, 『영문학 교육과 연구의 문제들』, 한신문화사, 1996.
5) 이화여대 국어국문학과 편, 『이화여자대학교 국어국문학과 50년사(1947~1997)』, 태학사, 1997, 241~245면.

② 1961~1963년 문리대학 국어국문학과

국어학 영역 : 국어학개론, 국어학사, 문장론A, 문장론B, 국문법, 언어학개론, 국
　　음운론, 국어사, 국어학강독, 국어학연습, 국어교수법.

고전문학 영역 : 한문A, 한문B, 국문학개론, 국문학사, 시가론, 가요강독, 향가
　　및 여요, 고대소설론, 고대소설 강독,

현대문학 영역 : 한국현대문학사, 현대시론, 현대시 연습, 현대소설론, 현대소설
　　연습, 창작론, 작가론, 희곡론, 비평론, 수필론, 신문학 연습.

과외 영역 : 중국문학사,

③ 1977년 문리대학 국어국문학과

국어학 영역 : 한국인의 언어구조, 한국어음운론, 한국어형태론, 한국어학강독,
　　한국어학사, 중기어문법(6)

고전문학 영역 : 한국문학개론, 시조론, 가사론, 한국고대소설강독, 한문학사, 한
　　문강독, 이조산문강독, 한국고대소설론, 향가별곡, 한국고시가강독, 한
　　국고시가론, 비교문학의 이해(12)

현대문학 영역 : 한국현대문학사, 현대소설의 이해, 한국현대소설론, 한국현대시
　　론, 현대시강독, 희곡론, 수필론, 현대수사학, 현대문학실습 1, 현대문학
　　실습 2, 현대문학실습 3, 현대문학실습 4, 현대문학실습 5, 현대문학실
　　습 6, 비평론, 작가론(16)

과외 영역 : 중국문학사(1)

④ 1996년 인문대학 국어국문학과

국어학 영역 : 한국인의 언어구조, 한국어의 음운과 문자, 한국어형태론, 한국어
　　학강독, 한국어의 뿌리와 역사, 중근세어강독, 한국어의 문장구조, 문체
　　론(8)

고전문학 영역 : 국문학의 세계, 한국고전소설강독, 한국한문학사, 시조가사론,
　　한국의 구비문학, 한국고전소설론, 향가속요론, 문학연구방법론(8)

현대문학 영역 : 한국현대문학의 이해, 한국현대소설 읽기, 한국현대시 읽기, 한
　　국현대소설론, 한국현대시론, 희곡의 이론과 분석, 현대문학과 글쓰기,
　　문예창작론, 문예창작 연습, 한국현대소설작가연구(10)

⑤ 2001년 인문과학대학 국어국문학 전공

국어학 영역 : 한국어와 민족문화, 한국인의 언어구조, 한국어의 문장구조, 한국
　　　어 형태론, 한국어의 뿌리와 역사, 화법과 국어생활, 한국어 음운과 문
　　　자, 한국어 의미론, 한국어학 강독, 중근세어강독(10)

고전문학 영역 : 한국문학의 세계, 한국문학과 자연, 한국문학과 사상, 한국 문학
　　　사, 시조 가사론, 향가 속요론, 한국 고전소설 강독, 한국의 구비문학, 한
　　　국 고전소설론, 문학 연구 방법론, 한국 한문학사, 한국 한문학 강독(12)

현대문학 영역 : 한국 현대문학의 이해, 한국 현대시 읽기, 한국 현대소설 읽기,
　　　한국 현대시론, 한국 현대 소설론, 한국 현대소설작가 연구, 희곡의 이
　　　론과 분석, 문체론, 문예창작 연습, 창작의 이론과 실기, 현대문학과 글
　　　쓰기, 문예 창작론(12)

　개설 처음에는 교과목이 여럿으로 나뉘지 않은 것을 볼 수 있다. 국어
학과 한문을 중심으로 편성이 이루어졌다. '사상사', '신문학'과 같은 강
좌가 국어국문학 영역에 끼어 있어 흥미롭다. 위에서는 보기로 주어지지
않았지만, 1955년부터 '춘향전', '향가', '용비어천가'와 같은 어석 강좌가
개설되어, 어학 중심에서 고전문학에까지 깊이 있는 학습이 가능하도록
자리를 틀었다. 1960년대 들어 오늘날 문학 교과의 틀이 완연하게 마련
되었음을 볼 수 있다. 고전과 현대에 걸쳐 소설론, 시론, 문학사와 같은
강좌가 확연한 자리를 마련하기 시작했다. 1970년대에 들어 변화가 있기
도 했으나, 강좌 이름이 조금씩 바뀌는 정도에 그쳐, 오늘날까지 큰 틀을
벗어나지 않았다. 게다가 1960년대에는 '비교문학'·'현대수사학'과 같은
강좌와 '비평론'·'문학연구방법론'까지 마련되어, 교과과정이 풍부하게
다듬어졌다.

　1970년대에 이르러서는 교양강좌로 '한국의 민중문학'이 마련되어 시
대 상황에 부응하고자 한 점이 눈길을 끈다. 문예창작 강좌는 1955년에
처음 마련되었는데, 1960년대 '창작론'을 거쳐 2001년에는 네 개 강좌로
가지를 치고 있다. 그러나 무엇보다 흥미로운 점은 1953년 '현대문학특

강'이라는 하나의 강좌로 시작했던 현대문학 영역이 2001년에는 12개의 강좌로 꾸준히 나뉜 점일 것이다. 비중으로 보아 고전문학에서 떨어져 나와 국어학과 나란히 한 영역을 이룬 현대문학의 제도적 착근을 엿볼 수 있다.

이화여자대학교의 경우 1960년대 무렵부터 그 교과과정의 틀이 완연히 잡힌 뒤, 현재까지 크게 달라지지 않은 것으로 보인다. 현대문학의 경우 서양의 묵은 갈래 분류인 시·소설·희곡의 3분법에다 비평과 문학사가 거들고, 시론·소설론과 같은 해당 각론이 끼여드는 모습은 정통적인 나눔이다. 그리고 2001년 인문과학대학으로 묶여 국어국문학 전공으로 남아 있으면서도 개설 교과 수는 줄지 않았다. 현대문학이 국어학이나 고전문학과 나란히 한 영역을 이룬 모습도 한결같다.

2001년 현재 이화여자대학이 보여주고 있는 교과편성은 그 뼈대에서 다른 대학도 크게 벗어나지 않을 것으로 여겨진다. 대학마다 지닐 여러 편차를 감안한다 하더라도, 사회 바깥의 변화 요구나 상황 변동에 민감하게 대응하고 있다는 결론을 얻기는 어렵다. 문제는 긴 시기 동안 대학 어문학이나 인문학의 주요 교과로 자리잡게 된 국문학 또는 현대문학 교과의 존폐는 크지 않았던 변화임에도 많은 부분, 그나마 비학문적 요인에 따라 결정되기 쉬웠다는 점이다.

겹과 켜로 얽혀 있는 해당 대학의 학문 전통이나 재직 교수의 전공별 성향, 타성, 전공 영역별 비중, 해당 전공 영역에 대한 지역의 교육 환경과 같은 것이 그들이다. 곧 해당 영역 바깥의 외적, 제도적 요인이다. 대학의 국문학 교과 편성은 기본적으로 그 대학 공동체가 안고 있는 사회·역사적 조건으로 말미암는다. 텍스트 자체에 그것의 제도적 정당성을 웅변할 만한 요소는 찾기 힘들다. 이 점을 깨닫는 것이 능동적인 국문학 학습 환경을 마련하는 지름길임을 이화여대의 교과과정이 흘러온 길은 역설적으로 보여주고 있는 셈이다.

3. 영상문화와 현대문학 교육

본디 대학은 진화 속도가 다른 사회 영역이나 분야에 견주어 매우 느린 쪽이다. 그럼에도 바깥 사회 구성원에게 보편적·규범적 지식을 이어주고 이어받게 하는 학문적 후위, 새로운 지식 정보를 창조·개발해 나가는 학문적 전위의 역할이 함께 공존하는 특이한 공간이며, 역장이다. 근대 산업화 과정 내내 대학은 대중교육과 사회적 정합성이라는 대학 바깥의 큰 요구를 받아들이면서도 최고 수준의 연구와 학습장으로서 제자리를 지켜올 수 있었다.

그러나 오늘날 대학은 지난날과는 견줄 수 없을 정도로 급변하는 환경 아래 놓여 있다. 인류가 오랜 시기 발전시켜 왔던 인쇄시각문화의 중심 위치가 새로운 전자영상문화로 발빠르게 바뀌어 가는 데서 말미암은 까닭이다. 노동양식의 시대가 아니라, 정보양식의 시대라 일컬어 모자람이 있을 정도다. 앞선 시기에서도 예외 없이 거쳐왔을 표면적, 단기적 변화가 아닌 이즈음의 변화는 그 앞일을 내다보기조차 어렵다. 아날학파의 생각을 빌린다면 단기지속이나 중기지속 차원이 아니라, 장기지속의 지각 변동을 보여주고 있는 셈이다.

중요한 사실은 디지털 기술 발전에 따른 다매체 환경, 그것이 생산·재생산해 나가고 있는 전자영상문화의 진화 속도는 우리의 예상 바깥에 있다는 점이다. 일간 대중신문들이 일찌감치 인터넷과 만나 전자신문으로 자리잡는 매체융합(mediamorphosis)은 벌써 자연스런 일이 되었다. 문학과 다른 문화예술 사이의 경계가 무너지고, 상호텍스트성은 예사로운 미학의 방법으로 내려섰다. 문자 책과 영상 텔레비전이, 시집과 애니메이션이, 텍스트와 이벤트가 만나 총체예술을 만든다. 문학이 영화나 애니메이션이 될 뿐 아니라, 컴퓨터 게임으로 거듭나는 것은 흔한 보기다.

문화역류 현상은 보다 더하다. 전통 산업사회에서 우월한 지위를 지켰던 문학이나 연극은 텔레비전 드라마나, 영화, 게임에 자리를 내어준 지 오래다. 기존의 문화예술 갈래 사이의 서열이 거꾸로 흐르면서, 문화예술 영역 안쪽의 순위 변동뿐 아니라, 문학 갈래 안쪽의 순위 변동이 빠르게 이루어지고 있다. 영화나 만화, 애니메이션, 그리고 게임의 지위상승은 눈부신 바 있다. 게임서사가 오히려 소설로 거듭나는 실정이다. 문학 안쪽에서도 순수소설에 견주어, 통속 연애소설이나 대중 추리소설, 또는 사이버 서사가 주류를 차지하고 있다.

게다가 디지털 기술은 새로운 언어적 실천의 가능성을 만들고 있다. 규범문법을 무시당한 모국어뿐 아니라, 인터넷의 사이버 영어가 점입가경이다. 이런 속에서 어떻게 모국어를 가꾸며, 언어 민주화를 이룰 것인가는 쉽지 않은 문제다. 문자세대에게 언어수행력이나 문학능력을 살짝 위워주던 전통적인 방법 가운데 하나인 어문학 학습의 정당성은 영상이용능력(visual literacy)과 문화능력 신장을 위한 데로 자리를 넘겨주어야 할 마련이다.

세계에 대한 문제인식과 해결방법의 모색 그리고 실천적 적용이라는, 선조적인 인쇄시각문화의 문제틀로서는 따르기 힘든 국면 전환이 이루어지고 있는 셈이다. 장차 빠르게 성장할 대학의 학습자들은 디지털 영상문화를 특이한 유형의 것으로 맛보는 수준이 아니라, 그것을 자신의 삶 그 자체로 겪고 사는 이들이다. 변화의 속도가 반성의 속도를 앞질러 가는 시대다.[6] 이 속에서 느린 아날로그적인 속도, 깊은 성찰의 양식인 문학은 존재할 수 있는가.[7] 존재할 수 있다면 어떻게 존재하고, 그 연구와 학습의 방법은 어떠해야 하는 것인가.

모든 수준의 학습 주체에게 걸릴 터이지만, 무엇보다 우월적 지위를 지녀왔고 창조적 상상력이 요구되는 대학사회에서는 더욱 심각함을 던

---

6) 김만수, 「대중문화와 문학교육」, 『문학과 교육』 3호, 한국교육미디어, 1998, 24면.
7) 박태일, 「글쓰기의 운명, 운명의 글쓰기 - 정보화사회에서 글쓰기」, 『제주작가』 4호, 실천문학사, 2000.

지는 물음이다. 그러나 어디서, 어떻게 그 해답을 찾든지 하나의 사회제도로서 대학 안의 구성원들이 새로운 디지털 기술을 빌려 만들어가고 있는 다양하고도 새로운 문화형태와 유기적 연관을 모색하지 않으면 안될 것이라는 사실은 자명하다. 대학의 특정 교과가 지니고 있는 제도적 필연성은 없는 것이라는 생각을 이쯤에서 다시 한 번 되짚을 필요가 있다. 그 대학이 놓인 다양한 환경과 제약 속에서 이루어지는 제도적 과정인 것이다.

흔히 고급문화와 대중문화의 위계화를 바탕으로 고급문화 우월론만을 역설하는 문자문화적 관념에 머물러 있다면 이미 나날살이가 되어 버린 중요하고도 한결같은 삶의 양상인 영상문화의 중요성을 깨닫기 힘들지 모른다. 문학만이 지니고 있는 주요한 제도적 정당성을 발견하고 수긍시키고 납득시키기 쉽지 않을 것이다. 문자문학 교육은 살아 남기 힘들거나 심각한 재편을 거치게 될 것이라는 점은 이미 예상되어 온 바다.8)

오늘날 귀에 못이 박히도록 들리는 수요자 중심 교육이라는 것도 따지고 보면 대학 학습자들의 삶의 일상을 대학제도 안에서 수용하여, 이해하고자 하는 지적 작업으로 볼 수 있다. 정전과 고급문화가 전제된 속

---

8) 새로운 정보사회를 앞에 두고, 영문학에서는 이즈음에 두 방향의 움직임을 보여주고 있다고 한다. 그 하나는 영문학과에 긴급 수혈된 포스트모더니즘 또는 포스트구조주의로 말미암는다. 이들은 정체되어 있던 정전 연구와 전통적인 문학비평에 숨통을 터주는 역할을 하고 있다. 또 하나는 일상생활의 문화 연구로 나아가는 방향이 그것이다. 학생들이 겪고 있는 생생한 일상 경험을 학문적으로 연구하는 자리를 마련해주는 방식이다. 문화의 위계화나 성층화에 대한 관심을 버리고, 어떻게 문화가 작동하여 가치의 재생산에 이바지하는가에 관심을 두고 있는 이러한 문화연구는 오늘날 우리가 숨쉬는 문화를 비판적으로 살펴 헤아릴 수 있는 도구를 개발하려는 노력 가운데 하나이기도 하다. 따라서 그 안의 대상 텍스트들은 이른바 정전을 넘어서, 영화나 텔레비전 나아가 거의 모든 사회현상을 아우르는 쪽으로 넓혀진다. 이러한 변모는 대학의 영문학과가 진리를 좇는 상아탑이라기보다는 이데올로기가 투쟁하고 의미를 실천하는 장이라는 점을 솔직하게 인정한 데서 나온 것이며, 마침내 이러한 방향 선회는 학생들로 하여금 적극적으로 대학 제도에 개입하게 만드는 효과를 낳고 있다고 한다.
송무, 『영문학에 대한 반성』, 민음사, 1996; 송무, 「문학교육의 '정전' 논의」, 『문학교육학』 1집, 한국문학교육학회, 1997.

에서 자신들이 몸으로 살아가고 있는 문화를 거기서 덜떨어진 것으로, 그것과 크게 차별 지워지는 것으로 학습시켜왔던 규범적 교육에 대하여 세상의 지적 호기심은 점점 멀어지고 있는 것이다. 그리고 그러한 변화에 대한 요구를 능동적으로 받아들인다 하더라도, 그것을 대학의 교육 현실로 재편하고 수용하기에는 또 상당한 시간이 걸릴 것이다.

게다가 그 일이 대학원 교육이나 학문후속 세대들의 방향잡기라는 문제와 맞물리면 더욱 간단치 않다. 문자문학적 요소에 머물 때는 그들의 제도권 진입이 아직까지 쉬울지 모르나, 미래가 불안정할 것이다. 새로운 문화변이에 맞추어나갈 때는 당장 제도권 진입이 불안정할지 모르나, 대학이 지닌 주요한 의의 가운데 하나인 창조하는 데로 나아갈 수 있는 가능성은 그만큼 높다. 따라서 장차 그들이 놓일 직업환경까지 나란히 놓고 생각하면 우리 대학의 국문학 교육이 안고 있는 문제는 너무나 총체적이고 큰 것이다. 그 모습을 드러내는 일조차 쉽지 않은 지경이다.

4. 매체미학의 수용

새로운 디지털 영상문화의 시대, 대학 현대문학 학습에서 그것도 교과 편성이라는 쪽에 머문다면, 대응하는 방식은 크게 셋으로 나눌 수 있겠다. 첫째, 철저하게 새로운 문화 환경을 물리치면서 현대문학의 고유한 영역이라 일컬어지고 있는 자리의 전통적이고 규범적인 교과와 학습 내용을 온전히 지키는 방식이다. 둘째, 완전히 무시하지는 않으면서 비판적으로 수용해 나가는 방식이다. 그리고 셋째, 대학에서 이루어지고 있는 국문학 교육의 틀을 바닥에서부터 바꾸어 이름에 걸맞은 제도 변경으로 나가는 방식이다.

첫 번째 방식에 있어서는 대학의 문학 학습에서 다루어지고 있는바, 전통적인 문자문학의 정전이나 학습 내용이 우리사회의 현재와 미래에 여전히 필요하고 값어치가 있는 것이라는 점을 대학제도 안팎 구성원에게 거듭 납득시켜야 한다. 단기적으로는 지난 시기의 묵은 관성 탓에 큰 변화는 일어나지 않을 것이라 하더라도, 대학 구성원들에게는 학문 대상으로서 한국 현대문학이 놓인 자리와 직업현실의 근거로서 놓인 자리, 그 둘 사이에 가로놓인 먼 거리를 온몸으로 안아나갈 준비가 되어 있어야 할 것이다.

두 번째는 현실적인 방안이겠다. 인문학이 전통적으로 일궈나가려 했던 중요성을 돋보이도록 이끌면서, 방법적인 쇄신을 거듭해 가는 방법이다. 그 정도와 속도에는 쉬 묶어버리기 힘든 편차가 있을 터이지만 오늘날 우리 대학들이 취하고 있는 문제 접근 방식에 가까운 것이다. 따라서 우리 둘레에서는 학습 방법으로서, 여러 시청각 영상을 이용한 매체교육을 크게 늘여가면서 학습내용으로서도 다양한 영상문화와 매스커뮤니케이션 현상에 대한 관심을 확대시키고 있는 모습을 볼 수 있다. 그 둘은 상승적 학습효과를 가져오기도 한다.

그런데 문제는 지금 진행되고 있는 변화의 내용과 양태는 오랜 세월 입말문화와 문자문화를 거쳐서 이제 인류 진화의 절정을 향해 가는 자리에서 맞닥뜨린 양상에 가깝다는 점이다. 길게 보아야 50여 년을 넘지 않을 시기 동안에 틀 잡힌 현대문학 학습의 정통성과 제도적 정당성을 더는 웅변하기 힘들게 되었다. 지나간 시기, 전통사회에서 한문문학이 오래도록 지녔던 위상이 근대문학기에 들어 변두리로 변두리로 급속히 밀려났던 경험과는 견줄 수 없을 정도의 전환 경험일 것은 뻔한 일이다. 세 번째 방식이 보다 실천적인 것이 될 수 있으리라는 생각을 갖게 하는 까닭이다.

그러나 세 번째를 선택할 경우에 일어날 수 있는 다양한 이해관계의 해결과 중재, 그리고 그것에 따른 학습 환경이 현재 우리 대학제도 안에

서 과연 가능할 것인가 하는 점이 커다란 논란거리다. '유쾌, 통쾌, 상쾌'
한 발상과 세계대응 방식을 지닌 새로운 영상세대들이 고통스런 글쓰기
와 글읽기에 터를 둔 문학 학습에 힘든 노력과 돈을 들이지 않을 것이라
는 점은 뻔한 이치다. 인쇄시각문화가 낳은 문화관습인 문자문학이 새로
운 디지털 기술과 영상커뮤니케이션 아래서는 이미 낡아버리고 죽어버
려, 망령의 형태로 남을 따름이라는 많은 사람들의 심각한 우려를 호들
갑으로만 몰아세울 수 없는 형국이다.

오늘날 우리의 대학사회는 이 세 방편을 다 보여주고 있다. 첫 번째
방법에서는 국문학 연구 영역 안쪽에 있는 교과내용을 보다 특성화하면
서 학제적 연관을 키워나가는 길도 있다. '민속문화와 관광'와 같은 하위
부문을 극대화시키거나 대중문학, 근대 서간문학, 기행문학과 같은 변두
리문학의 교과 개발을 시도하는 쪽이 본보기가 된다. 그런 가운데서 이
미 외국에서는 학문적 검증을 거친 아동문학론이나 문학치료와 같은 영
역도 깊이 있게 활용될 수 있을 것이다.

두 번째 방법은 오늘날 우리 대학들이 단기적으로 가장 많이 보여주
고 있는 것이다. 새로운 영상문화 환경을 내치지 아니하고, 비판적으로
받아들이겠다는 자세에서는 한결같아 보인다. 짜놓은 교과과정으로만 본
다면 영남대학 국어국문학과의 것이 상대적으로 급진적인 변화를 따르
고 있는 보기가 되겠다. 문학의 밑뿌리가 되는 국어학에서부터 '우리말
소리와 전산처리', '대중매체와 국어', '정보화사회와 국어연구'와 같이
규범적인 국어학과 다른 매체언어학을 끌어들이고 있다. 현대문학 영역
에서도 '문학과 영상예술', '문학과 정보화사회', '편집의 이론과 실제'와
같이 다매체 환경 아래서 대학의 문학 교과를 능동적으로 마련하겠다는
의도가 뚜렷하다.[9]

---

9) 대학에 따라 차이가 많지만, 같은 지역에 있는 경북대학교나 서울대학교 경우에는
해당 영역에 변화를 끌어들이지 않는 쪽이다. 2001년 교과 개편안에 따르면, 두 대학
모두 전공영역 안에서 영상문화에 대한 배려를 한 자리는 한 곳도 없다.

　비슷한 흐름은 다른 곳에서도 살필 수 있다. '국어정보처리론', '한국어정보처리'(고려대)나 '메스컴문장론'(부경대), '광고와 언어', '언론문장작법'(서강대)과 같이 국어학과 문학이 학제적으로 접근할 수 있는 중간영역을 마련하면서, 대중매체 환경을 적극 끌어들이고자 하는 경우가 그것이다.[10] 현대문학으로만 보더라도 '문학과 정보이론', '영상문학론', '문학과 인접과학'(서강대)을 아울러 두고 있는 경우도 눈길을 끈다.

　현대문학 학습 영역에서 학습자 개인의 전공 바깥 활동으로 다루어지거나, 현장 학습 정도로 가벼운 무게가 주어졌던 문예창작 영역이 점차 커져가고 있는 흐름도 어느새 눈길을 끌 만한 변화로 나타나고 있다. 그것의 적극적인 방향은 아예 따로 자리를 마련해 문예창작학과를 두는 경우다. 울산대학교와 같이 국어국문학과 안의 전공을 국어국문학 전공과 문예창작학 전공의 둘로 나눈 일도 비슷한 경우다. 어느 경우든 텔레비전이나 '시나리오 작법', '매스컴 언어론', '영화영상작품 창작론'을 두어, 이제껏 정통적으로 여겨져 왔던 국어국문학 교과와 영상문화 사이의 경계 해체와 이동을 꾀하고 있다. 특정 대학에서는 한 발 더 나아가 문예창작학과를 '미디어문예창작학과'(가야대)나, '문학영상정보학과'(건양대)로 이름을 바꾸거나, 처음부터 '문예정보학과'(창원대)로 올리고 있다.

　앞서 든 경우는 전공 교과 안에서 본 몇몇 본보기일 뿐, 교양교과로 마련된 것까지 들자면 다시 여러 경우를 선별 수 있을 것이다. 경남대학교는 국어국문학 전공 가운데서 비교적 발빠른 변화를 받아들이려 한 쪽이다. 현대문학 영역의 경우, 여러 해 앞서부터 '대중사회와 문학'을 시작으로 현대문학의 외연을 넓혀나가는 자리를 새롭게 마련한 뒤, '영상커뮤니케이션과 대중문화'를 전공 교과로 두어 운용함으로써, 전자영상문화의 인문학적 특성과 그 비평 방법에 대한 훈련을 놓치지 않

　50년 편찬위원회 편, 『경북대학교 국어국문학과 50년』, 경북대 국어국문학과, 2001.
10) 비록 사범대학 쪽이긴 하지만 새로운 매체 환경에서 이루어질 국어교육의 교재 개발과 학습방법을 다루고 있는 '국어교수매체론'(신라대)은 매우 앞섰다.

고 있다.[11]

세 번째 방식은 오늘날의 대학제도 아래서는 힘든 일일지 모른다. 국어국문학 안에서 어느덧 굳게 자리잡힌 국어학·고전문학·현대문학이라는 전통적인 3분법의 영역 경계를 가로질러, 영상문화학부나 학과를 새로 전공학문 영역으로 제도화하는 방향인 까닭이다. 규범 철학이나 문학은 두더라도, 정보언어학이나 문화연구, 영상문학들이 도움을 줄 수 있는 길이다. 몇몇 대학에서 철학과를 문화학과나 영상철학과로 바꿔나간 전환의 정도에서 더 나아가는 문학 쪽 경계 해체나 이동이 요구된다. 그리고 이럴 경우, 미디어공학이나 제작론들과는 다른 인문학문으로서 영상문화학은 학습자들의 영상이용능력과 문화능력을 드높이는 데 얼마 동안 철학·어문학에다 언론방송학을 포함한 사회과학, 예술공학을 두루 아우르는 학제적 협업과정을 거쳐야 될 전망이다.

앞의 그 어느 경우든, 배달겨레의 문화인류학이라는 원심적 목표와 문학의 지역적 실천이라는 구심적 활동, 그 둘 사이에 놓이게 될 긴장을 학문공동체 안쪽 구성원들은 피하지 말아야 할 일이다. 각별히 둘째와 셋째의 경우, 문자문학과 영상문화 사이의 통합이나 새로운 경계 모색을 위하여, 단기적으로 대학의 현대문학 학습에서 먼저 고려되어야 할 교과들을 마련해 보면 아래와 같은 시안이 있겠다. 몇몇을 끝자리에 올려본다.

①디지털 문학의 이해 : 사이버공간과 디지털 문화 속에서 생산, 유통, 소비되는 문학 양상에 대한 이해와 실제 학습.
②영상서사론 : 문학 서사학을 중심으로 영화, 만화, 애니메이션, 게임, 텔레비전, 광고 서사에 대한 공통성과 개별성에 대한 학습.
③현대문학과 영상문화 : 우표, 사진, 그림, 서예, 영화, 만화와 같은 여러 문화

---

11) 이런 쪽에서 새로운 영역과 변화 모색은 적극적인 제도의 도움을 받지 못하고 있다 하더라도, 젊은 개별 연구자들의 방향 전환과 노력은 많은 부분 진행되었다. 이미 그것을 온축해 보여주고 있는 낱책도 보이기 시작했다.
   최혜실, 『디지털 시대의 문화읽기』, 소명출판, 2001.

예술 형태나 아이코텍스트(icotext)와 결합되어 있는 주요 작품, 작가, 사건, 모티프를 중심으로 삼은 한국 현대문학 맛보기 학습.

④ 문화비평 연습 1·2 : '현대문학비평론'의 영상문화와 매체비평 방법으로 나아간 전환 학습.

⑤ 문화커뮤니케이션과 문학관광 : 한국 문자문학의 성과를 학습자 중심의 이벤트적 관점에서 동적 학습, 현장학습으로 재구성하여 현대문학 특성 학습.

①은 오늘날 전자영상문화 환경의 뿌리와 그 안에 놓인 문학의 생태에 대한 이해를 다지는 교과로서 필요하다. 그러한 바탕 위에서 ②가 심화된 학습 내용을 제공하게 될 것이다. ③에서는 영상문화 모두에 걸쳐 그 전사와 현재, 그리고 미래에 대한 깊이 있는 이해를 북돋워, 마땅한 영상이용능력을 갖추도록 이끌게 될 것이다. 이러한 바탕 위에서 다양한 영상매체 비평에 대한 기초 이론과 문화능력 학습으로 나아갈 ④나 현장론적 실감을 빌려 응용문학의 가능성과 전망을 키워줄 ⑤와 같은 것이 놓일 수 있다. 보다 나날살이의 경험문화에 닿아 있는 기능 학습의 자리를 마련함으로써, 학습 효과를 배증시킬 수 있을 교과다.

5. 마무리

오늘날 우리 대학의 국문학 교육은 적극적인 변화의 요구 앞에 놓여 있다. 하나의 사회제도로서 대학과 그 구성원들이 어떻게 당대 요구와 개인의 학문적 믿음을 결합시키는가 하는 것이 더욱 어려운 문제로 제기된 이즈음이다. 그리고 앞으로 그것이 더욱 커질 것이라는 점은 뻔한 이치다. 무엇보다도 이때까지 대학이 떠맡고 있었던 비교 우위의 지위가 곳곳에서 흔들리고 있는 까닭이다. 이런 정세 아래서 대학의 현대문학 영역 학습에서 주요한 몫을 맡고 있는 교수자들이 겪고 있는 혼란은 적지 않을 것이다.

이 문제 해결에는 이론적으로 보아 세 가지의 방편이 있겠다. 첫째, 아예 기존의 문학 영역 경계 안에 남아 정전이나 변두리문학에 대한 새로운 해석을 통해, 문학의 위의와 존재근거를 더욱 확실하게 마련해 나가는 길이다. 둘째, 영상문화 양식을 비판적으로 받아들여, 문학의 외연을 키우는 한쪽으로 인문학문의 제도적 정당성을 새롭게 얻어나가는 길이다. 셋째, 국어국문학 영역 안쪽에 커다란 지각 변동을 일으켜, 더 상위에서 영상문화학과 같은 영역을 새롭게 구성하는 쪽이다.

이 셋 가운데 어느 길이든 손쉬운 쪽은 없다. 현재의 젊은 현대문학 교수자들은 그 점을 잘 알고 있다. 그러면서도 학문의 세대 교체가 대학 제도권 진입과 정년을 한 단위로 하여 이루어지던 지난 시기의 인습에 머물 수도 없다. 지역대학의 국문학 학습은 제도적 정당성을 얻기가 더욱 어렵다. 전방위적인 인공지능의 시대, 새로운 인류학・생명학・실천학으로써 문학의 등불을 들고, 우울한 야간 행군을 거듭하지 않을 수 없는 까닭이다. 뒷세대를 위한 학문적 노화를 힘껏 앞당길 시점이다.

제 4 장

인문학과 주체적 글쓰기

1. 들머리

 오늘날 우리 사회가 겪고 있는 변화의 밑바닥에는 커뮤니케이션 방식의 변이가 놓여 있다. 지난 근대 시기 사회 변화를 일으킨 핵심 동인이 역사적 사건이었다면, 이즈음 변화는 그와는 질적으로 다르다. 구술에서 인쇄 단계를 거쳐, 전자영상 매체의 진전과 주류화로 요약되는 문명사적 변동으로 말미암은 것이다. 그 내용과 앞길조차 내다보기 힘들 지경이다.
 문제는 이러한 급변 속에서 대학제도나 그 구성원이 그것을 앞서 이끌 만한 힘을 갖추고 있는가, 또는 제대로 된 문제 해결을 대학 안쪽에서 이끌어낼 수 있을까 하는 점이다. 어쨌든 대학 또한 사회 여러 부문과 맞닿아 있는 까닭에 한동안 우리 대학은 그 자체 생존을 위해서라도 혁신적인 변화를 받아들이기는 힘들 것이다. 심각한 변혁 요구와 제도 현실 사이에서 위태로운 줄타기를 거듭할 가능성이 높다.

그렇다고 학적 뿌리에 대한 물음, 곧 앞으로도 인문학이 존재할 값어
치가 있는 것인가, 있다면 어떻게 존재할 것인가라는 물음을 포기할 수
는 없는 일이다. 따라서 새삼스럽게 근대의 핵심 커뮤니케이션 방식인
글쓰기와 주체적 쓰기라는 문제를 되짚어 보는 것도 뜻이 있다. 대학의
인문학과 그 글쓰기 인습에 대한 헤아림이 이어질 마련이다.

2. 근대언어와 이중의 혼종 경험

주체의 죽음, 주체 해체를 알리는 꽹과리 소리가 요란한 이즈음이다.
서구 / 비서구, 남자 / 여자, 중심 / 주변, 고급 / 저급의 이원대립항과 그 경
계 해체를 향한 목소리가 한결같다. 이러한 탈근대를 향한 드라마 가운
데 우리 대학과 인문학은 놓여 있다. 주체 구성이나 정체성을 문제삼는
일이 시답잖은 느낌마저 준다. 자기 동일적 주체가 사실은 그 안에 다양
한 타자성, 차이성을 내포하고 있다는 깨달음이 일반화된 이즈음이다.
주체 구성에서 나타나는 동일자 / 타자 사이의 선택과 배제의 정치학을
깊게 깨달은 것이다.

그렇다고 인식론적 허무주의에 빠져 있을 수만은 없는 노릇이다. 근대
시기 내내 꾸준하게 재생산을 거듭해왔던 대립적 위계화와 그 정치학
속에서 주체는 여러 길로 형성되고 단련되어 왔다. 개인, 성, 민족, 계급
과 같은 것이 단골 세부다. 이것들이 모두 반성의 도마에 오른 셈이다.
다른 나라에 견주어 심각한 것이었던 민족 주체조차 경계가 흔들리는
형국이다. 이런 점에 눈길을 두면서 인문학에서 고심해야 할 주체적 글
쓰기 문제와 전망을 첫째 근대의 언어 경험, 둘째 제도적 연관성 속에서
짚고자 한다.

우리에게 근대 경험은 언어적 주체 형성에 심각한 영향을 미쳤다. 무엇보다 한글이 제대로 자랄 수 있는 바탕을 무너뜨렸다. 한글이 나날살이에 널리 쓰이고 그 용례를 다듬기 시작한 역사는 생각보다 오래지 않다. 1894년 나라에서 공식화시켰음에도 불구하고, 한글이 널리 퍼지게 된 것은 1900년대 들어 근대 학교의 설립과 인쇄매체 보급이 결정적인 역할을 하기 시작한 무렵이다.

그러나 그때에 이루어졌던 한글 표기는 외형과 달리 많은 내용물을 날로 된 일본식 한자말이거나 직역된 서양 용어로 채웠다. 오랜 세월 우리 삶자리에서 생생하게 살아 있었던 우리말의 뜻과 쓰임새가 한글로 되살아날 좋은 기회 앞에서 크게 훼손을 입은 것이다. 근대 민족어로서 한글은 처음부터 잡종언어로 자랐다. 간단히 책을 세는 셈수를 한 보기로 든다.

	1권	2권	3권	4권	5권
①	( )	1·2, 상·하	1·2·3, 상·중·하	1·2·3·4	1·2·3·4·5
②	單	乾·坤	上·中·下, 天·地·人	元·亨·利·貞	仁·義·禮·智·信

①은 이즈음 자동화되어 있는 바 근대적 셈수다. 아라비아 숫자를 10진법에 따라 순서대로 늘어놓아 책수를 알렸다. 여러 책일 경우, 그 수를 한 눈에 알 수가 없다. 게다가 '상·하'의 경우는 '상·중·하'의 경우와 뒤섞여 쓰인다. 혼란이 늘 있다. ②는 이제 쓰이지 않고 있는 옛책의 셈수다. 거의 모든 이들에게 낯설거나 '촌스러운 것'으로 여겨지는 것이다. 그러나 어느 쪽이 책수를 한 눈에 알아 볼 수 있도록 마련되어 있는가는 자명하다. 그 용례에 있어서 기껏 100년을 넘지 않을 ①에 견주어 ②는 몇 백년을 넘도록 예사롭게 쓰였던 틀이다. ②가 망실된 일은 단순한 낱말 수준 이상의 것을 뜻한다.

①"우리는 울프의 비난의 근본점을 세계관의 변화와 감수성의 변화라는 각도
　에서 이해할 수밖에 없다."
②"우리는 울프가 비난한 근본점을 세계관 변화와 감수성 변화라는 각도에서
　이해할 수밖에 없다."

①은 한 중견 영문학자가 쓴 것이다. 일본어 'の'와 영어 'of'로 말미암
은 이중의 영향이 굳다. "울프의 비난의 근본점"에서 "세계관의 변화",
그리고 "감수성의 변화"라는 말마디는 조그만 손을 보면 매우 부드럽고
도 또렷하게 바뀔 수 있다. ②가 그것이다. 이러한 보기는 단순히 낱말
수준에 그치는 것이 아니다. 문장론에서 나아가 인식 논리에까지 깊은
영향을 미쳤다.

근대어로서 한글은 말을 글로 옮기는 훈련만으로도 버거운 터였다. 거
기다 짧지 않은 세월 내면화를 거친 일본식 한자어에다 서양어, 그 둘과
한꺼번에 벌인 혼종 경험 속에서도 살아 남아야 하는 힘겨운 싸움을 거
듭했다. 이제 여지없는 한글의 참패로 그 힘겨루기는 막을 내리고 있다.
우리말로 학문하기란 선언적 의미로 그칠 일이 아니다.

주체적 글쓰기라는 틀로 볼 때, 우리 근대 인문학이 놓인 자리는 매우
혼돈된 것이다. 그 바탕인 용어학에서부터 심각한 전통 단절과 소모적인
동어반복을 거듭하는 지경에 이르렀다. 우리는 어느새 '본 데 없는 놈들'
이 된 셈이다. 이중의 혼종 경험을 현명하게 겪지 못하고 한글에 대한
열패감만을 키워준 데 비극이 있다. 전근대 시기 한문이 독점적으로 지
녔던 높은 지위를 한때는 일본식 한자어에게, 지금은 영어에게 내맡겨버
리게 된 글쓰기 인습을 벗어날 수 있을 가능성이 지금으로서는 엷다.

3. 제도적 정당성과 인문학

인문학을 포함한 모든 학적 글쓰기가 그 소통 가능성을 학문공동체 안으로만 열어두어서는 존립이 어렵다. 제도적 기반인 삶의 현실 속으로 되돌려지는 것이 아니면 안 된다. 끊임없이 변화하는 현실 속에서 그 정당성을 검증 받고 또 키워나가는 능동적인 노력이 필요하다. 현실과 무관한 듯이 보이는 순수과학조차도 현실적 정합성 위에서 이루어지는 것이다. 이제까지 우리의 글쓰기는 그에 대한 배려가 약했다. 이와 관련하여 크게 세 가지를 짚는다.

1) 특권적 글쓰기와 탈현실

글쓰기는 말하기와 같은 커뮤니케이션 방식이면서도 서로 다르다. 특별한 훈련을 필요로 하는 기술 영역에 드는 것이 글쓰기다. 아무나 할 수 있는 자연스런 행위가 아니다. 적어도 글로 남길 기회를 자주 가질 수 있는 소수 엘리트층의 선택적인 행위가 글쓰기다. 더 많은 사람들은 그 바깥에 있다. 또한 그럴 기회가 주어진다 하더라도, 그들이 남긴 것은 값없거나 비학문적 대상이라는 이름으로 배제된다.

그 바탕에서 학문하기가 해당 학문의 용어와 글쓰기 방법을 배우는 일이라는 사실을 인정한다 하더라도, 우리 사회 안쪽에서는 그것이 쳐둔 턱과 경계가 너무 높다. 다른 사회 부문이나 공동체의 언어와 한껏 차별화함으로써, 특권적 위상을 강조할 수 있었던 것이다. 사람살이를 다루는 인문학도 그 점에서는 예외가 아니다. 난해한 귀족주의가 일반 현상이었다.

세상 사람들이 이해하지 못할 독점적인 글쓰기로 그 존재 근거를 얻고, 그 안쪽에서 삶과 겉돈 채 담론의 새끼치기나 거듭하는 인문학 글쓰기를 세상이 그냥 두고 볼 것이라는 믿음은 착각이다. 세상 사람 속에서 그들 말로 학문하려는 헤아림이 우리에게는 너무 엷다. 자신의 제도적 차별성만을 강조하기 위한 특권적 글쓰기는 자리가 점점 좁혀들 것이다. 정치적인 것보다 말글의 민주화가 더 근본적인 까닭이다.

2) 지역담론 생산의 문제

정치·경제·문화·행정의 지역 소외와 중앙 집중은 우리 근대가 겪은 핵심 경험 가운데 하나다. 그 속에서 지역 파괴와 획일화, 서울 독점은 극에 달했다. 글쓰기라는 쪽에서 볼 때, 그러한 중앙 집중은 그 안쪽을 자기류의 거대담론 중심으로 채우게 했다. 인문학이 지닐 바 관심을 크게 왜곡시켰다. 거기서 벗어날 수 있는 길 가운데 하나가 지역담론을 거듭 생산·재생산하는 담론적 실천이다.

그러나 오늘날 지역은 맞닥뜨리고 있는 어려운 처지나 분권이라는 정치 구호만 부풀릴 뿐, 값있는 지역담론 창발에 적극 나설 기미를 보이지 않고 있다. 지역 문제 해결 방법은 지역 바깥에 있다기보다 그 안에 있다는 인식 변화가 급한 시점이다. 이른바 서울 명문대학 중심의 학문 편제와 거대담론을 흉내내는 버릇에서 벗어나, 구체적인 지역의 역사·현실에 뿌리내린 실질적인 편제와 그 글쓰기에 관심을 가져야 할 마련이다.

3) 주변적 글쓰기의 학제적 수용

이제까지 대학에서 이루어져왔던 학문의 층위나 범주화 전통은 장차 많은 부분에서 그 경계 이동과 전이가 예상된다. 새로운 영역 추가 또한 필연적이다. 현실을 무시할 수 없는 까닭이다. 인문학의 경우 현실 삶의 문제를 벗어나서는 존립하기 더욱 힘들다. 그런 점에서 이제까지 배제되고 차별 받아왔던 주변담론에 대한 능동적 관심 확대와 수용이 인문학 글쓰기가 맞닥뜨린 중요한 과제로 떠오른다.

주류 담론과 그 글쓰기 방식에서 벗어나 새롭게 여러 현실 국면을 담아낼 수 있는 자유롭고도 생산적인 방법 수용이 그 해결에 필수적이다. 대학 학제 안쪽에서 적극 받아들여져야 할 일이다. 지나간 서양 정전의 권위에 기댄 글쓰기에서 벗어나기, 예외적인 논의나 비약을 받아들이는 개방 서사, 구체적인 삶을 담아내기 위해 이차담론이 아니라 직접적인 일차담론 형태를 수용하는 것과 같은 일이다.

그러한 혁신적인 글쓰기가 인문학 안쪽에서 제도화 과정을 거친다면, 이제까지 배제되고 소외되었던 다양한 현실이나 주변담론이 그 자신의 진실을 드러낼 수 있는 기회는 그만큼 많아질 것이다. 삶과 인문학이 풍요로워지고, 그 글쓰기의 제도적 정당성이 더욱 굳건해질 것이 뻔한 이치다. 이론 복제와 그 선점에만 매달렸던 인습에서 벗어날 수 있는 가능성은 그만큼 커진다.

4. 마무리

주체란 그것이 놓인 역사적·물적·제도적 공간의 연속 과정이 마련하는 상호작용의 결과물이다. 우리 대학의 인문학 글쓰기와 그 주체적인 됨됨이에 대한 논의는 그러한 점에서 단순하게 다가설 수 있는 일은 아니다. 게다가 오늘날은 불연속적인 글쓰기와 다중주체를 특성으로 삼고 있는 정보사회 들머리다. 글쓰기의 주체 구성은 예기치 않은 비약을 겪을 수도 있다.

이제까지 우리 인문학 글쓰기가 지녔던 문제를 두 가지, 곧 근대 경험에서 나타나는 언어적 주체 구성의 파행성과 현실적 정합성을 무시했던 인습에 초점을 두어 짚었다. 장차 인문학이 세계 이해와 담론 창발의 밀개로서 그 중요성이 더해갈 것이라는 전망이 있다. 정보사회로 나가는 새로운 물결 속에서도 인문학 글쓰기는 여전히 핵심 이음매로 존재할 것이다.

인문학이 정보사회의 신종 고고학으로 떨어질 것이라는 어두운 전망 또한 있다. 그러나 그 속에서도 삶이 무엇이며, 어떻게 살아야 할 것인가라는 물음이 우리에게 거듭되는 한 인문학 글쓰기는 그치지 않을 것이다. 오늘날 인문학은 새로운 제도적 정당성을 선취할 수 있는 갱신 기회를 맞고 있다. 주체적 글쓰기란 그러한 갱신의 노력 끝에 얻게 될 결과론적 실체에 붙일 이름인지 모른다.

제 5 장

글쓰기의 운명, 운명의 글쓰기

정보화사회에서 글쓰기

1.

나는 문을 연다 이미 열려진 문은
문이 아니다 자정의 이쪽에서 저쪽으로 닫힌 문
비틀고 주리틀어도 열리지 않는 문을 열며
아무 것도 보이지 않는 어둠을 나는 똑똑히 본다

나는 안다 내가 안간힘 쓰며 밀어붙이는 문 반대편에
네가 있다는 것을, 너도 몸부림치며 문 연다는 것을
우리가 서로 같은 힘으로 문 밀고 있다는 것을
그래서 문은 결코 열리지 않는다는 것을

나는 모른다 도대체 너와 나
누가 갇혀 있는가를

　　　　　　　— 강연호 「우리 슬픔의 물음표와 느낌표」 가운데서[1]

1948년은 최초의 컴퓨터 '에니악'이 나온 해다. 1970년에는 퍼스널 컴퓨터가 소개되었다. 그리고 불과 반세기 남짓만에 컴퓨터는 인류의 실존 조건으로 올라섰다. 이제 사람들은 컴퓨터 모니터 앞에 앉아 기꺼이 다양한 시행착오를 받아들이면서, 전혀 새로운 영역을 떠돌아다니고 유희하는 버릇을 온몸으로 즐긴다. 사람의 정보 소통 환경이 너무 빨리 달라지고 있는 셈이다. 몇 해만 거슬러 올라가도 예측으로 머물렀던 일들조차 오늘날에는 자연스러운 나날살이로 들앉고 있다. 곳곳에서 넘쳐흐르는 퍼스널 컴퓨터의 자판 두드리기는 집단 오르가즘을 위해 마련된 전 지구적 단위의 전희가 아닌가라는 생각마저 일으킨다.

이러한 변화로 말미암아 앞으로 다가올 정보화사회가 유토피아를 가능하게 할 것인가, 아니면 디지털적 야만을 이끌어낼 것인가, 거듭되는 물음에도 그 답을 내리기란 쉽지 않다. 우리를 새로운 전자 민주주의 사회로 데려다 놓건, 포화상태에 이른 후기자본주의의 탐욕스런 이윤시장으로 매몰차게 내몰건, 어느 쪽으로도 그 가능성이 열려 있는 까닭이다. 그러나 분명한 점은 인공지능과 자동화로 무장된 탈중심적 미디어 연결망의 성장과 그에 따른 변화가 마침내 우리를 데려다 놓을 자리는 적어도 지금 우리가 상상하고 있는 차원은 훨씬 뛰어넘을 것이라는 사실이다.

삶의 모든 영역에서 일어나고 있는 이러한 디지털 혁명은 획기적이라는 말의 사전적 의미에 걸맞게 사람의 미적 감수성과 인지체계를 맨 밑바닥에서부터 바꿔나가고 있다. 글쓰기가 그 뒤를 따르게 되는 것은 매우 자연스런 일이다. 글쓰기의 생산과 유통, 소비에 걸친 조건 자체가 완연하게 달라진 셈이다. 근대적 의미의 문자 글쓰기와 그 제도는 거듭 위축되고 있다. 무차별적으로 사회를 뒤덮고 있는 화려한 디지털 이미지와 소란스러운 전자 스펙터클 아래서 이러한 변화를 우려하는 목소리조차 어느덧 잔치에 초대받지 못한 이가 홀로 주억거리는 볼멘 목소리쯤으로

---

1) 강연호, 『잘못 든 길이 지도를 만든다』, 문학세계사, 1995, 79면.

치부될 정도다.

2.

정보화사회가 마련할 글쓰기의 조건 변화 가운데서 두드러진 점 가운데 하나는 세계 어디서나 같은 정보서비스를 실시간에 받을 수 있다는 사실이다. 지구 대부분의 지역이 하나의 연결망으로 통합되게 되고, 다양한 전자 장치로 무장한 뉴미디어는 그것을 충실하게 이끌 것이다. 이러한 사회에서 저자는 자신이 원하는 대로 정보를 수정·저장·편집할 수 있고, 연결망을 빌려 이름에 걸맞은 쌍방향 소통을 이룰 수 있다. 활자 텍스트와 달리 숱하게 열린 텍스트를 지향하는 하이퍼텍스트의 가능성이란 선언적인 뜻에만 머물 일은 결코 아니다.

읽기 관습이 퇴조하고 인쇄매체의 영향력이 줄어들 것은 자연스런 귀결이다. 문자 코드가 운명적으로 떠 안을 수밖에 없는바, 홀소리 닿소리로 이어진 선형적인 글쓰기와 질서화된 서사의식은 물러나 앉고 비선형적이고 카오스적인 상황이 그 자리로 옮겨 앉고 있다. 컴퓨터 연산에 의한 글쓰기도 이미 낯선 경우가 아니다. 원숭이가 수동 타자기를 두드려서 만든 가락글 형태가 시인가 아닌가라는 문제가 과학저널에서 논란이 되었던 때가 1970년대였음을 생각해보면 참으로 발빠른 변화다.

우리는 지금 인공지능에 의해 더 자유롭고 무한한 정보생산과 능동적인 글쓰기의 변환을 눈으로 확인하고 있다. 게다가 머지 않아 사용자와 컴퓨터를 잇는 방식이 현재의 하드웨어적 인터페이스인 키보드와 마우스, 그리고 프린트에서 벗어나 전혀 새로운 인터페이스로 전환이 이루어질 전망이다. 그럴 경우 입력과 출력의 신속성·다변성에서 뿐 아니라, 더 다양한 부문에서 놀랄 만한 국면들이 마련될 것은 뻔한 이치다. 느끼고 생각하는 유일한 종이 인류라는 생각도 변화될 날이 머지 않은 셈이다.

그러한 상황에서 저자는 마침내 창작가라기보다는 언어배열자로 나아갈 것이다. 전통적 의미의 작가가 존재하기 어렵다. 모니터 앞에 앉아 모니터를 상대로 이루는 긴장된 글쓰기의 저자는 연필을 쥔 채 홀로 책상에 앉아 고심하는 창조적인 글쓰기의 저자와는 다르다. 활자언어와는 견줄 수 없을 정도의 긴장과 순간적인 집중, 그리고 도취 상태를 디지털 워드프로세스 글쓰기는 가져다줄 것이다. 어찌 보면 디지털 공간에서는 저자가 우연과 게임하는 것일 수도 있다. 숨막힐 듯한 속도감으로 와 닿는 모니터의 빛과 소리를 빌려, 그는 읽는이를 마주한 채 긴장된 글쓰기 게임을 계속하게 된다.

자주 예견된 바와 같이 글쓰기가 다양한 갈래와 양식을 만들어낼 일은 변화의 작은 한 보기에 지나지 않는다. 통신 안쪽과 바깥쪽을 모두 수용하는 양방향성, 실시간성, 익명성에 힘입어 새 저자들은 현실과 비현실을 포괄하며 새로운 리얼리티와 상상적 일탈을 마음대로 저지르기 시작했다. 그리고 그러한 글쓰기는 이미 자연스러운 나날살이로 자리잡아가고 있다. 누구나, 언제 어디서나 하이퍼텍스트 생산자가 된다.

언어적 정보뿐 아니라 미세한 감정적 정보까지 자유롭게 주고받을 수 있게 될, 이 경계 없는 사이버 제국에서는 다양한 하이퍼텍스트의 생산 못지 않게 지금과는 견줄 수 없을 정도로 크고 단단하기까지 한 사이버 공동체를 형성해 나갈 것이다. 숱한 컴퓨터와 데이터 은행들로 이어진 연결망이 그것을 즐겁게 뒷받침해 줄 것이다. 이즈음 진행되고 있는바, 문화관광부의 '새로운 예술의 해'를 맞이해 문학분과위원회가 이끌고 있는 '언어의 새벽'이라는 하이퍼텍스트의 생산[2]은 이러한 전자적 글쓰기

---

2) http://www.spiritandeye.com. 김수영의 작품 「풀」을 밑글로 하여, 120명을 넘는 문인과 일반인의 참여로 이루어졌다. 쌍방향성을 구현하지는 못하고 있지만, 대단위로 이루어진 흥미로운 시도다.

가 보수적인 관료제도 안쪽에서 이루어지고 있어 눈길을 끈다. 지극히 초보적인 걸음마 단계를 보여주는 것이긴 하지만, 우리사회가 품고 있는 새로운 역동성을 느낄 수 있는 한 징후일 수 있는 까닭이다.

새로운 글쓰기가 수용자의 접속회수를 늘리기 위해 선정적이고 외설적인 경험에 호소하는 소재주의를 취한다는 우려도 심심찮게 들린다. 그러나 그러한 점들은 전자 글쓰기의 곁가지 문제일 뿐이라는 지적 또한 만만찮다. 글쓰기에 대한 엄숙주의, 저자나 글에 대한 신비주의적 관심이 묽어진다고 해서 글쓰기 자체의 역할과 중요성이 사라지는 것은 아니다. 오히려 이때까지 글쓰기가 지니지 못했던 점들을 넘어설 수 있는 더 커다란 기회 제공이며, 더 다양한 해방의 계기일 수 있다는 사실에 그들은 눈길을 준다. 문자언어의 가능성에 대한 탐구는 여전히 치열할 것이다. 그에 걸맞게 글쓰기 제도의 쇄신이 발빠르게 뒤따를 것이다.

앞시대의 글쓰기가 겪어왔던 주제적 경험 또한 소중하게 존중될 일이다. 근대 산업화가 사회 구성원의 평균적 생활 수준 향상과 편리 증대를 이끌어냈다는 것은 널리 알려진 사실이다. 그러나 아직까지 가난과 배고픔으로부터 숱한 사람들이 자유롭지 않다. 급격히 떠오른 생태문제와 빈부·지역 격차, 그리고 가치관 혼란은 전지구적 범위에서 심각한 문제로 더욱 심화되고 있다. 새로운 전자 글쓰기 또한 그런 문제 인식으로로부터 결코 자유로울 수 없을 뿐 아니라, 지난날과 다른 방식과 시각에서 그것을 품어 안을 것이다. 디지털 시대라고 해서 삶의 문제까지 모두 단순하게 디지털화되는 것은 아니다. 삶의 기본 문제들은 여전히 아날로그적이거나, 그 이전이다. 주요한 점은 과감한 쇄신의 노력과 그 실질에 있다.

사실 지금껏 전통적인 문자 글쓰기는 너무 오래도록 불편 없이 잘 지내왔다. 이른바 '잘 먹고 잘 살아왔던' 셈이다. 그러나 그 영역은 넓혀져야 되고, 기능은 보다 복합적이고도 구체적으로 분화되어야 한다. 글쓰기 제도 스스로 자신의 존재의 정당성을 심각하게 반성하고 새로운 변화를 받아들일 채비를 단단히 하여야 한다. 글쓰기가 불편해야 비로소 글쓰기가 살 수 있다는 역설을 더욱 실천적으로 받아들일 때다. 지난 글쓰기가 누려왔을 즐거움과 괴로움을 제대로 기념하기 위해서라도 모든 저자들에게 너나없이 쿠덴베르그적 전회는 필연적이다.

3.

인쇄출판에 의존하는 전통적인 글쓰기는 산업자본주의의 규모 경제에 바탕을 둔 규모의 유통에 뿌리를 두고 있다. 대량생산과 대량소비에 힘입은 안정적 환금성이 글쓰기와 출판의 주요한 잣대였다. 때로는 그와 거꾸로 순정주의를 내세우며 담론 내적 우월성을 지켜나가고자 하는 글쓰기 또한 건너 한 영역을 차지하며 경계를 뚜렷이 하고자 했다. 그러나 그 어느 경우든 힘있는 출판 유통망을 차지한 출판자본이나 매체권력이 중요하게 작용하기는 마찬가지였다. 전통적인 글쓰기의 저자는 자신의 글을 읽어주고 소비해줄 독자를 향해 글을 쓴다기보다는 그 글을 출판해줄 출판인이나 편집인 같은 제도적 장치를 향해 글을 쓴다고 해야 할 정도다.

정보화사회에서는 그러한 중간적 존재가 빠르게 무너지게 될 것이다. 쌍방향 대화와 끝없이 거듭되는 실시간의 하이퍼텍스트는 비판적 거리를 두고 읽기를 거듭하는 전통적인 인쇄시각문화 안에서는 가능했던 비평가나 편집자의 개념 약화뿐 아니라, 그 영향력을 크게 줄일 것이 뻔하다. 물론 매체 융합을 빌려 기존매체는 그것을 막으려 하겠지만, 글의 향유에 있어서 매개자의 비중이 뚜렷하게 낮아질 것은 벗어날 수 없는 일이다. 그러나 사람들이 읽기가 몰락할 것이라고 두려워하는 진정한 뜻은 비평가와 같은 매개자의 퇴조가 아니다. 비평적인 읽기의 몰락이다. 모

든 메시지, 체험모델들이 무비판적으로 수용될 것이다. 수용자들을 자극
과 반응으로만 조건 지워진 로보트로 돌려세울지도 모른다는 점을 사람
들은 두려워하고 있다.[3])

전자출판 또한 글쓰기의 유통과 소비 단계에 커다란 영향을 끼치고
있다. 더 손쉬운 생산뿐 아니라, 저장·전달이 가능해지는 까닭이다. 디
지털화의 진행 속도에 따라 더욱 늘어나고 있는 전자출판물을 우리는
나날이 보고 있다. 디스크책의 형태로 유통되건, 컴퓨터 통신망을 이용
한 화면책(Screen Book Publishing) 형태로 유통되건, 그것은 앞으로 더욱 폭발
적으로 늘어날 전망이다. 이즈음에는 개인정보단말기처럼 지니고 다닐
수 있는 책 모양의 전자책이 선보이고 있다. 이러한 전자출판물은 종이
책에 견주어 대량의 정보를 제공할 수 있고, 필요한 정보를 재빨리 찾아
주는 편리한 검색기능까지 갖추었다. 게다가 종이책이 시각적인 단일매
체 텍스트인데 견주어, 이들은 소리와 영상까지 마련한 다중매체 방식으
로 향유된다.

따라서 글쓰기가 가벼워지고 있다는 다수의 걱정에는 아랑곳없이 많
은 사람들은 오히려 다양한 세계나 영역에 대한 접근과 이해를 가능케
할 생생하고도 구체적인 글쓰기와 글읽기의 가능성을 읽고 있다. 전문화,
특성화는 디지털 혁명의 필연적인 귀결이다. 수용자의 조회수를 결정짓
는 것은 지식, 정보의 양이 아니다. 내용의 전문성이 될 확률이 높다. 따
라서 미래의 글쓰기는 퇴조하기보다는 오히려 더 멀리 있는 지역과 사
람에 대한, 더 가까이 숨겨져 있는 문제에 대한 구체적 관심과 함께 진
정한 이웃사랑을 느끼고 실천하게 하는 주요한 도구가 될 것이다. 새로
운 전자 글쓰기가 마련하고 있는바, 거듭 변화·수용·발신되기 위하여
씌어질 쌍방향 소통의 진짜 모습이 이것이다.

그런데 그러한 글쓰기를 이끌 사람은 오늘날의 주류적 글쓰기를 맡고

---

3) 빌렘 플루서, 윤종석 역, 『디지털시대의 글쓰기』, 문예출판사, 1998, 156면.

있는 사람들은 아닐 것이다. 디지털 혁명이 낳을 새로운 유형의 사이버족이 그들이다. 그들은 근대 산업사회의 위계적·획일적이며, 남성 중심적인 문화에서 벗어나, 탈중심적·다원적·여성적인 문화를 실질 있게 만들어낼 것이다. 퍼스널 컴퓨터는 그들에게 임의적이고 즉흥적인 행동양식과 유동적 세계관, 다중적 개성을 펼쳐 나갈 수 있는 장소로 모자람이 없을 것이다. 전자통신·채팅, 그리고 매니아나 동호인 모임과 같은 소통방식을 빌려 지금 열심히 자라고 있는 그들이야말로 새로운 글쓰기 향유의 주체며 객체다.

생물학적 나이나 근대 산업사회의 사회적 나이와는 관계없이 젊은 그들은 읽는 방식조차 선형적으로 따라 읽지 않고, 짜깁기 방식으로 읽는다. 하이퍼텍스트적 쓰기에 걸맞은 읽기다. 게다가 더욱 손쉬워질 기계적 조작과 함께 세련된 동영상과 오디오 기술은 그들의 좋은 지원물이다. 빌렘 플루서의 표현대로 "역사적·가치평가적·정치적 의식으로부터 사이버네틱적·의미부여적·유희적 의식으로의 도약"[4]은 필연적인 셈이다.

어쩌면 새로운 전자 글쓰기는 먼 옛날 인류가 기댔던 구술문화를 이 땅 위에 다시 한 번 새로운 모습으로 화려하게 꽃피울 것이 분명하다. 시공간적 제약을 필연적으로 지닐 수밖에 없었던 탓에 소규모의 부족이나 집단 차원의 삶의 감각과 공동체의 논리로 뒷받침된 1차 구술문화는 인쇄시각매체가 일반화되면서 그에게 중심 위치를 빼앗겼다. 근대 자본주의의 산업사회는 뿌리에서부터 인쇄시각적 글쓰기와 출판의 확산에 힘입어 이룩된 세계다.

생각하고 의심하는 중심 장소로서 개별 주체를 으뜸으로 내세우는 개인주의와 국제적 연관의 확산을 꾀하게 된 국제주의 이데올로기는 서로 맞서는 듯하지만, 인쇄시각매체 문화라는 한 줄기가 마련한 다른 두 가지다. 그러나 인쇄시각문화는 아울러 타자를 찢고 새기고 공격해 들어가

---

4) 빌렘 플루서, 윤종석 역, 『디지털시대의 글쓰기』, 문예출판사, 1998, 143면.

는 그 도구적 속성 탓에 전지구적 차원에서 제국주의적 침략으로 귀결되었던 일은 근대의 역사경험에서 익히 보아온 바와 같다.

디지털 전자영상 기술에 바탕을 둔 정보화사회는 앞선 두 매체 문화와 이어지면서도 크게 다른 모습을 예비하고 있다. 극도로 세련된 시각과 놀랍도록 확장된 청각의 결합으로 이루어진 제3의 감각문화가 그것이다. 이러한 전자적 글쓰기가 이끌어낼 이차적 구술시대에서는 생생한 현존감과 존재감으로 충만한 진정한 세계촌, 곧 그 이름에 걸맞은 오르가즘의 상태를 보여줄 것이라고 옹과 같은 이는 일찌감치 낙관한 바 있다.5) 주요한 관건 가운데 하나는 전자 글쓰기에 걸맞은 생산과 소비 훈련, 교육을 공공적 수준에서 각 지역, 각 문화 단위마다 지속적이고도 차별 없이 이루어내는 일일 것이다.

4.

많은 이들이 머지않아 제지, 인쇄, 출판의 문화는 급격히 퇴조하고 전자커뮤니케이션이 그 자리를 완전히 차지할 것이라 내다보고 있다. 그러나 아직까지 그러한 기미는 보이지 않는다. 손에 들고 읽는 책의 손쉬운 소비방식과 싼값이 그것을 늦추고 있는지도 모른다. 모니터의 해상도가 좋아진다 하더라도 책을 읽는 속도에 견주어 모니터를 읽는 시간은 더 걸린다. 역설적이게도 컴퓨터와 팩스, 프린트 기기가 발달하면 할수록 오히려 종이 소비와 인쇄출판물의 증가를 부추기고 있다. 전자책의 경우도 인쇄출판물의 형태에서 완전히 벗어날 수 없을 것이다.

---

5) 월터 J. 옹, 이영걸 역, 『언어의 현존』, 탐구당, 1985, 99면.

게다가 아무리 문자가 쇠퇴하고 컴퓨터 연결망과 이미지가 압도적인 힘을 누리게 될 것이라 하더라도 컴퓨터가 문자에 바탕을 둔 도구라는 사실이 잊혀져서는 안 될 일이다. 새로운 컴퓨터 세대, 사이버족은 사실 놀랍게 빠른 속도로 글을 읽고 쓰는 일에 익숙한 세대다. 아직 초기 모습임에도 불구하고 오늘날 디지털 워드프로세스 글쓰기에서 보는 바와 같이 빠르고 다변적인 글쓰기 담당층과 함께 그들이 다양한 영역에서 이루어내고 있는 글의 범람은 앞선 어느 시기에서도 볼 수 없었던 양상이다.

몇 해 전 한 짧은 연설6)에서 움베르토 에코는 새로운 디지털혁명의 시대에도 전통적인 활자언어로 된 책의 자리가 결코 곤두박질치지 않을 것이라 내다본 바 있다. 그는 거기서 활자언어는 전자영상에 견주어 훨씬 정확하다는 점에 착목했다. 영상이미지는 표현의 미세한 차별성을 드러낼 수 없다. 꼼꼼한 논리와 거대한 개념화는 전자영상 매체로서는 기대할 수 없는 경지다. 전자영상은 개별성을 보편적 관념으로 바꿔버리는 까닭이다. 따라서 영상이미지에 기댄 소통에서는 사람의 비판력을 가로막고 의식을 조작하는 꾀를 마련하기가 한결 쉽다.

단순히 정보만 얻는 것이 아니라, 그 정보에 대해 살펴 헤아리고 눈여겨 깊게 읽어야 할 상황이 사람들에게 요구되는 한, 앞으로도 문자 글쓰기와 활자책은 긴요한 존재로 살아남을 것이다. 컴퓨터 화면을 읽는 것과 책을 읽는 것은 결코 같은 경험이 아니다. 값싸게 정보를 주고받을 뿐 아니라, 더욱 경제적이고 유연하며 편리한 방법이 문자언어며 활자책이다. 컴퓨터 소통이 사람을 빠르게 앞질러 가면 갈수록 책과 문자언어는 사람들과 함께, 사람과 같은 걸음걸이로 움직여줄 것이다.

글쓰기의 미래가 어둡지만은 않다. 인쇄시각매체 문화의 장점과 뜻이 결코 적은 것은 아니다. 인쇄시각매체 문화가 사라지고 전자영상매체 문

---

6) 움베르토 에코, 이희재 역, 「최후의 날에도 가장 든든한 벗」, 『출판저널』 192호, 출판협동조합, 1996.5.

화가 새로 나타날 것이라는 인식에 대한 교정부터 먼저 필요하다. 정보화사회란 인쇄시각매체 문화에다 세련된 전자영상매체 문화를 하나 더 지니게 된 상승적 사회를 뜻한다. 전자영상적 소통이 문자적 소통을 압도하고 있다 하더라도 이 둘을 대립시키는 것은 결코 올바르지 않다. 모름지기 이 점을 깨닫는 일이 무엇보다 중요하다.

그리고 언제나 잊어버리지 말아야 할 점이 있다. 아무리 디지털 기술이 발달한다고 하더라도, 사람은 결코 디지털 기계가 아니라는 사실이 그것이다. 삼차원 시공간을 바탕으로 숨쉬고 살아가는 존재가 사람이다. 따라서 삶이 무엇인가, 어떻게 살아야 하는가라는 물음을 사람들이 포기하지 않는 한 글쓰기는 결코 사라지지 않을 것이다. 글쓰기 환경의 변화가 운명적이라면, 새로운 제약이 되든 놀라운 기회가 되든 글쓰기에 있어 중요한 점은 그것을 운명으로 받아들인 이들이 언어를 안고 뒹굴며 이루어내는 끊임없는 순교에 있을 터이다.

> 몸 속에 너무 많은 것을 세우고 허물어
> 혹 몸이 만신창이의 모습으로
> 홀로 눈떠 있게 한 것은 아닌가
> 세우고 허물던 세월 또한 아름다워
> 몸 속에 세월이 드나들었거니
> 세월 속으로 몸이 드나들었던 것은 아닌가
> 세월이 아름답기로는 마음 또한 이와 같아
> 몸이 시드는 날에도 마음은 꽃술 밀어올려
> 향기에 취해 있던 것은 아닌가
>   ―김윤배, 「작은 주름 하나에도 마음 깃들여」 가운데서[7]

---

7) 김윤배, 『따뜻한 말 속에 욕망이 숨어 있다』, 문학과지성사, 1997, 43면.

인명